现代金融服务核心教材

金融服务业运营与管理

主编　刘忠燕

清华大学出版社
北京交通大学出版社
·北京·

内 容 简 介

本教材是遵循教育部提出的"创新高校、培训机构和有关企业服务外包人才培养机制，提高人才培养质量，加快产业急需的应用型、复合型、创新型人才培养"的精神编写的。全书共 6 篇，20 章，分别介绍金融服务业基础，金融服务业机构体系，货币银行类金融服务机构运营与管理，非货币银行类金融服务机构运营与管理，资本市场金融服务机构运营与管理，保险、信托、网络金融服务机构运营与管理。本教材结构体系严谨，内容新颖丰富，注重实务操作，综合性强。本教材适用于各类高等院校经济管理专业和金融专业本科生及专科生教学，也可作为相关专业硕士研究生的参考用书及金融服务业从业人员的培训教材。

图书在版编目（CIP）数据

金融服务业运营与管理 / 刘忠燕主编 . —北京：北京交通大学出版社 ：清华大学出版社，2016.9

ISBN 978-7-5121-3045-6

Ⅰ . ① 金… Ⅱ . ① 刘… Ⅲ . ① 金融 - 商业服务 - 高等学校 - 教材 Ⅳ . ① F830

中国版本图书馆 CIP 数据核字（2016）第 217255 号

金融服务业运营与管理
JINRONG FUWUYE YUNYING YU GUANLI

策划编辑：吴嫦娥　　责任编辑：赵彩云　　助理编辑：刘　蕊
出版发行：清 华 大 学 出 版 社　　邮编：100084　　电话：010-62776969　　http：//www.tup.com.cn
　　　　　北京交通大学出版社　　邮编：100044　　电话：010-51686414　　http：//www.bjtup.com.cn
印 刷 者：北京艺堂印刷有限公司
经　　销：全国新华书店
开　　本：185 mm×260 mm　　印张：23.5　　字数：587千字
版　　次：2016年9月第1版　　2016年9月第1次印刷
书　　号：ISBN 978-7-5121-3045-6/F·1640
印　　数：1～2 000 册　　定价：49.00元

本书如有质量问题，请向北京交通大学出版社质监组反映。对您的意见和批评，我们表示欢迎和感谢。
投诉电话：010-51686043，51686008；传真：010-62225406；E-mail：press@bjtu.edu.cn。

现代金融服务核心教材

编　委　会

序　言

校企合作培养复合型人才的典范

　　放眼全球，当前金融服务业已经发展成为具有相当规模的新兴产业。中国作为全球服务市场的新生力量，随着经济发展、金融改革深化及政府对金融服务业支持力度的加大，金融机构对服务人才的需求将不断扩大，发达国家部分金融服务业务也将向中国转移，我国金融服务产业前景广阔。

　　济南网融创业服务有限公司（以下简称"网融公司"）是一家以提升人才培养为主的综合性教育服务公司。面向高校，通过校企专业共建，提供实训案例研发、实训教材建构、实践教学培养、职业素养培育、企业资源引入等，助力高校职业化教育进程；面向企业，通过人力资源输送、金融在岗培训、管理方案咨询等为企业提供一站式智库服务。网融公司基于我国高等教育的发展现状，依托企业丰富的优质资源和高效的运作模式，促进高校应用型人才培养，并为金融服务等相关行业输送专业化、复合型、创新型人才。

　　针对高校日益突出的教学改革实践，在网融公司董事长王善新先生、总经理李新旭先生的大力主持下，积极引进天津财经大学智力资源并与合作院校合作，针对金融服务企业人才需求，主持编写"现代金融服务核心教材"丛书，为商科类校企合作专业提供应用型教材。

　　"现代金融服务核心教材"丛书包括《金融市场营销学》《金融会计实务》《金融企业风险管理与案例分析》《金融产品设计》《金融服务外包理论与实务》《金融服务业运营与管理》。丛书立足于金融行业现状及发展前景，注重理论和实践相结合，具有很强的适用性与实用性，相信会给读者带来不一样的收获。

　　目前，网融公司积极与校企合作院校深入合作，利用自身企业技术、资源、资金优势，打造"互联网+"创业大学平台，并获得了多项著作权、专利技术。正如王善新先生倡导的，教育工作者既要仰望星空，又要脚踏实地。

　　是为序。

2016 年 6 月于泉城济南

前　言

为落实教育部"创新高校、培训机构和有关企业服务外包人才培养机制，提高人才培养质量，加快产业急需的应用型、复合型、创新型人才培养"，以及"地方所属高校的服务外包相关专业要以培养实践能力强的应用型人才为主的精神"，我们编写了《金融服务业运营与管理》教材。

金融服务业囊括的内容远远超乎我们的想象，在经济快速发展和金融体制改革的推动下，我国的金融机构体系发生了根本性的变化。如今已基本形成了中央银行、商业银行、投资银行、保险公司、保险经纪公司、保险代理人、信托公司、租赁公司、财务公司、小额信贷公司、村镇银行、典当业、各类基金组织、消费金融公司、汽车金融公司、证券交易所、商品交易所、金融期货交易所、证券期货经纪公司、货币经纪公司、网络金融等机构并存、门类众多、种类齐全的金融服务业体系。金融服务业的发展非本书所能概括。

鉴于此，本书首先对金融服务业的分类进行了研究，目前的分类方法主要有三种，第一种是按照服务对象划分，将金融服务业划分为金融前台和金融后台两大类。金融前台包括银行、证券、保险、基金、信托、私募股权投资（private equity，PE）、风险投资（venture capital，VC）、小额贷款公司、融资租赁公司、财务公司等机构；金融后台包括数据中心、清算中心、银行卡中心、研发中心、呼叫中心、灾备中心、培训中心等为金融前台业务提供服务和支撑的部门。第二种是按照产业分类，将金融服务业分为物流金融服务、航运金融服务、新能源金融服务、科技金融服务、进出口金融服务等。第三种是我国国民经济行业分类标准。为适应教学需要，并考虑到与学生前序课程的衔接，我们参考了《服务贸易总协定》（*General Agreement on Trade in Service*，GATS）对金融服务贸易的界定。依据我国《国民经济行业分类》（GB/T 4754—2011）中对金融服务业分类的标准，摒弃了目前多数教材沿袭中央银行体制下金融机构体系分类方法的局限性，兼顾金融机构体系的理论框架，将《国民经济行业分类》（GB/T 4754—2011）中的 20 种金融服务业，按照提供金融服务的机构归属，将其归纳为 8 个构成环节，包括：① 中央银行和金融监管机构；② 货币银行类金融服务机构，主要指各类商业银行和储蓄银行；③ 非货币银行类金融服务机构，包括金融租赁公司、财务公司、典当业、小额信贷公司和消费金融公司；④ 资本市场金融服务机构，主要包括证券市场金融服务机构、期货市场金融服务机构、证券期货监管机构、投资银行和资本市场其他金融服务机构；⑤ 保险机构，主要包括人身保险公司、财产保险公司、再保险公司、养老金保险公司、保险代理人、保险精算机构；⑥ 信托机构，主要包括信托公司；⑦ 网络金融服务机构；⑧ 其他金融服务机构。这也是本书结构和各篇章设计的主线。

本书内容主要分为 6 篇，共 20 章。第 1 篇：金融服务业基础（第 1、2 章），主要介绍金融服务业的概念、分类、特点、功能、发展趋势和金融服务业运营与管理的相关理论，包括金融中介理论、金融脆弱性理论、金融风险管理理论和金融监管理论。第 2 篇：金融服务业机构体系（第 3、4、5 章），主要介绍金融服务业体系的构成、各类金融服务业的特征和功能及国内外的发展演变。第 3 篇：货币银行类金融服务机构运营与管理（第 6、7、8、9、10 章），也是本书的重点，包括商业银行、储蓄银行的运营与管理。第 4 篇：非货币银行类金融机构运营与管理（第 11、12、13、14 章），包括金融租赁公司、财务公司、典当业、小额信贷公司、消费金融公司、货币经纪公司的运营与管理。第 5 篇：资本市场金融服务机构运营与管理（第 15、16、17 章），包括投资银行、证券投资基金和企业年金、金融期货类金融服务机构的运营与管理。第 6 篇：保险、信托、网络金融服务机构的运营与管理（第 18、19、20 章）。

本书的主要特色如下。

（1）从国民经济行业分类的视角，对金融服务业进行分类，既保证了金融服务业分类在理论上的科学性和严谨性，又囊括了目前金融服务机构的行业分布，全面反映金融服务业的构成现状。

（2）注重实务性和可操作性。为适应教育部提出的培养实践能力强的应用型人才的精神，本书除了必要的基础理论铺垫外，在各章节重点介绍了金融服务的业务操作程序与业务流程，并附之以案例，力求贴近金融业务和管理的实际。

（3）体系严谨，内容新颖。首先，本书在理论上从一个全新的视角对金融服务业体系分类，以便于读者在理论上把握金融服务业的总体构架。在此基础上对主要金融服务机构的业务与管理进行了详细介绍，力图使读者能将理论和实践相结合，对金融服务业的发展现状及其运营与管理有更加全面的把握。其次，将金融服务业的运营与管理集中到一本教材中加以介绍，在国内尚不多见。

本书由天津财经大学刘忠燕教授主编，并负责全书的总体设计和总纂定稿。各章编写人员如下：刘忠燕，第 1 章、第 2 章、第 3 章、第 4 章、第 5 章、第 6 章、第 7 章、第 8 章、第 9 章、第 11 章、第 12 章、第 13 章、第 14 章；穆琳，第 15 章、第 19 章；尹丽雪，第 10 章、第 18 章；刘雪卉，第 16 章、第 17 章；孙达光，第 20 章。

本书在撰写过程中得到了山东济南网融创业服务有限公司和北京交通大学出版社吴嫦娥分社长和刘蕊编辑的大力支持，在此一并表示感谢！在本书的撰写过程中，我们参考了国内外大量的文献资料，在此向这些作者表示衷心感谢！

本书涉及的内容广泛，金融机构新的产品与管理技术不断涌现，由于作者水平所限，难免有不足和疏漏之处，恳请读者批评指正！

作者
2016.8

目　　录

第 3 篇　货币银行类金融服务机构运营与管理

第 4 篇　非货币银行类金融机构运营与管理

第5篇 资本市场金融服务机构运营与管理

第6篇 保险、信托、网络金融服务机构的运营与管理

第 1 篇

金融服务业基础

金融服务业基础部分包括两章。第 1 章为金融服务业概述，主要讲授金融服务业的概念、分类、特点、功能及发展趋势。第 2 章讲授金融服务业运营与管理的相关理论，重点介绍金融中介理论、金融脆弱性理论、金融风险管理理论和金融监管理论。这些理论对金融服务业运营与管理有普遍的指导意义。

第1篇

金融服务业基础

第1章

金融服务业概述

学习目标

通过本章学习读者应当掌握：
- 金融服务业的概念
- 金融服务业分类
- 金融服务业的特点与功能
- 金融服务业对一国经济发展的作用
- 金融服务业的发展趋势

随着经济金融化进程的推进，金融服务业在现代经济中的核心作用逐渐凸显。近40年来，伴随着中国经济的对外开放，金融服务业有了长足的发展，取得国际瞩目的骄人业绩。本章从理论上阐述了金融服务业的概念与分类，金融服务业的功能，金融服务业相对于国民经济其他行业的特殊性及其发展趋势。

1.1 金融服务业的概念与分类

1.1.1 金融服务业的概念

1. 服务

对于服务（service）的概念国内外有不同的表述。我国《辞海》对"服务"定义如下：一般是指以提供劳动的形式来满足他人（法人或自然人）的某种需要，并取得相应报酬的商业行为。

《服务贸易总协定》第一条第二款将服务贸易定义为：① 从一成员境内向任何其他成员境内提供服务。即跨境交付，这种形式仅是服务本身跨越国界，没有人员、物质的流动。如在 A 国的律师为在 B 国的客户提供法律咨询服务。② 在一成员境内向任何其他成员的服务消费者提供服务。即境外消费，服务的提供者在一成员境内向来自另一成员的消费者提供服务，即服务消费者移动到提供者境内享用服务。③ 一成员的服务提供者在任何其他成员境内以商业存在提供服务。商业存在指一成员的服务提供者在另一成员境内设立商业机构，为其境内的消费者提供服务。④ 一成员的服务提供者在任何其他成员境内以自然的存在提供服务。即自然人流动，指一成员的服务提供者以自然人身份进入另一成员境内提供服务。与商业存在不同的是，它不涉及投资行为，如境外劳务服务等。

《服务贸易总协定》在第一条第三款中做了如下剔除：①"服务"包括任何部门的任何服务，但在行使政府权限时提供的服务除外。②"在行使政府权限时提供的服务"指既不是在商业基础上提供，又不与任何一个或多个服务提供者相竞争的任何服务。

2. 金融服务

对于金融服务的概念，大多数学者是根据不同时期金融服务活动的特征加以界定的，迄今为止还没有形成理论界普遍接受的概念。《服务贸易总协定》将金融服务表述为：金融服务指一成员金融服务提供者提供的任何金融性质的服务。金融服务包括所有保险和与保险有关的服务，以及所有银行和其他金融服务（保险除外）。这一定义为大多数国家所采用。《服务贸易总协定》关于金融服务的内容如表 1-1 所示。

表1-1 　《服务贸易总协定》关于金融服务的内容

金融服务	内容
保险和与保险有关的服务	
直接保险（包括共同保险）	人寿保险和非人寿保险
再保险和再分保	
保险中介	如经纪和代理
保险的辅助服务	如咨询、保险统计、风险评估和理赔服务
银行和其他金融服务（不包括保险）	
接受公众存款和其他需偿还基金	
所有类型的贷款	包括消费者信贷、抵押贷款、商业交易的融资
金融租赁	
所有支付和货币交割服务，包括信用卡、收费卡、借方信用卡、旅行支票和银行汇票	担保与承兑；自行交易或代客交易，不管是交易市场、公开市场还是其他场所的；货币市场票据（包括支票、账单、存单）；外汇；衍生产品，包括但不限于期货交易和期权；汇率和利率工具，包括掉期、远期利率协议；可转让票据；其他可转让票据和金融资产，包括金银
参与各类证券的发行	包括认购、募款代理（不管公开还是私下）和提供与该发行有关的服务
货币经纪	
资产管理	如现金或有价证券管理，各种形式的集体投资管理，养老基金管理，保管和信托服务
金融资产的结算和清算服务	包括证券、衍生产品和其他流通票据
金融信息的提供与交换，以及金融数据处理和其他金融服务提供者的有关软件	

3. 金融服务业

金融服务业指金融服务提供者所提供的各种资金融通方面的服务活动所构成的产业。它是以银行金融业为主体，其他非银行金融业为补充的金融服务业体系。

中国人民银行对我国金融服务业的定义为：从事金融服务业务的行业。我国金融服务业（港澳台地区除外）有四个分支：银行、证券、信托、保险。主要包括中央银行、商业银行、其他银行、信用合作社、信托投资业、证券经纪与交易业、其他非银行金融业和保险业等。[①]由此可见，金融服务业是由银行和非银行金融机构构成的金融服务行业体系。

1.1.2　金融服务业的分类

金融服务业有很多分类标准，常见的主要有以下三种。

1. 按照业务服务对象划分

按服务对象划分，金融服务业分可为金融前台和金融后台两大类。

1）金融前台

金融前台是由直接服务于社会公众和公司的金融机构所形成的金融业服务中心。包括银行、证券、保险、基金、信托、PE、VC、小额贷款公司、融资租赁公司、财务公司等机构提供的金融服务。服务范畴涉及资金结算、信贷、证券发行与交易、信托投资、保险和再保险、外汇交易、资产管理、期货期权等。

2）金融后台

金融后台是与金融机构直接经营活动相对分离，并为前台业务提供服务和支撑功能的模块和业务部门，如数据中心、清算中心、银行卡中心、研发中心、呼叫中心、灾备中心、培训中心等。金融后台是适应金融服务业降低成本、增加盈利、增强核心竞争力和规避风险等需要而形成的，如信息技术外包、业务流程外包、管理服务和业务服务外包、人才培训外包等。近年来，国内外金融服务外包已经成为一种趋势，是大型金融服务机构降低成本、获取新技术、整合资源和提升竞争力的重要途径。

2. 按产业金融概念划分

产业金融是金融资本与产业资本结合，为产业融资的一种金融形式。按产业金融的概念划分，金融服务业可以分为物流金融服务业、航运金融服务业、新能源金融服务业、科技金融服务业、进出口金融服务业等利用金融为特定产业服务的金融服务体系。

1）物流金融服务业

物流金融服务业是为物流产业提供资金融通、结算、保险等服务的金融服务业。它伴随着物流产业的发展而产生，通过应用和开发各种金融产品，有效组织和调剂物流领域中的货币资金。这些资金包括发生在物流过程中的各种存款、贷款、投资、信托、租赁、抵押、贴现、保险、有价证券发行与交易，以及金融机构所办理的各类涉及物流业的中间业务。

2）航运金融服务业

航运金融服务业是由航运企业、港口、造船厂、银行、保险公司、证券公司、金融租赁公司、商品及衍生业务的经销商等组成的，在航运企业从事融资、保险、资金结算、航运价格衍生产品交易的金融服务业。

---

① 徐大海. 关于对我市金融服务业发展的几点思考 [EB/OL]. (2011-09-28) [2016-03-26].http://www.ccdrc.gov.cn/news/ccnews.aspid=7579.

3）新能源金融服务业

新能源金融服务业以新能源产业链为依托，借助金融手段，从最初的融通资金、中间环节的资源整合到最终实现价值增值三个方面，实现新能源产业与金融产业互动的金融服务业。通过新能源产业与金融产业的结合，将金融手段嵌入到新能源产业发展的全过程中，创造符合新能源产业发展的金融产品，帮助新能源企业解决资金问题，促进新能源产业快速发展。

4）科技金融服务业

科技金融服务业是科技产业与金融产业的融合，包括创业风险投资、科技担保、科技贷款、知识产权质押、科技保险、多层次资本市场等。经济的发展依靠科技推动，科技产业的发展也需要金融的助推。当前科技产业中计算机的应用、网络的普及和无线技术的发展等都是在金融支持下实现的。

5）进出口金融服务业

进出口金融服务业是指为进出口贸易与跨境投资提供融资、担保与承兑、资金收付与结算及保险业务等各类金融服务的行业。进出口金融服务业源于金融产业与外贸产业的相互融合和互动发展。

3. 按照行业划分

我国国民经济行业分类和代码表，采用按照行业划分的方法，从金融体系构成的理论视角，将金融服务业（对应《国民经济行业分类》（GB/T 4754—2011）中的"金融业"）分为货币金融服务、资本市场服务、保险业和其他金融业。按照行业划分，我国金融服务业的分类如表1-2所示。

表1-2　我国金融服务业

一、货币金融服务	
1. 中央银行服务	指代表政府管理金融活动，并制定和执行货币政策，维护金融稳定，管理金融市场的特殊金融机构的活动
2. 货币银行服务	指除中央银行以外的各类银行所从事的存款、贷款和信用卡等货币媒介活动，还包括在中国开展货币业务的外资银行及分支机构的活动
3. 非货币银行服务	指主要与非货币媒介机构以各种方式发放贷款有关的金融服务
（1）金融租赁服务	指经中国人民银行批准以经营融资租赁业务为主的非银行金融机构的活动
（2）财务公司	指经中国人民银行批准，为企业融资提供的金融活动
（3）典当	指以实物、财产权利质押或抵押的放款活动
（4）其他非货币银行服务	指上述未包括的从事融资、抵押等非货币银行的服务，包括小额贷款公司、农村合作基金会等融资活动，以及各种消费信贷、国际贸易融资、公积金房屋信贷、抵押顾问和经纪人的活动
4. 银行监管服务	指代表政府管理银行业活动，制定并发布对银行业金融机构及其业务活动监督管理的规章、规则

二、资本市场服务	
5. 证券市场服务	
（1）证券市场管理服务	指非政府机关进行的证券市场经营和监管，包括证券交易所、登记结算机构的活动
（2）证券经纪交易服务	指在金融市场上代他人进行交易、代理发行证券和其他有关活动，包括证券经纪、证券承销与保荐、融资融券业务、客户资产管理业务等活动
（3）基金管理服务	指在收费或合同基础上为个人、企业及其他客户进行的资产组合和基金管理活动，包括证券投资基金、企业年金、社保基金、专户理财、国内资本境外投资管理（QDII）等活动
6. 期货市场服务	
（1）期货市场管理服务	指非政府机关进行的期货市场经营和监管，包括商品期货交易所、金融期货交易所、期货保证金监控中心等活动
（2）其他期货市场服务	指商品合约经纪及其他未列明的期货市场的服务
7. 证券期货监管服务	指由政府或行业自律组织进行的对证券期货市场的监管活动
8. 资本投资服务	指经批准的证券投资机构的自营投资、直接投资活动，以及风险投资和其他投资活动
9. 其他资本市场服务	指投资咨询服务、财务咨询服务、资信评级服务，以及其他未列明的资本市场服务
三、保险业	
10. 人身保险	指以人的寿命和身体为保险标的的保险活动，包括人寿保险、健康保险和意外伤害保险
（1）人寿保险	指普通寿险、分红寿险、万能寿险、投资连结保险等活动（不论是否带有实质性的储蓄成分）
（2）健康和意外保险	指疾病保险、医疗保险、失能收入损失保险、护理保险及意外伤害保险的活动
11. 财产保险	指除人身保险外的保险活动，包括财产损失保险、责任保险、信用保险、保证保险等
12. 再保险	指承担与其他保险公司承保的现有保单相关的所有或部分风险的活动
13. 养老金	指专为单位雇员或成员提供退休金补贴而设立的法定实体的活动（如基金、计划和/或项目等），包括养老金定额补贴计划及完全根据成员贡献确定补贴数额的个人养老金计划等
14. 保险经纪与代理服务	指保险代理人和经纪人进行的年金、保单和分保单的销售、谈判或促合活动
15. 其他保险活动	
（1）风险和损失评估	指保险标的或保险事故的评估、鉴定、勘验、估损或理算等活动，包括索赔处理、风险评估、风险和损失核定、海损理算和损失理算，以及保险理赔等活动
（2）其他未列明保险活动	指与保险和养老金相关或密切相关的活动（理赔和保险代理人、经纪人的活动除外），包括救助管理、保险精算等活动

续表

四、其他金融业	
16.金融信托与管理服务	指根据委托书、遗嘱或代理协议代表受益人管理的信托基金、房地产账户或代理账户等活动，还包括单位投资信托管理
17.控股公司服务	指通过一定比例股份控制某个公司或多个公司的集团，控股公司仅控制股权但不直接参与经营管理，以及其他类似的活动
18.非金融机构支付服务（网络金融）	指非金融机构在收付款人之间作为中介机构提供下列部分或全部货币资金转移服务，包括网络支付、预付卡的发行与受理、银行卡收单及中国人民银行确定的其他支付等服务
19.金融信息服务	指向从事金融分析、金融交易、金融决策或者其他金融活动的用户提供可能影响金融市场的信息（或者金融数据）的服务
20.其他未列明金融业	指主要与除提供贷款以外的资金分配有关的其他金融媒介活动，包括保理活动、掉期、期权和其他套期保值安排、保单贴现公司的活动、金融资产的管理、金融交易处理与结算等活动，还包括信用卡交易的处理与结算、外币兑换等活动

由表 1-2 可知，金融服务业包括四大类。第一类，货币金融服务。包括：中央银行、货币银行、非货币银行和银行监管服务。第二类，资本市场服务。包括：证券市场、期货市场、证券期货监管、资本投资和其他资本市场服务。第三类，保险业。包括：人身保险、财产保险、再保险、养老金、保险经纪与代理等保险服务活动。第四类，其他金融业。包括：金融信托与管理、控股公司、非金融机构支付、金融信息等金融服务活动。

1.1.3 本书对金融服务业的划分

根据《服务贸易总协定》（GATS）对金融服务的定义，参考我国《国民经济行业分类》（GB/T 4754—2011），同时考虑到教学的需要，本书从金融服务业体系构成的理论视角，将表 1-2 中的 20 种金融服务业类型，按照提供金融服务的机构归属，将金融服务业归纳为 8 个构成环节。这也是本书篇章结构设计的主线。

（1）中央银行和金融监管机构。

（2）货币银行类金融服务机构，主要指各类商业银行和储蓄银行。

（3）非货币银行类金融服务机构，包括金融租赁公司、财务公司、典当业、小额信贷公司和消费金融公司。

（4）资本市场金融服务机构，主要包括证券市场金融服务机构、期货市场金融服务机构、证券期货监管机构、投资银行和资本市场其他金融服务机构。

（5）保险机构，主要包括人身保险公司、财产保险公司、再保险公司、养老金保险公司、保险代理人、保险精算机构。

（6）信托机构，主要包括信托公司。

（7）网络金融服务机构。

（8）其他金融服务机构，主要包括金融信息服务业。

归属后的我国金融服务机构体系如表 1-3 所示。

表1-3　归属后的我国金融服务机构体系

金融服务机构	与表1-2中金融服务业序号的关系
中央银行和金融监管机构	1、4
货币银行类金融服务机构	2
非货币银行类金融服务机构	3
资本市场金融服务机构	5、6、7、8、9
保险机构	10、11、12、13、14、15
信托机构	16
网络金融服务机构	18
其他金融服务机构	17、19、20

1.2　金融服务业的特点与功能

1.2.1　金融服务业的特点

1. 金融服务业属于生产性服务业

生产性服务业是指市场化的中间投入服务业，或可用于商品和服务进一步生产的非最终消费服务业。1966 年美国经济学家 H. Greenfield 最早提出了生产性服务业（producer services）的概念，而后很多学者做了进一步研究，如 1975 年 Browning 和 Singelman、1982年 Hubbard 和 Nutter、1985 年 Daniels、1986 年 Howells 和 Green、1989 年 Gruble 和 Walker、2000 年 Coffer 等，都对生产性服务业进行了研究，也使得人们对生产性服务业的界定日臻完善。美国经济学家布朗宁和辛格曼的分类，得到了联合国标准产业分类的支持。他们根据联合国标准产业分类法（standard industrial classification，SIC）把服务业分为四类：① 生产性服务业，即商务和专业服务业，包括金融服务业、保险业、房地产业等；② 流通性服务业，即分销或分配服务业，包括零售业、批发业、交通运输业和通信业等；③ 消费者服务业，即个人服务业，包括旅馆业、餐饮业、旅游业和文化娱乐业；④ 社会服务业，即政府部门，包括医疗、健康、教育、国防等部门。我国政府在《国民经济和社会发展第十二个五年规划纲要》中将生产性服务业分为交通运输业、现代物流业、金融服务业、信息服务业和商务服务业。

金融服务业作为生产性服务业，与其他服务业的区别主要表现在：第一，它的产出是中间服务而非最终服务，体现为其他服务企业最重要的生产成本；第二，它能够把大量的人力资本和知识资本引入到商品和服务的生产过程中，是现代产业竞争力的基本源泉。正因为金融服务业的上述特征，所以人们普遍认为金融服务业是促进其他部门发展的产业。

2. 金融服务业是知识密集和人力资本密集的产业 [①]

传统金融服务业是劳动密集型产业，主要发挥资金融通的中介功能。随着金融活动的日趋复杂化和信息化，现代金融服务业已经成为以信息网络技术为支撑，建立在新的商业模式、服务方式和管理方式基础上的服务产业，并逐渐转变成了知识密集和人力资本密集的产业，具有与信息生产、信息传递和信息使用相关的功能。人力资本的密集度和信息资源的多寡已经成为决定金融服务业创造价值多寡和发展快慢的重要因素。

3. 产业集群是现代金融服务业的基本特征

由于知识和技术的需要，金融服务业极易在经济核心区域或大城市形成产业聚集，金融领域内相关的企业或机构，由于相互之间的共性和互补性等特征而紧密联系在一起，形成一组在地理上集中、相互联系、相互支撑的金融产业群，并上升为金融服务业集群，即在同一经济区域内，存在交互相关的企业、政府、金融单位、学术研究机构、行业协会等机构。金融资源和机构的高度集中，资金融通功能的加强，信息交流成本和交易成本降低，更有利于金融企业创新及规避风险和产生规模效应，最终对所在地区及周边区域产生影响，带动区域经济的增长。

形成产业集群的主要原因是外部规模经济、聚集经济和交易费用。

外部规模经济是指因金融服务业数量增加导致整个产业产量扩大时，该产业中各个企业的平均成本会下降。外部规模经济使更多的金融部门在一个区域内定位，以致这一区域对于其他金融参与者来说更加具有吸引力。外部规模经济会进一步促成生产和经营单位的空间集聚，表现为银行之间的合作，金融机构之间共享基础设施，生产者和消费者之间更加邻近，流通环节减少，信息沟通便捷等。

聚集经济是指企业向某一特定地区集中而产生的利益。这里指同一产业或性质相近企业的集中。首先，在一个地区内金融服务业数目增多，必然带来生产规模的扩大，生产总量的增加，分工协作的加强和辅助产业的发展，其结果不仅创造出外部规模经济，而且提高了企业劳动生产率，降低了生产成本和费用。其次，金融服务业的集中，必然伴随着劳动力、技术和经营管理人才的集中，金融企业能够得到它们所需要的各类人员，并使这些人员易于获得合适的工作岗位，发挥专长，创造出更多的社会财富。最后，金融服务业的集中，便于企业之间直接接触，相互交流，广泛协作和开展竞争，从而刺激企业开发新产品、提高服务质量，创造出巨大的经济效益。

交易费用是新制度经济学对产业聚集原因的解释。奥利弗·威廉姆森和许多经济学家将交易费用分为事前费用和事后费用。事前交易费用指由于未来的不确定性，需要规定交易各方的权利、责任和义务，由此花费的成本费用；事后交易费用是交易发生后的费用。影响交易费用的因素是交易的不确定性、小数目条件、组织或个人机会主义和信息不对称。金融服务业的聚集，可以降低交易的不确定性和事前成本；改变小数目条件、组织或个人机会主义和信息不对称，降低交易费用。

---

① 国务院发展研究中心知识密集型服务业定义：对信息流进行收集、整理、分析、研究、储存并转化为可用知识，为用户提供信息资源和信息管理的行业，包括技术服务（硬知识服务）、咨询服务（软知识服务）和电子商务服务（混合知识服务）三类。其中技术服务具体包括信息技术服务、软件开发与信息源管理、专利服务等；咨询服务具体包括金融投资咨询和代理服务、创业咨询服务、企业管理咨询服务等；电子商务不仅提供信息处理技术－信息处理平台，而且也提供相关的信息咨询服务，因此是一种混合知识服务。

4. 金融服务业是高风险行业

金融服务业作为高风险行业，与其他行业相比，面临的风险种类更多。如信用风险、市场风险、操作风险、流动性风险、同业风险、政治风险、政策风险、国家风险等。此外，影响其风险的因素也很多。首先，就自身而言，金融服务业高负债经营的行业特点，决定了其自有资金比率较低，难以承担较大的风险损失。其次，金融服务方式多样化，业务种类繁多，业务流程复杂且风险各异，任何一个经营环节的失误都可能导致巨大的风险损失。最后，就外部而言，金融市场信息不对称使得逆向选择和道德风险不可避免。此外，金融服务业正处于大变革过程中，信息技术的广泛应用、金融业务的综合化和国际化也加剧了金融风险的传递。

1.2.2 金融服务业的功能

1. 金融中介

金融中介是指金融服务业通过各种形式向金融市场的参与者筹集资金，然后通过贷款或投资、信托租赁等多种方式将资金运用出去的功能。在这里金融服务业是投资者和筹资者的中介。

金融中介功能对经济发展有多方面的调节作用。首先，实现长、短期资金的转换。美国学者费兰克·法博齐等将其称之为"期限中介"[1]。通过长短期资金的转换功能实现金融市场的流动性和安全性，满足投资者和筹资者各自的期限偏好。其次，降低借贷成本，金融服务业的金融中介功能，在一定程度上可以降低市场信息不对称带来的逆向选择和道德风险及高交易成本，提高市场的有效性。最后，在总量和结构上调节社会的储蓄和投资。

2. 提供支付机制

提供支付机制是指借助于存款账户和支票、借记卡等支付结算工具，实现资金在不同账户间的转移，代替客户完成货币的支付和债务清偿。这是货币银行类金融机构的重要功能。早期的支付功能由商业银行垄断，20世纪70年代以后的金融创新打破了这一局面，储蓄类金融机构、货币市场基金等均具有此功能。在现代社会，金融服务业提供支付机制更多是通过计算机网络进行的，大大加快了资金周转的速度，减少了流通费用，提高了支付效率。支付机制的网络化和电子化，也促进了经济的高效率。

3. 信用创造

信用创造是指商业银行通过存款、贷款和投资等信用活动，在转账结算的基础上创造存款货币。在部分储备制下，商业银行只保留一部分准备金即可应付客户存款的兑付，剩余资金可用于发放贷款或投资；在部分提现制度下，客户的贷款不需要全额支取现金，大部分支付是通过转账结算完成的，从而使商业银行具有了信用货币创造的功能。

商业银行的信用创造增强了金融服务业对宏观经济的影响力，使其成为中央银行货币政策传导的重要环节。

4. 提供综合金融服务

综合金融服务有广义和狭义之分。广义上的综合金融服务是指金融服务业作为一个整体，向社会公众提供银行、证券、保险、信托、租赁、委托代理、金融产品交易和金融咨询等全

---

[1] 法博齐. 金融市场与金融机构基础. 孔爱国, 译. 4版. 北京：机械工业出版社，2010.

方位的服务。狭义的综合金融服务是指在混业经营的背景下，通过组建金融控股公司和金融集团公司，为客户提供全方位、多种类型的金融业务。金融服务业在提供综合金融服务的同时，也实现了规模效应、协同效应和财务效应，提高了市场竞争力。

1.2.3　金融服务业的作用

1. 全面反映国民经济运行状况

首先，金融服务业运营稳健与否，货币资金的筹集、融通和使用是否灵活高效，既可以反映社会经济运行状况又能反映社会资源配置效能。其次，金融服务业的资金融通是联结国民经济各部门和社会再生产各环节的纽带，资金融通的规模和流向、借贷利率的高低既反映了经济周期、货币政策和市场资金供求状况，又影响一国经济发展。最后，金融服务业是国际贸易、国际资本流动和国际经济技术合作的纽带，其业务活动可以反映和影响一国经济金融国际化程度。

2. 为经济顺畅运行提供便利

主要表现在以下几个方面：① 金融服务业通过多种类型的资产负债业务为经济主体提供融通资金的便利，促进生产规模的扩大和投资的增长及居民消费需求的实现。② 商业银行通过支付中介的职能使贸易和投融资活动实现灵活快捷的资金支付；通过理财、咨询、代理等业务为经济主体提供全方位的金融服务，保证社会经济活动顺畅有序进行。③ 投资银行作为资本市场的高级顾问，通过有价证券的承购包销和为企业兼并重组提供资金及相关金融服务，满足经济发展对于长期资金的需要，并促进产业结构的调整。④ 信托、租赁、保险、证券和基金管理公司等非银行金融机构以其特有的方式进行投融资活动，满足经济主体投资、理财、财富管理和转移风险的多种需要，是发达的市场经济不可或缺的一部分。

3. 实现储蓄向投资的转化

经济增长理论的重要内容之一是解决保证经济增长所需要的资金来源，以及如何更好地使用储蓄进行投资。金融服务业实现储蓄向投资的转化表现在以下几个方面：① 金融服务机构通过存贷款、信托、租赁、理财、证券发行等多种形式，将社会储蓄集中起来，通过各具特色的渠道和方式，直接或间接地转化为实体经济的投资，促进一国的经济增长。② 在发达金融市场上实现股权与债权的流通转让，为储蓄向投资转化提供了制度保证。③ 包括金融工具、金融机构和金融市场在内的高效运转的金融体系，为储蓄向投资的转化提供了市场机制。④ 金融监管当局对金融市场和金融机构的有效监管，保证了储蓄向投资转化的有序进行。

4. 促进技术进步和社会资源的有效配置

技术进步的源头是科学技术的发明和创新，被视作是劳动生产率提高的内在动力，而劳动生产率的提高也必须伴随着科技发明和创新成果的推广和普及。金融服务业为科技发明和创新提供资金支持和全方位的服务，有利于科技发明和成果迅速转化为现实的生产力。

资源的有效配置是推动劳动生产率提高的重要外部因素。金融服务业资金融通方式多样化和电子化，便利了资金在各产业、各部门的转移和重组，有利于社会资源在不同产业、部门之间重新分配和社会资源的有效配置。

1.3　金融服务业的发展趋势

1.3.1　金融混业经营模式形成

20 世纪 70 年代以后，随着各国金融监管的放松和金融服务业竞争的加剧，投资银行和商业银行分业经营模式的弊端凸显，金融服务业的模式发生了深刻的变化。早在 20 世纪 90 年代，欧美国家的金融机构就通过跨业并购、跨国并购实现金融混业经营。当代计算机和信息科学技术在金融服务业中的运用，为金融资源的有效组合提供了技术条件，组建金融控股公司，实现混业经营已经成为各国金融服务业的发展趋势。

金融混业经营不仅提高了金融机构的规模效应、协同效益和财务效应，而且通过金融业的并购和金融资源的重新整合，也加速金融服务业全能化、国际化、电子化进程。与此同时，金融服务业的风险也随之加大。

1.3.2　融资证券化趋势加强

与间接融资相比，直接融资灵活性高、成本低、分散风险和市场约束等优势日益被市场所认可。早在 20 世纪 80 年代中期，国际金融市场上便出现了融资证券化的趋势。目前直接融资已经成为市场经济发达国家资金融通的主要形式。与此相适应，金融市场上出现金融期货、金融互换、金融期权、资产证券化等多种金融创新产品，并带动了证券交易所、证券经纪公司、金融咨询公司、资产管理公司等中介机构的发展，金融机构体系日臻完善。

然而，诸多衍生金融产品的出现，在克服金融市场的阻隔，便利市场投融资的同时，也加大了金融机构之间的联系和金融风险的传递及中央银行金融调控的难度。

1.3.3　技术创新在金融服务业竞争中起主导作用

主导作用主要表现在以下几个方面：① 随着计算机和信息技术的发展，金融机构纷纷投巨资建立计算机网络系统，通过统一的电子化平台处理各项金融业务。② 传统单一的柜台式银行网点将向综合性网点、自助银行、网上银行发展。③ 金融服务由粗放型、大众化转向理性化、个性化与大众化并重。服务方式也由以银行产品为核心转向以客户为核心，由单一会计模式向多维会计模式发展。

1.3.4　新的金融服务机构不断出现

随着经济的发展和社会公众金融服务需求的多样化，金融服务机构层出不穷，种类不断增加，出现多元化发展的趋势。除了传统的中央银行、商业银行、专业银行、政策性银行以外，投资银行、证券公司、保险公司、信托公司、租赁公司、各类基金组织、财务公司、小额信贷公司、汽车金融公司、消费金融公司、典当业、各类经纪公司、网络金融企业、会计师事务所、审计师事务所等金融机构迅速发展，并出现一些集银行、保险、信托、租赁于一体的金融控股公司甚至跨国金融财团。

重要概念

金融服务 金融服务业 外部规模经济 产业集聚 聚集经济 金融中介 信用创造

思考题

1.《服务贸易总协定》中对金融服务概念与内容是如何表述的？

2.金融服务业有几种分类方法？主要内容是什么？

3.金融服务业与其他行业相比有什么特点？

4.金融服务业有哪些功能？

5.简述金融服务业在国民经济中的作用。

6.金融服务业出现了哪些发展趋势？

第 2 章

金融服务业运营与管理的理论基础

学习目标

通过本章学习读者应当掌握：

● 古典金融中介理论的主要内容

● 金融中介的风险规避理论和功能理论的基本观点

● 什么是货币脆弱性、信用制度的脆弱性和经济周期的脆弱性

● 现代金融脆弱性理论有几种观点，与早期金融脆弱性理论有何区别

● 金融脆弱性的理论成因是什么

● 金融风险种类与特征

● 金融风险管理包括哪些内容

金融服务业是高风险的行业，其运营与管理必须以金融理论为指导，遵循安全性、流动性和盈利性的原则。金融中介理论阐述了金融中介机构对于提高金融效率的必要性；金融脆弱性理论揭示了金融机构风险产生的根源及其不可避免性；金融风险管理和金融监管理论揭示了金融风险类型、特点和金融监管的必要性。

2.1 金融中介理论

金融中介是一国储蓄向投资转化的制度安排之一。该理论是围绕着金融中介的必要性和对经济发展的作用展开的，主要有以下几种理论。

2.1.1 古典金融中介理论

1. 信用媒介论

信用媒介论的代表人物是亚当·斯密、李嘉图和约翰·穆勒。其主要观点是：① 货币只是简单的交换媒介和一种便利交换的工具。② 信用仅仅是转移和再分配现有资本的一种工具，并不能创造出新的资本。③ 银行的作用在于媒介信用，而不是创造信用。④ 银行必须在接受存款的基础上才能实施放款。⑤ 银行通过充当信用媒介，发挥转移和再分配社会现实资本、合理配置社会资源的作用。

2. 信用创造论

信用创造论的主要代表人物是麦克鲁德和熊彼特。其基本观点是：① 信用就是社会资本。麦克鲁德在《信用的理论》一书中说，货币的本质不过是向他人要求生产物与劳务权力的符号，从而视为一种信用。同时认为信用就是生产资本，因为它与资本二者在本质上相同。② 银行及银行业者的本质是信用的创造和发行。麦克鲁德认为，银行所贷出的款项并非来自银行所收受的存款，而是来自银行独特的创造行为，不只是发行银行可以创造货币，商业银行也能创造货币。③ 信用具有引致迂回生产，促进经济繁荣的作用。④ 信用作为资本是实现生产要素重组，推动经济发展的手段。经济学家熊彼特在《经济发展理论》一书中提出了信用创造论的观点，认为实现生产要素重新组合，促进经济发展的关键在于通过信用扩张创造新资本，向企业家提供随时可用的支付手段。

2.1.2　金融中介新论

1. 交易成本理论[①]

20 世纪 60 年代，Gurley 和 Shaw 最先运用交易成本理论研究金融中介。这里的交易成本包括：搜寻成本、评估成本、洽谈成本、决策成本、签约成本、监督成本和风险成本。他们在《金融理论中的货币》一书中，认为金融中介之所以存在，是因为金融市场的交易成本太高，金融中介可以通过分工经济、专门金融技术、纵向的规模经济和横向的范围经济降低交易成本，并认为金融中介的本质是提供资产转型服务，提供间接证券去替换本原证券。

Benston George 和 Fama 也认为，金融中介存在的原因在于降低交易成本，其主要方法是利用技术上的规模经济和范围经济，与直接融资情况下借贷双方一对一的交易相比，通过金融中介交易可以利用规模经济降低交易成本。从整个社会的储蓄投资过程看，中介手段有助于提高储蓄和投资水平，以及在各种可能的投资机会之间更有效地分配稀缺的储蓄，即金融中介的"分配技术"。同时，金融中介还可以依靠中介过程创造出各种受到借贷双方欢迎的新型金融资产，即"中介技术。"协调借贷双方不同的金融需求，进一步降低金融交易的成本。

1979 年，Kane 和 Buser 研究了美国商业银行持有证券的多样化程度，认为金融中介的规模经济还表现在它能更好地开发专门技术来降低交易成本。互助基金、银行和其他金融中介开发了计算机专门技术，使之能以极低的成本提供多种便利的服务。此外，规模经济与流动性保险相关。按照大数法则，大的投资者联合能够投资于流动性弱但收益性高的证券，并且保持足够的流动性以满足单个投资者的需要。Anthony Saunders 认为，计算机可以使有关客户需求的重要信息得以储存和共同使用。技术使得金融机构共同使用资源投入（如资本和劳动力），以较低的成本生产出一系列金融服务产品。

2. 金融中介的信息不对称理论

信息不对称是指交易一方对交易另一方不充分了解的现象。20 世纪 70 年代，金融中介理论主要是从信息不对称角度解释金融中介的必要性。认为信息不对称会导致逆向选择和道德风险问题，两者都会导致金融市场失灵。Leland 和 Pyle 指出，中介可以通过投资，发送其具有专门知识的"见识多广身份"的信号。建议金融中介通过发行证券和将收益投资到证

---

① 蔡晓钰，蔡晓东. 关于金融中介理论的历史演进及评述. 当代经济管理，2005（1）.

券组合中使中介成为私人知情者，这样能有效地解决信息生产中的可信度模糊和剽窃问题。1984 年 Diamond 提出了受托监控模型，明确地把信息不对称作为金融中介的理论基础，认为借款人和投资者之间存在着信息不对称，金融中介可以被众多投资者委托充当监督者的角色，避免了由各投资者分别监督的高成本，以此克服信息不对称和实现成本优势。米什金也从信息不对称角度总结了金融中介存在的原因，认为金融中介具有信息优势，能够通过机制化解信息不对称带来的信贷事前的逆向选择和事后的道德风险。

3. 金融中介风险规避与参与成本理论

1）金融中介风险规避理论

1989 年 Chant 从风险规避的角度解释金融中介的存在。认为投资者通常被假定是厌恶风险的，所以理性投资者需要通过分散投资降低风险，金融中介的存在有助降低投资者分散投资的成本，使投资者达到降低风险的目的。金融中介通过两种方法分散风险：一是向众多客户发放大量贷款，达到资产的分散化；二是通过衍生金融工具进行套期保值。Chant 将江恩理论分为新理论和旧理论，认为在旧理论下，金融中介只提供资产转型服务，是被动的资产组合管理者；在新理论下，金融中介的存在是为了提供服务，其中信用型中介服务于间接融资方式，服务型中介服务于直接融资方式。

Allen 和 Santomero，以及 Scholtens 和 Wensveen 认为，风险管理已经成为银行和其他金融中介的主要业务乃至核心业务。后者认为，银行从诞生起就是持有风险资产并加以管理。随着银行新业务的拓展和衍生金融工具的出现，这一职能大大加强了。依靠在信息生成和处理上的专业化，以及分散个体信贷和期间风险，中介一直能够吸收风险。针对金融中介职能的变化，Allen 和 Santomero 认为，近 20 年来，金融市场的发展对银行业形成冲击，以致传统的风险跨期平滑化管理方法[①] 难以为继了。因为金融市场给投资者提供了比银行利息高得多的回报，使资金从银行流入金融市场。为了生存，金融中介必须采用新的方法：银行等金融中介绕开分业经营的限制，开拓新业务，进入新市场，推出新的金融产品，向全能银行转变。这样，伴随着传统的信贷业务比例下降，银行开始在金融市场中扮演资产交易和风险管理的代理人的角色。

2）参与成本理论

参与成本有两方面的含义：一是指花费在参与风险管理和决策上的时间。研究表明，近 20 年来，随着专业人士单位时间收入的提高，他们花费在风险管理和决策上的时间机会成本大大增加了。二是指由于金融创新，金融工具越来越复杂，使得非金融从业人员了解金融风险交易和风险管理的难度大大增加了。这两方面的原因，使得个人参与金融资产交易和风险管理的成本大大增加。金融中介作为专业机构，可以利用其专业优势，代理进行风险交易和管理，从而大大减少参与成本。在这里，金融中介的职能主要是代理金融资产交易和风险管理，已不同于传统的吸收存款和发放贷款的职能了。

4. 金融中介功能理论

对于金融中介的功能有两种不同的解释：一种为机构观，是视现存的金融中介为给定，认为公共政策的目标就是帮助现有的机构生存和兴旺，主要集中于现存金融机构的活动；另一种为功能观，是视金融中介运作的功能为给定，探索发挥这些功能的最佳机构结构，主要

---

① 即在资金充裕的时候吸收大量短期流动性资产，而在资金短缺时用它们作为流动性风险的缓冲剂。

关注金融系统提供的服务。金融功能观认为金融功能比金融机构更稳定，前者在地域和时间跨度上变化较小，机构的形式随功能而变化，即机构之间的创新和竞争最终会导致金融系统执行各项职能效率的提高。

值得注意的是，这里关注的焦点并不在于金融中介功能的具体内容，而是金融机构的动态变化。研究表明，近年来，金融体系结构把金融机构分为透明的各类证券市场、半透明的各类非银行金融机构及不透明的传统金融中介（如商业银行与保险公司），发生变化的部分原因是由于新证券的大量涌现，计算机和电信技术的进步，还有部分原因是金融理论的进步。这些都大大地降低了金融交易的成本，导致金融市场交易量大幅提高，从而替代了金融中介的某些职能。

金融中介与金融市场在金融产品的提供上是竞争的，技术进步与交易成本的持续下降加剧了这种竞争的强度。Merton 对金融市场与金融中介做了具体"分工"。认为金融市场倾向于交易标准化或成熟的金融产品，该金融产品服务于大量的消费者，并在定价时能被交易所充分理解；而金融中介则更适合于小量的新金融产品，一般是只针对那些具有特殊金融需求的消费者定做的，因此信息也是完全不对称的。Oldfield 和 Santomero 认为，发行、配置、支付及融资等金融服务，比提供服务的机构和提供的特定产品都要稳定。

2.2　金融脆弱性理论

2.2.1　早期的金融脆弱性理论

1. 货币脆弱性

早期金融脆弱性理论是关于货币脆弱性的论述，Marx 认为，自货币产生之时就具有了特定的脆弱性，表现在三个方面：一是商品的价格经常与价值背离；二是货币的购买力总是处于升降变化之中；三是货币支付手段职能有可能导致债务危机。这说明金融脆弱性是货币与生俱来的。Keynes 对货币职能和特征的分析也说明了货币的脆弱性，他认为货币可以用于现货交易，也可以用于贮藏财富，人们愿意用不生息或生息很少的方式而不用产生利息的方式持有财富，是因为货币能够用于现货交易，在一定限度内，值得为其具有的流动性而牺牲利息。此外，相信未来利率将高于现在市场利率的货币持有者，愿意保持现金。Keynes 认为，上述原因会使一部分人保存货币，持币待购或持币不购，这将打破货币收入和货币支出的平衡关系，造成买卖脱节，供求失衡，供给不能自动创造需求，最终将导致有效需求不足，工人失业，经济危机便不可避免，金融危机也随之发生。

2. 信用制度的脆弱性

Marx 针对 1877 年经济危机中银行大量倒闭的现象，提出银行体系内在脆弱性假说，认为银行体系加速了私人资本转化为社会资本的进程，为银行信用崩溃创造了条件。这是从信用制度的角度分析银行的脆弱性。Veblan 在《商业周期理论》和《所有者缺位》中提出了金融不稳定的观点，认为证券交易周期性崩溃的原因在于：证券市场对企业的估价逐渐脱离企业盈利能力和资本主义经济发展，最终导致社会资本所有者缺位和由此引起的周期性动荡因素，而这些因素主要集中在银行体系中。

3. 经济周期中的金融脆弱性

Fisher 是最早对金融脆弱性机制进行较深入研究的经济学家，他在总结前人的研究成果的基础上，提出金融体系的脆弱性与宏观经济周期密切相关，尤其与债务的清偿紧密相关的观点，认为金融脆弱性是由过度负债产生"债务－通货紧缩"而引起的。Fisher 指出银行体系脆弱性很大程度上源于经济的恶化,债务－通货紧缩理论对 1873—1879 年美国经济不景气、1929—1933 年全球性经济大萧条给予了强有力的解释。Moulton 也用这一理论对上述两次危机产生的情形做出了有说服力的描述。人们普遍认为，经济基本面的变化是银行体系脆弱性的根源，所以早期的理论十分强调经济对金融脆弱性的影响。后来的研究开始淡化经济周期的影响，认为即使经济周期没有到衰退阶段，金融脆弱性也会在外力或内在偶然事件的影响下激化金融危机。特别是在金融市场膨胀之后，在虚拟经济与实体经济脱节的背景下，金融脆弱性有一种自增强的趋势。

2.2.2　现代金融脆弱性理论

Minsky 和 Kregel 研究的是信贷市场上的脆弱性，不同的是 Minsky 是从企业角度研究，而 Kregel 是从银行角度研究。

1. 企业角度的金融脆弱性

Minsky 最先对金融脆弱性问题做了较为系统的解释，并形成了"金融脆弱性假说"。Minsky 分析资本主义繁荣和衰退的长期波动，认为在延长了的繁荣期中就播下了金融危机的种子。他认为，借款公司按其金融状况可以分为三类：第一类是抵补性的借款企业。这类企业的预期收入总量和每一时期内的收入，都大于到期债务本息。这类企业在安排借款计划时，其现期收入完全能满足现期现金支付要求。因此在金融方面是最安全的。第二类是投机性的借款企业。这类企业的预期收入在总量上大于债务总额，但在借款后的前一段时间内，预期收入小于到期债务本金。因此，投机性的企业存在债务敞口，在前一段时间内，他们为了偿还债务，会重组债务结构或变卖资产。由于这时的市场条件可能与借款时不同，因此该企业承担不确定风险。也可认为投机性的企业就是那些一期又一期地滚转其债务，或用其债务进行资金再融通的公司。第三类是"庞兹"借款企业。其特点是企业将借款投资于回收期很长的项目，而长期收益也是建立在预期的基础上，即预期在将来某时期会获得高利润来偿还累积的债务。因此这类企业在金融上最脆弱。他们在短期内，现期收入甚至不能满足利息支付的要求。为了支付到期的本息，他们必须采用滚动融资的方式，并且不断地增加借款。

在经济繁荣时，金融机构贷款条件宽松，企业受宽松的信贷环境的刺激，倾向于采取更高的负债比率。因此在经济繁荣时期，处于风险较高的投机性和庞兹两种金融状况的企业越来越多，而抵补性的企业数量减少。经历了一个长波经济周期的持续繁荣之后，经济开始走向反面。此时，经济已为衰退做好准备，任何引起生产企业信贷中断的事件，都将引发生产企业拖欠债务和破产，企业反过来又影响金融部门，导致银行破产。

Minsky 认为，有两个主要原因可以解释这种金融体系内在脆弱性特征：一种是代际遗忘解释（generational ignorance agument），指由于上一次金融危机已经过去很久，一些利好事件推动着金融业的繁荣，贷款人对当前利益的贪欲战胜了对过去危机的恐惧。人们认为资产价格会出现持续上涨的趋势，于是购买增加。此外，银行的道德风险将代际遗忘的时间大大缩短。另一种是竞争压力解释（rivalry pressure argument），即出于竞争的压力，贷款人做出许多不审慎的贷款决策。在经济高涨期，借款需求巨大，这时如果银行不能提供充足的贷款，则会失去顾客，因此每家银行都向其顾客提供大量贷款，而忽视最终的累积性影响。由于从借款开始高涨到最终的结账日，间隔期可能很长，以至于发放贷款的银行从来不会因他们的行为后果而直接遭受损失。Simons 和著名的芝加哥经济学家 Veblen 也有同样的见解。

2. 银行角度的安全边界说

1）安全边界说

为了更好地解释 Minsky 的金融内在脆弱性理论，Kregel 引用了"安全边界说"。Graham 和 Dodd 认为，保障承诺利息收益的实现是安全边界最全面的衡量手段。安全边界的作用在于提供一种保护，以防不测事件改变借款企业的信誉。对于借贷双方而言，认真研究预期现金收入报表和计划投资项目承诺书，是确定双方可以接受的安全边界的关键。但是与借款企业相比，虽然商业银行对整体市场环境和潜在竞争对手更为熟悉，又不缺乏理智，但对未来市场状况的把握仍是不确定的，贷款风险仍然存在。因此，商业银行的信贷决策主要遵守的还是摩根规则（JP Morgan Rule），即贷款发放与否主要看借款人过去的信贷记录，而不是关注未来预期。但 Keynes 认为，人们极其缺乏决定长期投资项目收益的知识，因此借款人过去的信用记录没有太大的意义，商业银行的贷款偏好，是依照惯例和其他金融机构的普遍看法，或参照其他银行正在贷什么项目。在经济扩张时，安全边界与信用记录相互配合，使得商业银行很自信，没有发现信用风险敞口正在扩大，于是产生了金融脆弱性。

借款人与商业银行的经历类似，只是有假设条件，即所投资的项目将会产生足够的利润用来还本付息，对未来的还款很有信心，但实际上企业在向银行借款时，这个假设条件并没有基础。随着时间的推移，实际情况越来越多地验证这个假设甚至超过预期，使借款人对自己当初的投资充满信心。但上述情况有时并不是真实的，Minsky 认为，生活在一个不确定的世界里，人们对未来的看法影响着资本性资产的价格，所以融资条件的形成机制常常是由正的、失衡的回馈所控制。由于扩张期投资预测的错误很难被发现，以致借款人和银行都变得非常有信心，安全边界不断被降低。

金融脆弱性正是建立在安全边界的变化上，即那些缓慢的、不易察觉的行为对安全边界进行侵蚀，由此产生金融脆弱性。当安全边界减弱到最低程度时，即使经济现实略微偏离预期，借款企业为了兑现固定现金收入流量承诺，也不得不改变已经计划好了的投资行为。这意味着企业将拖延支付或另找贷款，若现金流量不能实现，就只能推迟投资计划或变卖投资资产。随之，将开始经历 Fisher 提出的债务－通货紧缩过程。Keynes 认为在不能准确预测未来的情形下，假定未来会重复过去，也是一个好的选择。因此，注重以前信贷记录有其合理性，也可认为金融脆弱性具有内在性。Kregel 指出，即使银行和借款人都是非常努力的，这种努力也是非理性的，对于金融脆弱性也无能为力，这是资本主义制度理性运作的自然结果。

2）D-D 模型

Diamond 和 Dybvig 提出了著名的 D-D 模型，并论述在金融市场上有可能存在多重平衡。他们指出，对银行的高度信心是银行稳定性的源泉，银行系统的脆弱性主要源于存款者对流动性要求的不确定性及银行资产流动性的缺乏。在此研究的基础上，Jacklin 和 Bhattacharya 研究了由于生产回报不确定性带来的银行体系的脆弱性，明确提出了可能引起挤兑的因素，并认为挤兑是由经济上相关指标的变动引起的"系统性事件"。Greenaway 和 David 指出，一个安全和健全的银行体系是实体经济体系稳定的必要条件，银行体系的脆弱性需要国家出面提供存款保险以减少挤兑的发生，但这又会恶化金融市场上的逆向选择。因此，对于银行体系的脆弱性，关键是要增强银行机构的稳定性。分析表明，金融机构的脆弱性是金融危机的主要原因。

3）1997 年以后对金融脆弱性的认识

1997 年亚洲金融危机之后，Frankel 和 Rose，Tornell 和 Velasco，以及 Honohan 的研究都强调了对外借款，尤其是外币面值的短期债务，对测量通货膨胀和货币风险程度起着重要作用。Krugman 认为，道德风险和过度投资交织在一起，导致了银行的脆弱性，而政府对金融中介机构的隐形担保也是导致脆弱性的主要原因。Mckinnon 和 Pill 强调过度借债的负面作用，特别是当非银行部门出现盲目乐观时，会出现信贷膨胀造成的宏观经济过热，从而导致银行系统的不稳定。Pesenti 和 Roubini 则认为，投资者意识到银行与公司债务的基本面出现了问题才会引发金融危机。Stiglitz 认为金融业作为一个特殊的行业，其本身蕴藏着的导致金融危机的因素比一般工商企业多。尽管经济政策能够影响波动幅度和持续时间，但经济波动却是资本主义经济制度的内在特征。Koskela 和 Stenback 构造的银行信贷市场结构与风险关系的模型表明，通过贷款市场的竞争来降低贷款利率，不但有利于投资规模的扩大且不增加企业的破产风险，而且有利于银行的稳健经营和金融体系的稳定。

2.2.3　金融脆弱性的理论成因

1. 信息不对称与金融脆弱性

信息不对称理论是指在市场经济活动中，各类人员对有关信息的了解是有差异的，掌握较充分信息的人员，往往处于比较有利的地位，而信息贫乏的人员，则处于比较不利的地位。Mishkin 认为，正是因为存在信息不对称所导致的逆向选择和道德风险，以及存款者的"囚徒困境"可能引起的银行挤兑，所以银行等金融机构才具有内在的脆弱性。Mishkin 还直接将银行危机与道德风险相联系，认为银行危机因逆向选择和道德风险而恶化。

1）借款人与金融机构间的信息不对称

Stiglitz 和 Weiss 的研究表明，在信贷市场上，逆向选择和不当激励是不可避免的。从历史经验来看，最容易诱使金融机构陷入困境的是在经济繁荣环境下可能产生丰厚收益，一旦经济形势逆转便会出现有严重问题的投资项目，而这些项目很难用通常的统计方法做出准确预测。Mishkin 用债务合约的道德风险解释这一现象。他认为，债务合约是一种规定借款人必须定期向贷款人支付固定利息的合约，当企业有较多的利润时，贷款者收到契约规定的偿付款而无须了解公司的利润。只有当企业不能偿还债务时，才需要贷款者审查企业的盈利状况，而此时已对银行资产质量构成了威胁。虽然贷款人可以通过限制性契约等手段约束借款者，但并不能防止所有的风险活动，借款者总能找到使限制性契约无法生效的漏洞。

2）存款人与金融机构间的信息不对称

由于存款者对银行资产质量缺乏充分了解，以至于无法辨别存款银行的真正实力。在存款基本稳定的条件下，金融机构可以保证足够的流动性以应付日常提款。一旦发生任何意外事件，由于金融机构要根据"顺序服务原则"行事，存款者便有强烈的冲动，要去银行加入挤兑的行列。如果在他们提款时，金融机构资金耗尽，无力支付，便不能及时收回全部存款。由此，存款人个体行为理性的结果是导致集体的非理性，这正是博弈论经典例证"囚徒困境"说明的结论。这意味着在市场信心崩溃面前，金融机构是非常脆弱的。Diamond 和 Dybvig 提出的银行挤兑模型也很好地说明了这个问题。

2. 资产价格波动与金融市场的脆弱性

Knight 把不确定性因素引入经济分析中，Keynes 吸收并发展了 Knight 的思想，认为大多数经济决策都是在不确定的条件下做出的。金融市场的不确定性首先来自于金融资产未来收入流量的不确定性，这种不确定性又来源于生产性投资的风险。Keynes 分析，投资决策取决于投资者对未来市场前景的心理预期，而这一预期是以投资者对未来因模糊和缺乏可靠基础的偏差将发生剧烈的市场波动为依据的。金融市场的脆弱性，往往是从价格波动的角度来研究的，金融资产价格的不正常波动或过度波动，积累了大量的金融风险，极其容易爆发危机。Jorion 和 Khoury 认为，金融市场上的脆弱性主要来自于资产价格的波动性及联动效应。

1）金融市场脆弱性主要来自股市的过度波动

马克思在《资本论》中指出股市投资的风险，认为信用使一部分人越来越具有纯粹冒险家的性质。Kindleberger 认为，市场集体行为的非理性导致的过度投机对资产价格有巨大影响，因此过度投机足以引起股市的过度波动。Keynes 将经济繁荣时推动资产价格上升的现象描绘成"乐队车效应"，即当经济繁荣推动股价上升时，幼稚的投资人开始涌向价格的"乐队车"，使得股票价格上升得更快，以至于达到完全无法用基础经济因素来解释的境地。由于股票价格脱离了基础经济因素，市场预期最终会发生逆转，导致股市崩溃。

2）不完全有效市场导致金融市场的脆弱性

Fama 等人在 1961—1970 年间提出有效市场理论。他们认为，有效市场是指能够有效利用金融信息并在证券价格形成中充分而准确地反映全部相关信息的资本市场。Fama 将有效市场分为三种类型：强式有效市场、半强式有效市场和弱式有效市场。他认为，强式有效市场是一种理想型的市场，在现实经济中并不存在，现实的金融市场无法完全杜绝依靠内幕消息牟取暴利的投资者。在弱式有效市场上，大多数投资者不明真相且缺乏信息，极易产生盲目从众和极端的投机行为以致破坏了市场均衡，金融泡沫开始形成并且迅速膨胀，使得金融市场的脆弱性不断增长，待金融泡沫破灭时，便会引发金融危机。在半强式有效市场上，仍然无法克服市场自身存在的信息不对称性缺陷，也无法解决普遍存在的内幕信息的传播。因此，在半强式有效市场上仍然可能产生大量金融泡沫。但同弱式有效市场相比，半强式有效市场上的泡沫膨胀程度要小。

3）汇率过度波动增加了金融市场的脆弱性

汇率过度波动是指市场汇率的变动幅度超出了真实经济因素所能解释的范围。

在固定汇率制下，也存在汇率过度波动的问题。当市场参与者对该国货币当前汇率的稳定性失去信心时，就会抛售该国货币，使政府难以维持固定汇率水平，随之发生货币危机。国际金融市场上存在的巨额投机资金，常常使得货币当局维持汇率的努力不足以影响市场，市场上的其他参与者在面对某种货币汇率的强大调整压力时，其理性行为方式常常是从众心理，这便增大了汇市波动的振幅。但是汇率的易变性是浮动汇率下汇率变动的基本特征。市场经常会出现汇率的过度波动和错位，汇率体系的稳定性被进一步弱化。Dornbush 的汇率超调理论表明，浮动汇率制度下，汇率剧烈波动和错位的主要原因在于面对某种初始的外部冲击，市场预期会引起汇率大幅波动，投机是在预期指导下的现实行为，预期的微小变化，都会通过折现累加，导致汇率的大幅度变化。Chang 和 Velasco 指出，产生流动性危机的宏观经济效应取决于汇率制度。

许多危机事件表明，中间汇率制度与金融脆弱性有密切的联系。Eichengreen 认为，在钉住汇率制度下银行和企业会过分持有未对冲的外币债务，而钉住汇率制又使得他们缺乏动机去对冲外汇风险。若国内经济状况变动或人们的预期出现偏差，在投机基金的攻击下，汇率就有可能下跌，银行的外债随本币贬值而增加，金融脆弱性便充分暴露，随之可能爆发银行危机甚至金融危机。

4）金融自由化与金融脆弱性

金融危机的爆发虽然表现为突然发生，但实际上是脆弱性积累的结果。Williamson 对 1980—1997 年间 35 个系统性金融危机事件进行了研究，发现其中 24 个金融危机事件与金融自由化有关。金融自由化在相当程度上激化了金融固有的脆弱性，将金融体系内在的不稳定性和风险性暴露出来。Barth 等指出，在 1978—1998 年中，有超过 130 个国家经历了损失巨大的银行危机，爆发金融危机的大多数国家都实行了金融自由化。概括起来，金融自由化与金融脆弱性的关系主要有以下几个方面。

（1）混业经营与金融脆弱性。

金融自由化的一个主要表现是放松对金融机构业务范围的限制，金融业由分业经营走向混业经营。在商业银行和投资银行日益融合的情况下，双方通过各自的信贷、投资等部门向产业资本渗透，资本的高度集中会造成某些人为因素的垄断增加，金融业的波动性加大，同时也极易形成泡沫。虽然银行资金雄厚，但过度介入证券市场，会加剧证券市场的波动，促成"泡沫"形成。

金融自由化的另一种表现是金融机构的并购。金融机构并购是实现金融混业经营的重要方式。并购虽然可以扩大规模，占领市场，降低成本，实现规模效应、财务效应和协同效益，但并购也同时伴随着风险。一旦并购失败，即使是资本实力雄厚的大银行也难逃厄运；即便并购成功，由于银行规模过大，也会降低灵活性而增加脆弱性。在金融全球化的趋势下，金融机构的跨境并购将会增加国际金融业的脆弱性。

（2）利率自由化与金融风险。[①]

利率自由化是指金融监管当局取消对金融机构的利率管制，利率水平由市场资金供求关系决定。利率自由化主要通过两条途径加大商业银行的风险。其一是利率自由化后，由于决定利率因素的多变性及人们预期的不稳定性，利率水平的变动加剧且难以预测，长期在利率管制下生存的商业银行不能有效运用金融衍生工具来规避利率风险。Hellman 等在探讨了金融自由化进程中金融体系脆弱性的内在原因后指出，金融自由化引发银行部门脆弱化的重要通道是利率上限取消及降低进入壁垒所引起的银行特许权价值降低，导致银行部门的风险管理行为扭曲，从而引起金融体系的内在不稳定。其二是利率自由化后，利率水平显著升高影响宏观金融稳定。Stiglitz 和 Weiss 指出，随着实际利率的升高，偏好风险的借款人将更多地成为银行的客户，产生逆向选择效应。而原本厌恶风险的抵补性借款企业也倾向于改变自己项目的性质，使其具有更高风险和收益水平，这就产生了风险激励效应。Caprio 和 Summers 及 Hellman 等指出，由于商业银行的利率敏感性资产与利率敏感性负债不匹配，利率变动之后会对银行的净利差收入产生影响，利率风险逐渐成为最主要的风险。他们认为，利率上限和进入限制创造了一种租金，使银行的执照对持有者来说有着很高的价值，有可能失去宝贵的银行执照这一风险，激励着银行更加稳健经营。但当金融自由化导致银行竞争加剧并减少收益时，特许权价值就受到损失，并扭曲了对银行稳健经营的激励。若不采取足够的措施来强化对谨慎监管的激励，特许权价值的降低就有可能加大金融机构的脆弱性。Demirg-Kunt

---

① 王杰.金融自由化与金融风险.经济师，2009（3）.

和 Detragiache 运用了《银行概览》数据，考察是否存在证据证明金融自由化会使银行特许权价值降低，结果发现金融自由化降低了银行特许权价值，进而使银行的脆弱性加大。

（3）金融创新与金融体系的稳定性。

20 世纪 70 年代以来，金融创新从根本上改变了整个金融业的面貌，但金融脆弱性增大。首先，随着新产品、新市场和新技术的不断开发和应用，许多传统风险和新增加的风险往往被各种现象所掩盖，给金融体系的安全稳定带来了一系列的问题。Carter 指出，金融创新实际上是掩盖了日益增长的金融脆弱，最终激励了基于难以实现的未来收入流和资产价格预期的投机性融资，金融创新在整体上有增加金融体系脆弱性的倾向。其次，金融衍生工具加大了金融脆弱性。对此，Minsky 认为，仅从金融层次的增多及新金融工具的不断发明，就足以证明金融体系脆弱性在增加。如金融衍生品具有极大的渗透性，其风险更具有系统性，由于金融衍生品本质上是跨国界的，系统性风险更具全球化特征，使得全球金融体系的脆弱性不断增加。此外，由于金融创新大大丰富了银行资产的可选择性，商业银行不再依赖向中央银行借款，使得中央银行调控能力下降。

（4）资本自由流动与国际金融体系的脆弱性。

伴随着金融自由化的发展，资本项目开放加快，资本自由流动已经成为国际金融发展的趋势。国际金融危机的不断爆发，使人们看到了资本流动带来的风险和金融脆弱性。如在多数情况下，金融自由化伴随着对资本管制的解除，当本国银行从国际资金市场上借入外币资金，并将它贷给本国借款者时，本国的外汇风险随之加大。美国次贷危机的事实表明，对资本流动可能产生的风险估计不足，就可能引发全球金融危机。此外，随着资本的自由流动，国际游资对国际金融市场的影响加大，得益于现代通信技术和电子技术在金融业的普遍应用，资金的转移异常迅速，能随时对任何瞬间出现的暴利空间或机会发出快速出击，造成金融市场的巨大动荡，很容易在较短时间内吹起经济泡沫，引发金融市场的大幅波动。

Kindleberger 强调，短期资本流入国可以通过增加在国外的短期净资产或减少在国外的短期净负债使其经济膨胀；反之，短期资本的流出国同样通过增加在国外的短期净负债或减少在国外的短期净资产将经济收缩。此外，游资还会对一国独立的货币政策形成干扰，增加该国宏观调控的难度。游资引发的主要后果是经济泡沫、汇率无规则波动、货币政策失灵及传播扩散效应，为增加国际金融体系脆弱性的根源之一。

2.3　金融风险管理理论

金融风险是指金融主体在金融活动中遭受损失的可能性或不确定性。金融风险管理包括对金融风险的识别、度量和控制。由于金融风险对经济、金融乃至国家安全有消极影响，目前在国际上，许多大型企业、金融机构、各国政府及金融监管部门都在积极寻求金融风险管理的技术和方法，以便对金融风险进行有效识别、精确度量和严格控制。

2.3.1　金融风险管理的重要性

20 世纪 70 年代以来，世界经济和金融发生了几个方面的巨大变化。其一，第二次世界大战以后世界经济一体化的浪潮席卷全球，世界各国的经济开放程度逐渐提高，一个国家的经济发展、金融稳定与其他国家的经济发展和金融稳定的联系日益紧密。其二，20 世纪 70

年代初，布雷顿森林体系解体，固定汇率制被浮动汇率制所代替，各国政府、公司及个人面临的金融风险加大。其三，20 世纪 80 年代中期，金融创新的发展及金融衍生产品的出现，放大了金融市场的风险，金融风险出现了波及范围大、危害程度深、损失巨大的特点。特别是在 20 世纪 90 年代以后，爆发的震惊世界的大规模金融危机，对世界经济和金融的健康发展产生了巨大的破坏作用，使人们意识到了金融风险管理的必要性和紧迫性。

2.3.2　金融风险的分类

1. 按照风险形态划分

1）信用风险

信用风险又称违约风险，指由于借款人到期不能偿还债务使债权人遭受损失的可能性。例如，银行在做贷款业务时，必须对借款人的信用做出判断。但由于信息不对称，这些判断并非总是正确的，即便是信誉很高的借款人，在贷款期内信用水平也可能会因各种原因而下降。因此，银行将面临借款人不能履约的风险。这些风险不仅存在于贷款业务中，也存在于其他债券投资、票据买卖、担保、承兑等业务中。近年来，随着网络金融的发展，网络金融的信用风险愈加突出。

2）流动性风险

流动性风险是指由于流动性的不确定变化而使金融机构遭受损失的可能性。流动性包含两层含义：一是指持有者将金融资产以合理的价格在市场上变现的能力；二是指金融机构能够随时兑付客户存款和满足客户贷款的需求。如果这些方面的能力强，则流动性好，反之，则流动性差。当发生储户挤兑而银行头寸不足时，就会发生流动性风险，若控制不力会波及整个金融体系的安全。

金融机构的流动性强弱受多种因素的影响，如资产负债结构是否合理、客户的财务状况和信用等级、二级市场的发达程度、融资渠道及金融市场的稳定性等。金融机构分配资产时，除了考虑收益性外，必须兼顾流动性的要求。

3）市场风险

市场风险是指由于基础变量（如利率、汇率、股票价格、通货膨胀率等）的波动而引起的金融资产或负债的市场价值变化给投资者造成损失的可能性。市场风险包括以下几种类型。

① 利率风险。

利率风险是指利率变动给金融机构带来损失的可能性。利率是资金的价格，也是调节市场资金供求的杠杆，由于受经济周期、中央银行货币政策、投资者预期等多种因素的影响，利率经常变动状态，导致金融机构的现金流量和资产、负债的市场价值发生变动，金融机构面临的风险加大。此外，存款类金融机构的存贷款业务中，利率的上升与下降，意味着利息收入或利息支出的增加或减少。例如，银行从事固定利率定期存单业务和固定利率长期贷款业务，一段时间后，若市场利率上升，则未到期的定期存单利息支出减少，未到期的贷款利息收入减少。如果资产负债的利率敏感性不匹配，银行的净利息收入就会因利率的变动而减少。证券投资业务中，由于利率的高低与证券价格负相关，因而影响证券交易的收益。保险业务中，保险费率的确定不可避免地也会遇到利率风险。

② 汇率风险。

汇率风险也称外汇风险，是指由于汇率变动导致以外币计价的款项收付和资产负债造成损失的可能性。主要包括：外汇买卖风险，即外汇买卖后所持有头寸由于汇率变动出现损失的可能性；外汇交易结算风险，即约定以外汇结算时发生的风险；汇价风险，即会计处理时因货币兑换所使用的汇率不同而承受的风险；外汇存货风险，即外汇库存资产因汇率变化造成的损失。目前世界上大多数国家实行有管理的浮动汇率制度，加之国际政治经济形势复杂，使得主要汇率波动频繁，加大了金融机构的汇率风险。

③ 证券价格风险。

证券价格风险指证券市场价格变化给证券持有者带来的风险。在证券市场上，每天都有大量的金融工具进行交易，投资者参与交易的目的是低价买再高价卖获利，然而，由于市场价格受政治、经济、投资者心理等多种因素影响，投资者会因价格变动不能获得预期利润，导致投资损失。

④ 通货膨胀风险。

通货膨胀风险指物价水平变化带来的风险。表现为通货膨胀时期货币购买力下降，债权人遭受损失；通货膨胀时期名义收益不能随通货膨胀率调整，导致实际收益率降低；此外通货膨胀会导致金融资产价格的变化，从而使经济主体的资产遭受损失。

4）操作风险

操作风险指由于不完善或有问题的内部程序，人员及系统或外部事件所造成的风险损失。鉴于国际大银行操作风险导致银行倒闭和巨额损失的教训，2014 年颁布的巴塞尔协议 Ⅱ，针对商业银行的操作风险提出了相应的资本要求。

案例

日本大和银行内控不力导致巨额损失

井口俊英，44 岁。1976 年之前是一位汽车推销员。1976 年进入大和银行纽约分行。入行后，在债券托管部门工作，在工作中逐渐熟悉了证券交易和清算业务的操作，由于工作踏实出色，他很快被提升并安排做资金交易工作。不久，由总行指派出任纽约分行交易部经理，调回总行工作，井口俊英接任了交易部经理职位。开始井口俊英只是做比较简单的美国政府债券交易。由于工作出色，很得总行赏识。后来被提升为副行长，既负责证券交易又负责资金清算。1984 年，井口俊英在做美国国债交易时出现了第一笔亏损，虽然金额不是很大，但是被他隐瞒下来。他私下卖掉了大和银行持有的债券弥补了亏损，并伪造了大和银行债券保管行——美国信浮银行签发的对账单。

在截止到 1995 年的 11 年期间，他所做的这种假账多达 3 万次，导致银行亏损总额高达11 亿美元（1 100 亿日元）。1995 年 6 月大和银行纽约分行存在美国信浮银行的证券价值为46 亿美元，而实际价值只有 35 亿美元，亏损 11 亿美元，相当于每天平均亏损 40 万～50 万美元。在这 11 年当中，日本银行和美国联邦储备系统先后在 1989 年和 1993 年两次对该行进行稽核，均未发现问题。直到 1993 年 10 月，大和银行纽约分行对部门分工进行调整，井口俊英专做资金清算，证券交易交给大和银行在纽约的另一家分行负责。他考虑到自己的行为迟早会暴露，于 1995 年 7 月 24 日给大和银行董事长写了一封信，坦白了他的不轨行为。案发后，大和银行为减少损失，暂时没有向社会公布此案，而是以最快的速度在案发后的第三天（7 月 27 日）以高价出售了 500 亿日元的优先股。直到两个月以后（9 月 18 日、19 日）

才分别通告了日本大藏省和美国纽约联邦储备银行。

纽约地方法院也于 9 月 26 日收审了井口俊英，起诉他伪造证据和犯有银行欺诈罪。大和银行为此付出了惨重的代价。1995 年 11 月 2 日美国联邦委员会及纽约州等 6 个州的银行监管机构决定将大和银行在美国的 18 个分支机构全部驱除，并处以 3.4 亿美元的罚款。大和银行变卖了在美国的 130 亿美元资产，并在全球范围内收缩了国际业务。

5）环境风险

环境风险指金融活动的参与者由于其所处的自然、法律、政治、社会等环境的变化而遭受的直接或间接损失的可能性。如自然灾害使金融机构资产遭受直接损失及由于市场环境的变化导致借款人不能偿还贷款给金融机构造成的间接损失等。

6）政策风险和国家风险

政策风险指国家经济政策的变化及货币政策、财政政策、汇率政策及相关政策工具的变化对金融业带来损失的可能性。国家风险指因外国政府的行为而导致金融机构发生损失的可能性。例如，A 国银行对 B 国政府或 B 国政府担保的企业发放贷款，B 国发生政府政权更迭，新政府拒付前政府所欠外债，A 国银行贷款不能收回导致资产损失或者新政府实行外汇管制导致外汇不能汇出，使银行遭受损失。

2. 按风险性质划分

1）系统性金融风险

系统性金融风险指由影响整个金融市场风险的因素所引起的风险。这些因素包括经济周期、宏观经济政策和货币政策的变化、战争等。其特征是这些因素对所有的金融变量均产生影响，经济主体不能通过调整投资结构或实行多样化投资组合来分散和规避风险。

2）非系统性金融风险

非系统性金融风险指与特定公司或行业相关的风险。它与政治、经济和其他影响所有金融变量的因素无关。例如，某公司的进口原材料成本上升或竞争对手利润大幅增加，对该公司的股票价格会产生不利影响，而对其他公司和行业不会产生影响。投资者可以通过多样化投资策略分散和规避非系统风险。但是由于金融风险的可传递性，非系统风险一旦发生，便会迅速在市场扩散，有可能转变为系统性风险。

2.3.3　金融风险的特征

1. 金融风险具有客观性

受市场交易瞬息万变的影响，金融风险的发生无论是范围、程度、频率，还是形式和时间等方面都会表现出差异。虽然金融决策日益显出超前性和预警性，但是由于金融机构的有限理性和市场信息不对称，未来的金融活动仍然难以被掌控，导致金融风险客观地存在于金融活动和金融体系中。20 世纪 80 年代以来，随着金融国际化、业务多元化、金融交易电子化、金融产品复杂化、金融服务个性化和金融机构同质化趋势的加强，金融风险更具复杂性和普遍性，广泛存在于金融活动和金融体系中。

2. 金融风险具有潜在性

金融活动是建立在信用基础上的，由于债权债务关系错综复杂地交织在一起及存在金融运行与经济运行的非同步性，都会使金融风险的暴露和释放更为复杂和难以识别。此外，金融市场的信息不对称也使得投资者难以识别甚至忽视风险，导致金融风险不易被察觉或被隐匿。金融风险这种潜在性，使人们对其发生过程难以识别，累积的结果难以估量，金融风险的出现更加迅速，控制难度加大。

3. 金融风险的传染性

金融服务业是一个高风险行业，金融业的各项活动均以信用为基础，货币的交易和支付将整个金融机构紧密连接成一个债权债务的关系网。在层出不穷的金融创新中，一个交易主体规避风险的同时意味着另一交易主体承担了其转移的风险，形成了以金融交易为基础的复杂关系体及其相互间很强的关联性，由此极易产生多米诺骨牌效应，金融风险一旦发生便会在金融机构之间迅速传递。此外，由于经济金融化程度不断加深，经济与金融的相互依赖性增强，以致金融风险不仅在金融体系内部扩散，还会传染到与其相联系的实体经济，并在国际间传播，形成全局性、系统性的金融风险。

4. 金融风险的可控性

金融风险是客观存在的，虽然其产生、变化和影响具有不确定性，但是可以通过强化金融机构的资产负债管理、提高内部风险识别的管理技术及加强政府监管和行业自律来加以控制和防范。金融监管当局建立风险事前预警、事中化解和事后补救机制对于防范系统性金融风险尤为重要。

2.3.4　金融风险管理

1. 风险管理流程

金融风险管理流程可以概括为风险识别、风险计量、风险监测和风险控制四个步骤。

1）风险识别

适时、准确地识别风险是风险管理的最基本要求。风险识别包括感知风险和分析风险两个环节。感知风险是通过系统化的方法研究商业银行所面临的风险种类和性质。分析风险是深入研究各种促使风险形成的因素。

制作风险清单是商业银行识别风险的最基本、最常用的方法。它是指采用类似于备忘录的形式，将商业银行所面临的风险逐一列举，并联系经营活动对这些风险进行深入理解和分析。此外，常用的风险识别方法还有：第一，专家调查列举法。指将可能面临的风险逐一列出，并根据不同标准分类，例如直接风险或间接风险、财务风险或非财务风险、政治性风险或经济性风险等。第二，资产财务状况分析法。指通过实际调查研究和对金融机构的资产负债表、损益表等进行分析发现潜在的风险。第三，情景分析法。指通过有关数据、曲线、图表模拟商业银行未来发展的可能状态，识别潜在的风险因素、预测风险范围及结果，选择最佳的风险管理方案。第四，分解分析法。指将复杂的风险分解为多个相对简单的风险因素，从中识别出可能造成严重风险损失的因素。

2）风险计量

风险计量是全面风险管理、资本监管和经济资本配置得以有效实施的基础。国际大银行为加强内部风险管理和提高市场竞争力，开发出针对不同风险种类的量化方法，例如针对信用风险的 RiskMetrics、CreditMetrics、KMV 等模型，针对市场风险的方差－协方差模型，针对操作风险的高级计量法等，已经成为现代金融风险管理的重要手段。

准确的风险计量结果是建立在科学的风险管理模型基础上的，而开发一系列准确的、能够在未来一定时间限度内满足商业银行风险管理需要的数量模型，任务相当艰巨，重要的是模型开发所采用的数据源是否具有高度的真实性、准确性和充足性，确保最终开发的模型可以真实反映商业银行的风险状况。商业银行应当根据不同业务的性质、规模和复杂程度，对不同类别的风险选择适用的计量方法，基于合理的假设前提和参数，全面计量风险。

3）风险监测

风险监测包含两个层面的内容：其一，监测各种可量化的关键风险指标及不可量化风险因素的变化和发展趋势，确保风险在恶化之前提交给相关部门，以便密切关注并采取有效的控制措施；其二，报告商业银行所有风险的定性和定量评估结果，随时关注所采取的风险管控措施实施的质量和效果。

4）风险控制

风险控制是对经过识别和计量的风险采取分散、对冲、转移、规避和补偿等措施，进行有效管理和控制的过程。风险管理和控制措施应当实现以下目标：第一，风险管理的战略和策略符合经营目标的要求；第二，所采取的具体措施符合风险管理战略和策略的要求，并在成本和收益基础上保持有效性；第三，通过对风险诱因的分析发现管理中存在的问题，完善风险管理程序。

2. 风险管理信息系统

风险管理信息系统是联结金融各业务单元和市场的一条纽带，要求形成一个集中的信息平台，及时、广泛地采集所需要的大量风险信息，并对这些信息进行充分加工和分析，为风险管理决策服务。风险管理信息系统机构如图 2-1 所示。

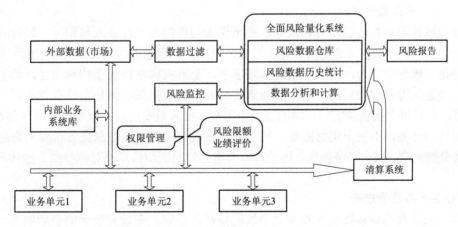

图2-1　风险管理信息系统结构简图

有效的风险管理信息系统应当能够及时整合各种风险类别的信息和数据，具有很强的备份和恢复能力，便于风险的计量与分析。金融机构可以自行开发或购买风险模型和分析系统，但不管以何种方式，都必须实现金融机构内部系统的数据信息和分析模型系统有机整合，通过对数据源进行风险分析处理，最终使有价值的风险信息传递到终端客户手中。

按照国际实践经验，在日常风险管理操作中，具体的风险管理和控制方式是从基层业务单位到业务领域风险管理委员会，最终到达高级管理层的三级管理方式。

2.4 金融监管理论

2.4.1 金融监管原因理论

20世纪30年代经济危机以后，凯恩斯经济学占据经济学主流地位，随着政府对经济监管和干预力度的加大，金融领域成为政府监管的重点。

公共利益理论以市场失灵和福利经济学为基础，认为监管是政府对公共需要的反应，政府监管的目的是弥补市场失灵，提高资源配置效率，实现社会福利最大化。金融监管原因理论主要包括以下内容。

1) 负外部性金融监管理论

负外部性金融监管理论是基于负外部性效应而产生的。其核心内容是，在金融成为经济发展重要因素的社会中，金融体系的负外部性是导致金融市场失灵的主要原因，如果放任金融机构自由竞争和完全依赖于自律性监管，则无法消除负外部性效应，因此政府采取税收或管制等措施矫正外部效应是解决问题的关键。如拉尔夫·乔治·霍特里认为，中央银行可以管理信用，促进经济稳定，并就抑制信用不稳定及由此产生的经济不稳定提出若干补救方案。又如约翰·梅纳德·凯恩斯指出，一个典型的危机，其原因往往不是利率上升，而是资本边际效率的突然崩溃。危机产生不是单纯的投资过度问题，而是从事投资的环境不稳定，因此必须引入政府的宏观调控以弥补经济的市场失灵。在金融领域表现为政府对金融活动的监管。

2) 信息不对称监管理论

金融领域普遍存在信息不对称现象，如承保人与保险人、存款人与银行、银行与贷款人之间，由此产生了金融市场的逆向选择和道德风险，以致金融市场失灵，由此形成了信息不对称监管理论。该理论认为，在信息不对称环境下，金融机构往往处于相对劣势，面临金融效率降低和金融风险并存的局面，投资者要求实施各种监督措施。但是由投资者进行监督不仅成本昂贵，而且每个投资者实施相同的监督也重复。更为重要的是，很多投资者（如存款人）不了解银行的业务，不便于实施监督。政府的外部监管能够提高信息完备程度和金融监管效率，降低金融风险，减少经济损失，因此政府金融监管是医治信息不对称导致金融体系失效的良药。

3) 公共产品监管理论

公共产品具有消费非排他性和非竞争性的特征。稳定、有效和公平的金融服务，明显具有公共产品的上述特征。作为公共产品不可避免地会出现搭便车问题。银行集体传染性及金融机构违背审慎原则过分冒险等个体理性行为，有可能导致集体的非理性结果。金融体系的这一性质，决定了必须有一个无私的主体对所有机构个体的运行实施限制和监管，以维护金融服务这一社会公共产品供给的稳定性。公共产品监管理论强调，政府应该运用各种手段限制个体金融机构的冒险行为，削弱金融机构的集体非理性，保持金融这种公共产品的健康稳定，维护客户利益，确保经济稳定。

4）自然垄断理论

自然垄断理论从规模经济视角进行分析，认为金融机构的自由竞争最终会发展为集中和垄断，不仅会给效率和消费者福利方面带来损失，而且会对社会产生负面影响。此外，金融市场的自然垄断是导致金融体系不稳定的主要原因，主张通过政府监管消除垄断，保障金融体系的稳定运行，认为政府监管是消除垄断和维护稳定的有力手段。

5）金融风险控制论

这一理论源于"金融不稳定假说"，认为银行的利润最大化目标促使其系统内风险增加，导致系统内在不稳定性。这种不稳定性来源于银行的高负债经营、借短放长和部分准备金制度。银行经营的是金融资产，各金融机构之间的联系非常密切，金融资产的可流通性又使得银行体系的风险具有传导性，"多米诺骨牌效应"容易在金融体系中出现，所以金融业比其他行业具有更大的脆弱性和不稳定性。因此，通过金融监管控制金融体系的风险显得异常重要。

6）金融监控理论

以上传统理论针对的都是国别金融监管，即从一个国家的角度由本国金融监管部门掌握监管的决策权，对本国金融活动进行管理。20 世纪 30—70 年代，世界各国金融监管侧重于稳健与安全，但是日趋增强的金融全球化趋势使得这一模式受到挑战。20 世纪 70 年代以来，金融监管更强调安全与效率并重，同时对跨国金融活动的风险防范和国际监管协调更加重视。一国的金融监管行为不再是单边的，而是多边基础上的合作。面对这些变化监管理论需要改变，于是金融监管向金融监控转变。金融监控是一种全方位、整体上对金融业的管理和控制，既包括内部监管，也包括外部监管；既包括管理部门监督，也包括市场约束。

2.4.2 金融监管理论的类型

1. 偏重稳定型金融监管理论

偏重稳定型金融监管理论是以维护金融体系安全为目标，倾向于政府直接管制的金融监管理论。该理论以金融市场失灵为基础，从失灵的不同表现来阐释政府监管的必要性，主张政府进行干预和监管，认为金融监管是为了弥补金融市场自身不足，提高资源配置的效率。

该理论的基本内容是：① 金融机构的破产及其连锁效应会通过货币信用的紧缩破坏经济增长和发展。金融机构的财务杠杆效应又比一般企业高得多，由此也会导致金融机构和社会其他部门的利益严重不对称，而市场自身又无法控制和解决，要政府对其实行监管。② 金融危机的传染性说明了单个金融机构的危机会引起集体非理性，导致银行系统的崩溃。存款者为了获得流动性而选择银行，但是银行资产和负债在时间和数量上的不匹配使银行面临风险，严重时会出现银行挤兑，而防止挤兑的合约就是政府设立的存款保险制度。③ 金融领域有比其他经济领域更严重的负外部性。因此，需要市场以外的力量介入，这为政府介入实行监管提供了理论基础。④ 金融体系在某种程度上具有公共物品的特性，纯粹的市场行为会导致稳健金融业的供给不足，这也给政府介入金融监管提供了理论依据。激烈的自由竞争会导致金融体系的不稳定，政府监管则可以提供公平的竞争环境，保护金融体系的整体稳定。

2. 稳定和效率兼顾型金融监管理论

20 世纪 80 年代末出现的一系列区域性金融危机，促进了对金融监管理论研究的深入。从某种程度上说，金融危机的频繁出现推动了金融监管理论朝着稳定和效率兼顾方向发展。尤其是 20 世纪的最后十年，西方发达国家将监管重点转向银行资本有效性监管及市场约束机制的构建。这期间出现的理论应用了博弈论、信息经济学、委托代理等方法，使得理论更贴近实际。

3. 基于市场约束的金融监管理论

20 世纪 90 年代的金融危机使人们发现政府的金融监管在大多数情况下都是失效的，因为政府是一个拥有独立利益的特殊主体，不能将社会福利最大化的希望完全寄托在它身上。Kaufman 认为金融监管在付出高监管成本后，并没有根除金融机构的经营风险和整个金融体系的风险。据世界银行测算，20 世纪的最后 20 年，各国政府用于处理金融危机的平均成本高达 GDP 的 40% 左右。这至少反映出目前的金融监管体系和手段并没有消除市场失灵，是缺乏效率的。此外，理论和实证研究都认为市场约束同样重要。一方面要重视市场约束与金融监管效率的关系，另一方面要应用市场约束来改善金融监管。政府监管必须充分利用市场约束，将政府监管与市场约束有机结合，发挥竞争和开放机制在金融监管中的作用，实现金融稳定发展和提高监管效率。

4. 金融监管的法律理论

在金融监管过程中，除了政府监管和市场约束之外，还需要相应的法律、法规来支撑。在市场经济中法律制度是投资者权利的主要来源，提高金融监管效率的关键在于实现对中小投资者权利的有效法律保护。只有在投资者权利能够得到有效法律保护的条件下，才能建立有效的公司治理机制，使金融良性发展。

该理论在强调法治的同时，也重视政府监管的重要作用，并强调以法治约束政府监管活动的重要性。该理论涉及的问题有两个方面：① 以法律不完备性理论来分析不完备法律制度下有效的执法制度，引出何时需要监管和怎样监管的问题。② 将法律不完备性理论应用到金融市场尤其是证券市场监管中，并从制度结构上解释监管对金融市场的重要作用。法律不可能实现最优设计，而在法律不完备时，仅依靠立法机构立法是不够的，剩余立法权和执法权可以分配给法庭，也可以分配给监管者。监管者主动而灵活的执法可以弥补法庭被动执法的不足。监管是为解决法律及法庭被动执法造成的法律救济不足而设计的。

重要概念

货币脆弱性　金融中介风险规避理论　金融风险　信用风险　流动性风险　市场风险
操作风险　公共利益理论　系统性金融风险　负外部性金融监管理论　信息不对称监管理论

思考题

1. 简述金融中介风险规避理论的主要内容。
2. 简述金融脆弱性的理论成因。
3. 简述金融风险的种类和特征。
4. 政府为什么要对金融机构进行监管？
5. 金融监管理论有哪几种类型？
6. 偏重稳健型金融监管理论的主要内容是什么？
7. 本章介绍的金融理论对金融服务业运营与管理有哪些指导意义？

第 2 篇

金融服务业机构体系

依据本书对金融服务业的划分，第 2 篇主要介绍金融服务业机构体系的构成环节及各类金融服务业的特点与功能。本篇包括第 3 ～ 5 章，第 3 章介绍货币银行类和非货币银行类金融服务机构，第 4 章介绍资本市场金融服务机构，第 5 章介绍保险、金融信托、网络金融等服务机构。

第3章

货币银行类和非货币银行类金融服务机构

学习目标

通过本章学习读者应当掌握：

- 银行类金融服务业的构成环节
- 非货币银行类金融服务业的构成
- 金融租赁的特点与职能
- 企业集团财务公司的类型、特征及优势
- 典当业有哪些特征与功能
- 消费金融机构的特点与类型
- 货币经纪公司的概念与分类

3.1 中央银行和金融监管机构

3.1.1 中央银行

1. 中央银行及其发展

中央银行是统领一国金融机构体系、依法制定和执行货币金融政策，控制货币供给、实施金融调控与金融监管的特殊金融机构，在金融体系中居于中心地位。

最早的中央银行是 1694 年成立的英格兰银行。虽然其成立晚于瑞典的国家银行，但是英格兰银行最早获得了法律赋予的发行银行的特权，是最早全面发挥中央银行功能的银行。中央银行的发展经历了三次高潮。1944 年布雷顿森林体系的建立，标志着中央银行制度的强化。

为适应中国市场经济的发展，1984 年 1 月 1 日起中国人民银行专门行使中央银行的职能，标志着我国中央银行体制的建立。1995 年颁布的《中华人民共和国中国人民银行法》，以基本法律的形式明确规定了中国人民银行作为我国中央银行的地位，标志着我国中央银行制度的完善。

2. 我国中央银行的职责

中央银行是发行的银行、银行的银行、国家的银行。《中华人民共和国中国人民银行法》规定了人民银行的职责，是中央银行职能的具体化。主要职责是：① 发布与履行其职责有关的命令和规章；② 依法制定和执行货币政策；③ 发行人民币，管理人民币流通；④ 监督管理银行间同业拆借市场和银行间债券市场；⑤ 实施外汇管理，监督管理银行间外汇市场；⑥ 监督管理黄金市场；⑦ 持有、管理、经营国家外汇储备、黄金储备；⑧ 经理国库；⑨ 维护支付、清算系统的正常运行；⑩ 指导、部署金融业反洗钱工作，负责反洗钱的资金监测；⑪ 负责金融业的统计、调查、分析和预测；⑫ 作为国家的中央银行，从事有关的国际金融活动；⑬ 国务院规定的其他职责。

3.1.2　银行监管机构

中国银行业监督管理委员会是中国银行业监管机构，成立于 2003 年 4 月。2006 年 10 月 31 日，第十届全国人民代表大会常务委员会第二十四次会议《关于修改〈中华人民共和国银行业监督管理法〉的决定》，明确规定了银监会的监管范围、监管职责、监管措施和法律责任。

中国银监会的职责：① 依照法律、行政法规制定并发布对银行业金融机构及其业务活动监督管理的规章、规则；② 依照法律、行政法规规定的条件和程序，审查批准银行业金融机构的设立、变更、终止及业务范围；③ 申请设立银行业金融机构，或者银行业金融机构变更持有资本总额或者股份总额达到规定比例以上的股东的，对股东的资金来源、财务状况、资本补充能力和诚信状况进行审查；④ 按照规定对银行业金融机构业务范围内的业务品种，审查批准或者备案；⑤ 未经国务院银行业监督管理机构批准，任何单位或者个人不得设立银行业金融机构或者从事银行业金融机构的业务活动；⑥ 对银行业金融机构的董事和高级管理人员实行任职资格管理；⑦ 依照法律、行政法规制定银行业金融机构的审慎经营规则；⑧ 在规定的期限内，对银行业金融机构的设立、变更、终止，以及业务范围和增加业务范围内的业务品种、审查董事和高级管理人员的任职资格做出审批界定；⑨ 对银行业金融机构的业务活动及其风险状况进行非现场监管，建立银行业金融机构监督管理信息系统，分析、评价银行业金融机构的风险状况；⑩ 对银行业金融机构的业务活动及其风险状况进行现场检查；⑪ 对银行业金融机构实行并表监督管理；⑫ 建立银行业金融机构监督管理评级体系和风险预警机制，根据银行业金融机构的评级情况和风险状况，确定对其现场检查的频率、范围和需要采取的其他措施；⑬ 建立银行业突发事件的发现、报告岗位责任制度；⑭ 同中国人民银行、国务院财政部门等有关部门建立银行业突发事件处置制度，制定银行业突发事件处置预案，明确处置机构和人员及其职责、处置措施和处置程序，及时、有效地处置银行业突发事件；负责统一编制全国银行业金融机构的统计数据、报表，并按照国家有关规定予以公布；⑮ 对银行业自律组织的活动进行指导和监督；⑯ 开展与银行业监督管理有关的国际交流、合作活动。

3.2　货币银行类金融服务机构

货币银行类金融服务机构指除中央银行以外的各类从事存款、贷款、货币支付等货币媒介活动的金融服务机构。在我国这类机构包括各类商业银行和储蓄银行。货币银行类金融服务机构与非货币银行类金融服务业的本质区别在于具有创造信用货币的职能。其对经济的影响力和调节能力远远超出其他非银行类金融机构。

3.2.1　商业银行

1. 商业银行的界定

商业银行的界定迄今为止基本上有两个角度。

（1）从商业银行的业务范围定义。这是传统的商业银行的定义。这一定义也随着商业银行业务范围的扩大不断更新。包括：① 早期的商业银行。早期的商业银行也称"支票存款银行"，是指以吸收可以开出支票的活期存款为主要资金来源，以向工商企业发放短期贷款为主要资金运用的银行。② 现代商业银行。现代商业银行是指以盈利为目标，以存、放、汇为主要业务，以各种形式的金融创新为手段，全方位经营银行和非银行业务的金融企业。20 世纪 70 年代以后，金融自由化占据主导地位，随着金融监管的放松，在金融脱媒和利率市场化的背景下，商业银行中间业务和表外业务迅速发展，国际性的商业银行通过合并、扩张组建金融控股公司等进行再造，向全能化、国际化、电子化的目标迈进，已经成为"金融百货公司"。

（2）从功能上定义商业银行。美国学者彼得·罗斯将商业银行表述为："银行是提供包括信贷、储蓄、支付服务在内最广泛金融服务和在经济中发挥最广泛金融服务功能的金融机构。"[①] 这一概念反映了以美国为代表的现代商业银行的新变化，强调了当今商业银行金融服务业的特征。

我国 1995 年颁布，2015 年修改的《中华人民共和国商业银行法》对商业银行的表述是："本法所称的商业银行是指依照本法和《中华人民共和国公司法》设立的吸收公众存款、发放贷款、办理结算等业务的企业法人。"2005 年以后国有商业银行股份制改造步伐加快，商业银行体系不断完善，业务种类不断增加，经营业绩世界瞩目。

2. 商业银行体系的构成

世界各国商业银行发展的历史不同，法律制度和监管也不同，商业银行的组织结构各异。如美国的商业银行采取国民银行和州银行并存的双重银行制度；德国的商业银行包括大银行、区域型银行、私人银行、储蓄银行、合作银行及外国银行。日本的商业银行机构包括都市银行和地方银行、长期信用银行、信托银行和中小企业金融机构。

目前，我国已经初步形成国有控股商业银行为主体，中小股份制商业银行、城市商业银行、农村商业银行、村镇银行和外资银行并存的商业银行体系。国有控股商业银行是货币银行类金融机构的重要组成部分。我国的商业银行体系如图 3-1 所示。

---

① 罗斯，郝金斯．商业银行管理．刘园，译．9 版．北京：机械工业出版社，2014.

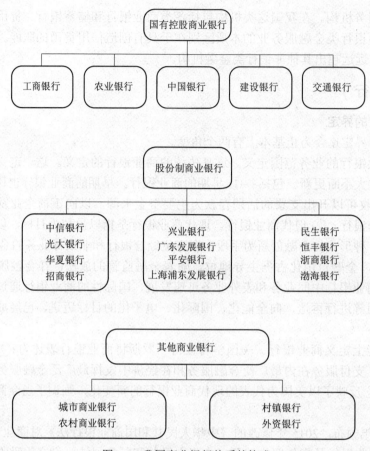

图3-1　我国商业银行体系的构成

1）国有控股商业银行

国有控股商业银行有工、农、中、建、交五家。1979年中国银行、中国农业银行从人民银行分设出来，建设银行从财政部分设出来划归金融系统，1984年中国工商银行成立，1986年交通银行组建，统称为国有专业银行。1994年政策性银行的成立及1995年《中华人民共和国商业银行法》的颁布，标志着国有专业银行向国有商业银行的转化。各大型商业银行基本情况如表 3-1 所示。

表3-1　大型商业银行基本情况

单位：亿元

银行名称	成立或重新组建时间	总部	注册资本	A股上市日	H股上市日	总资产（截至2014.6）
工商银行	1984.1.1	北京	2 480	2005.10.28	2006.10.27	203 026
建设银行	1979.8	北京	1 942.30	2007.9.25	2005.10.27	163 997
中国银行	1979.3	北京		2006.6.1	2006.6.1	154 690
农业银行	1979.2	北京	2 600	2009.1.16	暂未上市	160 066
交通银行	1986.7.6	上海	405.04	2007.5.15	2005.6.23	62 839

资料来源：2014 年 6 月各家银行年报

2）中小股份制商业银行

中小股份制商业银行指除大型商业银行以外在全国范围内设立机构开展经营活动的股份制银行。20 世纪 80 年代后期，为适应经济结构调整和填补国有商业银行收缩机构造成的市场空白，打破计划经济体制下国家专业银行的垄断局面，促进商业银行竞争机制的形成和整体服务效率的提高，推动中国银行业改革和发展，我国陆续组建了中小股份制商业银行。迄今为止我国已经建立了包括：中信银行、招商银行、平安银行、广东发展银行、兴业银行、光大银行、华夏银行、上海浦东发展银行、中国民生银行、渤海银行等中小股份制商业银行。

3）城市商业银行

城市商业银行是中国商业银行重要和特殊的群体。是在原城市信用合作社的基础上组建的。1979 年第一家城市信用社在河南省驻马店市成立后，城市信用社在大中城市正式推广。20 世纪 90 年代末期，城市信用社纷纷改组为地区商业银行。自 1995 年全国第一家城商行——深圳市城市合作银行（现为平安银行）成立，至 2015 年 6 月末，全国 134 家城市商业银行总资产达到 20.25 万亿元，占银行业金融机构的比例接近 11%。目前超过 50% 的城市商业银行实现了跨区域发展，越来越多的城市商业银行跨入全球银行业前 500 强序列。

城市商业银行具有以下特点。① 总体规模小。截止到 2015 年年末资产规模最大的一家城市商业银行资产规模为 17 877 亿元，绝大部分资产规模都在百亿元以下。② 发展程度多取决于当地经济的发展。据典型调查，经营绩效好的城市商业银行主要集中于经济较发达的地区，特别是东部地区。经济欠发达地区城市商银行的发展受到了一定的限制。

4）农村商业银行

农村商业银行（包括农村合作银行）是在农村信用社的基础上组建的。1996 年国务院决定农村信用社与农业银行脱钩，将其办成农民入股、社员民主管理、主要为入股社员提供金融服务的真正合作金融组织，并提出经整顿后合并组建农村合作银行。

农村商业银行具有以下特点。

第一，是由农民和农村的其他个人集资联合组成的以互助为宗旨的合作金融组织，其业务经营是在民主选举的基础上由社员指定人员进行经营管理，并对社员负责。其最高权力机构是社员代表大会，执行机构是理事会，负责具体事务管理和业务经营。

第二，主要资金来源是合作社成员缴纳的股金、留存的公积金和吸收的存款；贷款主要用于解决其成员的资金需求。与商业银行贷款没有区别。

第三，由于业务对象是农村企业和个人，业务手续简便灵活。

5）村镇银行

村镇银行是经中国银监会批准，由境内外金融机构、境内非金融机构法人、境内自然人出资，在农村地区设立的主要为当地农民、农业和农村经济发展提供服务的银行业金融机构（依据 2007 年 1 月 22 日颁布的《村镇银行管理暂行规定》）。

村镇银行具有以下特征。

第一，区域性强。村镇银行设立的宗旨是为当地农民、农业和农村经济发展提供金融服务，从而使村镇银行具有很强的区域性和适应性；另外，不允许村镇银行发放异地贷款的规定也界定了村镇银行区域性的金融职能。

第二，功能齐全，经营范围广泛。根据我国《村镇银行管理暂行规定》，村镇银行可以办理吸收公众存款，发放贷款，国内结算，票据承兑与贴现，同业拆借，发行银行卡，代理发行、兑付、承销政府债券，代理收付款项及保险等业务。

第三，具有独立的法人资格。村镇银行采取一级法人制，组织形式和管理体制灵活，使其更加容易调整经营模式和金融服务的供给，更好地与当地的金融需求和经济发展相匹配。

第四，产权清晰。我国《村镇银行管理暂行规定》明确界定了村镇银行股东的投资比例。如单一境内银行金融机构持股比例不得低于村镇银行股本总额的20%；单一自然人股东及关联方持股比例不能超过村镇银行股本总额的10%；单一非银行金融机构和单一非金融机构企业法人及关联方持股比例不能超过村镇银行股本总额的10%。

6）外资银行

外资银行是指外国独资在本国境内创办的银行。其经营范围根据各国银行法律和管理制度的不同而有所不同。

《中华人民共和国外资银行管理条例》规定："本条例所称外资银行，是指依照中华人民共和国有关法律、法规，经批准在中华人民共和国境内设立的下列机构：1家外国银行单独出资或者1家外国银行与其他外国金融机构共同出资设立的外商独资银行；外国金融机构与中国的公司、企业共同出资设立的中外合资银行；外国银行分行；外国银行代表处。"其中外商独资银行、中外合资银行和外国银行分行统称为外资银行营业性机构。外资银行的经营范围根据各国银行法律和管理制度的不同而有所不同。

3.2.2　储蓄银行

储蓄银行是指通过吸收储蓄存款获取资金，为居民提供贷款和其他金融业务的金融服务机构。

储蓄银行历史悠久，最早的储蓄银行起源于18世纪的意大利，采取私人联合股份的形式。19世纪初，英、美、法等国都相继建立了储蓄银行，以后其他国家也纷纷建立了储蓄银行。20世纪80年代以后，随着世界经济环境的不断变化，储蓄银行出现了盈利动机日益增强、竞争日渐激烈、业务范围不断扩大、业务与商业银行重叠的新变化。

我国储蓄银行有储蓄银行和邮政储蓄银行两种形式。其中邮政储蓄银行是储蓄银行的主要形式。1986年我国恢复了邮政储蓄。2007年3月在改革原有邮政储蓄管理体制基础上，成立了中国邮政储蓄银行有限责任公司。2012年1月整体变更为中国邮政储蓄银行股份有限公司。作为国有独资准银行机构，实行自主经营、自负盈亏、自担风险、自求平衡，在行政上受国家邮政局领导，业务上受中国人民银行监管。储蓄银行的主要形式是住房储蓄银行。2004年2月15日我国首家按照国际通行运作模式建立的住房储蓄银行——中德住房储蓄银行在天津成立，该行属于政策性质的银行，由建设银行和德国施威比豪尔住房储蓄银行合资组建，定位于住房金融和住房储蓄，主要是为体系外需要买房的客户提供低息贷款。

3.3　非货币银行类金融服务机构

本节介绍的非货币银行类金融服务机构主要包括金融租赁公司、企业集团财务公司、小额信贷公司、典当业、农村资金互助社、消费金融公司、汽车金融公司、货币经纪公司等。非货币银行类金融服务机构与货币银行类金融服务机构的基本职能形同，都是调剂资金余缺，属于间接融资的性质。所不同的是，这些机构不以吸收存款和发放贷款的方式开展业务，不办理转账结算，没有信用创造的功能。

3.3.1　金融租赁公司

金融租赁公司是经营金融租赁业务的金融服务机构。我国《金融租赁公司管理办法》规定："本办法所称金融租赁公司是指经银监会批准，以经营融资租赁业务为主的非银行金融机构。"

1. 金融租赁公司的职能

1）金融职能

金融职能是指金融租赁公司调剂资金余缺的职能。金融租赁公司的金融职能与银行类金融机构不同，区别主要表现在：① 金融租赁公司不吸收存款，主要通过股东投资、同业拆借、发行债券、资产证券化等多种形式从社会上吸收资金。② 在物的融通过程中实现了资金的融通。与贷款相比，租赁的门槛低、手续简便、方式灵活、融资比例高、具有节税效应。③ 客户群体更加广泛。

金融租赁公司的金融职能也不同于其他债务型融资，区别主要在于具有更高的融资效率：一是融资租赁可以消除潜在的委托代理成本，资金用在既定的投资计划上，避免了挪用和浪费资金的风险；二是所有权保留在物化形态上，使出租人免于承租人财务状况恶化带来的风险。

2）贸易职能

贸易职能是指承租人通过分期支付租金的方式，在租赁期内分期购买设备使用权的一种商品交易行为。金融租赁公司的贸易职能与商品的现钱交易和分期付款不同。在现钱买卖交易中，买方获得了商品所有权；在分期付款交易中，买方分期偿还货款后，也同时获得了商品的所有权。金融租赁则不然，承租人分期支付租金所获得的是租赁标的物的使用权，租赁期满，承租人以较低的价格向出租人支付租赁标的物残值后，才能获得租赁物所有权。

2. 金融租赁公司的主要类型

依据出资人不同，金融租赁公司可以分为银行系租赁公司、厂商系租赁公司和独立的租赁公司。纳入我国金融监管的融资租赁公司主要分为以下三类：由银监会监管的金融租赁公司、由商务部监管的中外合资融资租赁公司和内资试点融资租赁公司。不同种类的融资租赁公司，监管部门对其市场准入要求、业务经营范围有不同的规定。但三类公司所从事的融资租赁业务在性质上无明显区别。

3.3.2　财务公司

1. 财务公司的概念

财务公司有广义和狭义之分。广义的财务公司泛指除银行以外能够承做贷款和类似银行和其他金融机构业务的非银行金融服务机构。世界各国财务公司的名称各异，如"金融服务公司""融资公司""金融公司"等。狭义的财务公司专门指企业附属财务公司。我国财务公司是指以加强企业集团资金集中管理和提高企业集团资金使用效率为目的，为企业集团成员单位提供财务管理服务的非银行金融机构。又称企业集团财务公司[①]。

---

① 银监会 2006 年 12 月 20 日颁布的《企业财务公司管理办法》。

最早的财务公司于 1716 年出现在法国，此后英、美等国家先后出现。财务公司在各国发展模式不同。我国大陆最早的财务公司是 1987 年 5 月 7 日成立的东风汽车工业财务公司。1991 年 12 月，国务院提出试点企业集团要逐步设立财务公司，并明确了财务公司的性质是办理企业集团内部成员单位金融业务的非银行金融机构。2000 年 6 月我国第一部《企业集团财务公司管理办法》颁布，标志着我国财务公司进入了规范发展的新阶段。目前我国大型企业集团大都建立了集团财务公司。

2. 财务公司的类型

在国际范围内财务公司主要有两种分类方式。

1）按照与企业集团的关系划分

（1）企业附属财务公司。

企业附属财务公司又分为附属内部型财务公司和附属外部型财务公司两种。前者与企业集团关系密切，服务对象是企业集团内部成员单位，金融服务的宗旨是促进集团内成员单位的产品销售和资本运作。一些大型耐用消费品制造商为了推销其产品也设立财务子公司。这类公司主要分布在美国、加拿大和德国。附属外部型财务公司通常与企业集团联系不紧密，金融业务更多是在集团公司外部进行，通常是作为企业的利润中心运作。例如，美国通用金融公司。我国的财务公司主要指企业附属财务公司。

一般而言，企业附属财务公司具有以下特征。

第一，主要服务于本企业集团。企业附属财务公司是企业集团内部的金融机构，其经营范围只限于企业集团内部，为集团内的成员企业提供多种金融服务。包括存款、贷款、结算、咨询代理、担保、保险代理、融资租赁、同业拆借等银行和非银行业务，经批准可以经营债券发行和股权投资业务。

第二，对集团公司的依附性强。企业附属财务公司的资金来源主要有两个渠道：一是由集团公司和集团公司成员投入的资本金；二是吸收成员企业的存款。财务公司的资金主要为本集团公司成员企业提供贷款，少量用于与本集团公司无关的证券投资。

第三，接受双重监管。企业附属财务公司是企业集团内部的金融机构，其股东大都是集团公司成员企业，其经营活动受到集团公司的监督。同时，财务公司所从事的是金融业务，其经营活动必须接受本国金融监管当局的监管。

第四，效益与服务兼顾。企业附属财务公司作为独立的企业法人，有其自身的经济利益，但由于财务公司是企业集团内部的下属机构，且集团公司成员企业大都是财务公司的股东，因此，财务公司在经营中需要处理好服务与效益的关系，在坚持为集团公司成员企业提供良好金融服务的前提下，努力实现财务公司利润的最大化。

（2）非企业附属财务公司。

非企业附属财务公司包括银行附属财务公司、银企合资财务公司和独立财务公司。银行附属财务公司是由银行控股，设立的目的主要是规避监管、实现金融创新和弥补银行业务的不足。这类公司也为企业和个人提供金融服务。银企合资财务公司是银行和企业出于金融创新、规避监管或促进产融合作目的而设立。独立财务公司一般没有母公司，规模较小，业务比较灵活，只提供某一方面的金融服务。

2）按照职能划分

按照职能划分，财务公司可分为资金集中管理型、销售融资型和全能型。资金集中管理型财务公司主要职能是现金管理、债务管理和资本运营管理，这类财务公司是企业集团财务控制的一个部门。资金集中管理型财务公司的组织结构如图 3-2 所示。

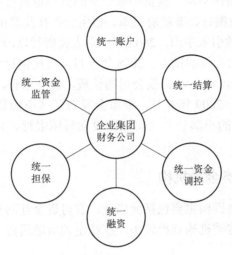

图3-2　资金集中管理型财务公司组织结构图

资料来源：龚晓伟，财务公司运作特点及基本服务，酒钢集团子公司管理人员培训资料，2011.4

销售融资型财务公司职能比较单一，主要是促进企业产品销售，国外大型制造业财务公司都属于此类。如美国 GE 财务公司、德国大众金融服务公司等。

全能型财务公司可以提供多种金融服务，包括贷款、票据贴现、证券发行、保险和融资租赁等。我国的财务公司属于全能型。

3. 财务公司的优势

与一般金融机构相比，财务公司具有以下优势。

1）信息优势

财务公司具有信息优势。财务公司是企业内部的金融机构，与企业集团成员单位有密切的人际关系和资本交融，极易获得成员单位的资金需求和经营状况的信息，在一定程度上可以消除外部金融机构与企业间的信息不对称，获得更多的市场机会，有利于降低交易风险。

2）灵活性和创新性

相对商业银行来说，财务公司受法律约束较少，业务范围比商业银行广泛，可以涉足几乎所有银行和非银行业务，可以利用对企业和市场熟悉的优势，开拓和发展新的金融业务，为成员单位提供优质灵活、方便快捷的金融服务。

3）专业性和产业性

隶属于企业集团的财务公司，其金融服务的范围主要限于集团内部成员单位，其服务对象、业务领域具有专业性。此外，它们熟悉产业发展现状和前景，能更好地发挥金融促进产业调整的作用。

3.3.3　小额贷款公司

小额贷款公司是由自然人、企业法人和其他社会组织投资设立，不吸收公众存款，经营小额贷款业务的有限责任公司或股份有限公司。

小额贷款起源于孟加拉国。20 世纪 70 年代著名经济学家穆罕默德·尤努斯教授开创了小额贷款试验，解决穷人贷款问题。之后世界各国都有小额信贷的实践，由于国情不同，小额信贷的运作方式及发展路径不同，提供小额信贷的机构也具有多样性，包括国有机构、国有政策性或发展银行、商业银行、非政府组织、信用合作社及非正规的社区团体。

1999 年小额信贷模式被引入中国。2005 年以后人民银行以山西、四川、陕西、贵州、内蒙古五省作为开办小额贷款公司的试点。2008 年 5 月，人民银行和银监会出台了《关于小额贷款公司试点的指导意见》，对小额贷款公司的性质、设立条件、资金来源、资金运用和监管等方面做了明确的规定。2009 年 6 月，银监会发布了《小额贷款公司改制设立村镇银行暂行规定》，允许符合条件的小额贷款公司改制设立村镇银行。目前我国小额信贷机构遍布全国。

3.3.4 其他非货币银行类金融机构

其他非货币银行类金融机构主要包括典当业、农村资金互助社、消费金融公司、汽车金融公司、货币经纪公司。这类机构规模较小，在特定领域融通资金或为借贷双方提供金融中介服务。

1. 典当业

1）典当的含义

理论界对于典当的表述不同。《美国百科全书》的定义是：典当是以个人财产向典当商质押借贷。《大英百科全书》将典当定义为：典当即典当商接受家庭用具或者个人财物作押向个人贷款。我国《典当行管理条例》的表述是：典当是指当户将其财产作为当物质押或者抵押给典当行，典当行向当户发放当金，双方约定由当户在一定期限内赎回当物的融资业务。该条例还规定，县级以上地方人民政府应当将典当业纳入中小企业融资服务体系，建立健全典当业风险补偿机制。

2）典当与抵押和质押的区别

（1）典当与抵押的区别。

典当和抵押都是用物作借贷中的债权担保。但是典当最核心的内容是典当标的物的占有权转移，而抵押则不转移抵押标的物的占有权。即抵押人在抵押贷款期内，对于抵押物可以占有、使用和获得收益，但无权处分抵押物。这与典当中，当期内当户转移典当标的物占有权，不能占有、使用和获取收益完全不同。

练习

典当和抵押的区别

1. 某人将房屋一间作为债权担保的标的物，从某贷款机构获得 100 万元的贷款，贷款期限 2 年，此后，该债务人仍居住在用作债权担保的该房屋中，贷款到期，借款人还清贷款本息。

2. 某人将房屋一间作为债权担保的标的物，从某贷款机构获得 50 万元的贷款，贷款期限 3 个月，此后债权人将房屋封存，贷款到期债务人如期还清贷款本息，收回房屋的抵押权。

请指出哪一种是典当，哪一种是抵押。

（2）典当与普通质押的区别。

典当与普通质押的核心标志都是债权担保标的物的占有权发生转移，均属于质押的范畴。但是依照法学通说和国际惯例，世界各国和地区通常以质押所使用的法规属性为标准，将质押划分为民事质、商事质和营业质三种类型。民事质只适用于民法的质押，商事质适用于商法的质押，两者都属于普通质押，其质权人主体可以是法律允许的任何组织和个人。营业质则适用于典当法的质押，是特殊质押，最显著的标志是质押权主体必须是依法成立的典当机构。此外，普通质押在质押设立、质押标的、质押合同和质权实现等方面也与典当存在诸多差异。

3）典当业与商业银行和小额信贷公司的区别

典当业与商业银行和小额信贷公司的区别如表 3-2 所示。

表3-2　典当业与商业银行和小额信贷公司的区别

区别	商业银行	小额信贷公司	典当业
性质	货币银行类金融机构	非货币银行类金融机构	其他非货币银行类金融机构
监管机构	银监会和中国人民银行	银监会和中国人民银行	商务部
审批严格程度	严格	一般	相对灵活
担保类型	包括船舶、航空器、机器设备、探矿权、采矿权、林权、动产浮动抵押	同商业银行	动产质押典当业务；财产权利质押典当业务；房地产抵押典当业务
注册资本	设立全国性商业银行的注册资本最低限额为10亿元人民币；设立城市商业银行的注册资本最低限额为1亿元人民币；设立农村商业银行的注册资本最低限额为5 000万元人民币。注册资本应当是实缴资本	有限责任公司的注册资本不得低于500万元；股份有限公司的注册资本不得低于1 000万元	典当行注册资本最低限额为300万元；从事房地产抵押典当业务的，注册资本最低限额为500万元；从事财产权利质押典当业务的，注册资本最低限额为1 000万元
贷款期限	1年以内（含1年）的短期贷款；1年以上（不含1年）5年以下（含5年）的中期贷款；5年（不含5年）以上的长期贷款	由借贷双方协商确定	典当期限由双方约定，最长不得超过6个月
贷款用途	个人贷款、固定资产贷款、流动资金贷款、项目贷款、并购贷款等	面向农户和微型企业提供信贷服务，每年向"三农"发放贷款的金额不得低于全年累计放贷金额的70%	对个人和企业提供临时性周转资金
贷款利率	无上下限	无上下限	典当当金利率，按中国人民银行公布的银行机构6个月期法定贷款利率及典当期限折算后执行
费用	实践中存在安排费、承诺费、代理费等	未规定有收费权利	各种服务及管理费用：动产质押典当的月综合费率不得超过当金的42‰；房地产抵押典当的月综合费率不得超过当金的27‰；财产权利质押典当的月综合费率不得超过当金的24‰

区别	商业银行	小额信贷公司	典当业
贷款规模	商业银行贷款，应当遵守下列资产负债比例管理的规定：（1）资本充足率不得低于8%；（2）流动性资产余额与流动性负债余额的比例不得低于25%；（3）对同一借款人的贷款余额与商业银行资本余额的比例不得超过10%；（4）国务院银行业监督管理机构对资产负债比例管理的其他规定	同一借款人的贷款余额不得超过小额信贷公司资本净额的5%	典当行财产权利质押典当余额不得超过注册资本的50%；房地产抵押典当余额不得超过注册资本；典当行对同一法人或自然人的典当余额不得超过注册资本的25%
资金来源	资金来源广泛，可以吸收存款、发行金融债等	注册资本；盈余；从商业银行的贷款。从银行业金融机构获得融入资金的余额，不得超过资本净额的50%	注册资本；盈余；从商业银行的贷款。贷款余额不得超过其注册资本
单笔限制	无	各地有不同规定，50万元到300万元	注册资本不足1 000万元的，房地产抵押典当单笔当金数额不得超过100万元；注册资本在1 000万元以上的，房地产抵押典当单笔当金数额不得超过注册资本的10%

资料来源：参考国务院法制办《典当业管理条例》专题论证会资料，2013.11.8。

4）典当业的功能

（1）资金融通功能。

资金融通功能是指典当业以其特有的资金融通方式，向急需资金的借款人提供质押贷款，满足其资金需要。但贷款对象是难以达到银行规定的贷款条件，信用等级较低的借款人，其资金用途多种多样。

（2）当物保管功能。

当物保管功能是指典当业以典当标的物的占管为前提条件为当户融资。在当户赎当时典当标的物完整无缺。这是维护双方权利和义务的要求。此外，在死当情况下，典当标的物发挥债权保护功能，只有保管完好的当物，才能以合理的价格变现，从而最大限度地化解风险。

（3）商品销售功能。

这是指典当的商品交易功能。只有在出现死当的情况时，典当的销售功能才随典当融资功能的丧失得以实现。

在上述功能中，资金融通功能是典当最基本、最核心的功能，制约其他两个功能；当物的保管功能是典当的辅助功能；商品销售功能是典当的派生功能。只要典当发生，典当的资金融通功能和当物保管功能必定存在，而只有在出现死当时商品销售功能才得以实现。

5）典当业的类型

（1）经营性典当。

经营性典当是指典当的目的是解决当户流动资金不足。如经营资金周转不灵、项目资金不到位等，这类当户主要是中小企业主和个体户。

（2）消费性典当。

消费性典当是指典当的目的是满足个人生活消费的资金需要。包括正常的消费性典当和非正常的消费性典当。前者如出差在外需要零星支付、旅游途中现金不足、利用典当寄存贵重物品等。这类当户一般是有稳定收入的白领、公务员和较富裕的阶层。后者专指应急典当。如遇天灾人祸、生老病死等，为解燃眉之急到典当行融资。这类当户以普通百姓居多。

2. 农村资金互助社

我国的农村资金互助社是指乡（镇）、行政村农民和农村小企业自愿入股，为社员提供存款、贷款、结算等业务的社区互助性银行业金融机构。

2007 年 1 月，我国银监会发布的《农村资金互助社管理暂行规定》中，明确了农村资金互助社以吸收社员存款、接受社会捐赠资金和从其他银行业金融机构融入资金作为资金来源。资金运用主要是发放社员贷款，剩余资金可存放在其他银行业金融机构，也可购买国债和金融债券。并明确农村资金互助社可以办理结算业务，并按有关规定开办各类代理业务。

3. 消费金融公司

1）消费金融公司的概念

消费金融公司是指为居民提供消费贷款的非货币银行类金融机构。2013 年 11 月 4 日我国银监会颁布的《消费金融公司试点管理办法》规定："消费金融公司是指经银监会批准，在中华人民共和国境内设立的，不吸收公众存款，以小额、分散为原则，为中国境内居民个人提供以消费为目的的贷款的非银行金融机构。"

2）消费金融公司的分类

消费金融公司有不同的分类方法。按照直接服务对象划分，可以分为三类：一是直接公司（drict loan compaty），其主要业务是向个人提供消费贷款；二是销售金融公司（sales finance compaty），其主要业务是购买汽车等消费品批发商或零售商的分期付款合同，向其提供资金，也称其为承兑公司；三是商业金融公司（commercial finance compaty），其主要业务是向消费品批发商和零售商发放以应收账款、存货、设备为抵押的贷款，向其提供短期资金。在实际当中，消费金融公司三类业务兼而有之，其作用是以融通资金为手段，刺激消费市场的发展。

3）消费金融公司的发展

国外消费金融公司一般由大型金融集团出资建立。如美国 1912 年成立的美国金融公司是花旗银行的全资子公司，主要向低收入的借款人提供消费贷款。欧盟最大的两家消费金融公司 Cetelem 和 Home Credit 分别是法国巴黎银行集团旗下消费金融公司和捷克 PPF 集团旗下消费金融公司。目前消费金融公司在西方已发展成为提供消费贷款的主要机构。我国消费金融公司产生于 2010 年。为扩大内需，促进国民经济稳定增长，2009 年 8 月银监会颁布了《消费金融公司试点管理办法》，并于 2010 年批准了北银消费金融公司、中银消费金融公司、四川锦程消费金融公司和捷信消费金融公司。

4. 汽车金融公司

1）汽车金融及汽车金融公司

汽车金融有广义和狭义之分。广义的汽车金融是指围绕汽车生产、供应、销售、消费和售后五大环节而展开的综合性金融服务。包括资金筹集和运用、抵押、贴现、证券发行和交易及相关的保险和投资活动，是汽车业与金融业相互渗透的结果。狭义的汽车金融主要是围绕个人汽车消费信贷或其他汽车消费信用发生。我国《汽车金融公司管理办法》规定，汽车金融公司是指经银监会批准设立的，为中国境内的汽车购买者及销售者提供贷款的非银行金融企业法人。

2）汽车金融公司的发展

汽车金融公司起源于20世纪20年代初期。1919年美国通用公司设立的通用汽车票据承兑公司就是最早的汽车金融服务机构，主要向汽车消费者提供信贷。1930年德国大众公司推出了针对本公司"甲壳虫"产品的未来消费者募集资金。典型的汽车金融产品包括经销商库存融资、汽车消费贷款、汽车融资租赁和汽车保险等。目前全球主要汽车企业集团基本都组建了汽车金融服务公司，其融资渠道和业务范围多元化。

我国汽车金融服务公司出现在20世纪90年代，始于汽车制造商向用户提供汽车消费分期付款业务。1998年中国人民银行发布《汽车消费贷款管理办法》，促进了汽车消费贷款的发展。2004年国家颁布《汽车贷款管理办法》，以上汽通用汽车金融公司、大众汽车金融公司为代表的专业汽车金融公司正式成立。目前汽车金融产品包括信贷消费、信用卡分期购车、汽车延保、融资租赁、汽车保险等。

5. 货币经纪公司

1）货币经纪公司的概念

货币经纪公司又称同业经纪公司，是金融市场交易的中介。公司业务涉及货币市场、资本市场和外汇市场等领域，业务种类很多，包括同业拆借、短期商业票据、即期和远期外汇买卖、货币掉期、利率掉期、回购协议、政府债券、企业债券、资产抵押、担保抵押债券，以及期指等股票衍生工具操作等金融业务。

2）货币经纪公司产生和发展

货币经纪公司产生的发展与金融市场信息传递渠道是否畅通有密切关系。市场信息不充分、不对称是货币经纪公司生存的市场基础，独立信息生产优势是货币经纪公司发展和壮大的条件。

货币经纪公司最早出现在英国。1951年12月，英格兰银行开放伦敦外汇市场，允许进行多种货币对英镑的即期和远期外汇交易，交易规模的扩大和参与者的增加，催生了货币经纪市场的形成。英国外汇市场和场外衍生品市场规模居世界之首，投资机构数量众多，外资银行的参与度很高。衍生金融交易的复杂性及不同国度投资者参与的深度，产生了对货币经纪公司的极大需求，货币经纪公司的市场功能凸显。20世纪70年代，伦敦外汇市场取消了一系列限制，允许银行间直接交易，也可委托国外经纪人进行交易。随后，伦敦的货币经纪公司纷纷在世界各地主要金融中心设立分支机构，建立全球网络，很快成为全球货币经纪市场的主力。20世纪90年代后，货币市场、债券市场、外汇市场及货币市场和外汇市场的衍生品、非金融产品（能源期货及期权、天然气对冲指数等）都被纳入了经纪业务范围。选择货币经纪人已经成为金融交易的主流方式。

3）我国的货币经纪公司

早在20世纪80年代，就有一批货币经纪商活跃在我国各地的融资机构间。1994年国家对货币经纪商进行了清理和整顿，之后，中国外汇交易中心暨全国银行同业拆借中心成为国内唯一的货币经纪人平台。随着参与主体多元化和投资需求的多样化，原有的交易模式和信息收集模式已经很难满足要求，市场迫切需要专业机构提供中介服务。2005年6月28日，银监会颁布了《货币经纪公司试点管理办法》，标志着我国货币经纪制度的建立。表 3-3 是目前我国主要的 5 家货币经纪公司的情况。

表3-3　我国主要货币经纪公司

名　　称	成立时间	中资股东及投资比例	外资股东及投资比例	注册地
上海国利经纪有限公司	2005-11-08	上海国际信托有限公司，67%	德利万邦，33%	上海
上海国际货币经纪有限责任公司	2006-07-26	中国外汇交易中心暨全国银行间同业拆借中心	毅联汇业	上海
平安利顺货币经纪有限责任	2009-02-16	平安信托，67%	瑞士利顺集团，33%	深圳
诚宝捷思货币经纪有限公司	2010-07	中诚信托有限责任公司，67%	BGC Partners，33%	北京
信唐货币经纪有限责任公司	2012-01-17	中信信托有限责任公司，天津信托有限责任公司	日本中央短资有限公司	天津

资料来源：各货币经纪公司网站。

重要概念

融资租赁　财务公司　小额信贷公司　典当业　消费金融公司　汽车金融公司
农村资金互助社　村镇银行　货币经纪公司

思考题

1. 我国货币银行类金融服务业由哪些机构构成？
2. 简述银监会的监管职责。
3. 简述金融租赁公司的特点与职能。
4. 企业集团财务公司有哪几种类型？
5. 企业集团财务公司的特征和优势表现在哪些方面？
6. 什么是小额信贷公司？
7. 简述典当业的特征与功能。
8. 简述典当与抵押和普通质押的区别。
9. 简述消费金融机构的特点与类型。
10. 村镇银行有哪些特征？
11. 货币经纪公司产生的原因是什么？

第 *4* 章

资本市场金融服务机构

学习目标

通过本章学习读者应当掌握：

- 资本市场服务机构的种类、各类机构的职能
- 证券交易所的特征与功能
- 证券承销保荐机构的主要职责
- 证券投资基金服务管理机构有哪几家
- 企业年金服务机构的类型
- 社会保障基金管理机构的种类
- 中国金融期货公司的职能
- 期货保证金监控中心的职能
- 行业自律组织的类型及其各自的职能
- 财务咨询公司的职能
- 会计师事务所的作用
- 投资银行的功能

　　资本市场金融服务机构是金融服务业的重要组成部分，它们随着股票债券的发行和交易而产生，随着金融结构的调整和金融市场的发展而壮大。本章将资本市场金融服务机构体系分为证券市场金融服务机构、期货市场金融服务机构、投资银行、资本市场其他金融服务机构和证券期货监管机构五大类，并依次对主要机构加以介绍。资本市场金融服务机构体系的构成如图4-1所示。

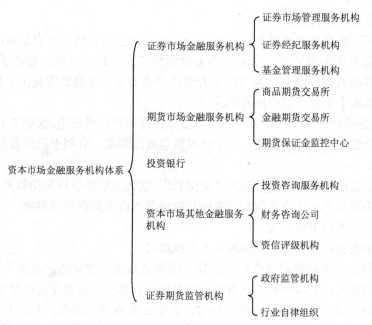

图4-1 资本市场金融服务机构体系的构成

4.1 证券市场金融服务机构

4.1.1 证券市场管理服务机构

1. 证券交易所

1）证券交易所的概念

证券交易所是依据国家有关法律，经政府证券主管机关批准设立的集中进行证券交易的有形场所。我国《证券法》第 102 条明确表述：证券交易所是为证券集中交易提供场所和设施，组织和监督证券交易，实行自律管理的法人。

2）证券交易所的特征与功能

（1）证券交易所的特征。

第一，证券交易所是集中的交易场所。证券交易所与场外交易市场不同，必须具备相应的物质条件、固定且集中的场所和完备的设施。这是有关法律的强制性要求，目的是保证证券交易活动安全、合理和迅捷地完成。

第二，证券交易所是组织化的证券交易市场。证券交易所内交易的证券是有组织的规范交易。交易的上市和退市条件、交易时间、交易规则都是统一规定的。

第三，证券交易所是特殊的法律主体。证券交易所既有经济学理论上"市场"的一般属性，也是一种特殊的法律主体。无论是公司制还是会员制证券交易所在法律上都享有权利和承担义务，具备法律主体的主要特征，并以法律主体的身份参与证券交易活动。

（2）证券交易所的功能。

第一，保证证券交易的连续性，有利于合理证券价格的形成。证券交易所集中了大量的投资者和数量众多的上市证券，交易所的集合竞价和连续报价制度，保证了交易的连续性，有利于股票债券的发行和交易，也为投资者选择投资对象，买卖证券提供了便利。场内交易和拍卖制度，有利于合理证券价格的形成。

第二，降低证券投资风险。证券交易所对上市证券有严格的规定，保证了上市证券的质量，在一定程度上降低了投资者的风险；上市公司信息披露制度，有利于投资者分析和判断投资，降低投资风险。

第三，股票价格指数是国民经济的"晴雨表"。实践证明股票价格指数具有先于经济周期变化的特点，为政府制定经济决策和中央银行制定货币政策提供决策参考。

（3）证券交易所的组织形式。

证券交易所有公司制和会员制两种基本组织形式。

公司制证券交易所是按照《公司法》和《证券交易法》建立的，出资人投资入股，以营利为目的的公司法人。公司制证券交易所有如下特点：其一，证券交易所是独立的经济实体，它为证券商提供交易所需的物质条件和服务，收取证券成交的佣金，并向上市公司收取上市费用；其二，对交易所内的交易负有担保责任，设有赔偿基金；其三，交易所的证券商及其股东不得担任交易所董事、监事或经理，以确保交易所经营者与证券交易参与者的分离。

会员制证券交易所是若干证券商自愿组成的非营利性证券交易所。世界上许多著名的证券交易所都采取会员制。会员制证券交易所有如下特点：其一，证券交易所是非营利的事业法人，交易所会员由法人证券商组成，证券商既是证券交易所的会员，又是证券交易活动的参与者；其二，交易所不向会员证券商收取佣金，但是为了维持日常营业活动，按照交易所章程向会员收取会费；其三，交易所自行确定交易所规则，实行自律性管理，立法机关和政府干预较少。我国深、沪证券交易所均采取会员制组织形式。

2. 证券登记结算公司

证券登记结算公司是为证券交易提供登记、存管与结算服务，不以营利为目的的法人。

证券登记结算公司的主要职能是：第一，为证券商和投资者提供证券登记、过户、托管、清算、代保管等服务；第二，为内部股票提供登记、过户、分红、派息等服务；第三，为公开发行证券的上市公司到证券交易所挂牌上市提供服务；第四，规范证券市场的运作。

2001年3月30日，中国证券登记结算有限责任公司成立，将原上交所和深交所所属证券登记结算公司重组为上海和深圳两个分公司，形成了全国集中统一的证券登记结算体制。

4.1.2 证券经纪服务机构

证券经纪服务机构主要包括证券经纪公司、证券承销与保荐公司。

1. 证券经纪公司

1）证券经纪公司及其与综合类证券公司的区别

证券经纪公司是指接受客户委托、代客户买卖证券并收取佣金的中间人，不承担证券交易的价格风险。《中华人民共和国证券法》将证券公司分为综合类证券公司和经纪类证券公司，明确规定，证券经纪公司是经营证券经纪业务的法人机构。

证券经纪公司与综合类证券公司的区别有以下两点。

（1）业务范围不同。经纪类证券公司是指接受客户委托，以自己的名义从事证券买卖收取佣金的金融机构。综合类证券公司即投资银行，是从事经纪业务，开展自营、承销及其他业务，并为客户从事证券买卖提供服务的金融机构。

（2）风险大小不同。由于证券经纪公司只限于代理买卖证券及提供派息、分红、咨询代理等相关服务，收取手续费，不直接进行市场投资，经营风险较小。投资银行资金运营和服务范围较广，故风险较大。

2）证券经纪公司与证券经纪人的区别

两者的区别主要是法律地位不同。证券经纪人是指在交易双方间担任中介角色，介绍交易，获取佣金，能独立承担责任的自然人。我国《证券经纪人管理暂行规定》明确指出，证券经纪人是指除证券公司以外，接受证券公司的委托，代理从事客户招揽和客户服务等活动的自然人。证券经纪人为证券从业人员，应当通过证券从业人员资格考试，并具备规定的证券从业人员执业条件。证券经纪公司是法人。我国目前具有法人资格的证券经纪商是指在证券交易中代理买卖证券，从事经纪业务的证券公司。我国的经纪类证券公司如表 4-1 所示。

表4-1　我国的经纪类证券公司

（截止到2012年）

1. 财通证券经纪有限责任公司	13. 沈阳诚浩证券经纪有限责任公司
2. 长财证券经纪有限责任公司	14. 天风证券经纪有限责任公司
3. 川财证券经纪有限责任公司	15. 天源证券经纪有限公司
4. 大同证券经纪有限责任公司	16. 万和证券经纪有限公司
5. 航天证券经纪有限责任公司	17. 五矿证券经纪有限责任公司
6. 和兴证券经纪有限责任公司	18. 西安华弘证券经纪有限责任公司
7. 河北财达证券经纪有限责任公司	19. 西藏证券经纪有限责任公司
8. 华宝证券经纪有限责任公司	20. 银泰证券经纪有限责任公司
9. 华创证券经纪有限责任公司	21. 众成证券经纪有限公司
10. 江海证券经纪有限责任公司	22. 广东民安证券经纪有限责任公司
11. 联讯证券经纪有限责任公司	23. 宏信证券有限责任公司
12. 陕西开源证券经纪有限责任公司	

资料来源：http://wenda.so.com，2013.9.8

2. 证券承销与保荐公司

1）证券承销与保荐公司的概念

证券承销与保荐公司是专门为企业发行证券提供承销和保荐服务的金融中介机构。证券承销与保荐公司的建立与证券发行保荐制度相伴随。在保荐制度建立之前，证券发行与上市的推荐是由承销商完成的，由于承销商追求的是证券发行、上市获得的收益，难以保证上市证券的质量。证券发行保荐制度建立以后，法律法规严格限定了保荐人的职责，大大提高了上市公司的质量。

2）证券承销与保荐公司与承销商的区别

证券承销与保荐公司与承销商都是为公司上市提供中介性服务的证券机构，但两者有区别。

第一，职责不同。承销商的核心职责是为上市公司销售股票。销售任务完成后职责随即终止。证券承销与保荐公司的核心职责是担保，即向投资者担保上市公司的初始性和持续性披露信息的合法性。此外，证券承销与保荐公司还为公司上市申请提供推荐和协助，并附有严格的辅导监督和报告职责。

第二，行使职责的期限不同。证券承销与保荐公司的职责期限长于承销商，行使职责的期限不仅包括公司上市之前股票的发行阶段，而且包括公司上市后相当长一段时间。我国规定首次公开发行股票并在主板上市的，持续督导的期间为证券上市当年剩余时间及其后 2 个完整会计年度；在主板上市的公司发行新股和可转换公司债券，持续督导期间为证券上市当年剩余时间和其后 1 个完整会计年度。

第三，民事责任不同。承销商只承担过错责任，例如，在承销协议期间，对上市公司违法披露信息给投资者造成的经济损失，在主观上有故意或过失性过错时，承担民事赔偿责任；而证券承销与保荐公司则承担无过错责任，即在保荐期内，对于上市公司因违法披露信息给投资者造成的经济损失，即使主观上无过错，也应承担民事赔偿责任。

3）证券承销与保荐公司的类型

我国证券承销与保荐公司分为两类。第一类为综合类券商。属于兼营证券承销与保荐业务的金融机构。我国《证券法》规定，证券公司可以经营证券承销与保荐业务。第二类为专营机构。即专门从事证券承销与保荐业务的公司。我国《证券发行上市保荐业务管理办法》，规定了证券公司申请保荐公司的资格和条件。

4.1.3　基金管理服务机构

1. 证券投资基金管理服务机构

1）证券投资基金的含义

证券投资基金是指通过发售基金份额，将众多投资者的资金集中起来，形成独立财产，由基金托管人托管，基金管理人管理，以投资组合的方式进行证券投资的一种利益共享、风险共担的集合投资方式。

最早的投资基金公司是英国 1868 年 11 月组建的"海外及殖民地政府信托基金"。1924年美国开始发行开放式基金，并逐渐成为全球基金业发展的中心。1992 年 10 月我国成立了境内第一家投资基金管理公司——深圳投资基金管理公司。之后证券投资基金迅速发展，目前已成为证券市场主要的机构投资者。

2）证券投资基金的特点

（1）集合投资。

基金管理公司通过发行基金份额将投资者零散的资金汇集起来，最广泛地吸收社会闲散资金，集腋成裘，汇成规模巨大的投资资金，交给专业机构投资于各种金融工具，可以降低成本获得规模效益。

（2）专业理财。

证券投资基金实行专家管理制度，聘请训练有素且具有丰富证券投资经验的专业管理人员进行投资，对于没有时间、对市场不太熟悉或者没有能力进行投资决策的中小投资者来说，购买证券投资基金可以享有专家理财的优势，降低投资风险。

（3）分散风险。

证券投资基金凭借雄厚的资金实力，在法律允许的投资范围内投资于不同期限和种类的金融工具，利用不同金融工具的互补性，实现有效的投资组合，达到分散投资风险的目的。

3）证券投资基金管理服务机构的类型

（1）基金管理人。即基金管理公司，是管理基金和运用基金资产的企业法人。由投资专业人员组成，除了负责基金的经营与决策外，还承担产品设计、基金营销、基金注册登记、基金估值、会计核算及客户服务等多种职责。

（2）基金托管机构。是指对基金投资操作进行监督及保管基金资产、确保基金持有人利益的金融机构。一般由商业银行或信托公司担任，基金托管机构与基金公司签订保管契约，保管投资的证券，并办理每日资金资产净值的核算，配发股息和过户手续费。

（3）基金市场服务机构。包括：基金销售机构、基金注册登记机构、律师事务所和会计师事务所、基金投资咨询机构与基金评级机构。基金销售机构是受基金管理公司委托从事基金代理销售的机构；基金注册登记机构是负责基金登记、存管、清算和交收业务的机构；律师事务所和会计师事务所作为专业、独立的中介服务机构，为基金提供法律、会计服务；基金投资咨询机构是向基金投资者提供投资咨询建议的中介机构；基金评级机构向投资者及其他市场参与主体提供基金评价业务、基金资料与数据服务。

（4）基金监管机构和自律组织。为了保护基金投资者的利益，世界各国都授权金融监管当局对基金活动进行严格的监督管理，此外，基金自律组织对基金进行自律管理。证券投资基金运作关系如图 4-2 所示。

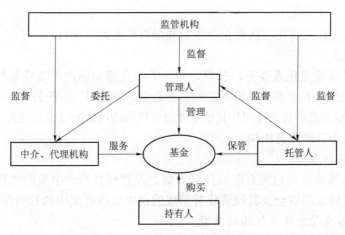

图4-2　证券投资基金运作关系图

2. 企业年金服务机构

1）企业年金

企业年金是企业及职工在依法参加基本养老保险的基础上，自愿建立的补充养老保险制度。欧洲国家将其称为"职业年金"，美国称之为"私人养老金计划"。我国 2000 年 12 月将补充养老金正式更名为企业年金。建立企业年金的目的，是提供基本养老保险以外的养老金计划。

2）企业年金与社会保障体系的关系

一国的社会保障体系由基本养老保险、企业年金和个人储蓄性养老保险三部分构成。

基本养老保险是按国家政策规定，强制实施的为保障离退休人员基本生活需要而建立的一种养老保险制度。基本养老保险费用来源一般由国家、单位和个人三方或单位和个人双方负担，是一国社会保障体系的第一支柱。企业年金是企业及职工在依法参加基本养老保险的基础上，自愿建立的补充养老保险制度，是社会保障体系的第二支柱。个人储蓄性养老保险是以自愿储蓄或商业保险为主的补偿养老金，是社会保障体系的第三支柱。基本关系如图4-3所示。

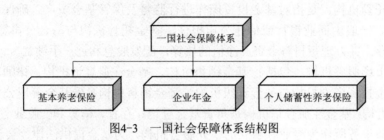

图4-3　一国社会保障体系结构图

3）企业年金管理服务机构的类型

（1）受托人。

受托人是受托管理企业年金的养老金管理公司等法人受托机构或者企业年金理事会。

（2）账户管理机构。

账户管理机构是接受受托人委托，管理企业年金基金账户的专业机构。

（3）托管人。

托管人是接受受托人委托，保管企业年金基金财产的商业银行。

（4）投资管理人。

投资管理人是接受受托人委托，投资运用企业年金基金财产的专业机构。根据我国《企业年金基金管理办法》，符合条件的证券公司、养老金管理公司、信托公司、基金管理公司、保险资产管理公司、证券资产管理公司和其他专业投资机构均可成为投资管理人。

3. 社会保障基金管理服务机构

1）全国社会保障基金

全国社会保障基金是指由国有股减持划入资金及股权资产、中央财政拨入资金、经国务院批准以其他方式筹集的资金及其投资收益形成的由中央政府集中的社会保障基金。

2）社会保障基金管理服务机构的类型

（1）社会保障基金理事会。

社会保障基金理事会是社会保障基金运营管理的独立法人机构。2000年8月国务院决定建立"全国社会保障基金"，同时设立"全国社会保障基金理事会"，负责管理运营全国社会保障基金。

全国社会保障基金理事会的主要职责是：管理中央财政拨入的资金、减持或转持国有股所获资金、划入的股权资产及其他方式筹集的资金；制定全国社会保障基金的投资经营策略并组织实施；选择并委托全国社会保障基金投资管理人、托管人，对全国社会保障基金资产进行投资运作和托管，对投资运作和托管情况进行检查；在规定的范围内对全国社会保障基金资产进行直接投资运作；负责全国社会保障基金的财务管理与会计核算，定期编制财务会计报表，起草财务会计报告；定期向社会公布全国社会保障基金的资产、负债、权益和收益等财务情况；根据财政部、人力资源和社会保障部共同下达的指令和确定的方式拨出资金；承办国务院交办的其他事项。

（2）其他管理机构。

社会保障基金其他管理机构包括：社保基金投资管理机构和社保基金托管机构。

社保基金投资管理机构是根据合同受托运作和管理社保基金的专业投资管理机构。社保基金投资管理人履行下列职责：按照投资管理政策及社保基金委托的资产管理合同，管理并运用社保基金资产进行投资；建立社保基金投资管理风险准备金；完整保存社保基金委托资产的会计凭证、会计账簿和年度财务会计报告；编制社保基金委托资产财务会计报告，出具社保基金委托资产投资运作报告及履行社保基金委托资产管理合同规定的其他职责。

社保基金托管机构是指按照《全国社会保障基金投资管理暂行办法》的规定，根据合同保管社保基金资产的商业银行。社保基金托管机构履行下列职责：尽职保管社保基金的托管资产；执行社保基金投资管理人的投资指令，并负责办理社保基金名下的资金结算；监督社保基金投资管理人的投资运作；向理事会报告社保基金投资管理人的违法违规投资行为；完整保存社保基金会计账簿、会计凭证和年度财务会计报告及履行社保基金托管合同规定的其他职责。

4. 专业理财机构

专业理财机构又称第三方理财机构，是为客户提供一揽子、综合性理财规划服务的金融类顾问咨询公司。专业理财机构独立于金融机构之外，客观评审、调研、评价各种金融产品，为客户挑选需求的产品，提供理财规划。

目前专业理财机构作为财富管理机构的一种类型，在美国已拥有 60% 的理财市场份额。1997 年我国中信实业银行广州分行成立了首家私人银行部并推出了国内首例个人理财业务。2004 年 2 月国内最早从事家庭理财服务的专业理财顾问——北京展恒理财顾问有限公司成立。此后，上海、北京先后成立了理财服务机构开展现金规划、消费规划、遗产传承规划、教育规划和健康风险防范规划等综合理财业务，标志着我国第三方理财市场的形成。目前专业理财公司迅速向全国蔓延。

5. 合格境内机构投资者

合格境内机构投资者（qualified domestic institutional investor，QDII）是在一国境内设立，从事境外股票债券等有价证券投资业务的证券投资基金。这是在货币没有实现完全可自由兑换、资本项目尚未开放的情况下，有限度地允许境内投资者投资境外证券市场的一种过渡性的制度安排。

4.2 期货市场金融服务机构

4.2.1 商品期货交易所

商品期货交易所也称商品期货交易市场，是有组织的大宗商品现货及期货交易场所。成立于 1848 年的芝加哥商品交易所是世界上历史最悠久的期货交易所。成立之初只有如小麦、玉米和黄豆等农产品期货合约，直到 1975 年才推出金融期货合约。经过持续并购的浪潮，芝加哥期货交易所、芝加哥商品交易所、堪萨斯期货交易所、纽约商品交易所、伦敦金属交易所等已成为世界著名的期货交易所。我国的期货市场始于 20 世纪 80 年代末，主要有大连商品交易所、上海期货交易所和郑州商品交易所。

4.2.2　金融期货交易所

金融期货交易所是买卖金融期货合约的场所。期货交易所作为一个财务独立的营利组织，在为交易者提供公开、公平、公正的交易和有效监督服务基础上也实现自身的经济利益。纽约金融期货交易所是世界著名的金融期货交易所，集中了货币期货、利率期货、外汇期货、股指期货等多种金融期货交易。2006 年 9 月 8 日成立的中国金融期货交易所（China Financial Futures Exchange，CFFE），是中国首家采用公司制组织形式的交易所。

4.2.3　期货保证金监控中心

中国期货保证金监控中心是由上海期货交易所、郑州商品交易所、大连商品交易所共同出资开办的非营利性公司制法人。中国期货保证金监控中心的主要职能是：期货市场统一开户；期货保证金安全监控；为期货投资者提供交易结算信息查询；期货市场运行监测监控和分析研究；为监管机构和期货交易所等提供信息服务；代管期货投资者保障基金①；商品及其他指数的编制、发布。

4.2.4　期货结算所

期货结算所又称"票据交换所"或"期货清算所"，是为期货交易提供结算、担保的非营利机构。主要功能是结算每笔场内交易合约、核收履约保证金、监管实物交割和报告交易数据。

4.2.5　期货经纪人

1. 期货经纪人的概念

期货经纪人是指从事商品期货交易的中介，以自身名义介入期货交易或代客买卖期货（包括出市代表和从事客户开发、开户、执行委托、结算等业务），在期货交易中进行分析、判断，通过价格涨跌波动获取盈利的人员。在国外，期货经纪人由于信誉度高，故能直接以客户代理人身份进行操作。我国的期货经纪人不能直接代表客户投资。

2. 期货经纪人的种类

1）美国的期货经纪人

美国商品交易管理委员会将经纪人分为如下几类。

（1）期货佣金商（futures commission merchant，FCM）。指代表非会员机构或公众进入期货交易所进行交易的公司。主要从事下列活动：寻求或接受指令，进行商品期货或期权合约买卖并收取客户佣金。基本职能是代表客户下达指令、征收并单列客户履约保证金、提供会

---

① 保障基金作为专项基金，主要用于在期货公司严重违法违规或者风险控制不力等导致保证金出现缺口，可能严重危及社会稳定和期货市场安全时，补偿投资者保证金损失。

计记录、传递市场信息和市场研究报告。

（2）商品交易顾问（commodity trading advisor，CTA）。指以获利为目的，通过直接或间接形式为他人提供买卖建议的自然人。CTA 具有法律地位，有自己的经营场地或办公室，可以接受客户的委托及向客户直接收费或按照协议分取利润。

（3）场内经纪人（floor broker，FB）。指为任何其他人执行商品期货或期权合约指令的个人。FB 可以不附属于某个经纪公司，只为自己账户进行交易的该交易所会员无须进行注册登记。

（4）关联人员（associated person，AP）。包括所有与期货经营、交易活动有关的人员，以及对上述人员有监管权的人。关联人员类似于我国的期货从业人员。

2）我国期货经纪人的类型

我国期货公司大多都实行经纪人制度。按照管理模式不同，期货经纪人可分为客户经理型、松散型和专业型经纪人三种类型。

（1）客户经理型期货经纪人。这类经纪人是期货公司的员工，其民事责任由期货公司承担，享受公司员工薪金及福利待遇。主要职责是客户开发并为客户提供咨询服务，受从业人员行为规范约束，原则上不代客操作、不持有仓位。

（2）松散型期货经纪人。这类经纪人是公司对外招聘而来，不涉及人事及档案关系，一般无底薪，报酬主要是从收取的佣金中提成，聘用关系灵活。他们除为客户提供期货分析咨询外，多数经纪人还接受客户全权委托，直接代客进行买卖。松散型经纪人被许多经纪公司采用，数量远远大于正式注册的期货从业人员。

（3）专业型期货经纪人。指具有较高专业水平的人士。他们大多拥有自己的客户关系网，依托于一家或多家经纪公司，以"期货工作室""投资智囊团"等形式出现，为客户提供投资建议或理财。专业型期货经纪人充当经纪公司和客户的中介人，其收入来源是从经纪公司提取手续费或与客户利润分红。

4.3　投资银行

4.3.1　投资银行及其与商业银行的区别

1. 投资银行的定义

投资银行是最典型的投资性金融机构，一般认为，投资银行是在资本市场上为企业发行债券、股票，筹集长期资金提供中介服务的金融机构，主要从事证券承销、公司购并与资产重组、公司理财、基金管理等业务。其基本特征是综合经营资本市场业务。

2. 投资银行与商业银行的区别

1）本源业务不同

从历史上看，投资银行的本源业务是证券承购包销，在资本市场为企业直接融资提供服务；商业银行则是吸收支票活期存款，发放短期贷款的间接融资的中介。

2）融资功能不同

投资银行是直接融资的中介，只作为中间人，在资本市场上为企业寻求长期资金来源，收取佣金和手续费；商业银行是间接融资的中介，具有资金需求者和资金供给者的双重身份，在融资过程中承担风险并获得收入。

3）利润来源不同

投资银行利润的主要来源是佣金收入和资本运作的利润和利息收入；商业银行的利润来源主要是存贷利差收入、中间业务和表外业务收入。

4）经营管理风格不同

客户的资金需求是经常变化的，投资银行必须根据市场资金供求双方的需求不断创新，开拓市场，获取收益；商业银行是负债经营，其业务活动更注重资产的安全性和流动性。

4.3.2　投资银行的功能

1. 媒介资金供求

投资银行是沟通资本市场资金盈余者和资金短缺者的桥梁，一方面使资金盈余者能够充分利用多余资金来获取收益，另一方面又帮助资金短缺者获得所需资金以求发展。

2. 为新证券定价

投资银行要为发行人做出证券发行规划，包括合理的认购价格和发行价格、适当的利率和期限，这对于发行者能否成功筹措资本至关重要。定价不恰当的证券不仅会影响发行人的信誉和发行成本，也影响投资银行的声誉。为此投资银行必须具备科学的定价技术和灵活的定价艺术，前者要视市场的收益率或价格水平确定，后者则需要丰富经验，对发行人而言这是投资银行的主要价值所在。

3. 优化资源配置

1）提高储蓄转化为投资的效率

投资银行高效率的证券承销服务可以使发行企业迅速获得所需资金，并为资金盈余者提供了获取收益的渠道，提高储蓄转化为投资的效率，促进资源的合理配置。

2）促进了产业集中和结构调整

企业兼并与收购是一项技术性很强的工作，如选择合适的并购对象、适当的并购时间、合理的并购价格和财务安排，不仅需要大量的资料，而且手续烦琐、操作技术性要求严格，需要专门的技术和专业人才。实践表明，投资银行在企业兼并重组中作为顾问和代理人，会大大提高并购重组的效率，促进产业资本的集中和产业结构的调整。

4. 投资银行的类型

投资银行有很多种类型，各国的称谓也不同。如商人银行、金融公司、证券公司等。我国的投资银行起步于 20 世纪 80 年代中后期，随着资本市场的发展，陆续组建了一批专门经营资本市场业务的证券公司，形成了以证券公司为主体的资本市场中介体系。我国的投资银行体系主要有以下两种类型。

（1）中外合资投资银行。

以中国国际金融公司为代表。中金公司成立于 1995 年 7 月，注册资本 2.25 亿美元，其中中国建设银行投资占 42.5%，摩根士丹利投资占 35%，中国经济技术投资担保公司、香港名力集团和其他股东分别占 7.5%。除中金公司以外，我国外资参股券商还有财富里昂、海际大和、瑞银证券、瑞信方正、高盛高华、中银国际、第一创业摩根大通、摩根士丹利华鑫证券、中德证券等 10 余家。

（2）综合型券商。

综合型券商是指依照《中华人民共和国公司法》和《中华人民共和国证券法》设立的经营证券业务的有限责任公司或者股份有限公司。我国最大的十家综合型券商包括：中信建投证券有限责任公司、国信证券股份有限公司、中国银河证券股份有限公司、招商证券股份有限公司、国泰君安证券股份有限公司、广发证券股份有限公司、海通证券股份有限公司、华泰证券股份有限公司、申银万国证券股份有限公司、光大证券股份有限公司。

4.4　资本市场其他金融服务机构

资本市场其他金融服务机构包括投资咨询服务机构、财务咨询公司、资信评级机构、会计师事务所、律师事务所、资产评估机构等。

4.4.1　投资咨询服务机构

证券咨询服务机构是为证券发行人和证券投资者提供投资咨询服务和资信评估服务的专业机构。在证券交易中由于信息不对称和交易成本的存在，使得证券价格向价值回归成为一个不断发现和不断调整的过程，由此产生了对以发现投资价值和发掘投资价值为基础的证券投资咨询业的需求。

在发达的证券市场中，证券分析咨询师的价值创造是通过将研究成果提供给投资者的过程实现的。投资咨询服务业价值创造过程如图 4-4 所示。

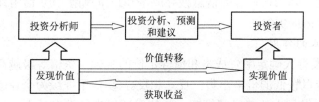

图4-4　投资咨询服务业价值创造过程

由于信息不完全、人们认知的有限性及利益的驱动，投资咨询师的咨询建议往往与市场出现偏差，为保护投资者利益，各国证券监管当局对于证券投资咨询公司和咨询师都有严格的专业技术和职业道德要求。

4.4.2　财务咨询公司

财务咨询公司是为服务对象提供资产管理、证券投资等财务管理咨询服务的公司。资本市场的发展离不开财务咨询业的推动，无论是金融机构新产品的开发和推广，还是投资者对财务信息的解读，都需要财务咨询的协助。特别是现代企业制度和企业内部控制制度的建立都需要专业财务咨询机构提供全过程支持，因此财务咨询公司在资本市场占有很重要的地位。

财务咨询业务范围非常广泛，包括实物性资产咨询、证券性资产咨询，也包括财务主体筹资、投资及日常管理等业务咨询。如财务估价、经营资金与流动资金管理、兼并与收购和投资项目分析、会计制度设计、预算控制、外汇管理等。

财务咨询公司具有以下功能：第一，引导理性投资。在市场经济运行中，财务主体以利润最大化为其经营目标，但受信息和自身能力的限制，其财务行为难免会出现盲动性和滞后性，由此使财务主体的利益受损。财务咨询服务于微观经济主体，可以弥补其能力的不足，减少决策的失误和降低投资的盲目性，校正对市场反应的滞后或偏差，帮助市场主体做出理性的投资决策。第二，弥补财务主体知识结构和运营能力的不足。财务咨询专业人员可以为客户鉴别、诊断和解决财务领域的相关问题，还可以通过客观、专业的分析，帮助客户识别并抓住市场机遇。

4.4.3 资信评级机构

1. 资信评级机构的概念

资信评级机构是指使用科学的评价方法，对经济活动中借贷行为的可靠性和安全性程度进行分析，并用专用符号做出评估报告的一种金融信息服务机构。一般为独立的、非官方的机构。美国的穆迪投资者服务公司、标准·普尔公司，日本的债券评级研究所等都是世界著名的资信评级机构。

2. 资信评级机构的作用

1）对投资者的作用

① 揭示债券发行人的信誉，为投资者做出正确投资决策提供参考。② 可以降低投资者的交易成本和投资风险。由于信息不对称，投资者不可能获得发行人的全部信息，对其经营状况难以进行准确分析和判断。信用评级机构利用自身的专业优势对拟发行公司的财务状况和债券还本付息的可靠程度进行客观、公正和科学的权威评定，可以改变债券发行者与投资者之间信息不对称程度，降低投资者的信息搜寻成本和投资风险。③ 信用评级结果可以为债券定价、风险与报酬评估提供参考。

2）对债券发行人的作用

① 信用评级是发行人确定融资成本和债券定价的基础。资信等级越高的证券，越容易得到投资者的信任，能以较低的价格出售，反之相反。② 信用评级为企业改善经营管理提供了外在压力，促使债券发行人改善经营管理。③信用评级为债券发行人提供了一个客观、公正的信用证明，有助于提高企业形象和拓宽融资渠道。

3）对证券商的作用

① 证券承销商可以依据证券级别的高低决定债券承销价格、发行方式、承销费用和促销手段。② 证券自营商可以根据证券的信用等级来评定发行者经营风险的大小，调整证券投资组合。③ 证券经纪商在从事信用交易时，可以对不同等级的证券给出不同的证券代用率。对券商而言，信用评级既利于其业务活动的开展，又利于投资风险的管理。

4）对监管部门的作用

对监管部门有两个方面的作用：一是信用评级有助于监管部门加强市场监管，有效防范金融风险；二是信用评级提高了证券的透明度，可以减少政府对资本市场的直接干预，提高金融市场的效率，促进资本市场的规范发展。

4.4.4 会计师事务所

1. 会计师事务所的作用

会计师事务所是依法独立承担注册会计师业务的中介服务机构。作用如下。

1）监督社会经济活动

在宏观经济领域，会计师事务所按照法律法规进行专项监督，落实国家宏观政策和措施。在微观经济领域，经注册会计师审核鉴证的企业财务状况和经营成果具有法律效力，政府有关部门和投资人据此对企业经营状况做出评价；注册会计师审核鉴证的企业资产、利润、每股收益、每股净资产等财务指标，是证券监督管理部门对上市公司实施监督管理工作的重要参考；注册会计师对企业依法审计做出的结论直接影响企业现实和潜在的股东和债权人的投资信心，决定着股票的价格。因此会计师事务所有"经济法庭"之称。

2）引导资本流动

① 在证券发行市场，会计师事务所通过向社会披露发债募股公司的资产重组计划、募集资金的用途、预期收益等信息，引导社会资本的投向。② 在证券流通上，会计师事务所公布的上市公司经营状况和经济成果等经济信息，可以引导资本流动。③ 在间接投资领域，银行及其他金融机构利用对借款人的资信评估资料作为信贷决策和抵押资产价值确定的参考。

2. 会计师事务所的组织形式

就世界范围来看，会计师事务所有多种组织形式。

（1）合伙制会计师事务所。合伙制会计师事务所是由两个或两个以上的注册会计师组成的合伙组织。合伙人按出资比例或协定，以个人财产承担会计师事务所的债务，合伙人对会计师事务所的债务承担连带责任。

（2）有限责任制会计师事务所。有限责任制会计师事务所是由一定数量的股东出资组成，每个股东以其所认缴的出资额为限对会计师事务所承担责任，事务所以其全部财产对事务所的债务承担责任。

我国《注册会计师法》规定，合伙制和有限责任制为会计师事务所的法定组织形式。

4.4.5　律师事务所

我国《律师法》规定，律师事务所的组织形式有合伙所、个人所和国资所三种组织形式。律师事务所可以由律师合伙设立、律师个人设立或者由国家出资设立。

4.4.6　资产评估机构

资产评估机构是指对股票公开发行和上市交易的企业进行资产评级和开展与证券业务有关的资产评估业务的资本市场服务机构。

4.5　证券期货监管机构

4.5.1　证券期货的政府监管机构

1. 政府监管机构的模式

1）政府独立机构管理

政府独立机构管理是指中央一级的独立机构对证券业的管理。主要有三种类型：其一，美国模式。以美国证券交易委员会为代表，是联邦政府唯一的法定机构。它独立于立法、司法和行政三权之外，证券交易委员会不受美国总统和美国国会的管辖。其二，法国模式。法国的证券交易所业务委员会是政府的证券管理机构，是一个相对独立的行政管理部门。其职责是对有关重大问题（如建立或撤销交易所、修改现行法律章程）提出意见和建议，对一些技术性的问题做出决定。其三，意大利模式。意大利全国公司和证券交易所监管委员会是监管公司和证券交易所的官方机构，挂靠财政部，由于各部门利益不一致，故协调能力较弱。

2）政府机构兼管

政府机构兼管有财政部兼管、中央银行兼管、财政部和中央银行共管等多种形式，一般由财政部兼管。财政部兼管又有两种类型：一是以日本大藏省证券局为代表的行政技术管理型。该部门在指导和监督证券业的运行方面有相当大的权威。二是以荷兰为代表的财政部和证券司监管下的证券交易所自律机构。财政部只对证券业自律机构做一般性监管不做实质性干预。

2. 我国证券市场的政府监管机构

目前，我国证券市场政府监管机构主要有以下两个。

1）国务院证券委员会

国务院证券委员会简称证券委，是国家对全国证券市场进行统一宏观管理的主管机构，成立于1992年10月，主要职责是：负责组织拟定证券市场的法律、法规草案；研究制定证券市场的方针政策和规章；制订证券市场发展规划和提出计划建议；指导、协调、监督和检查各地区、各有关部门与证券市场有关的工作；审批国内企业到海外公开发行股票和上市；审核设立证券交易场所申请并报国务院批准；归口管理中国证券监督管理委员会。

2）中国证券监督管理委员会

中国证券监督管理委员会简称证监会，是国务院直属事业单位，依照法律、法规和国务院授权，统一监督管理全国证券期货市场，维护证券期货市场秩序，保障其合法运行。

4.5.2　证券期货市场行业自律组织

1. 行业自律组织与政府监管机构的关系

行业自律组织和政府监管机构既有区别又有联系，两者相互补充、相互促进。

两者的区别表现在：第一，性质不同。政府监管机构的监管是他律性质；自律组织的监管具有自律性质。第二，监管依据不同。政府监管机构依据国家有关法律、法规、规章和政策进行监管；自律组织除了依据国家有关法律、法规和政策外，还依据自律组织的章程、业务规则进行管理。第三，监管范围不同。政府监管机构在全国范围内监管；自律组织主要对其会员进行监管。第四，监管的内容不同。政府监管机构主要是制定全国性证券法规，拟定监管条例，监管自律组织及证券中介机构，对重大违规案件进行查处；自律组织是对其会员、上市公司及证券交易等进行监管。第五，处罚力度不同。政府监管机构可以采取罚款、警告等处罚方式，情节严重的可取消其从事某项或所有证券业务的资格、终止其上市；自律组织对会员或上市公司的处罚较轻微，如罚款、暂停或取消会员资格等，情节特别严重的可提请政府主管部门或司法机关处理。

两者的联系表现在：第一，行业自律监管是对政府监管的补充。自律组织可以配合政府监管机构对其会员进行法律法规宣传，对会员进行指导和监管。第二，自律组织本身也接受政府监管机构的监管。自律组织的设立需要政府监管机构的批准，其日常业务活动要接受国家监管机构的检查、监督和指导。

2. 英美证券市场非政府监管机构

英国是以自律管理为主的国家，居主导地位的是英国证券业理事会和证券交易所协会。证券业理事会主要负责制定和解释有关证券交易的各项规章制度。证券交易所协会实际控制和管理全国日常的证券交易活动。

美国的自律管理机构包括证券交易所、证券商协会、清算机构、市政证券立法委员会等。全国证券交易商协会是美国最大的注册证券协会，负责监管所有非纽约交易所及美国证券交易所会员证券经纪公司，管理美国场外市场的交易活动。市政证券立法委员会和清算机构，为其成员制定内部规则并就市政证券交易的纠纷做出审定。

3. 我国行业自律组织的类型

1）中国证券业协会

中国证券业协会成立于 1991 年 8 月 28 日，是依法注册的具有独立社会法人资格的、由经营证券业务的金融机构自愿组成的行业性自律组织。设立的目的是加强证券业之间的联系、协调、合作和自我控制，促进证券市场的健康发展。中国证券业协会实行会员制，其会员分为团体会员和个人会员两种。符合条件的证券交易所、专业证券公司、兼营证券业务的金融机构均可以申请加入证券业协会，成为协会的团体会员。个人会员是证券市场管理部门的有关官员、从事证券研究和业务工作的专家和学者。

2）中国期货业协会

中国期货业协会成立于 2000 年 12 月 29 日，为非营利性的社会团体法人。协会接受中国证监会和国家社会团体登记管理机关的业务指导和管理。协会宗旨是：在国家对期货业实行集中统一监督管理的前提下，进行期货业自律管理；发挥政府与期货行业间的桥梁和纽带作用，为会员服务，维护会员的合法权益；坚持期货市场的公开、公平、公正，维护期货业的正当竞争秩序，保护投资者利益，推动期货市场的健康稳定发展。按照规定，期货公司及其他专门从事期货经营的机构应当加入期货业协会，并缴纳会员费。

3）中国证券投资基金业协会

中国证券投资基金业协会成立于 2012 年 6 月 6 日。该协会是依据《证券投资基金法》和《社会团体登记管理条例》设立的由证券投资基金行业相关机构自愿结成的全国性、行业性、非营利性社会组织。协会会员包括普通会员、联系会员和特别会员。

重要概念

证券交易所　证券保荐人　证券投资基金　企业年金　社会保障基金
合格境内机构投资者　金融期货交易所　期货经纪人

思考题

1. 简述证券交易所的功能。
2. 简述证券经纪公司及其与投资银行的区别。
3. 简述证券保荐人与承销商的区别。

4. 简述我国证券保荐机构的类型。

5. 简述证券投资基金管理服务机构的种类。

6. 简述企业年金与社会保障体系的关系。

7. 企业年金管理机构包括哪些类型，其职责是什么？

8. 我国期货经纪人有哪几种类型？

9. 我国证券和期货监管机构有哪几家，其职能是如何划分的？

10. 试析行业自律组织与政府监管机构的关系。

11. 简述我国目前证券期货市场行业自律组织的类型。

12. 投资银行与商业银行的区别是什么？

13. 资信评级机构有哪些作用？

14. 简述会计师事务所在证券市场中的作用。

第5章

保险、信托、网络金融

学习目标

通过本章学习读者应当掌握：
- 保险的概念、功能与作用
- 专业保险机构的主要类型
- 保险经纪人与保险代理人有哪些区别
- 保险公估人及其特点
- 金融信托的概念、特点与职能
- 信托公司与其他金融服务业的区别
- 我国信托公司的类型
- 网络金融的特点及其与传统金融的区别
- 我国金融信息服务业的构成
- 贴现公司及其作用

保险业和金融信托业都是历史悠久的金融服务业，与商业银行和资本市场金融服务机构一样，是金融服务业的构成部分。它们以其独特的形式在经济体系中发挥着不可或缺的重要作用。特别是 21 世纪互联网金融的兴起，借助于互联网技术、移动通信技术实现资金融通、支付和信息中介等，非金融机构也可以向客户提供支付结算、理财、融资等金融服务，显示出强大的生命力。与此同时，对传统金融业提出了新的挑战。此外，金融信息服务公司、资产管理公司、贴现公司也显示出各自的优势和作用。

5.1 保险机构

5.1.1 保险的功能与作用

1. 保险的概念

保险有广义和狭义之分。广义的保险是集合具有同类风险的众多单位和个人，以合理计算风险分担金的形式，向少数因该风险事故发生而遭受经济损失的成员提供保险经济保障的一种行为。狭义的保险指商业保险。《中华人民共和国保险法》明确指出：保险是指投保人根据合同约定，向保险人支付保险费，保险人对于合同约定可能发生的事故因其发生所造成的财产损失承担赔偿保险金责任，或者当被保险人死亡、伤残、疾病或者达到合同约定的年龄、期限时承担给付保险金责任的商业保险行为。本书论述的保险指狭义的保险。

2. 保险的功能

保险的功能可分为基本功能和派生功能两类。

1）保险的基本功能

（1）风险分散。保险向社会提供一种机制：具有同类风险的组织和个人（被保险人）被聚集，向聚集他们的人（保险人）交纳一定的费用，被保险人约定的风险随即转移给了保险人。后者承担前者的风险是以向众多的投保人（或被保险人）收取保险费为基础的。因此，实际是同类风险的所有被保险人通过保险这种机制共同承担了少数人的风险。

（2）损失补偿。保险的损失补偿功能是指保险以合同的形式向众多的投保人收取保险费，根据合同在少数被保险人发生约定风险事故所致损失时进行经济补偿。这也是"一人为众，众为一人"的保险最基本互助共济精神的体现。

风险分散与损失补偿是手段与目的的统一，是保险本质特征的反映。

2）保险的派生功能

保险的派生功能是在基本功能基础上产生的，它同样反映了保险的本质特征。

（1）融通资金。指保险机构通过吸引资金和投放资金，实现社会资金的融通。保险机构必须向投保人收取保险费，形成用于损失补偿的保险基金。但是，集中起来的保险基金并不会立即或全部用于赔偿或给付，在一定时期内总有一部分闲置，通常可以投资于证券市场和进行某些实业投资。

（2）防灾防损。防灾防损功能是损失补偿基本功能的派生。指保险机构在承保前要仔细鉴别风险，防止逆向选择；承保后要对被保险人提供防灾防损服务。如此一来，既可以使被保险人尽可能减轻保险费负担，也可以使保险人减少可能的损失赔偿。

5.1.2 保险机构的种类

按照业务内容划分，保险机构可分为专业保险机构、保险中介机构和其他保险服务机构。

1. 专业保险机构及其种类

专业保险机构是专门经营保险业务的保险公司，即销售保险合约、提供风险保障的公司。我国《保险公司管理规定》规定，我国的保险公司是依照我国《保险法》和《公司法》设立的经营商业保险业务的金融机构。

1）按业务性质划分

（1）人身保险公司。是以被保险人的寿命和身体为保险标的的商业保险公司。其经营的业务主要包括人寿保险、健康保险、意外伤害保险。

（2）财产保险公司。财产保险公司是经营人身保险以外保险活动的保险公司。主要业务包括：火灾保险、海上保险、陆空保险、责任保险。我国《保险法》规定，财产保险公司的主要业务包括损失保险、责任保险、信用保险、保证保险等保险业务。

（3）再保险公司。再保险公司是专门从事再保险业务、不直接向投保人签发保单的保险公司，即保险公司的保险公司。保险公司为了分散风险，把一些大的承保单位再分保给另一保险公司，接受这一保单的公司就是再保险公司，这类业务在财险中较多。我国《保险法》规定，经金融监督管理部门核定，保险公司可以经营分出保险、分入保险的再保险业务。

（4）养老保险公司。养老保险公司是以经营团体养老保险及年金业务、个人养老保险及年金业务为主的保险公司。其中团体养老保险指单位为雇员提供的补充养老金保险；个人养老保险是投保个人自愿与商业保险公司签订的一种养老保障合同，也是社会养老保障体系的有益补充；企业年金是企业及职工在依法参加基本养老保险的基础上，自愿建立的补充养老保险制度，是多层次养老保险体系的组成部分。

（5）健康保险公司。健康保险又称疾病保险，是被保险人在患病发生医疗费用支出，或因疾病所致残废、死亡，或因疾病伤害不能工作而减少收入时，由保险人负责给付保险金的一种保险，是补偿身体或疾病伤害所致损失的保险。包括疾病保险、失能收入保险和护理保险。

（6）农业保险公司。农业保险公司是以经营农业保险为主要业务的保险公司。农业保险是补偿农业生产者和经营者在种植业和养殖业生产过程中，因自然灾害和意外事故所造成的经济损失的保险。

（7）信用保证保险公司。信用保证保险公司是以信用风险为保险标的的保险公司。信用保证保险是由保险人（保证人）为信用关系中的义务人（被保证人）提供信用担保的一类保险业务。

（8）汽车保险公司。汽车保险公司是主要经营机动车交通事故责任强制保险和机动车商业保险的保险公司。

专业保险公司是我国保险服务业的主体，截止到 2014 年 6 月，我国共有保险集团公司、保险控股公司 10 家，人身保险公司 71 家（其中人寿保险公司 62 家，健康保险公司 4 家，养老保险公司 5 家），财产保险公司 64 家，农业保险公司 10 家，再保险公司 8 家。

2）按照组织形式不同划分

（1）国有控股保险集团公司。国有控股保险集团公司是由国家授权的投资机构或部门投资设立的保险公司。如我国的中国人民保险集团股份有限公司、中国保险（控股）有限公司都是隶属于国务院的国有控股金融保险集团。

（2）民营保险公司。民营保险公司是按照《公司法》的规定，以股份有限公司形式组建起来的保险公司，其资本是通过发行股票筹集。民营保险公司是世界各国保险公司的主要组织形式。我国非国有控股的保险公司均属于这种类型。

（3）相互保险公司。相互保险公司是会员之间基于相互保障的原则设立的经营保险业务的法人，是由预测特定风险可能发生的众多经济单位组形成的非营利保险组织。其参与者是合同当事人，相互保险公司的成员既是投保人又是保险人。相互保险公司在国外占相当重要的地位，如在日本、英国和德国等国家，相互保险公司在寿险和财产险市场上发挥着重要的作用。

（4）专属保险公司。专属保险公司是指由工商企业自己设立，旨在为本企业、附属企业及其他相关企业进行保险和再保险的保险公司。不同的专属保险公司经营的侧重点有所不同，美国的专属保险公司主要经营意外险业务，欧洲的专属保险公司通常为财产及物质损失提供保障。我国中石油专属财产保险股份有限公司经营范围主要是集团内财产损失保险、责任险、信用与保证保险、短期健康与意外伤害保险、再保险及海外投资项目风险管理等。

2. 保险中介机构

1）保险中介

保险中介是指介于保险经营机构之间或保险经营机构与投保人之间，专门从事保险业务咨询与招揽、风险管理与安排、价值衡量与评估、损失鉴定与理算等中介服务活动，从中获取佣金或手续费的单位或个人。保险中介机构的发展，在完善保险市场结构，促进保险行业专业化经营，提高保险行业运营效率和竞争力等方面发挥了巨大的作用。

2）保险中介机构类型

保险中介机构主要包括：

（1）保险代理人。

保险代理人是指受保险人的委托，在保险人授权范围内代为办理保险业务，并依法向保险人收取代理手续费的单位或者个人。保险代理人分为专业代理人、兼业代理人和个人代理人三种。专业代理人是指专门从事保险代理业务的保险代理公司。兼业代理人指受保险人委托，在从事自身业务的同时，指定专人为保险人代办保险业务的单位。个人代理人是根据保险人委托，向保险人收取代理手续费，并在保险人授权范围内，代为办理保险业务的个人。主要业务是代理推销保险产品和代理收取保险费。个人代理人只能为一家保险公司代理保险业务。

近年来，保险代理人市场发展发生的重大变化之一是保险理财规划师的出现。保险理财规划师用新的理财顾问式的行销方式，运用个人理财工具，以规范的模式为保险客户提供全面的财务分析和理财建议，包括储蓄计划、保险计划、置产计划、金融投资计划、年金计划、税务计划及生命和时间价值等，确保其资产保值、增值。

（2）保险经纪人。

① 保险经纪人及其种类。

保险经纪人又称"保险中间人"，是指代表被保险人在保险市场上选择保险人或保险人组合，同保险方洽谈保险合同并代办保险手续及提供相关服务的中间人。

保险经纪人分为原保险市场经纪人和再保险市场经纪人。前者是直接接受投保客户的委托，介于投保人和原保险人之间的中间人。再保险经纪人是促成再保险分出公司与接受公司建立再保险关系的中间人。他们把分出公司视为自己的客户，在为分出公司争取较优惠条件的前提下选择接受公司，并收取由后者支付的佣金。再保险经纪人不仅介绍再保险业务、提供保险信息，而且对再保险合同进行管理，为分保公司提供服务，如合同的续转、修改、终止等问题，并向再保险接受人提供账单并进行估算。

② 保险经纪人与保险代理人的区别。

保险经纪人与保险代理人都为保险市场的中介人，但两者有本质的不同。首先，它们代表的利益不同。保险经纪人是基于投保人的利益，向保险人或其他代理人签订保险合同；而保险代理人则是根据保险人的委托代为办理保险业务。其次，两者提供的服务不同。保险经纪人为客户提供风险管理、保险安排、协助索赔与追偿等全过程服务；而保险代理人一般只代理保险公司销售保险产品、代为收取保险费。再次，两者服务的对象不同。保险经纪人的客户主要是收入相对稳定的中、高端消费人群及大中型企业和项目；而保险代理人的客户主要是个人。最后，两者的法律责任不同。保险经纪人与客户是委托与受托关系，如果因保险经纪人的过错给客户造成损失，保险经纪人承担相应的经济赔偿责任；而保险代理人与保险公司是代理与被代理关系，被代理保险公司仅对代理人在授权范围内的行为后果负责。

（3）保险公估人。

① 保险公估人及其特点。

保险公估人是指依照法律规定设立，接受保险公司、投保人或被保险人的委托办理保险标的的查勘、检验、估损及赔款理算，并向委托人收取酬金的公司。人们习惯上将保险公估机构称为保险公估人。

保险公估人有三个特点：一是专业性强。保险公估人具有很强的专业性。由于主要职责是为保险当事人处理不同类型的保险评估、查勘、检验、估损、理算，并出具保险公估报告，这就要求保险公估机构必须拥有一批具有各种专业知识背景并熟悉保险业务和相关法律的专业人才。二是地位超然。相对保险当事人而言，保险公估人的地位超然，不受客户任何一方的干预，其处理业务以法律为准则，以客观事实为根据，既为保险当事人提供理赔技术服务，又可以缓解双方的矛盾。三是业务广泛。保险公估人的业务涉及保险业务的全过程。从保险标的的检验、估价、风险评估、保险标的出现损失后的查勘、检验、估损、理算，到保险标的残值的处理，涵盖了保险业务全过程。

最早的保险公估业出现在 1666 年的英国，随建筑区火灾保险的出现而产生。1941 年英国公估师协会的成立，标志着保险公估业的发展和完善。20 世纪 90 年代初我国相继出现了一些保险公估机构。加入 WTO 后，保险公估人、保险代理人和保险经纪人迅速发展，已经成为我国保险市场中介机构的三大支柱。

② 保险公估人的职能。

保险公估人在保险市场发挥特殊的职能。第一，评估职能。这是公估人的基本职能。包括勘验评估、评估鉴定、损失评估和理算评估。评估职能可以使保险理赔科学、合理、快速、高效完成。第二，中介职能。主要表现在两方面：既可以接受保险人和被保险人的委托，以中间人的身份依法做出客观结论，解决保险当事人之间的矛盾；又可以作为保险中介机构，通过其中介职能的发挥促进保险市场健康稳健运行。第三，公证职能。保险公估人是保险合同当事人以外的第三方，可以不受任何一方的牵制，客观地评估保险案件，依法做出公正的结论。第四，调整职能。公估人依法做出科学公正的评估结论，可以在一定范围内调节保险人和被保险人之间因保险理赔产生的矛盾，调整保险当事人相互之间的法律关系。

3. 其他保险服务机构

（1）保险精算师事务所。

保险精算师事务所是保险精算咨询机构，主要业务是为保险公司提供精算技术支持、责任准备金提取、现金流测试、资产负债的匹配、审计复核、价值评估、风险管理等服务；也为非保险企业提供自保咨询、风险分析和衡量、员工福利计划设计、养老保障建议等服务。此外，也为保险监管部门提供技术支持。保险业的发展离不开精算师。保险业越发展，以严密的数学为基础的保险费率对计算的要求越高，精算师事务所代表保险精算发展的最高成就，处于精算业的核心地位。

（2）保险资产管理公司。

保险资产管理公司是专门管理保险资金的金融机构。一般由保险公司或保险公司的控股股东发起成立。主要业务是接受保险公司委托，管理保险基金，以使保险基金保值、增值。保险基金运用不得突破《保险法》规定，一般仅限于银行存款、买卖政府债券、金融债券和监管当局规定的其他用途。

此外，保险咨询机构、保险索赔公司、保险事故调查机构和会计师、律师等都是提供保险专业服务的机构。

5.1.3　保险业监管机构

1）中国保险业监督管理委员会

中国保险业监督管理委员会成立于 1998 年 11 月 18 日，是国务院直属事业单位。根据国务院授权履行行政管理职能，依照法律、法规统一监督管理全国保险市场，维护保险业的合法、稳健运行。中国保监会履行对保险业的行政管理职能，通过对保险公司偿付能力和市场行为的监督管理来保护被保险人的合法权益。

2）中国保险行业协会

中国保险行业协会成立于 2001 年 2 月 23 日，是经中国保险监督管理委员会审查同意，并在国家民政部登记注册的中国保险业全国性自律组织，是非营利性社会团体法人。根据《中华人民共和国保险法》第一百八十条之规定，保险公司应当加入保险行业协会。保险代理人、保险经纪人、保险公估机构都可以加入保险行业协会。

5.2　信托机构

5.2.1　金融信托

1. 金融信托及其特点

信托是指委托人基于对受托人的信任，将财产委托给受托人，由受托人按照委托人的意愿，以自己的名义为受益人的利益或者特定目的，进行管理和处分的行为。信托是以财产为中心、以信任为基础、以委托为方式的一种财产管理方式。

原始的信托行为起源于数千年前古埃及的"遗嘱托孤"。信托的概念起源于《罗马法》中的"信托遗赠"制度。13 世纪英国的"尤斯制"就是参照《罗马法》中信托遗赠制度建立的。英国是信托业的发源地，1886 年伦敦出现了第一家信托机构——伦敦信托安全保险公司，标志着信托制度在英国的确立。20 世纪 90 年代以后，随着世界经济一体化、国际化和金融管制的放宽，信托业发生了诸多新变化，出现了信托职能多样化、金融信托业务国际化、信托业务与其他金融机构业务界限日益模糊、信托产品层出不穷的发展趋势。

金融信托是指金融机构作为受托人，按照委托人的要求或特定目的，收受、管理或运用货币资金、有价证券和其他财产的金融业务。金融信托是在实物信托的基础上演变和发展起来的，是现代信用经济制度下信托发展的必然结果和现代信托的普遍形式。金融信托的发展使信托的功能得到了充分发挥，在西方发达国家，金融信托已发展成为一个具有相当规模的产业——金融信托业，在国民经济中发挥着不可或缺的作用。

金融信托具有以下特点。

（1）对受托人有特定的要求。经营金融信托业务的一般是信托投资公司或银行的信托业务部。在我国，法律规定，受托者必须是符合法定条件并经审核批准的金融机构，未经批准，任何部门、单位不准经营金融信托业务，禁止个人经营金融信托业务。

（2）金融信托具有资金融通和财产管理双重职能。金融信托是从单纯保管、运用财产发展起来的现代信托，与早期信托相比，金融信托财产多样化，除了动产、不动产以外，还包括货币资金、有价证券，信托的种类也多样化，如企业财务管理、投资开发、基金信托、证券发行信托、商务管理信托、社会福利事业和公益事业信托等。

2. 金融信托的职能

（1）财务管理职能。

财务管理职能是指信托机构接受财产所有者的委托，为其管理、处理财产或代办经济事务等的职能。这是信托的基本职能。这一职能体现在四个方面：第一，在性质上是一种服务性经营。受托人为受益人的利益管理财产，不能运用委托人的财产为自己谋利益；第二，受托人管理或处分信托财产，只能按信托目的来进行，不能随意利用信托财产为自己牟利；第三，信托财产的收益归受益人所有，受托人只能收取收益的一部分作为报酬；第四，财产管理的责任明确，由重大过失导致的损失受托人有赔偿责任。

（2）融通资金职能。

融通资金职能是指信托机构通过办理信托业务为客户融通资金。一是信托机构将受托的货币资金用于贷款、投资或购买有价证券，为资金需求者融通资金；二是通过融资租赁，实现融资与融物的结合，为承租人解决设备资金的不足；三是通过受益权的流通转让实现货币资金的融通。

（3）社会投资职能。

社会投资职能指受托人通过信托投资业务和证券投资业务参与社会投资活动。表现在：信托机构通过委托存款和信托存款等方式筹集资金，根据委托人的意愿进行特定项目投资；通过股票和债券投资，将资金投入实体经济；信托公司可以通过代理投资和一般投资，解决企业长期建设资金不足的问题。

5.2.2　信托公司

信托公司是指以经营信托业务为主的非银行金融服务机构。我国《信托法》规定，信托公司是指依照《中华人民共和国公司法》和本办法设立的主要经营信托业务的金融机构。"受人之托，代人理财"是金融信托业的宗旨，也是信托业区别于其他行业的重要标志。

1. 信托公司的发展

1818 年美国马萨诸塞州成立的"马萨诸塞医疗人寿保险公司"是世界上最早的信托机构。1853 年美国第一家专业信托公司"美国信托公司"在纽约成立。英国第一家办理信托业务的法人机构是 1886 年成立的伦敦信托安全保险有限公司。

我国自 1979 年信托业开办至今，经历了多次清理整顿，目前已进入了健康发展阶段。

1）1979—2001 年的发展与整顿

第一次发展与整顿：1979—1983 年。1979 年 10 月中国国际信托投资公司成立。1979—1981 年经济体制改革出现了融资，一些单位自发筹办各种形式的信托公司。1980 年人民银行下达《关于积极开办信托业务的通知》后，中央银行和各专业银行、行业主管部门、地方政府等都办起了各式各样的信托投资公司。至1982年年底，全国信托机构发展到620家。这一时期建立起来的信托公司，业务很不规范，并非信托意义上的受托理财业务，而是以银行业务为主的混合经营，扰乱了金融秩序。1982年4月国务院针对当时各地基本建设规模过大的问题，发出《关于整顿国内信托投资业务和加强更新改造资金管理的通知》，对信托业进行第一次整顿。规定除国务院批准和国务院授权单位批准的信托投资公司以外，各地区、部门均不得办理信托投资业务，已经办理的限期清理。

第二次发展与整顿：1983—1985年。1984年1月人民银行专门行使中央银行职能后提出"凡是有利于引进外资、引进先进技术，有利于发展生产、搞活经济的各种信托业务都可以办理"，信托业出现了又一次高潮。但真正意义上的信托贷款和信托投资很少，信托机构基本上是做银行信贷业务，扩大基建规模，在经济过热和投资失控中起了推波助澜的作用。1984年年底，经济过热造成货币投放和信贷规模双失控。国务院于1985年年初对信托业务进行整顿，人民银行颁布了《金融信托投资机构资金管理暂行办法》，要求停止办理信托贷款和信托投资业务，已办理业务的要加以清理收缩，1986年又对信托业的资金来源加以限定。

第三次发展与整顿：1986—1989年。1988年中国出现经济过热势头，资金需求量增加，使信托公司飞速膨胀，1988年最高峰时全国共有1 000多家信托公司，总资产达到6 000多亿元，占到当时金融总资产的10%。为逃避中央银行对信贷规模的控制，专业银行纷纷通过各种形式和渠道向信托公司转移资金，信托公司再次成为固定资产投资失控的推波助澜者。1988年9月十三届三中全会确定了治理整顿，深化改革的方针，一些信托机构被撤并，信托机构在与银行的竞争中失去利率优势。

第四次发展与整顿：1992—1995年。1992年是中国新一轮改革开放的高潮，经济迅速回升并呈高速增长态势，信托业得以发展。到1994年经人民银行批准的信托投资公司达391家。此时的信托公司与银行联手，违规揽存，违规放贷，并直接大规模参与沿海热点地区的圈地运动和房地产炒作活动，再次充当加剧经济形势过热、扰乱金融秩序的角色。1993年6月中央对信托业开始第四轮清理整顿。人民银行要求银行不再经营信托业务，不再投资非银行金融机构，银行与信托分业经营，分业管理。并要求信托公司按照"信托为本，分业管理，规模经营，严格监督"的原则，重新规范信托投资业务范围。

第五次整顿：1997—2001年。1997年亚洲金融风暴以后，从事涉外信托业务的信托公司经营环境骤变，信托业的各种问题更深刻地暴露出来，出现了多家省级信托公司不能支付到期债务的现象。1997年年底中央金融工作会议决定对信托业再次整顿。1998年6月广东国际信托投资公司关闭，2003年依法破产。1998年年底全国信托公司260家，到2002年年底，通过转业、合并、关闭等方式缩减到约50家。

2）2001年以后的规范发展

2001年以后国家颁布了一系列信托法规，促进了信托业的规范发展。2001年10月1日《中华人民共和国信托法》实施；2002年5月9日《信托投资公司管理办法》实施；2002年7月18日《信托投资公司资金信托管理暂行办法》正式生效；2006年12月28日《信托公司管理办法》颁布；2007年年初银监会《信托公司关于实施新办法有关问题的通知》规定对信托业实施分类监管；2007年银监会出台信托业"新两规"，信托行业逐渐形成以补充商业银行和资本市场体系、提供信贷融资服务为主的商业模式,为信托行业提供了巨大的发展空间。信托、银行及资本市场出现了同步发展的趋势。

2. 信托公司的类型

我国信托公司大致分为五种类型。

（1）中央企业控股的信托公司。

中央企业控股的信托公司是指股东为中央所属企业的信托公司。如五矿信托的控股股东是五矿集团、华宝信托的控股股东是宝钢集团。

（2）金融机构控股的信托公司。

这类信托公司是由国有控股商业银行或非银行金融机构出资组建的信托子公司。如建信信托、交银信托、中信信托、平安信托、中诚信托、金谷信托、华融信托等。

（3）地方政府控股的信托公司。

由地方政府控股企业投资的信托公司,如北京信托、上海国信、天津信托等。

（4）民营信托公司。

民营信托公司是指民间投资组建的信托公司。包括爱建信托、国民信托、华澳信托、新华信托、新时代信托、云国信托、万象信托、民生信托等。

（5）中外合资保险公司。

中外合资保险公司指有外商参股投资的保险公司。如新华信托、苏州信托、杭州信托、华澳信托、兴业信托、中航信托、紫金信托、方正东亚信托和百瑞信托等。

5.2.3　我国信托业管理机构

（1）中国银行业监督管理委员会。

2003 年以前信托机构由中国人民银行监管,2003 年以后信托公司由中国银监会负责监管。十余年来,银监会不断加强监管制度建设,在引导信托公司改革和对外开放的同时,努力遵循信托业的展业规律,探讨信托公司业务的发展模式,使我国信托行业开始步入良性、快速、可持续发展的轨道,在国民经济和金融体系中发挥着日益重要的作用。

（2）中国信托业协会。

中国信托业协会成立于 2005 年 5 月,是中国信托业行业自律组织,接受中国银监会的业务指导和监督管理。凡经中国银监会批准成立的、具有独立法人资格的信托业金融机构,承认《中国信托业协会章程》,均可申请加入中国信托业协会成为会员。

（3）中国信托业保障基金有限责任公司。

中国信托业保障基金有限责任公司是信托保障基金管理人,依法负责信托保障基金的筹集、管理和使用。该公司由中国信托业协会联合信托公司等机构出资设立。信托业保障基金是指主要由信托业市场参与者共同筹集,用于化解和处置信托业风险的非政府性行业互助资金。

为了规范中国信托业保障基金的筹集、管理和使用,建立市场化风险处置机制,保护信托当事人合法权益,有效防范信托业风险,促进信托业持续健康发展,根据信托业保障基金管理办法,建立信托业保障基金,由中国信托业保障基金有限责任公司负责筹集、管理和使用。

5.3　网络金融服务机构

5.3.1　网络金融的含义与特点

1. 网络金融的含义

网络金融又称电子金融，狭义的网络金融是指在互联网上开展的金融业务，包括网络银行、网络证券、网络保险等网络金融服务及相关内容。广义的网络金融是以网络技术为支撑，在全球范围内进行的所有金融活动的总称，不仅包括狭义的内容，还包括网络金融安全、网络金融监管等诸多方面。

2. 网络金融的特点

网络金融以信息技术为基础，近年来伴随着信息技术的发展，网络金融呈现出如下特点。

（1）网络金融服务不受时空限制。

网络金融以互联网和电脑为信息载体和信息交互渠道，其业务的开展不受经营机构地域空间限制和营业时间限制。

（2）信息量大，传播迅速。

随着互联网的应用和普及，人们在互联网上积累了大量的个人信息和行为数据，也称为大数据。大数据的分析和运用已经成为网络金融服务创新的重要方式。目前大数据已经运用于金融产品定价、信用征信、市场指导和预测等多个金融领域。例如互联网搜索，采用百度金融搜索和用户行为大数据，通过相应的数据挖掘和分析手段，将涉及特定金融实体的数据自动进行分析、归并、统计和计算，并引入量化投资模型，编制股票市场指数。

（3）网络金融更贴近日常生活。

网络金融的开展与创新更贴近于人们日常的生活，与其他相关领域联系更为密切。例如滴滴出行软件，其不单纯是一种支付工具，而是将货币支付与人们日常打车的应用相结合。又如支付宝作为一种第三方支付平台，其创立和发展是基于电子商务的发展和人们对网络的需求。支付宝不仅为人们的日常交易提供了资金支付的功能，而且拥有信用中介的功能，解决了网上交易双方互相不信任的问题。

5.3.2　网络金融服务机构与传统金融机构的区别

1）存在形式虚拟化

网络金融服务机构通常不具有传统金融机构的物理服务网点，也不提供纸质票据、凭证。所有交易以网站为载体、以互联网为渠道开展，通过电子签名、数字证书等手段确保交易的有效性和不可抵赖性。

2）网络金融服务机构业务边界相对模糊

我国传统金融机构业务经营范围界定明确，如银行、保险、证券等机构均有其明确业务范围，并受相应监管部门的监管。网络金融则不同：一方面网络金融服务机构依托互联网使金融服务成本大大降低，从而使网络金融服务机构具有开展多种金融业务的空间和能力，业务界限模糊；另一方面，网络金融服务机构由于其处于新兴发展阶段，监管职责尚不明确，监管难度较大。

　　3）网络金融服务机构更符合市场竞争要求

　　网络金融服务机构与传统金融机构相比，建立门槛及运营成本较低，信息透明，在市场竞争中更具明显优势，因此网络金融服务机构在一定程度上提高了金融市场的效率。

5.3.3　网络金融服务机构的类型

　　按照目前互联网金融在支付方式、信息处理、资源配置方面的差异，网络金融服务机构可分为七种主要类型。

　　（1）传统金融机构的互联网形态。如银行提供的网上银行、手机银行等。

　　（2）第三方支付机构。所谓第三方支付机构是指一些和产品所在国家及国外各大银行签约、并具备一定实力和信誉保障的第三方独立机构提供的交易支持平台。如阿里巴巴的支付宝、腾讯的财付通等。

　　（3）虚拟货币机构。虚拟货币是指网络中流通的非政府官方发行的、但具有货币性质的非现钞和存款货币，例如 BT 币、Q 币等。虚拟货币机构则是提供非现钞和存款货币的创造、流通及兑换等服务的交易平台。

　　（4）基于大数据的征信和网络贷款机构，如阿里小贷等。

　　（5）P2P 网络贷款机构。P2P（peer to peer），意即"个人对个人"，P2P 网贷机构指提供交易平台、借贷信息及交易渠道的网络机构，如人人贷等。

　　（6）众筹融资机构。众筹融资机构是互联网上的股权、产权等融资平台。众筹融资目前在我国尚处于新兴阶段，如阿里巴巴推出的娱乐宝，其本质就是众筹融资。

　　（7）金融产品交易、销售机构。网络金融机构通过建立交易平台，实现金融产品的代销及相关衍生品的销售，如余额宝、百度财富等。

5.4　其他金融服务机构

5.4.1　金融信息服务机构

1. 金融信息服务含义

　　金融信息服务是指向从事金融分析、金融交易、金融决策和其他金融活动的用户提供信息或者金融数据的服务。金融信息服务业是现代金融服务行业的基础和金融创新的源泉，在金融市场发达的国家，金融信息服务业的从业人员和资本投入占整个金融服务业的很大部分。金融信息服务业具有金融业和技术行业的双重性质，政府对金融信息服务业在经营范围、安全性、保密性、可靠性的监管等方面都相当严格。

2. 金融信息服务机构的经营范围

　　金融信息服务机构的经营范围包括：对个人和企业的各种金融数据进行收集汇总、标准化和发布；搭建适用于金融及相关行业的信息技术平台；利用金融信息开展金融分析、资产定价和风险评估；在金融信息基础上设计金融产品、构建金融模型；研究资产定量管理方法和金融产品量化交易策略；提供金融信息相关咨询和外包服务。

3. 金融信息服务机构的类型

1）外资金融信息服务机构

2009年4月我国颁布了《外国机构在中国境内提供金融信息服务管理规定》，允许合格的外国机构在中国境内提供金融信息服务。到2012年我国批准了38家外国或境外机构在中国境内提供金融信息服务，批准了10家外国或境外机构在中国境内投资设立金融信息服务企业。

2）中国金融信息中心

2014年1月1日中国金融信息中心在上海浦东陆家嘴正式启用。中国金融信息中心集金融信息采集、发布，数据挖掘，指数研发，金融家俱乐部等多重功能于一身，实时滚动向全球发布金融信息和数据。其投入运营对提升我国在国际金融市场的影响力和话语权有重要作用。

3）地方金融信息服务公司

我国地方金融信息服务公司没有统一的形式。如上海联合金融信息服务有限公司是国内较早注册的地方金融信息服务企业，为海内外客户提供高端金融外包服务，包括金融分析、市场分析、投资组合风险分析、金融产品的创新和设计、金融模型构建、金融数据分析和处理、分析平台构建、交易系统的开发和风险控制系统的应用。为国内外金融机构和知名企业开展跨境业务提供咨询服务。此类公司近几年发展很快。

5.4.2　金融资产管理公司

金融资产管理公司是经国家批准设立的收购国有银行不良贷款，管理和处置相应资产的国有独资非银行金融机构。金融资产管理公司通常是在银行出现危机时由政府设立的，不以盈利为目的。由于银行自行清理不良资产会遇到法规限制、专业技术知识不足、管理能力欠缺和信息来源不充分等困难，需要成立由有关方面人员组成的、拥有一定行政权力的金融资产管理公司来专门清理不良资产。

1998年我国为解决银行体系巨额不良资产问题，设立了华融、长城、东方、信达四家国有资产管理公司，分别负责收购、管理、处置相对应的中国工商银行、中国银行、中国建设银行和国家开发银行、中国农业银行所剥离的不良资产和最大限度保全资产，减少损失，化解金融风险。目前，四家公司已经完成重组和商业化转型。其业务已涉及证券、保险、租赁、基金、信托等诸多领域。

5.4.3　贴现公司

1. 贴现公司的概念

贴现公司是向商人购进承兑汇票出售给银行，从中获取利差的金融机构。虽然银行本身也可贴现商业票据，但一些银行愿意通过贴现公司购进不同期限、不同金额的票据，以便合理安排资金头寸。而且经贴现公司转售的票据，载有他们的背书，付款更有保障，可以降低银行风险。

贴现公司的资金来源，除本身自有资本外，也向银行借款和吸收公众存款，在资金短缺或难以在市场上吸收资金时，也可以向中央银行申请再贴现。其资金运用主要是以贴现购进国库券、商业票据、银行承兑汇票及大额定期存单等货币市场工具。

2. 贴现公司的作用

1）为银行提供调节资金

当银行资金盈余时，将资金贷给贴现公司；当银行资金不足时，就从贴现公司收回贷款。银行把多余资金贷给贴现公司，安全方便又有利可图。

2）为机构和个人融通资金

持有短期流动性金融资产的机构和个人，在需要流动性资金时将短期金融资产出售给贴现公司，将其变现，满足对流动性资金的需要。

3）中央银行通过贴现市场实施货币政策

若中央银行要增加货币供给，就从贴现公司买国库券、商业票据、银行承兑汇票和大额存单，贴现公司用中央银行的资金再从经纪人手中买入上述金融资产，使货币供给量增加。若中央银行要减少货币供给量，就减少购买贴现公司票据，贴现公司没有足够资金也要减少从票据经纪人处买票据，票据资产不能转换成现金，流通中货币供给量减少。

5.4.4 保理业

保理是指商品供应商根据协议将应收账款转让给商业保理机构，实现融资和获得保理商提供的相应服务。

现代保理业在欧美国家已有大约 100 年的历史，20 世纪 60 年代，保理业在全球得到了迅速发展。主要原因是随着国际贸易市场竞争的日趋激烈，买方市场逐渐形成，以赊销方式促进商品销售开始盛行。在赊销方式下，卖方急需解决规避买方信用风险和资金占压问题，促进了保理业的发展。

我国保理业始于 20 世纪 80 年代末，1987 年 10 月中国银行与德国贴现信贷公司签署国际保理总协议，拉开了国内保理业的序幕。1992 年中国银行在国内率先推出国际保理业务，1993 年 2 月成为中国首家国际保理商联合会会员，1999 年开办了国内保理业务。2000 年国内保理商增加到 3 家。2001 年我国加入世贸组织以后保理业进入了蓬勃发展时期。2002 年以后多家商业银行先后获批开办保理业务，成为国际保理商联合会的会员。2008 年中国大陆已经成为世界最大的出口保理市场。截止到 2012 年 11 月我国已经批准商业保理公司 197 家，保理公司总注册资金规模达到了 240 亿元人民币。

重要概念

信用保证保险公司　保险经纪人　保险代理人　保险公估人　信托　金融信托
网络金融　P2P 网络贷款机构　保理　金融信息服务业

思考题

1. 保险有哪些职能？
2. 什么是人身保险公司，主要类型有哪些？
3. 简述保险机构有哪些种类。
4. 保险经纪人与保险代理人有哪些区别？

5. 简述保险公估人的特点。

6. 金融信托有哪些特点?

7. 我国信托公司有哪些类型?

8. 什么是网络金融,网络金融服务机构包括哪几种形式?

9. 简述网络金融服务机构与传统金融机构的区别。

10. 金融信息服务业提供的主要服务有哪些?

11. 简述贴现公司的作用。

第3篇

货币银行类金融服务机构运营与管理

第3篇包括第6～10章，主要介绍商业银行和储蓄银行的运营与管理：第6章商业银行资本运营与管理；第7章商业银行存款与借入资金的运营与管理；第8章商业银行资产业务运营与管理；第9章商业银行中间业务与表外业务的运营与管理；第10章储蓄银行运营与管理。

第**6**章

商业银行资本运营与管理

学习目标

通过本章学习读者应当掌握：

- 银行资本的构成与功能
- 《巴塞尔协议Ⅱ》《巴塞尔协议Ⅲ》的主要内容
- 巴塞尔协议演进的动因
- 2012 年我国《商业银行资本金管理办法》的主要内容
- 商业银行内源资本和外源资本及其内容
- 商业银行资产增长的约束条件
- 商业银行如何制订资本金计划

商业银行资本占资产比重虽然较低，但发挥着重要功能。20 世纪 80 年代世界大银行热衷于在较少资本基础上发放贷款，出现了资产业务扩大、资本比率缩小、银行业风险增大的趋势。为加强银行资本的保护功能，1987 年 12 月 10 日，国际清算银行在瑞士巴塞尔召集了西方发达国家中 12 国的中央银行行长召开会议，签订了《统一资本衡量和资本标准的国际协议》，规范了国际银行业监管标准。在银行监管的实践中巴塞尔协议不断修订。2004 年 6 月颁布《巴塞尔新资本协议Ⅱ》，2010 年 11 月在于韩国首尔举行的二十国集团（G20）峰会上获得批准。我国监管当局根据国际银行业资本监管的要求，结合我国实际，适时强化对商业银行的资本监管要求，银行的资本实力不断增强。

6.1 商业银行资本的构成

6.1.1 银行资本的构成

从现代银行制度出发，股份制银行的资本主要由股本、资本盈余、法定公积金、留存收益、资本票据与债券、各项准备金等构成。

1）股本

股本是银行发行股票筹集的资本，包括普通股和优先股两部分。

（1）普通股。

普通股是银行发行普通股股票筹集的资本，是银行资本的核心部分。普通股股票价值等于银行普通股发行股数乘以每股面值。普通股是银行最稳定的外部资本来源，最为管理当局所重视。

（2）优先股。

优先股是指具有某些优先权的股票。优先股股东具有获得固定股息收入的优先权，在公司破产清算时，有优先求偿权。优先股的种类很多，其中永久性非累积优先股无还本付息的压力，与普通股一样是银行最稳定的外源资本。其他种类的优先股由于资本成本较低，又可发挥财务杠杆效应，因此也是银行资本的重要组成部分。

2）资本盈余

资本盈余又称资本溢价，是指股票发行价格高于票面金额所形成的溢价收入。由于在资本项下的普通股和优先股是按发行总面值列账，因此银行将股票发行价格高于面值的盈余部分，记入资本盈余账户。

3）法定公积金

法定公积金是商业银行根据法律规定每年从盈利中提取的盈余。各国金融监管当局对银行盈余公积的提取比例都有明确规定。我国《金融保险企业财务制度》规定，法定公积金按税后利润的 10% 提取，直到法定公积金达到注册资本的 50% 为止。法定公积金构成银行资本的一部分。

4）留存收益

留存收益即未分配利润，是银行历年累积的尚未分配的税后利润。留存收益是银行内部资本的来源，其数额大小取决于银行历年的盈利水平和股息分派政策。

5）资本票据与债券

资本票据与债券是银行的债务性资本。它代表外部投资者投入银行的长期债务资本，其特点是有明确的利息和到期日，求偿权在存款人之后，又称后期偿付债券。资本票据是一种固定利率计息的小面额后期偿付证券，期限 7 ~ 15 年不等。债券的种类很多，包括可转换后偿付债券、浮动利率后偿付债券、选择性利率后偿付债券等。

银行发行资本票据与债券的好处在于：① 不用缴纳存款准备金和办理存款保险，债务利息从税前利润中开支，不纳税，资本成本较低；② 具有经营杠杆作用，能调节资本收益率；③ 能解决资本流动性问题。

6）各项准备金

各项准备金包括一般准备金、专项准备金和特种准备金。

（1）一般准备金。

一般准备金是根据贷款余额的一定比例计提的、用于弥补尚未识别的可能性损失的准备，一般准备金计入银行资本基础。

（2）专项准备金。

专项准备金是指对贷款进行风险分类后，按每笔贷款损失的程度计提的、用于弥补专项损失的准备。由于它是按照贷款内在损失程度提取的，因此不计入银行资本基础。

（3）特种准备金。

特种准备金是指针对某一国家、地区、行业或某一类贷款风险计提的准备。

　　我国《银行贷款损失准备计提指引》规定，银行应按季计提一般准备。一般准备年末余额不得低于年末贷款余额的 1%；关注类贷款计提比例为 2%；次级类贷款计提比例为 25%；可疑类贷款计提比例为 50%；损失类贷款计提比例为 100%。其中，次级和可疑类贷款的损失准备，计提比例可以上下浮动 20%。特种准备由银行根据不同类别（如国别、行业）贷款的特种风险情况、风险损失概率及历史经验，自行确定按季计提比例。

6.1.2　银行资本的功能

　　1）保护功能

　　银行资本是吸收存款的基础，为银行对外融资提供保护，同时银行资本可用来承担资产损失，为银行破产提供保护，为银行提供缓冲的机会。

　　2）防御功能

　　银行资本与风险是紧密相连的。在经营活动中，所有者将面对来自各方面的风险，包括信用风险、流动性风险、利率风险、经营风险、汇率风险和犯罪风险等。银行虽然可以利用提高贷款质量、资产分散化组合或存款保险等多种手段防范风险，但是都要靠银行资本作为最后一道防线。银行资本能够弥补贷款、投资和管理者失误带来的损失，只有当一家银行的风险损失超过股权资本时，其破产才成为现实。

　　3）经营功能

　　资本的经营功能表现在：① 在开业之前，资本为银行购买土地、修建新建筑、购买设备、雇佣管理者和职员提供了启动资金，并为银行提供了领取营业执照、组织经营所需的营运资金；② 开业后，资本能提升社会公众对于银行的信心，确保银行信用活动的扩展；③ 额外的资本注入为银行业务创新提供了资金的支持和风险保护，使银行得以扩大市场份额；④ 资本支持了银行资产规模的扩张，充当了银行成长的调节器。

　　4）限制银行风险暴露程度的工具

　　根据国际清算银行巴塞尔委员会的资本监管协议，商业银行经营风险越大，应当保留的资本金越多，从而使银行资本具有了限制银行风险暴露的功能。

案例

银行资本防御功能案例

　　次贷危机中雷曼兄弟资本市场价值不断下降。2008 年 6 月 12 日雷曼兄弟公司报出 2008 年二季度，预计亏损额约 28 亿美元，每股收益 -5.14 美元。消息公布当天，雷曼股价下跌 4.42%，收于 22.70 美元。此后资本的市场价值不断下跌。6 月 30 日，股价下跌至 19.81 美元，跌幅高达 11%。7 月 11 日，股价报收于 14.49 美元，大跌 16%，起因为市场传言其可能会受房利美和房地美事件的重大打击而步贝尔斯登后尘。9 月 10 日，财务报道雷曼兄弟第二季度损失 39 亿美元，是它成立 158 年来单季度最惨重损失。公司决定出售旗下资产管理部门 55% 的股权，并分拆价值 300 亿美元的房地产资产。同时，代表苏格兰皇家银行（RBS）的律师 Martin Bienenstock 在法庭听证会上称，该行在向雷曼兄弟索取 15 亿至 18 亿美元的债务。9 月 12 日，因美国政府不愿为其交易提供财政支持，雷曼兄弟股价下跌 13.5%，收于 3.65 美元，下跌至 14 年来的新低。9 月 15 日，雷曼兄弟宣布依据美国《联邦破产法》第 11 章申请破产保护。

9月17日，英国伦敦的巴克莱银行在其网站上发布声明称，巴克莱正在以现金方式支付2.5亿美元收购雷曼兄弟的业务，以15亿美元收购雷曼兄弟的纽约总部和两个数据中心。雷曼股价收盘报0.14美元。

6.2   商业银行资本的监管要求

6.2.1   1988年《巴塞尔协议》对商业银行资本的监管要求

1. 监管资本的定义

《巴塞尔协议》将资本成分定义为两级。一级资本，又称核心资本，即永久性股东权益，包括已发行并完全缴足的普通股、永久性非累积优先股和公开储备（由股票发行溢价、保留利润、普通准备金及法定准备金中提取的储备）。二级资本，又称附属资本，包括非公开储备、资产重估储备、普通准备金、普通呆账损失准备金、混合资本工具（带有债务性质的资本工具）和次级长期债务。

2. 资产风险权重的规定

1）表内资产的风险权重

《巴塞尔协议》把表内资产按风险大小划分为五级，分别规定了风险权重。

第一级风险权重为0的资产。包括现金、以本币定值并以此通货对中央银行融通资金的债权、对经济合作与发展组织（Organization for Economic Co-operation and Development，OECD）国家的中央政府和中央银行的其他债权、由现金或OECD国家中央政府债券担保或由OECD国家中央政府提供担保的债权。

第二级风险权重为0、10%、20%或50%（各国自定）的资产。包括对国内政府公共部门机构（不包括中央政府）的债权和由这样的机构提供担保的贷款。

第三级风险权重为20%的资产。包括对多边发展银行（国际复兴开发银行、泛美开发银行、亚洲开发银行、非洲开发银行、欧洲投资银行）的债权，以及由这类银行提供担保，或以这类银行发行的债券作抵押的贷款；对OECD国家内的注册银行的债权及由OECD国家内注册银行提供担保的贷款；对OECD以外国家注册的银行余期在1年以内的债权和由OECD以外国家的法人银行提供担保的余期在1年以内的贷款；对非本国的OECD国家的公共部门机构（不包括中央政府）的债权，以及由这些机构提供担保的贷款；托收中现金。

第四级风险权重为50%的资产。包括完全以居住用途的房产作抵押的贷款，这些房产为借款人所使用，或由他们出租。

第五级风险权重为100%的资产。包括私人机构的债权；对OECD以外国家法人银行余期1年以上的债权；对OECD以外国家的中央政府的债权；对公共部门所属的商业公司的债权；行址、厂房、设备和其他固定资产；不动产和其他投资；其他银行发行的资本工具；所有其他资产。

2）表外项目的信用转换系数

《巴塞尔协议》将表外资产的信用转换系数分为四级。

一是风险权重为0信用转换系数的表外业务。包括类似于初始期限在1年以内的或可以在任何时候无条件取消的承诺。

二是风险权重为 20% 信用转换系数的表外业务。短期的有自行清偿能力的与贸易相关的或有项目（如有优先索偿权的装运货物作抵押的跟单信用证）。

三是风险权重为 50% 信用转换系数的表外业务。包括某些与交易相关的或有项目（如履约担保书、投标保证书、认股权证和为某些特别交易而开出的备用信用证）；票据发行融通和循环包销便利；其他初始期限为一年期以上的承诺（如正式的备用便利和信贷额度）。

四是风险权重为 100% 信用转换系数的表外业务。包括直接信用的替代工具，如担保和银行承兑；销售和回购协议及有追索权的资产销售；远期资产购买、超远期存款和部分缴付款项的股票和代表承诺一定损失的证券。

3）衍生工具的信用转换系数

《巴塞尔协议》将衍生工具的信用转换系数分为四级。

一是风险权重为 0 信用转换系数的衍生工具。包括期限为 1 年或 1 年以下的利率合同。

二是风险权重为 0.5% 信用转换系数的衍生工具。包括 1 年期以上的利率合同。

三是风险权重为 1% 信用转换系数的衍生工具。包括期限为 1 年或 1 年以下的外汇合同。

四是风险权重为 5% 信用转换系数的衍生工具。包括 1 年期以上的外汇合同。

3. 风险资产的加权计算

1）表内风险资产的计算

$$表内风险资产 = \sum（表内资产 \times 风险权重）$$

2）表外风险资产的计算

$$表外风险资产 = \sum（表外资产 \times 信用转换系数 \times 表内相同性质资产的风险权重）$$

3）衍生工具风险资产的计算

$$衍生工具风险资产 = \sum（衍生工具资产 \times 信用转换系数 \times 表内相同性质资产的风险权重）$$

4）全部风险加权资产的计算

$$全部风险加权资产 = 表内风险资产 + 表外风险资产 + 衍生工具风险资产$$

4. 资本充足率的要求

$$一级资本比率 = 核心资本 / 风险资产总额 \geqslant 4\%$$

$$资本对风险资产的比率 =（核心资本 + 附属资本）/ 风险资产总额 \geqslant 8\%$$

6.2.2　2004 年的新资本协议

《巴塞尔协议》对于统一国际商业银行的资本管理，降低经营风险发挥了重要的作用。但是实践表明《巴塞尔协议》存在诸多缺陷。1997 年爆发的东南亚金融危机，波及全世界，暴露了国际资本监管的缺陷。鉴于此，1998 年巴塞尔委员会决定修订 1988 年协议。《巴塞尔新资本协议》于 2004 年 6 月颁布。

新资本协议由三大支柱组成：一是最低资本要求，二是监管当局对资本充足率的监督检查，三是市场约束。

1. 最低资本要求

1）最低资本要求的表达式

$$一级资本充足率 = 核心资本 / 风险加权资产 \geqslant 4\%$$

$$资本充足率 = 资本金 / 风险加权资产 \geqslant 8\%$$

其中：

银行总资本要求=信用风险的资本要求+市场风险的资本要求+操作风险的资本要求

总加权风险资产=信用风险加权资产+市场风险资本要求×12.5+操作风险资本要求×12.5

2）加权风险资产的计算

（1）信用风险加权资产的计算。

信用风险加权资产的计算采用两种方法。

第一种为信用风险标准法。适用于业务相对简单和尚未建立内部风险模型的银行。按标准法的要求，同时根据外部评级机构的评级确定银行资产信用风险的大小。即按照外部信用评级，对主权、银行同业、公司的风险暴露确定不同的风险权重。对于主权风险暴露，外部信用评级可包括经合组织的出口信用评级和评级公司公布的评级。

第二种是内部评级法。新协议提出了计算信用风险的内部评级法。在满足某些最低条件和披露要求的前提下，银行有资格采用内部评级法，根据自己对风险要素的估计值决定对特定风险暴露的资本要求。这些风险要素包括对违约概率、违约损失率、违约风险暴露及期限的度量。内部评级法又分为初级法和高级法。内部评级初级法规定，银行自己估计违约概率，其他的风险因素由监管当局确定。内部评级高级法规定，银行在满足最低标准的前提下，自己确定违约概率、违约损失率、违约风险暴露和期限四个要素。

（2）市场风险的资本要求。

市场风险的资本要求执行1996年公布的《资本协议市场风险补充规定》（以下简称《补充规定》）[1]，对交易账户计提市场风险资本金。

《补充规定》将市场风险定义为，市场风险是因市场价格波动而导致表内外头寸损失的风险，包括交易账户中受到利率影响的各类工具及股票所涉及的风险、银行的外汇风险和商品（如贵金属等）风险，并要求国际银行业根据银行市场风险的大小计提资本金。

《补充规定》提出了计量市场风险的标准法和内部模型法。标准法是将市场风险分解为利率风险、股票发行、外汇风险、商品风险和期权的价格风险，根据外部评级机构的评级确定其风险大小，确定保留的资本数额。内部模型法是基于银行内部 VAR（value at risk，VAR）模型的计量方法，即将借款人分为政府、银行、公司等多个类型，分别按照银行内部风险管理的计量模型来计算市场风险，然后根据风险权重的大小确定资本金的数量要求。

（3）操作风险的资本要求。

操作风险是指由不完善或有问题的内部程序、人员及系统或外部事件所造成损失的风险。计量操作风险的方法有以下三种。

第一种为基本指标法。采用基本指标法计量时，银行持有的操作风险资本应等于前三年总收入的平均值乘上一个固定比例（用 α 表示）。资本计算公式如下。

$$KBIA = GI \times \alpha$$

其中：KBIA为基本指标法需要的资本；GI为前三年总收入的平均值；$\alpha=15\%$，由巴塞尔委员会设定。

第二种为标准法。对于管理操作风险体系完善的银行，可以使用标准法计量操作风险。

---

① 针对银行与日俱增的市场风险，巴塞尔委员会在1996年1月推出《资本协议市场风险补充规定》，以补充和完善《巴塞尔协议Ⅰ》的风险覆盖范围。

在标准法中，银行的业务分为 8 个产品线：公司金融、交易和销售、零售银行业务、商业银行业务、支付和清算、代理服务、资产管理、零售经纪。在各产品线中，总收入是个广义的指标，代表业务经营规模，因此也大致代表各产品线的操作风险暴露。计算各产品线资本要求的方法是，用银行的总收入乘以一个该产品线适用的系数（用 β 表示）。系数代表行业在特定产品线的操作风险损失经验值与该产品线总收入之间的关系。

总资本要求是各产品线监管资本的简单加和：

$$KTSA=\sum_{i=1}^{8}（GI_i\times\beta_i）$$

其中：KTSA 为用标准法计算的资本要求；GI_i 为按基本指标法的定义，8 个产品线中各产品线过去三年的年均总收入；β_i 为由委员会设定的固定百分数。各产品线对应的 β 系数如表6-1所示。

表6-1　各产品线对应的 β 系数

产品线	β系数/ %
公司金融（G_1）	18
交易和销售（G_2）	18
零售银行业务（G_3）	12
商业银行业务（G_4）	15
支付和清算（G_5）	18
代理服务（G_6）	15
资产管理（G_7）	12
零售经纪（G_8）	12

第三种为高级计量法。高级计量法是指通过内部操作风险计量系统计算监管资本要求。符合巴塞尔委员会要求的银行可采用自己的方法来评估操作风险，但必须获得本国监管当局的批准。

2. 监管当局对资本充足率的监督检查

新协议确定了监督检查的四项主要原则：一是银行应具备一整套程序，用于评估与其风险轮廓相适应的总体资本水平，并制定保持资本水平的战略；二是监管当局应检查和评价银行内部资本充足率的评估情况及其战略，监测并确保银行监管资本比率的能力；三是监管当局应鼓励银行资本水平高于监管资本比率，应该有能力要求银行在满足最低资本要求的基础上，另外持有更多的资本；四是监管当局应尽早采取干预措施，防止银行的资本水平降至防范风险所需的最低要求之下。

3. 市场约束

第三支柱也称信息披露，核心内容是要求银行尽可能多地披露信息。披露的信息应包括银行的资本构成、风险的种类、风险暴露数额、风险管理技术、资本充足率状况等。

6.2.3 《巴塞尔协议Ⅲ》资本的监管要求

《巴塞尔协议Ⅲ》的主要变化体现在以下方面。

1. 提高并增加了最低资本要求

1）最低核心一级资本

将作为核心一级资本的银行普通股由现行的 2% 调整到 4.5%。此调整分阶段实施，2015 年 1 月 1 日结束。同期，一级资本也要求由 4% 调整到 6%。

2）超额资本要求

（1）设立风险缓冲资本。

风险缓冲资本，即"资本留存超额资本"或"资本防护缓冲资本"，是在最低监管要求之上的资本，要求到 2019 年 1 月 1 日全球商业银行风险缓冲资本达到 2.5%。保留风险缓冲资本的目的是确保银行能弥补金融和经济压力较大时期的损失。

（2）建立逆周期资本缓冲区间。

逆周期资本又称"反周期超额资本"，是指监管当局在经济上升期提高对银行的资本要求，增加超额资本储备，用于弥补经济衰退期的损失。比率范围在 0 ～ 2.5% 区间，由普通股组成。

（3）系统重要性银行附加资本要求。

对金融系统至关重要的银行应具备超过一般银行标准的弥补资产损失的能力，其附加资本要求为 1%。《巴塞尔协议Ⅲ》的资本要求如表 6-2 所示。

表6-2　《巴塞尔协议Ⅲ》的资本要求

单位：%

资本要求	核心一级资本	一级资本	总资本
最低资本要求	4.5	6	8
风险缓冲资本要求	2.5		
合计	7	8.5	10.5
逆周期资本要求	0～2.5		
系统重要性银行附加资本要求	1		

2. 引入流动性监管指标

2015 年引入流动性覆盖率指标，2018 年引入净稳定资金比率指标。

1）流动性覆盖率

流动性覆盖率是确保商业银行在设定的严重流动性压力情景下，能够保持充足的、无变现障碍的优质流动性资产，并通过变现这些资产满足未来 30 日的流动性需求。流动性覆盖率应当不低于 100%。

流动性覆盖率=优质流动性资产储备/未来30日内资金净流出≥100%

其中优质流动性资产包括现金、政府债券、中央银行票据、交存央行准备金等。未来 30 日内资金净流出，即未来 30 日压力情景下的资金流出和资金流入的差额。

2）净稳定资金比率

净稳定资金是指在持续压力情景下，能确保在 1 年内都可作为稳定资金来源的权益类和负债类资金。

$$净稳定资金比率 = \frac{可用的稳定资金}{业务所需的稳定资金} \geq 100\%$$

用于度量银行较长期限内可使用的稳定资金来源对其表内外资产业务发展的支持能力。该指标要求银行至少具备对一年内的资产和表外流动性风险暴露的稳定融资能力。

3. 更严格的资本要求

《巴塞尔协议Ⅲ》大幅度提高了对资本工具的质量要求，提出一级资本只包括普通股和永久优先股。不符合核心资本条件的资本工具自 2013 年 1 月 1 日起从核心资本中扣除。

① 现有的政府部门所注入的资本到 2018 年 1 月 1 日后被取消。

② 从 2013 年 1 月 1 日起，10 年逐步取消不再作为核心资本或附属资本的非普通权益的资本工具。

③ 从 2013 年 1 月 1 日起，资本工具名义价值增值部分的计算，在到期后逐步取消。

为降低国际银行业实施《巴塞尔协议Ⅲ》带来的负面影响，巴塞尔委员会将过渡期定为 2013 年 1 月 1 日至 2019 年 1 月 1 日，让银行有足够的缓冲时间适应资本监管新规。

2013 年资本排名世界前十位商业银行资本状况如表 6-3 所示。

表6-3 2013年资本排名世界前十位商业银行资本状况

银行名称	一级资本数量/百万美元	资本充足率/%	权益资产率/%
中国工商银行	160 646	13.66	6.78
摩根大通	160 002	15.3	8.65
美国银行	155 461	16.31	10.72
汇丰集团	151 048	16.1	6.51
中国建设银行	137 600	14.32	6.80
花旗集团	136 532	17.26	10.24
三菱UFJ金融集团	129 576	16.68	4.39
富国银行	126 607	14.63	11.17
中国银行	121 504	13.63	6.79
中国农业银行	111 493	12.61	5.67

资料来源：英国《银行家》杂志，权益资产率根据各银行 2012 年财务报表计算。

6.2.4 我国对商业银行资本的监管要求

1. 1994 年的资本监控指标

我国对商业银行的资本监管严格来说始于 1994 年。参照《巴塞尔协议》的要求，1994 年中国人民银行颁布了《关于对商业银行实行资产负债比例管理的通知》，其中提出了资本的定义、表内外资产风险权重的计算和资本充足率的监管指标。

1）最低资本要求

最低资本要求与《巴塞尔协议》相同。资本总额与加权风险资产总额的比例不得低于 8%，核心资本率不得低于 4%。

2）表内的资产和风险权数规定

《关于资本成分和资产风险权重的暂行规定》将银行资产划分为六类：第一类为现金；第二类为对中央政府和中国人民银行的授信；第三类为对公共企业的债权；第四类为对一般企业和个人的贷款；第五类为同业拆放；第六类是居住楼抵押贷款。按照资产风险由小到大将风险权重划分为六个档次：第一个档次为 0，表示无风险资产；第二个档次为 10%；第三个档次为 20%；第四个档次为 50%；第五个档次为 70%；第六个档次为 100%。

2. 2004 年对商业银行资本监管的规定

银监会 2004 年 2 月 23 日颁布了《商业银行资本充足率管理办法》，该管理办法体现了《巴塞尔协议》的三大支柱。

1）最低资本要求

（1）资本充足率计算。

资本充足率=（资本-扣除项）/（风险加权资产+12.5倍的市场风险资本）

核心资本充足率=（核心资本-核心资本扣除项）/（风险加权资产+12.5倍的市场风险资本）

（2）信用风险加权资产的计算。

① 表内业务信用风险的计算。

商业银行境外债权的风险权重，以相应国家或地区的外部信用评级结果为基准。商业银行对多边开发银行债权的风险权重为 0。对境内资产的信用风险仍按照 1988 年协议规定的风险权重计算（0、20%、50%、100%），取消了 10%、70% 两级权重。

② 表外业务信用风险的计算。

采用两次转换的方法。商业银行应将表外项目的名义本金额乘以信用转换系数，获得等同于表内项目的风险资产，然后根据交易对象的属性确定风险权重，计算表外项目相应的风险加权资产。

（3）市场风险的资本要求。

我国《管理办法》规定，交易账户总头寸高于表内外总资产的 10% 或超过 85 亿元人民币的商业银行，计提市场风险资本。商业银行应按照标准法计算市场风险资本。经银监会审查批准，可以使用内部模型法计算市场风险资本。

2）监督检查

监督检查包括以下内容。

① 商业银行董事会承担本银行资本充足率管理的最终责任。

② 根据资本充足率的状况，银监会将商业银行分为三类：资本充足的商业银行，资本充足率不低于 8%，核心资本充足率不低于 4%；资本不足的商业银行，资本充足率不足 8% 或核心资本充足率不足 4%；资本严重不足的商业银行，资本充足率不足 4% 或核心资本充足率不足 2%。对以上三类商业银行，银监会规定了相应的干预措施。

3）市场约束

资本充足率的信息披露主要包括五个方面的内容：风险管理目标和政策、并表范围、资本、资本充足率、信用风险和市场风险。对于涉及商业机密无法披露的项目，商业银行可披露项目的总体情况，并解释特殊项目无法披露的原因。

3. 2012 年的《商业银行资本管理办法》

2012 年 6 月 7 日银监会公布《商业银行资本管理办法（试行）》。

1）资本充足率监管要求

（1）最低资本要求。

① 核心一级资本充足率不得低于 5%。

② 一级资本充足率不得低于 6%。

③ 资本充足率不得低于 8%。

（2）储备资本和逆周期资本要求。

商业银行应当在最低资本要求的基础上计提储备资本。储备资本要求为风险加权资产的 2.5%，由核心一级资本来满足。特定情况下，商业银行应当在最低资本要求和储备资本要求之上计提逆周期资本。逆周期资本要求为风险加权资产的 0 ～ 2.5%，由核心一级资本来满足。

（3）系统重要性银行附加资本要求。

国内系统重要性银行附加资本要求为风险加权资产的 1%，由核心一级资本满足。

2）过渡期安排

2012 年 11 月 30 日，银监会发布《关于实施〈商业银行资本管理办法（试行）〉过渡期安排相关事项的通知》。要求商业银行在 2018 年年底前达到规定的资本充足率监管要求。过渡期内分年度资本充足率要求如表 6-4 所示。

表6-4　过渡期内分年度资本充足率要求

单位：%

银行类别	项　目	2013年年底	2014年年底	2015年年底	2016年年底	2017年年底	2018年年底
系统重要性银行	核心一级资本充足率	6.5	6.9	7.3	7.7	8.1	8.5
	一级资本充足率	7.5	7.9	8.3	8.7	9.1	9.5
	资本充足率	9.5	9.9	10.3	10.7	11.1	11.5
其他银行	核心一级资本充足率	5.5	5.9	6.3	6.7	7.1	7.5
	一级资本充足率	6.5	6.9	7.3	7.7	8.1	8.5
	资本充足率	8.5	8.9	9.3	9.7	10.1	10.5

3）监督检查

银监会将商业银行分为四类。第一类：资本充足率、一级资本充足率和核心一级资本充足率均达到本办法规定的各级资本要求。第二类：资本充足率、一级资本充足率和核心一级资本充足率未达到第二支柱资本要求，但均不低于其他各级资本要求。第三类：资本充足率、一级资本充足率和核心一级资本充足率均不低于最低资本要求，但未达到其他各级资本要求。第四类：资本充足率、一级资本充足率和核心一级资本充足率任意一项未达到最低资本要求。对于不同的商业银行，银监会采取不同的监管措施。

4）信息披露

资本充足率的信息披露包括以下内容：信用风险、市场风险、操作风险、流动性风险及其他重要风险的管理目标、政策、流程与组织架构和相关部门的职能；资本充足率计算范围；资本数量、构成及各级资本充足率；信用风险、市场风险、操作风险的计量方法，风险计量体系的重大变更，以及相应的资本要求变化；信用风险、市场风险、操作风险及其他重要风险暴露和评估的定性和定量信息；内部资本充足率评估方法及影响资本充足率的其他相关因素；薪酬的定性信息和相关定量信息。

6.3　商业银行资本管理

6.3.1　内源资本管理

1. 内源资本的概念

内源资本（internal capital）是指通过银行内部留存收益获得的资本来源。银行未来的资本需求由银行财务计划和管理当局规定的资本充足率决定。如果当前的资本状况不能满足资本需求，银行首先通过内源资本获得补充的资本金。对于小银行来说，由于信誉较低、股票交投不活跃，内源资本便成为它们的主要资本来源。

2. 银行资产增长模型

1）基本模型

戴维和贝勒在1978年提出了银行资产增长模型。迪莫西·W.科尔在其所著的《银行管理》一书中也进行了表述。

银行资产增长的基本模型可用下列公式表示：

$$SG_1 = \frac{\Delta TA}{TA} = \frac{\Delta EC}{EC} \tag{6-1}$$

式中：SG_1 为资产增长率；TA 为总资产；EC 为总资本。公式表示，资产增长的约束条件是：总资产的增长率等于总资本的增长率。

2）新增资本全部来自留存收益的资产增长模型

当所有新增资本全部来自留存收益时，银行资产增长模型可以表述为：

$$SG_1 = \frac{EC_1 - EC_0}{EC_0} = \frac{[EC_0 + ROA (1-DR) TA_1] - EC_0}{EC_0} = \frac{ROA (1-DR) TA_1}{EC_1 - ROA (1-DR) TA_1}$$

$$= \frac{ROA (1-DR)}{(EC_1 / TA_1) - ROA (1-DR)} \tag{6-2}$$

式中：ROA 为资产收益率；DR 为股利支付率。公式（6-2）是新增资本全部来自留存收益的一般模型。分子部分是银行资产收益率乘以留存收益率，分母部分是本期资本与资产比率减去银行资产收益率与留存收益率的乘积。

例 6-1：某银行资产总额 5 000 万元，目标资本与资金比率为 8.0%，当 ROA 为 1.2%、DR 为 35.0% 时，计算资产增长率是多少。

$$SG_1 = \frac{ROA (1-DR)}{(EC_1 / TA_1) - ROA (1-DR)} = \frac{1.2\% (1-35.0\%)}{8.0\% - 1.2\% (1-35.0\%)} = 10.8\%$$

公式（6-2）表明了资产增长率与资产收益率、股利支付率和资本与资产比率这三大变量的关系。根据公式（6-2）可以得出资产收益率、股利支付率和资本与资产比率的计算公式。

（1）资产收益率的计算公式：

$$ROA = \frac{(EC_1 / TA_1)\ SG_1}{(1 + SG_1)(1 - DR)} \qquad (6-3)$$

例 6-2：某银行资产总额 5 000 万元，目标资本与资产比率为 8.0%，当 SG_1 为 10.8%、DR 为 35.0% 时，计算资产收益率是多少。

根据公式（6-3），有：

$$ROA = \frac{(EC_1 / TA_1)\ SG_1}{(1 + SG_1)(1 - DR)} = \frac{8.0\% \times 10.8\%}{(1 + 10.8\%)(1 - 35.0\%)} = 1.2\%$$

（2）股利支付率的计算公式：

$$DR = 1 - \frac{(EC_1 / TA_1)\ SG_1}{ROA\ (1 + SG_1)} \qquad (6-4)$$

例 6-3：某银行资产总额 5 000 万元，目标资本与资产比率为 8.0%，当 SG_1 为 10.8%、ROA 为 1.2% 时，计算股利支付率是多少。

根据公式（6-4），有：

$$DR = 1 - \frac{(EC_1 / TA_1)\ SG_1}{ROA\ (1 + SG_1)} = 1 - \frac{8.0\% \times 10.8\%}{1.2\% \times (1 + 10.8\%)} = 35.0\%$$

（3）资本与资产比率的计算公式：

$$EC_1 / TA_1 = \frac{ROA(1 - DR)}{SG_1} + ROA\ (1 - DR) \qquad (6-5)$$

例 6-4：某银行资产总额 5 000 万元，当 SG_1 为 10.8%、ROA 为 1.2%、DR 为 35.0% 时，计算资本与资产比率是多少。

根据公式（6-5），有：

$$EC_1 / TA_1 = \frac{ROA(1 - DR)}{SG_1} + ROA\ (1 - DR)$$

$$= \frac{1.2\% \times (1 - 35.0\%)}{10.8\%} + 1.2\% \times (1 - 35.0\%) = 8.0\%$$

3）有外源资本的资产增长模型

银行内源资本往往难以解决资本不足问题，银行不得不更多地依靠外源资本。根据公式（6-2）可将有外源资本时的资产增长公式表示为：

$$SG_1 = \frac{ROA\ (1 - DR) + \Delta EK / TA_1}{(EC_1 / TA_1) - ROA(1 - DR)} \qquad (6-6)$$

式中：ΔEK 为外源资本。

例 6-5：某银行资产总额为 5 000 万元，目标资本与资产比率为 8%，ROA 为 0.74%，DR 为 40%，银行还能取得相当于总资产 0.22% 的外源资本（11 万元），问资产增长率是多少？

$$SG_1 = \frac{ROA\ (1 - DR) + \Delta EK / TA_1}{(EC_1 / TA_1) - ROA(1 - DR)} = \frac{0.74\% \times (1 - 40\%) + 0.22\%}{8\% - 0.74\% \times (1 - 40\%)} = 8.79\%$$

银行可以根据财务计划的要求，在满足资本与资产比率的条件下，确定不同的资产增长率、股利支付率和资产收益率。

4）案例

某银行资产总额 50 亿元，股利支付率为 40%，资本金 2 亿元，留存收益 2 亿元，总资本 4 亿元，要使资本与资产比率达到 8%。在资本与资产比率不变时，求与资产增长率相匹配的资产收益率。有四种可选择的方案。

方案 1：该银行 40% 的股利支付率和 8% 的资本与资产比率不变，若达到资产增长率 8%，资产收益率应当是多少？

当 DR=40%、EC_1/TA_1=8% 时，支持资产增长 8% 的资产收益率为：

$$ROA = \frac{(EC_1/TA_1)\,SG_1}{(1+SG_1)(1-DR)} = \frac{8\% \times 8\%}{(1+8\%) \times (1-40\%)} = 0.99\%$$

方案 2：该银行 40% 的股利支付率和 8% 的资本与资产比率不变，银行在经营过程中获得了有利可图的机会，预计资产增长率达到 12%，应达到多高的资产收益率？

当 DR=40%、EC_1/TA_1=8% 时，支持资产增长 12% 的资产收益率为：

$$ROA = \frac{(EC_1/TA_1)\,SG_1}{(1+SG_1)(1-DR)} = \frac{8\% \times 12\%}{(1+12\%) \times (1-40\%)} = 1.43\%$$

方案 3：该银行 8% 的资本与资产比率不变，计划资产收益率为 0.99%，满足资产增长 12% 的股利支付率为多少？

当 EC_1/TA_1=8%、ROA=0.99% 时，支持资产增长 12% 的股利支付率为：

$$DR = 1 - \frac{(EC_1/TA_1)\,SG_1}{ROA\,(1+SG_1)} = 1 - \frac{8\% \times 12\%}{0.99\% \times (1+12\%)} = 13.42\%$$

方案 4：该银行维持 40% 的股利支付率、8% 的资本与资产比率、0.99% 的资产收益率不变，要支持 12% 的资产增长率，需要多少外源资本？

当 DR=40%、EC_1/TA_1=8%、ROA=0.99%、TA_1=56 亿元时，支持资产增长 12% 所需要的外源资本为：

$$\Delta EK = \left\{ SG_1 \left[\frac{EC_1}{TA_1} - ROA\,(1-DR) \right] - ROA\,(1-DR) \right\} TA_1$$

$$= \{12\% \times [8\% - 0.99\%\,(1-40\%)] - 0.99\% \times (1-40\%)\} \times 56 = 0.16（亿元）$$

上述案例如表 6-5 所示。

表6-5　某银行资产增长率案例

项　目	现状	方案1 资产增长率8%	方案2 资产增长12% 提高资产收益率	方案3 资产增长12% 降低红利分配	方案4 资产增长12% 增加外源资本
总资产/亿元	50.0	54.0	56.0	56.0	56.0
资产增长率/%	—	8.0	12.0	12.0	12.0
资产收益率/%	—	0.99	1.43	0.99	0.99

续表

项　目	现状	方案1 资产增长率8%	方案2 资产增长12% 提高资产收益率	方案3 资产增长12% 降低红利分配	方案4 资产增长12% 增加外源资本
股利支付率/%	—	40.0	40.0	13.42	40.0
留存收益/亿元	2.0	2.32	2.48	2.48	2.33
不包括留存收益的资本/亿元	2.0	2.0	2.0	2.0	2.16
总资本/亿元	4.0	4.32①	4.48②	4.48③	4.49④
资本与资产比率/%	8.0	8.0	8.0	8.0	8.0

注：① =4+（54×0.99%）×（1−40%）=4.32（亿元）
② =4+（56×1.43%）×（1−40%）=4.48（亿元）
③ =4+（56×0.99%）×（1−13.42%）=4.48（亿元）
④ =4+（56×0.99%）×（1−40%）+0.16=4.49（亿元）

6.3.2　外源资本管理

1. 外源资本的概念

外源资本是指银行通过发行股票、债券和出售资产等形式从金融市场获得的补充资本来源。

2. 外源资本的来源

1）发行普通股

普通股是最典型、最具有股权特征的股票，是银行资本来源的重要渠道。一般而言，银行是否通过发行新股增加资本金取决于三个因素：① 银行采取其他方式获得外部资本的可能性；② 获取资本的成本高低；③ 对银行经营活动的影响。

2）发行优先股

优先股是指具有某些优先权的股票。发行优先股的好处在于：当银行普通股市场价格低于面值，发行普通股面临巨大市场压力时，可以发行优先股解决资本流动性问题。优先股有多种形式，如固定股息率的优先股、可调整股息率的优先股、可转换优先股等。

3）发行资本票据与债券

资本票据与债券是指持有人要求银行给予偿付的次序排在其他银行负债之后的长期债券。一般而言，满足以下两个条件时资本票据与债券可列入银行资本：第一，当银行倒闭时，持有人的求偿权在银行各类存款之后；第二，原始加权平均期限在7年以上。资本票据与债券有固定期限，到期必须还本付息。

4）售后回租

售后回租是指银行将办公设备全部或部分出售，然后再从买主那里租回继续使用。租赁的条件是允许银行对这些财产具有完全的控制权。通过出售资产或出租设备，银行可以获得相当大的现金流，增加资本头寸。

5）股票债券互换

股票债券互换是近年来美国许多银行，特别是银行持股公司所采用的增加资本的方法。例如，一家银行有面值200万美元、年利率8%的次级债券，如果市场利率上升，债券的市场价值降到100万美元，银行便可以发行100万美元的新股，再按市场价格买回已经发行的债券，银行资产负债表上即可划去 200 万美元的债务。股票债券互换的优点在于：既可增加银行资本并节省债务利息成本，同时又节省由于设立偿债基金而增加的现金支出。

3. 筹集外源资本的最佳方式

在外源资本结构上，商业银行的愿望与金融监管当局的要求往往是不一致的。在实际中，银行确定外源资本的策略是，核心资本不足的银行，一般通过增发普通股和非累积优先股增加核心资本。在增发普通股时特别要考虑对银行今后再发行股票的影响。对于核心资本已经占到 50% 的银行来说，更多的是在外源资本渠道中进行选择。

例 6-6：一家银行目前拥有资本总额 6 000 万元，其中 800 万股的普通股，每股面值 4 元，资产 10 亿元，银行收入总额为 1 亿美元，经营费用支出 8 000 万元，所得税率 35%。如果银行要增加 2 000 万元资本，使资本收益率达到 8%，有以下三种方案可供选择：① 以每股 10 元发行 200 万股普通股；② 以每股 20 元出售 100 万股年息 8% 的优先股；③ 以 10% 的票面利率发行资本票据 2 000 万元。应当选择哪种方案呢？

资本筹集方案如表 6-6 所示。

表6-6 银行外源资本筹集方案

单位：百万元

预计收入或支出项目	以每股10元发行200万股普通股	以每股20元出售100万股年息8%的优先股	以10%的票面利率发行资本票据2 000万元
总收入	100	100	100
营业费用	80	80	80
净收入	20	20	20
资本票据利息支出	—	—	2
税前净收益	20	20	18
所得税	7	7	6.3
税后净收益	13	13	11.7
优先股股息	—	1.6	—
普通股股东净收益	13	11.4	11.7
普通股每股收益	1.3元（1 000万股）	1.43元（800万股）	1.46元（800万股）

由表 6-6 可知，三种融资方式特点各有不同：从每股收益最大化的业绩衡量标准看，发行普通股不是筹集外源资本的最佳选择；发行优先股虽然对普通股股权不会带来影响，但是优先股每年要支付固定股息，而且股息要缴纳所得税，会造成税后净收益减少；发行资本票据虽然利息率较高，但不必纳税，同时也不会造成股权的稀释，但是资本票据到期必须偿还，资本稳定性差。在实际中，银行往往是根据财务管理的需要，权衡利弊后选择适合于自身需要的外源资本渠道。

6.3.3 资本金计划

1. 分子对策

分子对策是指通过增加资本数量，改善和优化资本结构，达到资本充足率标准比率目标的要求。

1）编制资本金计划

编制资本金计划的基本步骤如下。

（1）制订总体财务计划。

银行总体财务计划是制订资本金计划的依据。一方面，银行的财务计划规定了银行资产负债的增长率、资产负债结构和预计收入与支出的变动比例及其红利分配政策，决定银行的资本金计划；另一方面，银行的资本金计划也要考虑到对当年财务计划指标的影响。因此，银行制订资本金计划必须以财务计划为依据并与预期的财务指标衔接。

（2）确定满足财务计划要求的资本金数量。

银行的资本需要量等于预测的资产总额与负债总额的差额减去现有资本额。在确定资本需要量时要考虑以下两个方面的要求：一是本国银行管理当局关于银行资本需要量的规定；二是股票的市场价格。如果发行股票筹集的股本过多，会降低银行的财务杠杆比率和资本盈利能力，导致股票价格下跌；如果相对于银行风险来说，资本过少，则意味着银行风险大，存款者的利益得不到保障，同样会引起股票价格下跌。

（3）确定银行内源资本数额。

留存收益是银行内源资本来源。银行管理层必须预测银行收益的增长速度，并确定净收入中用于股息支付的比率，然后计算留存收益能提供多少内源资本。

（4）选择最佳的外源资本方式。

在确定了内源资本数量以后，资本不足部分要通过外源资本渠道获得。外融资本的渠道很多。在确定外源资本时，首先应当对各方案的优劣势进行比较分析，最佳的外源资本渠道是成本最低、对银行每股收益率影响最小的渠道。

上述步骤可用图 6-1 表示。

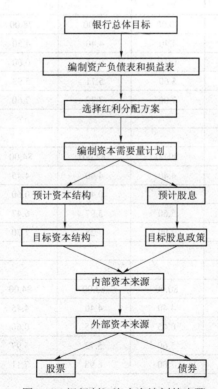

图 6-1　银行制订资本金计划的步骤

2）案例

某银行预计 2011 年资产规模 8 000 万元，总资本 560 万元，资本与资产比率为 7%，资产收益率为 0.45%，比过去的平均水平低一半，净利差率 4.40%，当年向股东支付红利 25 万元。由于该银行出现资产降低、利润水平下降、贷款损失上升趋势，金融监管当局要求该银行在今后 4 年内，将资本与资产比率从目前的 7% 提高到 8.5% 的水平。该银行以 2011 年的指标为基础，制订未来 4 年的资本金计划。预计利差水平和资产收益率变化相同。资本金计划方案如表 6-7 所示。

表6-7   某银行的资本金计划

单位：百万元

项目	实际	预　测			
	2011年	2012年	2013年	2014年	2015年
方案一：资产每年增长10%					
发放红利25万元					
资产总额	80.00	88.00	96.80	106.48	117.13
净利差率/%	4.40	4.40	4.45	4.60	4.70
资产收益率/%	0.45	0.45	0.60	0.65	0.75
总资本	5.60	5.75	6.08	6.52	7.15
资本与资产比率/%	7.00	6.53	6.28	6.12	6.10
方案二：资产每年减少100万元					
发放红利25万元					
资产总额	80.00	79.00	78.00	77.00	76.00
净利差率/%	4.40	4.40	4.50	4.60	4.70
资产收益率/%	0.45	0.45	0.60	0.65	0.75
总资本	5.60	5.71	5.93	6.18	6.50
资本与资产比率/%	7.00	7.22	7.60	8.02	8.55
方案三：资产每年增加200万元					
不发放红利					
资产总额	80.00	82.00	84.00	86.00	88.00
净利差率/%	4.40	4.40	4.45	4.60	4.70
资产收益率/%	0.45	0.45	0.60	0.65	0.75
总资本	5.60	5.97	6.47	7.03	7.69
资本与资产比率/%	7.00	7.28	7.70	8.17	8.74
方案四：资产每年增加200万元					
发放红利25万元					
资产总额	80.00	82.00	84.00	86.00	88.00
净利差率/%	4.40	4.40	4.45	4.60	4.70
资产收益率/%	0.45	0.45	0.60	0.65	0.75
总资本	5.60	5.72	5.97	6.28[①]	7.49[②]
资本与资产比率/%	7.00	6.98	7.11	7.30	8.51

注：① 6.28=86×0.65%-0.25+5.97   ② 7.49=6.68+0.81（外源资本 △EK）

方案一，资产每年增长 10%，红利发放额不变。由于利差水平和资产收益率的增幅低于资产增长速度，因此单靠内源资本的增长，不能在未来的目标期内达到资本与资产比率 8.5% 的要求，此方案不可取。

方案二，资产每年减少 100 万元，红利发放额不变。在未来 4 年内资本与资产比率达到监管当局规定的标准，但是，这是以银行资产每年减少为代价的。

方案三，放慢资产增长速度，资产每年增加 200 万元。为达到资本与资产比率要求，不向股东支付红利，到第四年，资本比率超过金融监管当局规定的要求，但是不支付红利，使股东收益减少，势必会造成股票市价下跌，导致银行信誉下降，增加筹资困难。

方案四，放慢资产增长速度，依旧向股东支付红利 25 万元。结果，资本与资产比率不能达到监管当局规定的指标。可以通过增加 0.81 百万元的外源资本，使资本与资产比率达到 8.51%。

2. 分母对策

分母对策是指通过调整资产结构，降低资产风险数额，达到资本管制的要求。

1）压缩资产规模

银行资产规模越大，要求保留的资本量越多，增加资本的需求越强。对于资本不足的银行来说，当内部留存收益不能满足资本增长的需要，而且资本市场不景气或由于银行本身信誉有限，难以通过外源资本扩大资本来源时，可以通过出售一部分高风险资产或市价较高的金融资产，缩小资产规模来提高资本对风险资产的比率。需要注意的是，压缩资产规模不能简单行事，要通过有效的资产组合，保持合理的资产结构。

2）调整资产结构

商业银行要依据监管当局的规定，调整资产结构，降低资产风险。此外，表外业务种类很多，风险大小不同，银行还可以根据上述原则调整表外资产，达到降低资产风险的目的。

银行的资本金管理，既可以分别采用分子对策或分母对策，也可以将两者结合起来使用。

重要概念

资本票据与债券　核心资本　附属资本　风险缓冲资本　逆周期资本　内源资本
外源资本　股票债券互换　售后回租　分子对策

思考题

1. 简述银行资本的构成。

2. 银行资本有哪些功能？

3. 简述新资本协议的三大支柱。

4. 简述巴塞尔协议的变化及演进的动因。

5. 银行如何确定资本金计划需要量？

6. 简述资本增长模型的主要内容。

7. 制订长期资本筹集计划有哪几个步骤？

8. 银行的外源资本渠道有哪些？银行管理者在选择外源资本时，应当考虑哪些因素？

计算题

表6-8　某银行资本与资产情况

项　目	数值
总资产/亿元	500
股本/亿元	34
资产收益率/%	1.02
股利支付率/%	40

计算：

（1）该银行的资产增长率（SG）。

（2）如果下一年银行预期资产增长率为12%，支持这一增长率的资产收益率（ROA）应当是多少？

（3）如果银行决定下一年资本与资产比率为6.8%，预期资产收益率为1.02%，支持12%资产增长率的股利支付率（DR）是多少？

（4）该银行在资产收益率为1.02%、股利支付率为40%的条件下，需要怎样的资本与资产比率（EC/TA）才能取得12%的预期资产增长率？

（5）监管当局要求资本充足率达到8%，需要多少外源资本？

第 7 章

商业银行存款与借入资金的运营与管理

学习目标

通过本章学习读者应当掌握：
- 我国商业银行的存款种类
- 存款营销的内容
- 如何确定银行的负债资金需求量
- 银行负债风险有哪些
- 存款成本的内容及其定价方法
- 非存款借入资金需求量如何确定

商业银行是负债经营的金融企业，存款和借入资金是其主要资金来源，也是商业银行贷款和投资业务的基础。20 世纪 70 年代以来，金融监管放松，在激烈的市场竞争中，商业银行加强了存款的市场营销，存款产品创新层出不穷。20 世纪 80 年代以来，发达国家的商业银行负债成本管理不断加强，可运用多种方法预测银行的负债成本。在我国利率市场化背景下，商业银行存款和借入资金成本管理在经营管理中的地位凸显，学习本章有助于读者系统掌握负债业务的运营与管理技术。

7.1 存款业务运营

存款是商业银行运用信用方式从社会集聚的货币资金。对于存款人来说是一种授信行为；对于银行而言是接受债权人的现金、票据或贷款的转账而负有的即期或定期偿还的一种受信行为，形成银行的负债。

7.1.1 存款的种类

1. 交易账户存款

交易账户存款是指存款人可以通过支票、汇票、自动存取款机、电话、互联网和其他电子计算机设施提款或对第三者支付及办理转账结算的存款。交易账户存款可以分为传统的交易账户存款和新型的交易账户存款两大类型。

1）传统的交易账户存款

传统的交易账户存款又称支票账户存款，是指存款人无须事先以书面形式通知银行便可支用或转账的存款。支票账户存款有以下特点。其一，主要用于交易和支付用途，支用时使用银行规定的支票。经银行允许，客户可以在规定的额度内透支款项。其二，只有商业银行可以办理此项存款。公司、个人、社会团体、政府机构、非银行金融机构都可以在商业银行开户。其三，存取无时间限制，无论存期长短，一律不支付利息或支付很低的利息。

2）新型的交易账户存款

新型的交易账户存款是指20世纪70年代以后在监管放松和金融业竞争激烈背景下商业银行开立的有息交易账户存款。包括以下种类。

（1）可转让支付命令账户（negotiable order of withdrawal account）。可转让支付命令账户是指用于对第三者进行支付并能获取利息的存款。个人和非营利组织可以随时在该账户开出支付命令书，因它具有背书转让的功能，故有交易结算功能。可转让支付命令账户是由1972年美国马萨诸塞州的储蓄贷款协会最早创办的一种储蓄存款账户。

（2）自动转账服务账户（automatic transfer service account）。自动转账服务账户是指银行根据存款人的事先授权，自动为客户在同一银行的两个账户间划转存款。在这项业务中，客户在银行开立两个子账户：一个是有息的储蓄账户，一个是无息的活期存款账户，可以只保留最低的开户额，银行允许客户开出支票进行支付，银行收到客户所开支票后，自动按支票金额将款项从储蓄账户转移到活期支票账户上。

（3）超级可转让支付命令账户（super negotiable order of withdrawal account）。超级可转让支付命令账户是指规定最低存款余额，并支付较高利息的有息交易账户存款。存款人可以不受限制地随时开出支付指令但该账户有最低余额限制，且利率较高。

（4）货币市场存款账户（money market deposit account）。这是一种浮动利率计息的活期存款账户。1982年由美国商业银行最早推出。货币市场存款账户的特点是期限短，几天、几周或几个月不等；开户有最低额限制；利率无上限，利率每周调整一次，每天计复利；银行为降低成本，控制每月转账支付的次数，该账户还可以获得存款保险；存款对象不限；银行要求客户提取存款时应在7天前通知银行。

2. 非交易账户存款

非交易账户存款能够生息，但是不能签发支票。非交易账户存款主要有以下几种类型。

1）存折储蓄账户

存折储蓄账户是储户持现金、支票、债券、股票到银行开立存款账户，银行开立存折为凭证，存折不能流通转让，利率较低，定期结息，利息可纳入本金计算复利。存款可随时支取，存折储蓄账户是一种具有高流动性的非交易账户存款。

2）定期存款

定期存款是面额较小、有固定的到期日（如3个月、6个月、1年、3年、5年）的存款。凭银行签发的定期存款单到期才能支取，存单不可转让流通，但可作为贷款质押物。如果提前支取利息要受损失。该账户的存款流动性较低，故利息率较高。

3）通知存款

通知存款是指客户必须按规定提前若干天通知银行才能支取的一种存款，这种存款是介于定期存款与活期存款之间的一种非交易账户存款。通知存款必须事先确定一个最短存期，在存期内不得支取，存期过后可通知银行支取。一般常见的是7天通知存款，通知期为2天，即7天为定期存款，期后支取必须提前2天通知银行。

4）定活两便存款

定活两便存款是一种既有定期存款的收益性，又有活期存款便利性的存款。其特点是，存款期限、存款利率、存款数额没有限定，不能使用支票存取。客户存款时，规定一个基本期限，客户可以根据自己的意愿随时支取，利率高于活期存款，低于定期存款。

5）个人退休金账户

个人退休金账户是指工薪阶层每年按照规定可向退休金储蓄账户存入固定数额的资金，资金主要用于客户退休后的支出，投资该账户的存款免缴个人收入所得税。20世纪80年代美国商业银行最先创办了这种存款，目前已成为各国商业银行的重要资金来源。

小贴士

美国的个人退休金账户

美国的个人退休金账户是一种个人自愿投资性退休账户。是否购买完全由私人决策，这部分资金主要用于投资人退休后的养老用途。在正常情况下，只有在投资者退休后才能使用。该账户实质上是一种长期的基金投资。它与养老基金的不同之处在于，投资没有保底收益，风险较大，获利机会也大。法律允许个人在该账户存入限定额度的资金以获取投资收益。2002—2004年个人退休金账户的缴费限额为3 000美元，2005—2007年为4 000美元，2008年为5 000美元，以后每年与通货膨胀挂钩。个人退休金账户享有延税优惠，即延缓缴纳资本所得税，直到退休后提取资金时才缴纳相应的所得税。目前个人退休金账户已经成为美国社会保障的第三大支柱。

7.1.2 我国商业银行的存款种类

1. 个人存款

1）存折储蓄

存折储蓄是商业银行向社会大众提供的本币或外币个人活期基本账户。该账户有以下功能：① 通存通兑，凭密码支取的存折可在本行任一网点办理活期通存通兑业务；② 自动转账，在银行柜面申请自助转账服务功能后，可以直接使用电话银行等自助渠道办理活期账户之间的相互划转；③ 查询服务，通过网点、电话银行、自助查询终端、网上银行等各种渠道，为客户提供存折账户的查询服务；④ 自助缴费，在银行网点或电话银行、网上银行等渠道申请自助缴费服务功能后，通过电话银行、网上银行向特约收费单位自助缴纳各类费用；⑤ 代理业务，根据单位或个人书面委托，银行可为单位或个人办理工资发放或代缴各种费用。

2）定期存款

定期存款是具有固定期限，到期才能提取的存款。定期存款具有较强的稳定性，且营业成本较低，故银行支付给存款人的利息较高。定期存款的种类很多，除整存整取定期储蓄存款外，还有零存整取定期储蓄、存本取息定期储蓄、整存零取定期储蓄、定活两便储蓄等。人民币存期选择有 3 个月、6 个月、1 年、2 年、3 年和 5 年；外币存期选择有 1 个月、3 个月、6 个月、1 年、2 年。近年来一些商业银行为定期存款账户赋予了更多的功能，如客户需要资金，可在银行整存整取存款未到期时，通过自助贷款将账上的整存整取存款作质押，获得个人贷款融资；也可部分提前支取一次，但提前支取部分将按支取当日挂牌活期存款利率计息。

3）教育储蓄

教育储蓄是一种城乡居民为其本人或其子女接受非义务教育（指九年义务教育之外的全日制高中、大中专、大学本科、硕士和博士研究生）积蓄资金的一种储蓄存款。每月约定最低起存金额为人民币 50 元，存款最高限额为人民币 2 万元，存期选择有 1 年、3 年、6 年，存款利息免税。

4）协定存款

协定存款是客户按照与金融机构约定的存款额度开立的结算账户，账户中超过存款额度的部分，金融机构自动将其转入协定账户，并以协定存款利率计息的一种存款。

5）一卡通账户

一卡通账户是指客户可持有银行卡通过电话银行、网上银行、自助查询终端、自助存款机办理整存整取业务，也可持一卡通到开户地行任一网点办理整存整取、个人通知存款、定活两便储蓄存款业务。

小贴士

工商银行的"银医一卡通"

为进一步提升银行为医院和患者提供金融服务的水平，方便广大患者就医，2011 年中国工商银行就与国内部分知名医院合作推出了"银医一卡通"服务。

"银医一卡通"是将银行的信息系统与医院的信息系统进行连接，通过工商银行专门的银行医疗卡或者普通银行卡，通过工商银行自助终端、网上银行、电话银行等渠道，为医院和患者提供一揽子医疗金融服务。患者能方便快捷地实现预约挂号，并且在医院就诊时享受到"先诊疗，后结算"的便民服务，省去奔波排队缴费的麻烦。银行医疗卡，既是患者在医院挂号就诊和医疗结算的服务介质，也是医院系统信息化建设的主要载体，"银医一卡通"不仅有银行卡的金融结算功能，还具有挂号、缴费、就诊、充值、打单、退费等医疗服务功能，真正实现了一卡多用。

目前工商银行已在全国多个省市与当地医院合作推出了各具特色的"银医一卡通"产品和服务。办理该卡的客户在卡片激活后可以通过工商银行的自助终端实现预约挂号、预约挂号信息查询、打印或补打挂号凭条等服务功能。

6）自助转账

客户在银行申请自助转账服务功能后，可以直接使用电话银行、自动柜员机、查询终端及网上个人银行，办理一卡通、存折、信用卡之间资金的相互划转。

7）个人支票业务

个人支票业务是指客户签发"个人支票"后，委托办理支票存款业务的银行，在见票时无条件支付确定的金额给收款人或者持票人。

2. 单位存款

1）活期存款

活期存款是指客户有权随时支取或用于结算的款项。客户随时存取，利率较低。有人民币和外币两种。

2）一般定期存款

人民币定期存款有 3 个月、6 个月、1 年、2 年、3 年五个档次；外币定期存款有 1 个月、3 个月、6 个月、1 年、2 年五个档次。

3）通知存款

人民币通知存款有 1 天通知存款和 7 天通知存款两种，最低起存金额为 50 万元，最低支取金额为 10 万元；外币通知存款现有 7 天通知存款一种，最低存取金额不低于折合人民币 1 万元的等值外币。

4）人民币协定存款

客户可以通过银行设定存款基数，实行超额分户计息的办法，既可以保证客户随时调度资金，又使其取得高于活期存款利息的收益。

7.1.3 存款营销

存款营销是指商业银行以金融市场为导向，运用整体营销手段向客户提供存款产品和服务，在满足客户需要和欲望的过程中实现商业银行利益目标的社会行为过程。

1. 银行形象塑造

1）银行形象的内涵

所谓银行形象，是指社会公众对银行总体的、概括的认识和评价，它是银行整体形态的一种理性再现，也是银行对公众进行信息沟通和发展业务的工具。银行形象不仅包括富有特色、个性鲜明的外部形象，还包括内部形象，如经营宗旨、目标、企业文化等。塑造形象是商业银行在市场经济条件下展开高层次竞争的需要，目的在于树立本行富有个性的企业文化，同时也是商业银行定位策略的必要手段。商业银行形象塑造的核心是树立本行富有个性的企业文化，它是对内增强凝聚力、对外扩大影响力的有效措施。从某种意义上讲，银行形象中的内在精神比外观形象更为重要。银行形象塑造不仅涉及其产品定位，而且是银行整体形象的定位，所以，高品位的形象无疑是银行营销成功的必备要素。

2）银行形象的设计

商业银行整体形象的塑造具体包括经营理念定位、行为准则定位和视觉形象定位。因此，银行形象的设计有三个要素：经营理念设计、行为设计和视觉设计。

（1）经营理念设计。

银行理念即银行的经营理念。商业银行应以行业特点、服务对象和服务要求作为理念的侧重点，从而确定银行自身的优先形象要素。优先形象要素是指社会公众认为该银行最重要的形象特征。当前，银行业的优先形象要素次序为：规模、信用度、安全性、创新等。

根据优先形象要素分析，目前国际上比较流行的银行经营理念有：以"金融创新，一流服务"为理念的优先要素；以"质量、服务"为理念的优先要素；以"安全、稳健、服务"为理念的优先要素。

（2）行为设计。

银行行为实质上是商业银行经营的行为规范和活动准则。行为设计主要包括两方面内容：银行内部行为，即对本行系统内部组织制度、员工工作准则、服务态度及管理教育等制定规范化的规章制度，行为设计的重心是提高全员整体素质；银行对外行为，即银行通过存款经营和其他经营活动，将本行的宗旨、特色、文化全面渗透到与客户的交往中，让客户和社会公众接受、信赖自己。

（3）视觉设计。

银行视觉是指商业银行对外展示和传播的形象和方式。银行视觉设计必须体现本行的经营观念和行业行为规范。主要包括：本行的标志、标准字和标准色；对外展示的标准化和统一化，如营业厅布局、营业房外观、招牌、名片、制服、文件乃至交通工具等。电子银行业务的开展，使商业银行可以通过网页展示其友好、安全、高效的形象。

2. 存款产品的营销渠道

1）直接分销渠道

存款产品的营销渠道多采用垂直的分销渠道，即通过银行分支机构完成存款产品营销。商业银行设置分支机构必须以理论和商业需求为依据，否则，会形成盲目铺网设点、浪费资源、经济效益差、业务量不足、费用支出增大、无序竞争、规模效益极差的态势。存款产品有一种特殊的分销渠道——信用卡市场，信用卡集存款、贷款、结算等功能于一身，可以通过信用卡市场分销存款产品。

2）间接分销渠道

存款产品的间接分销渠道是指在异地通过代理行推销存款产品。这种分销渠道主要用于国际跨国银行。利用间接分销渠道营销的金融产品多是贷款品种和结算品种，存款品种较少。

3. 存款产品的促销

存款产品的促销是指通过促销，打破客户倾向于某一种金融产品的习惯，吸引客户进入本行的存款市场。商业银行存款产品促销的目的是吸引新客户开立账户、稳定增加存款、降低成本和增加收益。促销时应注意促销频率，如果促销过于频繁或轻率，会使潜在客户产生怀疑，使促销达不到预期目标。

常见的存款促销方式有以下几种。

（1）人员促销。指由商业银行营销人员以谈话、示范、表演等方式直接向客户推销存款的促销方式。人员促销方式具有直接、灵活等优点，可以与客户保持直接联系，并可以收集市场信息。每个营销人员，既是存款的推销员，又是市场调研员。

（2）广告促销。指运用宣传媒体直接推销金融产品和服务，包括存款产品和服务及树立银行形象的促销活动。商业银行的广告促销旨在巩固现有客户和诱导潜在的客户，使其接受银行存款产品和服务。

（3）公共关系促销。指商业银行在进行市场营销活动中，正确处理银行与社会公众的关系，树立银行的良好形象，促进金融产品销售的活动。

（4）营业推广。指能够刺激客户强烈反应、促进客户购买行为的除人员促销、广告促销、公共关系促销以外的促销措施。营业推广方式有：金融产品的展示和陈列、展销会促销、提供咨询、存款有奖销售等。

案例

一位信用卡营销人员的体会

在信用卡营销中以下四方面极为重要。

一是对产品的把握。刚开始我认为那么漂亮的卡一定有市场，但是看到营销人员面对客户时，客户不是问你信用卡的好处和用途，而是问你信用卡如何收费，或者说已经办了好几个银行的信用卡了，或者说银行网点少导致汇款不方便，最多的说法是我没有用卡的习惯。后来我发现营销人员忽视了两个细节：一是牡丹卡与建行卡的同质性，建行的信用卡之前已经覆盖了市场；二是客户对产品不熟悉，明明是好东西也不感兴趣。我觉得只有站在客户角度看问题才能真正把握主动权。我们一味强调信用卡的透支功能，但一部分消费者不接受这一观念，所以营销人员可在营销时说明这是一张应急卡，你可以在急用的时候使用这张卡。这样一来一部分客户就认同了。客户认同我们就有机会了。

二是选择特色客户。首先选择一些特色单位，如有事业单位背景的企业，广播电视公司，注册资本较高；又如与我们银行有业务往来，用卡环境较好的青年旅行社，可以用信用卡购机票。总之，要从有把握的客户开始做起。

三是与客户面对面营销要有信心。产品的特色要对客户讲清楚，不厌其烦。比如针对银行网点少，可以有三种解释：一是我们有自助银行为您提供方便的服务；二是我们即将实行借记卡自动还款功能；三是信用卡的免息期为 56 天，其中任何一天均可偿还。把有利条件讲清楚，客户拒绝开户的可能性就会减小。同样如果客户持卡太多不想办理新卡，通常情况下，我会问客户，已办理的信用卡透支额度是多少？有没有担保人？是否国内外通用？免息期多长？购物有无积分？再试试介绍手机服务、保险服务、医疗服务等特色功能。总之，要很自然地让客户感觉到我行信用卡的特别之处。

四是申请表格的填写和客户的维护。做了大量的前期工作后，千万不能因为表格填写不规范而被拒绝。在客户填写时，应该认真审核客户的资料，有错误的地方应详细地给客户讲解并改正，一定要保持良好的服务态度，以便将来的业务更好地发展。客户的维护很重要，在申请表填写之后，一定要给客户打电话，了解信用卡是否按时收到，使用有无问题，并感谢对本行信用卡工作的支持。事情虽然简单，但会使客户对银行有信任感，有利于银行其他零售业务的开展。

7.2　非存款借入资金运营

非存款借入资金渠道按时间不同可分为短期借款渠道和中长期借款渠道。

1. 短期借款渠道

短期借款是指商业银行一年期以内的融资，其主要渠道有以下六种。

1）同业拆借

同业拆借是银行之间利用资金融通过程中的时间差、空间差来调剂资金余缺的一种短期资金借贷方式。同业拆借作为临时性的头寸调剂，主要用于支持日常性资金周转，通常是隔日偿还，因而也称日拆。我国目前规定，商业银行拆入资金只能用于解决头寸不足，拆出资金必须为留足准备金和备付金以后的资金。同业拆借的做法如图 7-1 所示。

图7-1 商业银行同业拆借的做法

2）证券回购协议

证券回购协议是指银行出售持有的证券，并同时签订协议，在某一约定时间按协定的价格重新将其买回的业务。对于商业银行来说，通过回购协议获得的资金不用缴存存款准备金，可降低借款成本，对于购买方来说，实际上是以证券作抵押的一种短期放款，风险很小，因此这种融资方式很受市场欢迎。

回购协议利息成本的计算：

回购协议利息成本= 借款金额×现行回购利率×（借款期限/360）

例7-1：某商业银行通过回购协议借款 500 万元，以政府债券作抵押，期限 3 天，现行回购市场回购利率为年息 3%，计算回购协议利息成本。

回购协议利息成本= 500 ×3% ×（3/360）万元= 0.125（万元）

3）向中央银行借款

商业银行向中央银行借款主要有两条途径：再贴现和再贷款。再贴现是商业银行把自己从工商企业那里以贴现方式买进的票据再转向中央银行贴现。再贴现票据的种类和再贴现率由中央银行根据货币政策的需要加以确定。再贷款即商业银行向中央银行直接贷款，一般分为抵押贷款和信用贷款两种。

4）大额可转让定期存单

大额可转让定期存单是指记载存款金额、存款期限和利率，可以在二级市场流通转让的存款凭证。大额可转让定期存单的特点是期限固定且面额较大，利率或固定或浮动，存单不记名，到期前不能支取，但是可以在二级市场流通转让。大额可转让定期存单是美国花旗银行 1961 年率先创办的。购买者主要是公司、养老金协会、政府机构等。

5）国际金融市场借款

欧洲货币市场是一个具有很大吸引力的市场，该市场不受任何国家政府的管制和税收限制。资金供给者主要是美国等发达国家的商业银行及其在国外的分支机构、跨国公司、国际银团及政府机构和中央银行。该市场以银行间交易为主，利率由交易双方依据伦敦银行同业拆借利率商定，存款利率相对较高，贷款利率相对较低，利差较小。借贷期限从隔夜到一年不等。因此对商业银行极具吸引力。

6）票据市场借款

商业银行也通过发行银行承兑汇票和商业票据筹借资金。银行承兑汇票是商业银行承诺保证到期支付的远期票据。银行可以在承兑汇票到期之前将其出售，换取所需要的短期资金。商业票据是商业银行、知名的大公司、银行控股公司等发行的融资性票据，具有安全性强、流动性大、发行成本低等特点。

2. 中长期借款渠道

1）发行资本性债券

资本性债券是为了补充银行资本不足而发行的债券。按照《巴塞尔协议》的规定，长期性的债务被视作附属资本。我国银监会 2004 年 6 月颁布《商业银行次级债券发行管理办法》，允许商业银行在全国银行间债券市场公开发行或私募发行次级债券，经银监会批准，次级债券可以计入附属资本。

2）发行金融债券

金融债券是金融机构发行的长期债券。

固定利率债券和浮动利率债券。前者是指在债券期限内利率固定不变的债券；后者是指在规定期限内，根据事先约定的间隔期，按选定的市场利率（比如伦敦同业拆借利率）进行利率调整的债券。近年来，由于利率风险增大，浮动利率债券发展较快。

担保债券和信用债券。担保债券是以发行银行的财产作为抵押担保的债券，信用债券是以发行银行的信用为担保的债券。

贴现（贴水）债券。贴现债券是按一定的贴现率以低于债券面额的价格发行的债券。

7.3　负债管理

7.3.1　确定负债资金需求量应考虑的因素

1）资产增长对资金的需求

银行在一定时期的发展计划，确定了银行利润增长目标和为实现这一目标需要达到的资产规模，从而决定了银行负债资金需求量。银行的负债资金需求量首先要满足银行发展计划规定的资产增长的需要，这是银行扩展业务、获取利润的基础。

2）流动性需求

银行的流动性计划规定了在一定时期内资金供给与需求的数量、流动性缺口和平衡流动性供求的途径。银行的负债资金需求量必须满足流动性计划对资金来源数量的要求，具体而言，不仅在年度内资金来源总量要满足资金需求总量；而且在每一个月、每一周、每一天，银行资金来源必须满足对资金头寸的需求，以避免流动性风险。

3）利率敏感性组合对资金的需求

在市场利率频繁变化的情况下，商业银行必须根据市场利率的变化，不断调整利率敏感性资产与利率敏感性负债的比率，以避免利率风险。利率敏感性资产和利率敏感性负债的重新配置，便产生了为达到最佳筹资组合的资金需求。

4）再筹资的需求

再筹资是指当银行的某项资金来源到期时，银行必须重新筹集资金来补足资金来源的缺口。例如，银行大额存单的到期提取，减少了资金来源，可能造成银行某一时期的头寸紧缺，银行必须采取适当的手段，尽快取得新的资金来源，弥补这一缺口。

5）资本金状况

在资产规模一定的情况下，资本数额越多，所需要的负债越少，反之相反。银行的负债资金需求量要与资本金的补充计划通盘考虑。资金需求性质不同，对资金来源的要求也不同。负债管理应当根据银行不同时期的资金需求量，采用灵活的方式，以最低的成本、最小的风险获得经营所需要的资金。

7.3.2　负债风险

1）流动性风险

流动性风险是指银行不能到期支付债务或满足临时提取存款的要求，使银行蒙受信誉损失或经济损失，甚至发生挤兑导致倒闭的可能性。

负债的流动性风险在不同时期有不同的特点。在 20 世纪 60 年代以前，银行流动性管理的重点是资产流动性管理，其核心在于保持资产的流动性，以满足"三性"原则协调统一的要求。20 世纪 60 年代以后，市场利率的上升，银行定期存款的利率敏感性增强，银行吸收存款的压力加大。20 世纪 80 年代以后，随着利率管制的放松，银行可以更多地从市场获得资金，负债流动性增强，但是加大了存款产品竞争的压力。当市场有新的有利可图的投资工具出现时，存款便会被大量提取。

2）利率风险

利率风险是指由于市场利率变化给银行带来损失的可能性。当市场利率提高时，银行必须以更高的利息成本才能取得新的资金来源。利率风险的加大，提高了负债成本管理在银行管理中的重要性，银行必须使不同期限及风险的负债成本与同等期限及风险的资产收益相对称。衍生金融工具交易的出现，为银行规避利率风险提供了良好的手段。

3）市场风险

市场风险是指由于市场变化而使银行遭受损失的可能性。随着银行负债中借入资金的增加，负债的市场风险也随之加大。当市场银根紧缺、银行难以在市场上借到资金时，便将面临支付风险，甚至导致银行破产。许多银行破产倒闭的事实说明了市场风险的严重性。

国际经典案例

美国伊利诺斯大陆银行的挤兑风潮

伊利诺斯大陆银行拥有 420 亿美元资产，与花旗银行一样，是货币中心银行，也是当时美国中西部最大、全美第八大银行。该行的存款客户主要是大公司、货币市场互助基金和大额存户。1984 年 5 月发生挤兑风潮。等待取款的人排了几个街口。

1977—1981 年，该行确定了 19.82% 的贷款增长速度，同等规模的银行为 14.67%。

该行由于核心存款不足，因而大量借款，同期借入资金的年增长率高达 22%。游资来源几乎是同等规模银行的 2 倍。

主要通过发行大额可转让存单、从外国客户借款 120 亿美元，该行贷款与存款的比率为79%，同等银行为 67%，全美银行平均为 56%。

该行在能源领域有长期的利益和公认的专长，大部分贷款投向能源行业，迎合了在能源价格不断上涨背景下借款企业追逐利润的需要。

随着石油价格的回落，借款企业出现了严重问题。特别是从俄克拉荷马城某银行购入的与能源有关的贷款出了问题，银行必须自行消化损失。

救助措施：

（1）摩根信托组织了银团贷款45亿，大陆银行将170亿美元资产存入美联储作抵押。

（2）无论金额大小，联邦存款保险公司一律提供担保。

（3）联邦存款保险公司和七大银行注入20亿美元资本金。

（4）美联储将最初规定的私人银行借款限额扩大到55亿，由28家私人银行承担。

（5）美联储继续保持对其再贴现。

但是大陆银行的存款继续流失，7月初，用50亿资产清偿债务后，大陆银行仍欠美联储40亿美元、欠28家私人银行40亿美元、欠联邦存款保险公司20亿美元。两个月存款流失150亿美元，最终由联邦存款保险公司收购。

思考题：分析伊利诺斯大陆银行倒闭的原因。

7.3.3　存款数量的控制

1）政府不实行利率管制下存款数量的控制模式

当一国政府对银行存款不实行最高存款利率限制时，最佳存款量取决于边际成本与边际收益的交点。如图7-2所示。

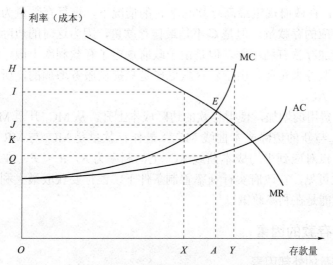

图7-2　政府不实行利率管制下边际成本与边际收益图示

图7-2中，MC（边际成本）和AC（平均成本）呈上升趋势，MR（边际收益）呈下降趋势。MC和MR的交点E，决定了最佳存款量A。

2）政府利率管制下存款数量的控制模式

政府为了限制银行业的过度竞争，避免银行风险及由此带来的社会风险，在一定时期内往往实行利率管制政策，规定存款利率的最高限度。在其他条件不变的情况下，最高的存款利率决定了银行可能吸收的存款数量。但是，从负债管理角度看，并不意味着这就是最佳存款量。银行的最佳存款量取决于新的边际成本与边际收益的交点。如图7-3所示。

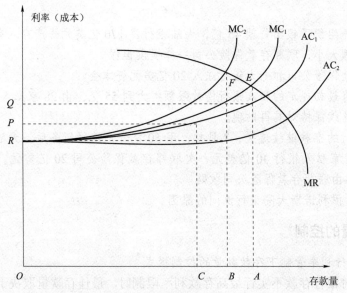

图7-3　政府利率管制下边际成本与边际收益图示

由图 7-3 可知，在政府规定最高存款利率 P 的情况下，银行存款量为 C，即 P 利率下平均成本曲线 AC_1 对应的存款量。但是 C 不是最佳存款量，因为这时的边际收益 MR 大于边际成本 MC_1，银行增加存款有利可图。但是由于政府规定了存款利率上限，所以存款的增加只能通过增加或改善服务来实现。由于新存款更多是靠提供服务增加的，所以存款的平均成本下降，从 AC_1 降至 AC_2。

但是由于服务费用的增加，使得存款的边际成本上升，从 MC_1 升至 MC_2，从而形成新的平均成本曲线 AC_2 与新的边际成本曲线 MC_2。最佳存款量是 MC_2 与 MR 的交点 F，对应的存款量为 B，这一点对应到平均成本曲线 AC_2 上，利率为 R，$R < P$，在政府规定的最高利率范围之内。由此可见，在政府实行利率管制条件下，银行要获取最大利润，必须争取最佳存款量，其途径只能是在利率政策以外。

7.3.4　影响银行存款的因素

1. 影响银行存款的外部因素

1）经济发展水平和经济周期

一般说来，一个国家和地区商品生产和经济发展的水平，决定银行存款的规模。经济发达、货币信用关系深化的国家和地区，企业和个人货币收入水平高，金融意识强，这些国家和地区的银行要比经济欠发达、信用关系简单的国家和地区的银行更容易扩大存款规模。在经济周期的不同阶段，银行吸收存款的难易程度也有很大差别。经济繁荣阶段，产品市场需求增加，企业生产流通规模随之扩大，企业资金规模大、周转快，银行存款增加；相反，在经济衰退时期，市场萧条，社会需求减少，价格下降。生产流通规模萎缩，一些企业甚至破产倒闭，失业率上升。企业和个人收入减少，银行吸收存款也困难得多。

2）中央银行的货币政策

如果中央银行实施紧缩的货币政策，则会提高存款准备率和再贴现率，使商业银行超额准备金减少，信用紧缩，市场利率随之上升，随着借贷资金成本的上升，企业借款数量减少，银行派生存款减少。同时，由于市场利率提高，有价证券价格降低，大量资金流入金融市场购买股票、债券以期获利，银行存款会随之减少；反之则反。

3）个人收入的变化

如果个人收入增加，人们有多余的资金存入银行，银行存款便会增加；如果个人收入减少，不仅新增存款减少，甚至人们还会提取银行存款，满足当前的消费需求，银行存款余额也会下降。

4）存款利率的变动

银行利率敏感性存款对利率变化反应灵敏。由于这部分存款是以获利为目的，因此，它们总是流向利率高的金融工具，当资本市场利率高时，资金就会从银行流向资本市场；反之，又会从资本市场流回银行。

5）支付结算制度的发达程度

活期存款大多是企业和个人用于日常支付的周转金，支取频繁、流动性强。如果银行支票流通量大，支付结算领域广泛，大量资金就会通过银行账户的转移完成支付，使现金支付减少、银行体系的存款增加；反之，企业和个人就要保留较多的现金以备购买和支付，银行存款会因此减少。

6）政府的法律、法规

一般说来，政府对银行业务范围、机构设置、利率等方面的限制越少，银行可以随时根据市场变化和客户需求，增加业务种类，增设网点和灵活调整利率吸揽存款，银行可以最大限度地获得存款；反之则反。

2. 影响银行存款的内部因素

1）银行放款和投资的增减

派生存款是商业银行存款的重要来源，银行放款和投资的增减直接影响派生存款的数量。经济繁荣时期，银行放款和投资资产增加，由此产生的派生存款增加，银行存款总量增加。如果经济不景气，企业贷款需求减少，或者银行认为贷款风险大而不愿意发放贷款，则派生存款减少，银行存款减少。

2）贷款便利与否

在客观条件相同的情况下，银行能否在合格贷款客户需要资金时满足其需求，或尽可能帮助客户筹措到所需要的资金，是客户选择银行的一个重要条件。企业和个人都愿意和那些有良好合作关系的银行建立长期的信用往来关系。

3）存款种类

银行能否根据客户的需要适时推出新的存款种类，是影响银行存款数量的重要因素。在这个意义上可以说，银行能否通过具有想象力的新型存款吸揽客户，是存款成功与否的关键。

4）银行服务质量与数量

银行能否根据市场需要，向客户提供种类众多、方便快捷的金融服务，是争取存款的重要手段。银行服务项目越多、服务质量越好，对客户的吸引力越强，由此带来的存款就越多。

5）银行的规模与信誉

不仅大客户愿意与大银行建立信用关系，就是中小客户在其他条件相同的情况下，出于规避风险和要求优质服务的动机，也往往愿意选择规模大、实力雄厚的银行。

6）业务关系与人事关系

业务关系对银行存款的影响有两方面的含义：一是银行与非金融企业及个人的关系，二是银行与同业之间的关系。前者关系比较复杂，包括银行与客户广泛的业务往来关系。在业务种类和服务质量大体相同的情况下，客户存款都愿意选择熟悉的银行。后者关系比较单一，一家银行与同业的往来关系越多，就越有可能接受更多的同业存款。人事关系主要是指银行与其他组织与个人的联系。银行的人事关系越广泛，吸引的存款就越多。

7.3.5　负债成本管理

1. 存款成本

存款成本是银行吸收存款花费的费用，从不同的角度考查，银行存款成本有不同的概念和用途。

1）利息成本

利息成本是指由存款利息构成的成本，是银行吸收资金支付给客户的报酬。利息成本的高低主要受以下两个因素的影响。一是利息率。一般说来，存期越长，银行支付给储户的利息越高。二是存款风险大小。银行规模大、信誉高、实力强，支付的存款利息会低些。

2）服务成本

服务成本是指银行吸收资金所支付的除利息以外的其他成本。包括处理支票业务的费用、代收代付费用、利用计算机提供自动化服务的费用、广告宣传费用、存款部门人员的工资、设备折旧等。服务费的收取采用相关定价法，即服务费用随存款余额的增加而减少。

3）资金成本

资金成本是利息成本和服务成本的总称。资金平均成本率是指现有资金的单位平均借入成本，它是成本总额与负债平均余额的比。银行进行负债成本比较和分析时，往往使用这一概念。计算公式为：

$$资金平均成本率 = \frac{利息成本+服务成本}{负债平均余额} \times 100\%$$

根据下列公式也可计算各项负债和资本的平均成本率。

$$存款资金平均成本率 = \frac{利息成本+服务成本}{存款平均余额} \times 100\%$$

$$其他资金平均成本率 = \frac{利息成本+服务成本}{其他资金平均余额} \times 100\%$$

$$全部资金平均成本率 = \frac{利息成本+服务成本}{资金总额} \times 100\%$$

某银行资金成本的计算如表 7-1 所示。

表7-1　某银行资金成本

负债项目	年平均余额/ 百万美元	利息率/%	其他成本率/%	资金成本率/%	资金成本额/ 百万美元
无息活期存款	60	0	4.6	4.6	2.76
生息活期存款	18	5.3	2.3	7.6	1.37
存折储蓄存款	12	5.5	1.1	6.6	0.79
储蓄存单	7	1.2	0.2	1.4	0.84
货币市场存单	27	13.5	0.4	13.9	3.75
无限制储蓄存单	6	10.2	0.1	10.3	0.62
10万美元以上CD	32	15.0	0.2	15.2	4.87
公众其他定期存款	8	12.1	0.1	12.2	0.97
小计	170	—	—	9.39	15.97
短期借款	12	14.0	0.1	14.1	1.69
其他负债	6	7.0	0.1	7.1	0.43
股权资本	12	29.1	0.1	29.1	3.50
小计	30	—	—	18.73	5.62
总计	200	—	—	10.79	21.59

资金成本的主要用途在于评价和分析银行的历史成本，更多用于成本分析，其缺陷在于不反映未来成本的变动，因此不能作为贷款定价的依据。

4）可用资金成本

可用资金成本是指银行吸收的全部资金中扣除现金资产等非盈利资产后，以盈利资产计算的资金成本。可用资金成本更准确地反映了银行负债的实际成本。可用资金成本率的计算公式如下：

$$可用资金成本率 = \frac{资金成本}{资金总额-现金资产等非盈利资产} \times 100\%$$

表 7-2 是某银行可用资金成本的计算案例。

表7-2　某银行可用资金成本

负债项目	年平均余额/ 百万美元	可用资金 比率[①]/%	可用资金额/ 百万美元	资金成本额/ 百万美元	可用资金 成本率/%
无息活期存款	60	70	42	2.76	6.57
生息活期存款	18	76	13.68	1.37	10.01
存折储蓄存款	12	91	10.92	0.79	7.23
储蓄存单	7	91	6.37	0.84	13.18
货币市场存单	27	91	24.57	3.75	15.26

负债项目	年平均余额/ 百万美元	可用资金 比率①/%	可用资金额/ 百万美元	资金成本额/ 百万美元	可用资金 成本率/%
无限制储蓄存单	6	91	5.46	0.62	11.26
10万美元以上CD	32	91	29.12	4.86	16.69
公众其他定期存款	8	91	7.28	0.98	13.46
短期借款	12	96	11.52	1.69	14.60
其他负债	6	96	5.76	0.43	7.47
股权资本	12	96	11.52	3.50	30.38
总计	200	—	168.20	21.59	12.84

注：① 可用资金比率 =1- 持有现金资产的比率 - 预期投入房地产等非盈利资产的比率

表 7-2 中用于现金资产的比率分别为：无息活期存款 26%、生息活期存款 20%、储蓄存款和定期存款 5%。投资于房地产等非盈利资产的比率为 4%，由此可计算出各项负债的可用资金比率。

5）可用资金边际成本

可用资金边际成本是指每增加一个单位的可用资金所需要支付的资金成本。可用资金边际成本率计算公式如下：

$$可用资金边际成本率 = \frac{利息成本率+服务成本率}{1-非盈利资产比率} \times 100\%$$

可用资金边际成本是银行确定资产收益率的依据，只有资产收益率高于可用资金边际成本率，才能保证银行盈利目标的实现。在实际当中，银行可分别计算存款、借入资金和股权资本的可用资金边际成本，将各项边际成本加总，即可得到新增可用资金的加权边际成本。

2. 非存款负债可用资金边际成本

非存款负债的可用资金边际成本等于每一来源的实际借入成本（包括利息成本和交易成本）。按照传统观点，其成本率就是贴现率。即将银行预期支付的利息和到期偿还的本金进行贴现，其贴现额等于银行所得到的资金净额。

3. 股权资本成本

1）普通股股权资本成本

从理论上说，股权资本的边际成本等于股东的应得收益率。由于普通股红利不是事先规定的，因此普通股股权资本的边际成本不能直接测算。常用的计算方法有以下几种。

（1）红利估算模型。

红利估算模型是指先确定股东合理收益率，然后把股东股票的预期现金流进行贴现，股权资本成本率就是把未来现金流换算为现值的贴现率。值得注意的是普通股股票价格（P）等于股票寿命期内预期红利的现值。因为从理论上说，股票在某一时点上的价格，等于该时点以后的预期红利的贴现值。假定某公司股票是永久性股票，该股票价格的计算公式为：

$$P = \sum_{t=1}^{\infty} \frac{D_t}{(1+K_e)^t}$$

式中：D_t 为在 t 期限内的预期红利；K_e 为股权资本成本；t 为期限。

例 7-2：某股票未来第一年每股红利 0.5 元，第二年每股红利 1 元，股票当前的价格为 5 元，预计两年后出售价 6 元，预测该股票的预期收益率，即股权资本成本。

$$5=\frac{0.5}{1+K_e}+\frac{1}{(1+K_e)^2}+\frac{6}{(1+K_e)^2}$$

$$K_e=23.43\%$$

红利估算模型适用于所有形式的股权资本边际成本的计算。但是，当预期红利在某一时期内按某一固定比率增长，且这一增长率小于股权资本成本率时，上述公式可以简化为：

$$K_e=D_0（1+g）/P+g$$

式中：D_0 为预期红利收益率；g 为预期红利增长率。

例 7-3：某股票近期价格是 24 元，预计每年支付红利 1 元，分析家认为该银行红利将以年均 10% 的速度增长，计算股权资本成本。

$$K_e=1\times（1+10\%）/24+10\%=14.58\%$$

这里求出的 14.58% 是股权资本成本，由于股东收益是在税后利润中支付的，所以还应将其换算为税前成本，才能反映实际股权资本成本。假设该银行的边际所得税率为 34%，则股权资本的税前收益率为：

$$K'_e=14.58\%/（1-34\%）=22.09\%$$

（2）资本资产定价模型。

对于股票公开交易的大型金融机构，可以利用资本资产定价模型（capital asset pricing model，CAPM）来估算股权资本成本。该模型考虑了股东收益率的市场风险（β）。股东应得收益率（K'_e）等于无风险收益率（R_f）加上普通股票的风险收益（P）。

$$K'_e=R_f+P$$

风险收益等于证券的市场风险（β）乘以市场证券的预期收益率（K_m）与无风险收益率（R_f）之差。以市场证券价格的易变性为参照系数，市场风险可以反映股票历史价格易变性的大小。

$$\beta=Cov（R,R_m）/Var（R_m）$$

式中：$Cov（R,R_m）$ 为某种证券收益率和市场收益率的协方差；$Var（R_m）$ 为市场收益率的方差。

协方差是反映两种变量变动吻合度的统计指标。如果一个变量与另一个变量的变动方向一致，且变动水平相当，那么它们的协方差就高。如果某证券的市场风险 β 在某一测算期内等于 1，则这种证券有规则的价格变动就与市场证券相同，该证券的收益率与市场指数的协方差等于市场指数的方差。如果 β 大于 1，该证券的有规则的价格变动就超过了市场证券的价格变动；反之，如果 β 小于 1，该证券的有规则的价格变动就低于市场证券的价格变动。一般说来，β 的绝对值越大，证券有规则的价格变动就越大，市场风险就越高。运用上述公式，银行便可以根据估计的 β 值和市场溢价（K_m-R_f）的估计值，估测某一股票的股东应得收益率。

$$K'_e=R_f+\beta（K_m-R_f）$$

例 7-4：某银行根据过去 4 年每月的收益率估算出银行股票的市场风险为 1.33，这就意味着在这一段时间内该银行股票价格变动比市场证券高出 33%。如果市场收益率与无风险收益率之差预计为 5%，无风险收益率（国库券利率）为 8%，运用资本资产定价模型可估算出该银行的股权收益率：

$$K_e=8\%+1.33\times5\%=14.65\%$$

假设边际税率为 34%，将其换算为税前收益率：

$$14.65\%/（1-34\%）=22.20\%$$

（3）股权收益率目标模型。

股权收益率目标模型是指将负债成本率加一定的升水来估算股权资本成本的定价方法。股票代表股东对银行的投资，其风险高于债券，股东要求较高的回报率。该模型的假设前提是，银行资本金的市场价值等于账面价值。例如，某银行根据负债成本率确定资本金的预期收益率为 15%，边际税率为 34%，则税前股权收益率为：

$$15\%/（1-34\%）=22.73\%$$

2）优先股资本成本

对于不可赎回、不设偿债基金并支付固定股息的优先股，其红利增长率等于零。因此其边际成本率（K_p）等于股东应得的收益率。

$$K_p=D_p/P_p$$

式中：D_p 为预先规定的红利额；P_p 为优先股的价格。

需要注意的是，在计算股权资本边际成本时，也应当扣除非盈利资产占用的部分，计算用于盈利的股权资本成本。

7.4 存款定价模型

7.4.1 成本加利润定价法

成本加利润定价法是指以银行预测的存款成本为基础，加上单位存款的预计利润作为存款价格。

存款价格的计算公式为：

$$税前加权边际成本 = \sum_{i=1}^{n}\left\{\frac{各项存款}{筹资总额}\times\frac{利息成本和非利息成本}{1-非盈利资产比重}\right\}$$

采用成本加利润定价法要求精确计算每项存款的成本。美国的西蒙森（Simpson）、马克斯（Markes）和埃德米斯特（Ed Mister）研究了一种颇为流行的办法，以银行预测的成本为基础对存款定价。

例 7-5：某银行共筹集资金 4 亿元，其中支票账户存款 1 亿元，定期存款和储蓄存款 2 亿元，货币市场存款 0.5 亿元，股权资本 0.5 亿元。如果支票存款的利息成本和非利息成本占支票存款的 10%，储蓄存款、定期存款和货币市场借款的利息成本和非利息成本为该项资金总额的 11%，股权资本成本为权益资本的 22%。假设非盈利资产所占比重分别为：支票存款 15%、储蓄存款和定期存款为 5%、货币市场存款为 2%，该行加权平均成本为：

（1÷4）×［10%÷（100%-15%）］+（2÷4）×［11%÷（100%-5%）］+（0.5÷4）× ［11%÷（100%-2%）］+（0.5÷4）×（22%÷100%）=12.88%

这说明银行至少要赚取的贷款和投资的税后收益率为 12.88%。这也是盈亏平衡成本，低于这一水平，银行的利息和税费成本就不能补偿；高于这一点，银行可获得额外资本收益。

7.4.2　边际成本定价法

美国经济学家詹姆斯·麦克纳提（James E. Nullity）提出采用边际成本定价法。实际上是计算银行的加权边际成本。边际成本定价法的基本做法分为三步。第一步，摘录资产负债表的有关数据；第二步，计算资金平均成本；第三步，预测资金加权边际成本。下面通过案例来介绍边际成本定价法的运用。

例 7-6：某银行预计不同存款利率下吸收的存款额如表 7-3 所示。银行管理层预测新增贷款的收益率（存款的边际收益率）为 10%，按上述假设，银行存款定价应为多少合适？

表7-3　不同存款利率下吸收的存款额

利率水平/%	可能吸收的存款额/百万元
7.0	25
7.5	50
8.0	75
8.5	100
9.0	125

首先，计算不同利率下的边际成本。

边际成本=总成本变动额=新利率下的筹资额×新利率-原利率下的筹资额×原利率

边际成本率=总成本变动额÷新增资金

按照上述公式，分别计算出不同利率下的边际成本。例如，银行利率从 7.0% 提高到 7.5%，对应的边际成本为：

边际成本=50×7.5%-25×7.0%=3.75-1.75=2（百万元）

边际成本率=2÷25=8%

然后，利用边际成本选择利率。

边际成本与边际收益比较的结果如表 7-4 所示。

表7-4　边际成本与边际收益比较

预计新增存款额/百万元	新增存款利率/%	新增存款利息成本/百万元	新增存款边际成本/百万元	边际成本率/%	新增存款边际收益率/%	边际收益率与边际成本率之差/%	赚取的利润总额/百万元
25	7.0	1.75	1.75	7.0	10.0	+3	0.75
50	7.5	3.75	2.00	8.0	10.0	+2	1.25
75	8.0	6.00	2.25	9.0	10.0	+1	1.50
100	8.5	8.50	2.50	10.0	10.0	0	1.50
125	9.0	11.25	2.75	11.0	10.0	-1	1.25

由表 7-4 可知，在银行利率从 7% 提高到 8.5% 时，收益不断上升。存款额从 2 500 万元增加到 1 亿元，利润从 75 万元增加到 150 万元，达到了顶峰。超过这个临界点，利率上升到 9%，虽然存款额增长到 1.25 亿元，但是利润反而从 150 万元减到 125 万元。因为在利率上升为 9% 时，边际成本率为 11%，比边际收益率高 1%。可见在银行投资收益率给定的情况下，8%～8.5% 的存款利率是银行的最佳选择。

此案例是在银行存款边际收益一定时，通过对边际成本的计算及其与边际收益的比较，为银行选择最佳存款利率、控制存款规模提供依据。

7.4.3 市场渗透存款定价法

市场渗透存款定价法是指短期内通过大大高于市场水平的高利率，或者低于市场标准的低收费来吸引更多客户的定价方法。这是希望占领最大市场份额的银行所采取的策略。

表 7-5 提供了美国家庭和企业选择存款开户行时考虑的因素。

表7-5　美国家庭和企业选择存款开户行时考虑的因素

选择支票开户行时 家庭考虑的因素	选择储蓄开户行时 家庭考虑的因素	选择提供存款和其他 服务时企业考虑的因素
方便的位置	知名度	银行的财务状况
能够提供其他服务	支付利息的高低	银行未来资金来源是否可靠
安全	结算的方便程度	银行职员的素质
低廉的费用和最小的余额	地理位置	贷款定价是否有竞争力
高存款利率	工资户结算服务	所提供的财务建议的质量
	收取的费用	是否提供现金管理和其他服务

7.4.4 有条件定价法

有条件定价法（存款费用安排定价法）是指根据客户存款余额和对存款的运用情况确定存款价格。自从 20 世纪 70 年代美国商业银行出现付息交易账户以来，这种定价方法被更多的银行所采用。如果客户存款余额保持在银行规定的限额以上，客户只支付很低的费用或者不付费。一旦存款余额下降到最低水平以下，就要支付较高的费用。

表 7-6 是 A、B 两银行支票账户和储蓄账户收费情况。

表7-6　A、B两银行支票账户和储蓄账户收费表

单位：美元

A银行		B银行	
项目	金额	项目	金额
一、支票账户		一、支票账户	
1.开户最低余额	100	1.开户最低余额	100
2.每日最低余额		2.每日最低余额	

续表

A银行		B银行	
项目	金额	项目	金额
≥600	不收费	≥500	不收费
300≤每日最低余额<600	每月5	<500	每月3~5
<300	每月10	3.每月开支票或使用自动取款机（借机）超过十次，余额少于500	每次借记收费0.15
3.月平均余额达到1 500	不收费、开支票无限制		
二、储蓄账户		二、储蓄账户	
1.开户最低余额	100	1.开户最低余额	100
2.余额		2.余额	
<200	每月3	<100	每月2
≥200	不收费	≥100	不收费
3.每月取款超过两次	2	3.每月取款超过三次	2

　　分析可知，A银行对高余额、低进出的支票存款很优惠，B银行则对小额支票更优惠。例如，A银行在客户每日余额降到600美元以下时就要收费，B银行要等到降到500美元以下才收费；A银行对低余额支票的收费高于B银行，A银行每月收5～10美元，B银行只收3～5美元。此外，A银行对日常账户使用不加以限制，B银行则规定了开出支票和使用自动取款机的次数。

　　同样，对储蓄存款的收费不同也体现了两银行的差别。这些差别反映的是两家银行管理者的不同经营理念，也反映了他们对不同类型客户的需求。A银行地处居民小区和写字楼林立地区，客户主要是高收入的个人和企业，其账户内通常保持较高的余额，而且频繁使用支票。A银行的服务定价也向这些客户倾斜。B银行地处一所大型综合大学附近，客户大多是存款余额较低的学生，为控制支票业务的成本，B银行对每张支票业务的收费高于A银行。由此可见，银行的服务定价首先是针对客户类型，确定服务收费定价，满足客户需要，同时也要考虑控制和降低成本。

7.4.5　等级目标定价法

　　等级目标定价法是指银行向事业有成的专业人员、业主和经理及高收入家庭提供服务，收取较高费用，而对于低余额、高进出的客户按不亏不盈原则定价的方法。

7.4.6　关系定价法

　　关系定价法是指银行根据客户享受服务的数量进行存款定价的方法。关系定价法的特点是吸引关系密切的最佳客户。银行的一般做法是，对购买两项以上服务的客户只收取较低的费用，甚至免去一些收费。

　　存款定价方法的不断创新，特别是有条件定价法和等级目标定价法的实施，使地区存款市场形成了银行之间激烈竞争和知识渊博、信息灵通、价格敏感的骨干客户挑选最优条款银行的局面。

7.5　非存款负债的管理

1. 确定借入资金需要量

非存款借入资金的需求量等于预计未来借贷资金需求量与预计存款量的缺口。其中预计未来借贷资金需求量包括各类贷款和购买债券的资金总需求量。对未来贷款与投资量的合理预计应当建立在广泛收集信息和与客户密切联系的基础上。银行对存款量的预测要考虑到未来的经济形势、利率走势及大额客户的现金流量。

$$资金缺口=当前和预计未来的贷款与投资需求量-当前和未来预计存款量$$

例7-7：本周内某一客户有1.5亿元的贷款需求，经审查达到银行贷款的质量要求。另一家公司预计使用1.35亿元信贷限额，同时银行日前购买财政部发行的0.75亿元债券要付款。银行当日存款余额1.85亿元，预计一周内还会增加1亿元存款，银行未来一周内资金缺口为：

$$（1.5+0.75+1.35）-（1.85+1）=0.75（亿元）$$

银行应对计算的资金缺口留有充分余地，以备贷款的不时之需或存款突然下降。

2. 比较各种借入资金的相对成本

$$借入资金的实际成本=\frac{借入资金的利息成本+借入资金的非利息成本}{用于投资的资金}$$

其中，

$$借入资金的利息成本=借入资金×实际利率$$
$$借入资金的非利息成本=借入资金×包括时间、设备和交易成本在内的估计成本率$$
$$用于投资的资金=全部借入资金-用于非盈利资产的资金$$

例7-8：银行在同业拆借市场借入资金2 500万元用于发放贷款，利率为6%，预计人员成本、交易费用的边际成本率为0.25%，假设由于紧急的现金支付需要，用于贷款的资金只有2 400万元。计算同业拆借的实际成本。

$$借入资金的利息成本=2 500×6%=150（万元）$$
$$借入资金的非利息成本=2 500×0.25%=6.3（万元）$$
$$同业拆借资金的实际利率=（150+6.3）÷2 400=6.51%$$

这就是说，银行同业拆借资金投资的盈亏平衡收益率是6.51%，只有投资收益率高于6.51%，银行借入资金才有利可图。

3. 估计筹资风险

银行管理者在选择非存款借入资金渠道时，还要考虑两种风险。一是利率风险。一般而言，除了中央银行再贴现率相对稳定外，其他利率都由市场资金供求决定，利率波动较大。二是贷款可得性风险。在信贷资金紧缺时，市场资金供给减少，借款者增加，贷款者不可能满足所有借款人的要求，他们会将资金贷放给信用最好的借款者，信用较差的银行可能无法借到资金或只能支付较高的利率才能获得借款。

4. 所需资金时间长短

同业拆借市场和回购协议借款期限较短，发行大额存单和商业票据借款期限要长些。一般情况下，银行出现紧急的现金兑付或清算头寸不足时，可通过同业拆借、回购协议和中央银行再贴现借入资金，如果为增加贷款融资可选择后两种方式。

5. 所需资金规模

货币市场上资金交易频繁且数额巨大。在商业票据市场上只有信誉高的大公司才能获得发行权。大额可转让存单的购买者往往更重视发行者的信誉。因此对于小银行来说，更多采用的借入资金渠道是向中央银行再贴现和从同业拆借市场借款。

6. 法律法规的要求

各国中央银行都借助于货币市场实施货币政策，对宏观经济加以调节。因此中央银行对货币市场上的借款方式的条件、借款数量、期限、资金的使用，甚至利率的浮动幅度都有规定（发展中国家居多），在通货膨胀时，往往还规定准备金比率。

重要概念

资金成本　可用资金成本　成本加利润定价法　边际成本定价法　市场渗透存款定价法
等级目标等价法　关系定价法

思考题

1. 银行确定负债规模应考虑哪些因素？
2. 影响银行存款的因素有哪些？
3. 简述银行成本的内容。
4. 存款定价有几种方法？各有何特点？
5. 家庭选择支票存款和储蓄存款时要考虑哪些因素？对银行存款定价有哪些影响？
6. 非存款借入资金有哪些渠道？
7. 运用存款营销技术，选择一家商业银行，针对这家银行存款营销存在的问题，为其制定营销策略。
8. 凯尔林银行最近的存款构成如表7-7所示。分析：

① 凯尔林银行的存款结构发生了什么变化？

② 这些变化对银行利润有什么影响？

表7-7　凯尔林银行最近的存款构成

单位：百万美元

存款类型	当年	1年前	2年前	3年前
活期支票账户	235	294	337	378
计息交易账户	329	358	329	287
存折储蓄存款	501	596	646	709
货币市场存款	863	812	749	725
退休金账户	650	603	542	498
小额定期存单	327	298	261	244
大额定期存单	606	587	522	495

计算题

1. 某银行计划筹集资金 4.5 亿元，增加新贷款 4 亿元。预计吸收两部分存款，以 8.75% 的平均利率吸收 3.25 亿元的定期存款，非利息费用会增加 0.45%；另外吸收不付息的支票存款 1.25 亿元，非利息成本为总金额的 7.25%。该行计划的集合融资成本是多少？对盈利资产要求多高的收益率？

备选情况：

① 如果所有利息和非利息成本增加 50%，那么该银行的边际成本和盈利资产收益率应如何变化？

② 如果所有利息和非利息成本降低 20%，对该银行的边际成本和盈利资产收益率有何影响？

2. 某银行计划吸收 1 亿元到 6 亿元存款，并将其用于投资，预计投资收益率为 8.75%。管理者认为，以 5.75% 的利率可吸收 1 亿元存款，6.25% 的利率可吸收 2 亿元存款，6.8% 的利率可吸收 3 亿元存款，7.4% 的利率可吸收 4 亿元存款，8.2% 的利率可吸收 5 亿元存款，9% 的利率可吸收 6 亿元存款。为使新存款的边际成本不超过边际收益，银行需要吸收多少存款？

3. 某商业银行预期下个月存款流入 3.3 亿元，流出 2.75 亿元，预测新的贷款需求 6.21 亿元，拥有信贷额度的客户将使用信贷额度 2.66 亿元。银行计划出售价值 4.8 亿元的债券，同时购入 1.55 亿元的新债券。请计算该银行的资金缺口。

第8章

商业银行资产业务运营与管理

学习目标

通过本章学习读者应当掌握：

- 商业银行现金资产的构成及其功能
- 我国商业银行匡算现金头寸的方法
- 法定准备金管理与银行现金资产的关系
- 商业银行贷款的种类
- 分析企业偿债能力的主要比率
- 贷款的一般程序
- 贷款价格的主要内容及其定价方法
- 商业银行证券投资的主要方法

资产业务是商业银行的资金运用，商业银行资产包括现金资产、贷款、证券投资。现金资产属于非盈利性资产，也是流动性最强的资产，匡算好现金头寸是商业银行现金资产管理的核心内容。贷款是商业银行的主要盈利资产，其特点是风险大、收益高。不同的贷款种类具有不同的操作要求，学习贷款一般程序和操作要求的目的在于控制贷款风险。我国利率市场化对商业银行贷款定价提出了挑战。证券投资分为两部分，一部分是作为商业银行二级准备的短期证券资产，另一部分是以获取收益为目的的资产。商业银行的证券投资业务领域因监管当局的管制不同而有所差别。

8.1 现金资产的构成与管理

1. 现金资产的内容

现金资产是银行的准备金资产，也是流动性最强的资产。包括库存现金、存放在中央银行的存款准备金、存放同业的资金和托收未达款。

1）库存现金

库存现金即现钞和硬币，是银行为应付日常业务收付需要而经常保留的支付准备金。包括客户提现、自动取款机取款和银行日常开支所需要的现款。

支票和信用卡广泛流通，企业和个人的大部分货币支付都采用转账结算方式进行，因此银行保留的库存现金较少。

2）存放在中央银行的存款准备金

存放在中央银行的存款准备金即商业银行根据中央银行存款准备金率的要求缴存到中央银行的一部分存款。其作用有两个：一是为了控制商业银行的贷款规模，保证客户存款的安全；二是中央银行可通过调整准备金率来调节宏观经济。

3）存放同业的资金

存放同业的资金是商业银行在同业的存款，包括两部分，一部分是存放在中央银行的支付准备金，主要用于支付日常票据清算差额。支付准备金与法定准备金存于在中央银行开立的同一存款账户中，扣除应缴存的法定准备金后，便是商业银行可以动用的支付准备金。另一部分是存放在国内外银行的短期资金，主要是为了满足清算的需要。

4）托收未达款

托收未达款是商业银行对中央银行或同业签发的汇票，资金尚未收托而形成的浮存。商业银行广泛使用电子支付转账系统，银行浮存大大减少。

现金资产是商业银行的备用金，又称一级准备，是非盈利性资产，银行应当尽可能将现金账户的规模降至最低。

2. 现金资产管理的原则

1）存量适度原则

存量适度原则是指在一定时期内银行必须将现金资产保持在一个适度规模上。这里的适度规模是指银行以最低的机会成本满足经营活动对流动性的需求所需要的现金资产的规模。因为现金资产是银行的非盈利性资产，如果存量过大，势必造成银行资产的浪费，加大机会成本，降低资产收益率；如果存量过小，又会加大银行的流动性风险，影响银行信誉甚至危及银行安全。只有坚持存量适度原则，才符合银行经营方针的要求。

2）适时调剂流量的原则

适时调剂流量的原则是指银行必须根据业务活动中资金流量的变化，及时调节现金资产的规模。在银行业务经营活动中，资金的流入、流出总是不间断地进行。在一定时期内，若资金流入大于资金流出，会增加现金资产存量；反之，资金流出大于资金流入，又会减少现金资产存量。现金资产管理必须根据银行资金的变化及时调整现金资产存量。当资金流入量大于流出量时，就要通过增加贷款或投资资产的数量，减少现金资产存量；反之，当资金流出量大于资金流入量导致现金资产存量减少时，银行就要通过增加存款、借入款或将资产变现，来保证业务经营活动对现金资产的需要。

3）安全防范原则

安全防范原则是指银行防止库存现金被盗、被抢，或清点、包装的差错及自然灾害等原因造成的风险。银行的现金资产以多种形态存在，除库存现金以外，其他形态的现金资产都是通过银行账户的资金转移完成收付的，只是库存的现钞、硬币以实物形态存在，不可避免地会发生危险。因此，银行对库存现金要严加管理，健全安全防范制度，严格业务操作规程，保证库存现金的安全。

3. 我国现金头寸的匡算方法

我国国有商业银行当日匡算现金头寸一般在两个时间进行。

1）在当天营业开始或营业中间轧头寸

这个时间的匡算具有预测性质。匡算公式为：

当天可动用的现金头寸=昨天在中央银行的备付金存款±预计当天的存款增减额+
预计当天收回的贷款本息±预计当天的联行汇差-
当天必须存在中央银行的存款准备金-当天到期的借款本息

2）在当天业务终了轧头寸

这个时间的匡算用以平衡联行汇差和保持在中央银行的存款。

4. 法定准备金管理

法定准备金管理又称现金头寸管理，是商业银行流动性管理的重要内容。流动性管理首先要满足中央银行存款准备金制度的要求。商业银行扣除在中央银行活期存款中的法定准备金后的超额准备金，才是可动用的现金头寸，只有正确计算应缴存的存款准备金数额，才能准确地匡算出可用资金数量，平衡流动性供求。

当今世界各国中央银行都实行存款准备金制度，虽具体内容不同，但是各国都规定了可作为法定准备金的范围、计提法定准备金负债的范围、法定准备金率和法定存款准备金的计算方法。

美国联邦储备体系规定，可作为国内存款准备金的资产包括两类：银行的库存现金和在当地联邦储备银行或联邦授权的存款银行的存款。计提准备金的基础负债包括三类：纯交易账户（活期存款账户、可转让支付命令存款账户、自动转账服务账户和需要预先授权转账的其他账户）、非个人定期存款账户（主要是短期商业可转让大额存单）和欧洲货币市场负债账户（指从外国银行及分支机构借入的美元债务）。应缴存的存款准备金按照基层账户中扣除在途资金和存放在国内其他机构的存款后的余额即基础负债净额计算，目的是避免对存款余额的重复计算。法定存款准备金的计算方法，1982 年以前，美国联邦储备银行实行滞后准备金计算法。按照这种方法，银行要根据两周前的基础负债余额持有准备金。该方法虽然可以减少上缴准备金数额的不确定性，但是不能有效发挥联邦储备银行货币政策工具的作用，使得联邦储备银行的公开市场业务只能改变商业银行系统的准备金总量，不能影响其应缴存的准备金数额，造成美联储控制货币供给的困难。为了纠正这种偏向，从 1984 年 2 月开始实行同步准备金计算法。美国法律规定交易账户和非交易账户法定准备金的持有期相同，计算期不同。即根据规定的计算期基础负债的平均余额，计算应缴准备金数额，在持有期按此数额保持存款准备金。按照规定，法定准备金的计算期和持有期共涉及 7 周的时间。

我国存款准备金制度与发达国家不同，区别主要有三点：一是对定活期存款规定统一的存款准备金比率；二是中央银行对商业银行在中央银行的法定存款准备金支付利息；三是只计算在中央银行的存款，不包括库存现金。

按照金融监管当局的规定，外资银行、中外合资银行、农村信用合作社、城市信用合作社和区域性、地方性银行都要缴存存款准备金，一般性存款和外币存款均须缴存存款准备金。现行会计制度规定，人民币存款准备金应缴存余额县支行或城市区办事处每旬调整一次，于旬后 5 日内办理；县支行以下机构通过县支行汇总转缴，应缴存余额每月调整一次，每月后 8 日内办理。外币存款准备金应缴存余额每季调整一次，于每季后 20 日内办理；对于调减的准备金余额，人民银行在 10 日内退还。

5. 存款准备金缴存案例

商业银行缴存存款准备金时，应按规定填写"缴存（调整）存款余额表"并计算本次应缴存存款准备金的数额，填写"缴存（调整）一般存款划拨凭证"。下面以缴存人民币存款准备金为例予以说明。

1）首次缴存

例 8-1：某商业银行分支机构为每月缴存存款准备金的机构，于 2013 年 9 月初成立，至 9 月末该银行一般性存款余额为 5 600 000 元。9 月末该银行第一次办理缴存手续。2013 年 9 月存款准备金比率为 17%。该银行应缴一般性存款 952 000 元（5 600 000×17%）。根据计算结果分别编制缴存存款划拨凭证，进行转账并报上级行处。

2）调整缴存

$$本次应调整数＝本次应缴存数-已缴存数$$

正数为应调增数，负数为应调减数。

例 8-2：承例 8-1，该商业银行至 2013 年 10 月末，一般性存款余额为 7 500 000 元。

应调整一般性存款：本次应缴存数 － 已缴存数 ＝ 7 500 000×17%-952 000 ＝ 1 275 000-952 000 ＝ 323 000（元），一般性存款缴存金额本期应调增 323 000 元。

6. 欠缴存款准备金的管理

商业银行缴存的存款准备金要通过该行在人民银行开立的账户完成清算，当商业银行调整应缴存款时，若人民银行存款账户不足支付，对本次能实缴的部分，除按上述缴款的手续办理外，还应在"缴存存款准备金划拨凭证"中说明"本次应缴金额"和"欠缴金额"。按规定对实缴部分的处理与正常缴存相同。银行对欠缴金额应在相关表外科目进行管理。待商业银行有款补缴时，由人民银行按日计收欠缴款的罚息，连同欠缴存款一并扣收。

此外，商业银行吸收的中央政府预算收入、地方财政性存款、部队存款和代理发行国债形成的存款，是商业银行代人民银行办理的存款，应全部缴存人民银行。

8.2　贷款的运作与管理

8.2.1　贷款的种类

1. 按贷款期限分类

1）活期贷款

活期贷款即通知贷款。它是指贷款时不定期限，银行可以随时通知收回的贷款。在收回时银行须提前通知客户，提前通知期限一般为 3 天、5 天或 7 天。这种贷款期限短、流动性高、灵活性大。银行资金宽裕时，可任客户使用，银行获取利息收入；当银行资金紧缺时，又可随时收回贷款。

2）定期贷款

定期贷款是指有固定偿还期限的贷款。定期贷款有明确的偿还期，一般银行不能提前收回。这种贷款又可分为短期贷款、中期贷款和长期贷款三种。短期贷款是指期限在 1 年以内（含 1 年）的贷款。中期贷款是指期限在 1 年以上（不含 1 年）、5 年以内（含 5 年）的贷款。长期贷款是指期限在 5 年以上（不含 5 年）的贷款。中长期贷款虽然利息率高，但由于资金被长期占用，故风险大、流动性差。

3）透支贷款

透支贷款是银行与客户签订透支合同，允许客户在合同规定的期限和额度内，超过其活期存款账户余额进行支付并随时偿还的贷款。贷款客户是在银行核定的限额内循环使用贷款，且每次使用的期限和数额不确定，会出现在银根紧时客户透支多、银根松时客户偿还多的情况，因此容易造成银行头寸的波动，加大银行头寸控制的难度。

2. 按贷款保障程度划分

1）信用贷款

信用贷款是指银行只凭借款人的信誉而无须提供抵押品或担保人而发放的贷款。由于信用贷款风险较大，银行不仅要收取较高的利息作为风险的补偿，而且要对借款人进行严格的信用评估，贷款条件、贷后的监督管理更加严格。这种贷款只贷放给信用等级高、预期收益大的"黄金客户"，如知名企业、跨国公司等。

2）担保贷款

担保贷款是指以借款人的财产或者第三者的信用作为还款担保的贷款。担保贷款可为分保证贷款、抵押贷款和质押贷款。

（1）保证贷款。

保证贷款是指以第三者作为保证人，承诺在借款人不能偿还贷款时，由其承担连带清偿责任的贷款。这种贷款由于有双重信用保险，所以风险较小。但为了避免担保人的空头担保，银行在办理保证贷款时须认真审核承保人的承保资格和实力。

案例

一笔担保贷款的纠纷

2002 年 1 月 17 日，红河公司与某市商业银行和平支行签订借款合同，和平支行向红河公司贷款 280 万元，贷款期限为一年，即自 2002 年 2 月 13 日始至 2003 年 2 月 12 日止。此贷款由红河公司的控股股东天元集团提供第三方保证担保。天元集团在和平支行预先拟好的保证合同中签上："同意担保至 2003 年 2 月 12 日。"天元集团与和平支行的法定代表人均在保证合同上签字，并加盖了公章。双方当事人没有在保证合同中对保证方式做出约定。贷款到期后，红河公司因经营不善无力偿还借款。2003 年 2 月 15 日，和平支行要求天元集团履行保证责任，代红河公司偿还贷款。天元集团却称：双方签订的保证合同中确定的保证期限是 2003 年 2 月 12 日，现已超过合同期限，本公司不再负担保责任。由此天元公司与和平支行因贷款担保期限引起纠纷。日后红河公司、天元集团、和平支行三方经多次协商未见成果。2003 年 2 月 22 日，和平支行以天元集团为被告诉之法院，要求其清偿红河公司所欠的贷款本息。

讨论题：

1. 天元集团认为保证期限是事先与贷款银行双方约定的，既然已经超过担保期限，天元集团就不应该再承担保责任。

2. 和平支行虽然承认自己在签订保证合同过程中有过失，对保证期限的约定有误，但是，为使国家财产不受损失，必须依法要求天元集团承担连带责任，代红河公司清偿所欠银行贷款本息。

（2）抵押贷款。

抵押贷款指按规定的抵押方式以借款人或第三人的财产作为抵押物发放的贷款。如果借款人违约到期不能清偿贷款，银行有权处理抵押物，并享有优先受偿权。抵押贷款主要包括：不动产抵押贷款、存货抵押贷款、证券抵押贷款、设备抵押贷款和客账贷款。

① 抵押物的规定。

抵押物是指借款人提供的经贷款人认可的可用作贷款担保的财产。抵押物必须是法律允许设定抵押权的财产，否则，银行将无法处分抵押物。根据国内外抵押贷款实践，允许设定抵押权的财产包括以下几种。

固定财产。固定财产由动产和不动产两类构成。不动产是抵押贷款中常见的抵押物，主要包括：（a）房产。房产是指各种生产和非生产用房。（b）地产。各国法律对土地所有权的归属有不同的规定。我国法律规定，土地所有权归国家所有，任何单位和个人都不得买卖，但土地的使用权是可以有偿转让的。土地使用权的转让包括出售、赠与和抵押，在土地使用权抵押时，其地上建筑物的所有权随之转移。动产是指各种可移动作业的机器设备，包括交通运输工具、机器设备、产成品和原材料等。

流动资产。流动资产是指工业企业的劳动对象和商业企业的商品，包括企业的原材料、半成品、产成品、商品及表示商品所有权的凭证。因流动资产种类繁多，确定抵押权的流动资产必须具有通用性，易于销售和易于保管。

无形资产。无形资产是指可以给企业或个人带来经济收益的各种权益。常见的有商标权、专利权、著作权等。

有价证券。有价证券是以设定权利为目的所作成的凭证，包括国库券、金融债券、公司（企业）债券、上市股票、存款单、本票、商业票据等。

私有财产。私有财产是私营企业、个体企业和个人向银行贷款时设定抵押权的财产，主要包括企业的生产资料和生活资料。

不可用作贷款担保的有：法律禁止买卖转让的国有土地所有权、自然资源、文物、军火及麻醉制品等；使用中的福利设施，如职工宿舍、食堂、医院、学校等；海关监管期内的监管物资；所有权或经营权有争议或未履行法定登记手续的财产；依法被查封、扣押或采取诉讼保全措施的财产；已全价抵押的财产；租用、代保管、代销财产；国家法律、法规禁止设定抵押权的其他财产和权利。

② 抵押率。

抵押率是指抵押贷款本息之和与抵押物估价之间的比率。抵押率的作用就是确定抵押人需要提供多少抵押物来担保贷款的归还。其计算公式为：

$$抵押率 = \frac{贷款本息和}{抵押物估价} \times 100\%$$

抵押率的高低主要取决于借款人的资信程度、抵押物种类、抵押物估价的准确程度、贷款期限等因素。依据前述的抵押权设定范围规定的抵押物，其抵押率的高低顺序一般是：有价证券（不含股票）、房地产、流动资产、其他固定资产和无形资产。其中国库券的抵押率最高，达90%左右。

③ 抵押贷款限额的测算。

抵押贷款限额是指贷款的最高额度，它是依据抵押物的估计值与抵押率测算出来的。其公式为：

$$贷款限额=抵押物的估计值×抵押率$$

（3）质押贷款。

质押贷款指按规定的质押方式以借款人或第三人的动产或权利作为质物发放的贷款。两者的主要区别在于，抵押贷款是不转移债务人或第三人提供的财产的占有现状，仅以此作为担保物的贷款形式。

3）票据贴现

票据贴现是一种特殊的贷款形式。它是指银行应客户的要求，以现金或活期存款买进客户持有的未到期商业票据的形式发放的贷款。票据贴现从形式上是一种票据买卖，但实际上是票据融资形式的银行放款，反映了银行与票据承兑人之间的债权债务关系。由于票据贴现期限短、利息事先扣收、贴现票据的支付保证性大、贷款风险小的特点，因此是商业银行最广泛、数量最大的资产运用方式。

（1）票据贴现的程序。

第一，审查贴现票据。持票人持未到期的票据向银行申请贴现，银行要对票据的合法性、真实性及票据的关系人进行全面审查，以决定是否承做这笔业务。为保证贴现资产的安全，银行贴现的票据应当是信誉优良的银行承兑汇票和大公司承兑的商业承兑汇票。

第二，审查票据票式和要件。各国票据法都规定了票据的票式和要件。银行首先要审查票据是否真实，是否符合法定的要式，对于不具备法定要式的票据，应拒绝贴现。特别要谨防伪票、假票。

第三，审查票据的承兑人。票据的承兑人是票据的首席债务人，是贴现贷款的债务人，票据承兑人的信誉直接影响到债权的收回。因此，贴现银行应详细了解承兑人的信用和还款能力，如果是国库券和大银行承兑的汇票一般比较安全，其他票据则应慎重承办。

第四，审查票据的背书人。背书人就是转让票据的人。票据的背书人均为票据的债务人，当票据的承兑人因破产而不能履行票据责任时，贴现银行依法可向背书人追索票款，因此，还要对背书人的信用和还款能力进行审查，以确保贴现票据的安全。一般而言，票据的背书人越多，票据的信誉越高，偿还保证越大。

审查以后要写出审查报告，提交银行领导审批。经审批后交会计部门，将贴款转入贴现申请人的账户。当票款到期时，贴现银行将汇票转承兑银行或承兑人收取票款。

（2）确定贴现额度。

票据贴现贷款的额度是按承兑汇票的票面金额扣除自贴现日到票据到期日的贴现利息后的实付金额。其计算公式为：

$$贴现利息=票面金额×贴现期限×贴现利率$$
$$贴现付款额=票面金额-贴现利息$$

例 8-3：某企业持有一张面额为 500 万元、4 个月后到期的银行承兑汇票，因资金周转困难，向其开户银行申请办理贴现。银行经审查后，同意给予贴现，贴现率 6%。计算贴现利息及贴现付款额。

$$贴现利息=500×4×（6%÷12）=10（万元）$$
$$贴现付款额=500-10=490（万元）$$

3. 按贷款对象分类

按贷款对象划分，为银行分析贷款的分布、分析贷款流动性提供了依据。

1）工商业贷款

工商业贷款是指银行发放给工商企业，用于生产、流通、科研开发、设备更新等的贷款。其中商业贷款是指贷放给工商业短期的流动资金贷款，解决企业生产经营过程中短期的资金需要，贷款期限短、风险小，可分为多种类型，在商业银行贷款总额中占有最大的比重。工业贷款是贷放给工业且用于科研开发、设备更新等的中长期贷款，贷款期限长、流动性差、风险较大。

2）农业贷款

农业贷款是银行发放给农、林、牧、副、渔和农村工、商、交通等部门的贷款。农业贷款具有对象多、范围广、周期长、风险大、管理复杂的特点。中外商业银行对农业贷款均提供优惠政策，以支持农业的发展。

3）消费者贷款

消费者贷款又称消费信贷，是指商业银行以消费者个人为贷款对象，用以购买生活消费品而发放的贷款。这种贷款主要用于居民个人购买住房、汽车等高档耐用消费品，或用于教育、旅游、医药医疗等费用的支付。

4. 按贷款风险分类

按贷款风险大小不同，贷款分为正常贷款、关注贷款、次级贷款、可疑贷款和损失贷款五类。我国从 2002 年起全面施行贷款质量五级分类管理，如表 8-1 所示。

表8-1　我国贷款风险分类法及定义

贷款风险类型	定　义
正常	借款人能够履行借贷合同，生产经营正常，对现金流量和未来收益有充分把握，能及时足额偿还贷款本金。这种贷款的借款人财务状况、信用状况良好，无任何证据和理由能证明借款人偿还贷款出现了问题
关注	贷款的本息偿还仍然正常，但是发生了一些可能会影响贷款偿还的不利因素，如果这些因素继续下去，则有可能会影响贷款的偿还。顾名思义，对这类贷款要给予关注，或对其进行监控。一般来讲，这类贷款的损失概率不超过5%。逾期90天至180天的贷款应划入这类贷款
次级	借款人依靠其正常经营收入已经无法偿还贷款本息，而不得不通过重新融资或"拆东墙补西墙"的办法来归还贷款。贷款本息损失概率在30%至50%之间。从期限上考察逾期181天至360天的贷款应划入次级贷款
可疑	具备了次级贷款的所有症状，但程度更加严重。如果是有抵押担保的贷款，即使履行抵押权处分抵押品，贷款本息也注定要发生损失。但是由于该贷款正在重组等原因，对损失的程度尚难以确定，故为可疑。一般来讲，这类贷款的损失概率在50%至75%。从期限上考察，逾期360天至720天的贷款应划为可疑贷款
损失	采取所有可能的措施和一切必要的法律程序之后，本息仍然无法收回，或只能收回极少部分，但其价值已微乎其微。从银行的角度看，已没有意义将其作为银行的资产在账面上保留。这类贷款的损失概率在95%至100%。如果逾期在720天以上要被划分为损失贷款。这类贷款在履行必要的内部程序以后，应在呆账准备金核销

5. 几种特殊的贷款

1）银团贷款

银团贷款亦称辛迪加贷款，又称联合贷款或联合服务项目，是指由一家银行牵头或一组金融机构联合起来组成一个结构严谨的银团，向一个特定的借款人或项目融通资金的贷款方式。银团贷款是国际信贷市场上重要的融资方式。银团贷款的参加者包括参加银行和代理银行。

银团贷款的程序如下。

第一步，招标与投标。借款人或项目公司为获取数额巨大的银团贷款，通常采取招标方式。借款人或项目声誉越高，其投标人数越多。借款人根据各银行提供的投标条件，如报价、融资机构、免税优势等，来确定牵头银行；在竞标过程中大银行往往以优势投标成功，成为牵头银行。

第二步，授权。借款人将主持安排银团融资的权利授予牵头银行，银团贷款正式启动。

第三步，准备信息备忘录。信息备忘录是牵头银行代表借款人在银团联合过程中准备的文件。包含联合融资的详细信息、融资的要求和条件及借款人的背景资料，牵头银行要将其送发给被邀请银行。

第四步，发起联合。被邀请银行收到备忘录后，要在规定时间内决定是否参加银团。参加者经相互沟通信息和商谈银团贷款条件后，组成银团。

第五步，起草贷款协议、文件。

第六步，签订协议。国际银团贷款一般组织贷款协议签字仪式，贷款协议一经签订必须按照协议规定的方式和时间发放。代理银行必须按照协议履行其监督、管理贷款的职责。

2）BOT

BOT（build operate transfer）是指政府同私营企业（项目公司）签订合同，由项目公司筹资设计并承建一个具体项目，并在双方协定的时期内，由该项目公司经营、偿还债务并回收投资，获得收益。当协议合同期满后，将项目的产权无偿转让给政府的一种市场化运作方式。

BOT 的运作程序如下。

第一步，基本当事人提出项目。BOT 的基本当事人有东道国政府的主管部门、项目公司和国际顾问咨询公司等。当地政府部门提出项目、总体实施、对项目监督，期满后收回特许权；项目公司通常由国际承包集团公司充当，负责项目的设计、施工、筹资和特许权期限内的经营管理；国际顾问咨询公司对项目提供决策和法律顾问及工程监理等。

第二步，签订协议。BOT 方式下项目的实施是通过国际招标进行的，政府部门对各承包商（项目公司）的资格进行严格审定后，开展招标。

第三步，执行协议。在双方签订协议后，项目公司开始进行投资前的准备，包括项目设计、与各方面谈判、获取所有法律文件并取得贷款承诺。在基础工作完成后，进入项目施工阶段。施工监理一般由东道国政府委托监理机构对国际顾问咨询公司和项目公司进行双项监理、监察，以确保项目保质保量竣工。

第四步，项目经营。在项目竣工投产后，项目公司履行对项目的经营权。经营权的运用可采取委托经营、联合经营、合资经营和独资经营等方式。

第五步，项目转让。在经营特许权期满后，项目公司将项目的所有权按合同规定转让给政府。

3）TOT

TOT（transfer operate transfer）是项目融资的一种形式。指政府对其建成的基础设施，在资产评估的基础上，通过公开招标的方式向国内外投资者出让资产的特许经营权。与 BOT 相比可以规避建设期外汇的风险，高效运用政府资金。

4）保理

保理是指银行购买企业的应收账款，是为国内贸易中的信用销售（赊销）设计的一项综合性金融服务。做法：借款人将其与买方订立销售合同所产生的应收账款转让给银行，由银行为其提供贸易融资。

$$购买价格=（应收账款金额-销售折扣和手续费）×比率（80\%\sim90\%）$$

剩余部分留存在银行，以备抵冲退货等。银行按月计算手续费。保理业务的优势明显，对于卖方：① 改善财务结构。将未到期的应收账款立即转换为现金。② 节约管理成本。买方资信调查、账务管理和账款追收等由受让银行负责。对于买方：利用优惠的远期付款条件，加速资金周转，创造更大效益。对于银行：节省开立银行承兑汇票、信用证等的费用。

8.2.2　贷款的程序

1. 贷款申请

凡符合借款条件的借款人向银行申请贷款时必须填写借款申请书。借款申请书的主要内容包括借款人名称、性质、经营范围、借款种类、期限、金额、方式、用途、用款计划、还款计划、借款原因等。同时，向银行提供以下文件：① 董事会借款决议或有相等效力的借款授权文件；② 借款人的营业执照、公司章程、财务状况；③ 固定资产项目（不动产）立项文件及可行性研究报告；④ 抵押品清单及所有权证书；⑤ 有关还款保证文件；⑥ 银行需要的其他文件和证明。

2. 贷款调查

银行接到借款人的申请书及有关文件后，应派人到借款企业进行调查，调查的内容主要有三个方面：一是关于借款申请书内容的调查，要调查借款申请书内容的真实性；二是关于项目可行性的调查，要从贷款项目在经济、财务、技术方面是否符合国家产业政策，投资效益和技术性能等方面，评估贷款项目的可行性；三是关于抵押的调查，要对抵押物进行估价、对抵押权的设定进行评估。

3. 项目评估

项目评估是银行对借款企业提出的固定资产项目在可行性研究基础上，所进行的全面的经济技术论证，以做出贷与不贷、贷多贷少的决策过程。贷款项目评估主要内容包括：第一，项目建设必要性评估。项目建设是否必要，是制约项目投资经济效益的决定性因素，也是决定项目取舍的前提条件。对项目必要性进行评估应审查项目是否符合国家产业政策和行业规划，重点了解新增固定资产项目、生产规模和产品结构，以及审查总投资结算是否准确。第二，项目建设条件评估。重点审查项目所在地自然条件、设计单位技术力量、建设用地、设备供应、施工力量、资金条件。第三，对产品市场进行预测。对投产产品的寿命周期、市场供求进行预测和分析。第四，对工艺技术进行评估。对生产工艺技术的先进性、科学性、安全性和经济性进行论证。第五，对经济效益进行评估。通过财务分析，对项目的经济效益进行论证。

4. 借款人信用等级评估

由独立的信用评估机构或银行对借款人的领导素质、经济实力、资本结构、履约情况、经济效益和发展前景等因素进行信用等级评定。银行贷款应向信用等级高的企业倾斜。

5. 贷款审批

贷款审批包括对贷款的审查和审批两个环节。审查实际上是对贷款和贷款项目的再论证，特别是对项目要从技术方面和经济方面进一步审核。银行要按"分级负责、集体审定、一人审批"和"审贷分离、分级审批"的贷款审批制度进行审定和审批。为了保证贷款决策的科学性，银行应建立贷款审批委员会，大额或疑难贷款应集体决策。

6. 签订借贷合同

贷款经审查和批准后，须按《合同法》规定，由贷款人与借款人签订借贷合同。抵押贷款还要同时签订抵押合同，担保贷款要同时签订担保合同。借款合同的文本由贷款人拟定。合同的主要内容包括贷款的种类、用途、金额、利率、期限、还款方式、违约责任及保证条款。

7. 发放贷款

贷款人要按借款合同规定按期发放贷款，否则应偿付违约金。在发放贷款时，借款人应先填好借款借据，贷款人将贷款足额划入借款人的账户，以备借款人支用。

8. 贷后检查

贷款发放后，银行应对借款人执行合同的情况及借款人的资信情况进行追踪检查。检查的主要内容包括：第一，借款人是否按合同规定的用途使用贷款；第二，借款人的资产负债变动情况；第三，抵押物的占管状况；第四，贷款项目的建设进度；第五，贷款的风险预测。如发现问题，应及时处理。

9. 贷款收回

贷款到期，借款人应按合同规定按时足额归还贷款本息。银行必须在短期贷款到期日的10 天以前、中长期贷款到期日的 1 个月之前，向借款人发送还本付息通知单。借款人如不能如期还本付息，应在上述期限内向银行提交书面展期申请，对银行审查不同意展期的，转逾期贷款账户。我国规定，短期贷款展期不得超过原贷款期限，中长期贷款展期不得超过原贷款期限的一半。对逾期贷款一般采取罚息等制裁措施。

8.2.3　企业偿债能力分析

1. 短期偿债能力分析（流动性比率）

短期偿债能力是指企业以流动资产偿还流动负债的能力，它反映企业偿还日常到期债务的实力。短期偿债能力分析是要考察企业即时偿还到期贷款和按时支付利息的能力，为此要分析企业资产的流动性。反映企业资产流动性的指标如下。

1）流动比率

流动比率是指企业流动资产与流动负债的比率。其计算公式是：

$$流动比率=流动资产/流动负债$$

该比例越高，说明企业偿还短期债务的能力越强，债权的偿还越有保障；相反，此比例越低，说明企业偿还短期债务的能力越弱，债权越不安全。一般认为，正常经营周期内的流动比率维持在 2 左右比较合适。它说明企业偿还短期债务有 2 倍的在短期内能变现的资产作保证。但是，这个比例因行业有所不同，比如，冶金、造船等重工业的平均比率为 2.5 左右，商业企业只要保持 1 的比率即可。

2）速动比率

速动比率又称酸性试验比率，是速动资产与流动负债的比率关系。速动资产是将流动资产中变现能力差的存货扣除后的数额。其计算公式为：

速动比率=速动资产/流动负债=（流动资产-存货-应收账款）/流动负债

一般认为，正常经营企业的速动比率维持在 1 左右，即 1 元的短期负债至少有 1 元以上能迅速变现的速动资产作担保。速动比率大于 1，说明债权人的权益能够得到保证；速动比率小于 1，则说明债权人的权益难以得到保证。

3）现金比率

现金比率是企业的现金、银行存款、有价证券、应收账款之和与流动资产的比率。其计算公式为：

现金比率=（现金+银行存款+有价证券（国库券）+应收账款）/流动资产

该比例用于考察借款企业即时支付流动负债的能力，现金比率越高，说明企业即时偿债能力越强。

银行分析借款企业短期偿债能力时，要将流动比率、速动比率、现金比率指标结合运用，综合考察，才能得出比较准确的结论。

2. 长期偿债能力分析（杠杆比率）

长期偿债能力是指企业偿还长期负债的能力。表明企业对债务的承受能力和偿还债务的保障能力。常用的比率如下。

1）资产负债率

资产负债率是企业负债总额与资产总额的比率。通过这一比例，分析企业偿还到期长期债务的能力并衡量企业利用银行贷款开展经营活动的程度。其计算公式为：

资产负债率=（负债总额/资产总额）×100%

资产负债率是评价企业经营风险程度的指标，也表明债权人所承担的风险程度。这一比率越高，表明企业的负债程度越高，企业偿还债务的负担越重。一般认为，企业的资产负债率维持在 50% 左右为宜。

2）负债权益比率

负债权益比率又称产权比率或负债净值比率。它是企业总负债与所有者权益的比率，其计算公式为：

负债权益比率=（负债总额/所有者权益总额）×100%

这一比例反映企业资本金承担债务的能力。比例越高，表明企业资本金相对应的负债越多，企业的负债程度越高，偿债的负担越重；比例越低表明债权人的资金受保护的程度越高。

3）有形净值债务率

有形净值债务率是指企业负债与有形净资产之间的比率。其计算公式为：

有形净值债务率=负债总额/（股东权益-无形及递延资产净值）×100%

这一指标是负债权益比率指标的延伸。将商标权、商号权、专利权、商誉权等无形资产和已经支付需在以后计入成本的递延资产剔除来对企业进行评价，是为更谨慎、保守地反映企业在破产清算时，股东权益对债权人的保障程度。对债权人来讲，这一比率越低，说明债权人权益的保障程度越高，企业经营越稳健；反之，说明债权保障程度较低，企业经营的安全性差。

4）利息保障倍数

利息保障倍数也称已获利息倍数，是指税前利润加利息费用之和与利息额之间的比率，是衡量企业偿还借款利息能力的指标。其计算公式为：

$$利息保障倍数=（税前利润+利息费用）/利息额$$

利息保障倍数越高，说明企业的盈利越足以支付利息；反之则反。从长远看，其倍数应至少大于 1。

3. 营运能力分析（效率比率）

营运能力是通过企业资产周转速度等有关指标反映的资产利用的效率，它表明管理人员经营管理和运用资产的能力。营运能力与偿债能力有关，在正常经营情况下，营运能力越强，各项资产周转速度越快，表明企业用较少资金就能获得更好的经济效果。考察企业营运能力的重要指标如下。

1）存货周转率

存货周转率是指企业销售成本与存货之间的比率。其计算公式为：

$$年存货周转率=年销售成本/年平均存货$$

或：

$$存货周转期=（平均存货/销售成本）\times360$$

或：

$$存货周转天数=360/存货周转率$$

一定期限内存货周转率越高、周转次数越多，或周转天数越少，存货的流动性就越好，企业占用的资金就越少，企业的偿债能力越强；反之则反。

2）应收账款周转率

应收账款周转率是指一年内应收账款转化为现金的次数，或应收账款平均回收期（天数）。其计算公式：

$$应收账款周转率（次数）=年销售净收入/平均应收账款余额$$

或：

$$应收账款周转天数=（平均应收账款余额/年销售净收入）\times360$$

或：

$$应收账款周转天数=360/应收账款周转率$$

一般来讲，这一比例越高，表明企业应收账款的收回速度越快，应收账款管理效果越好，偿债能力就越强；反之则反。

3）流动资产周转率

流动资产周转率是年销售净收入与流动资产年平均余额的比率。计算公式：

$$流动资产周转率（次数）=年销售净收入/流动资产年平均余额$$

或：

$$流动资产周转天数=（流动资产年平均余额/年销售净收入）\times360$$

流动资金周转率以周转次数和周转天数表示，反映流动资产周转速度。其周转速度快，会减少流动资金占用额，相对节约了资金，增加了企业盈利能力。流动资产周转次数越多，流动资产周转天数越少，企业的偿债能力越强；反之则反。

4）固定资产周转率

固定资产周转率是指有形固定资产周转率。它是指一定时期的销售收入与固定资产平均净额的比率。它是衡量固定资产周转速度的指标。其计算公式为：

固定资产周转率（次数）=年销售收入净额/固定资产年平均净额

固定资产周转期（天数）=（固定资产年平均净值/年销售收入净额）×360

这一指标反映用销售收入收回固定资产投资所需时间，其周转率越高，周转天数越少，说明企业固定资产的利用程度越高。固定资产周转率与流动资产周转率，不同行业的差别很大，银行应根据行业、部门和企业的历史水平对比分析。

4. 盈利能力分析（盈利比率）

盈利能力分析是对借款企业赚取利润能力的分析。所有的盈利比率的经济含义是比率越高，反映企业的获利能力越强。常用的盈利指标及计算公式如表8-2所示。

表8-2   常用的盈利指标

单位：%

指标	公式	含义
（1）销售毛利率	[（销售收入-销售成本）/销售收入]×100%	说明每百元销售收入获得的毛利润
（2）销售净利率	（净利润/销售收入）×100%	说明每百元销售收入获取的净利润
（3）营业利润率	（营业利润/销售收入）×100%	说明每百元销售收入获取的营业利润额
（4）资产净利率	（净利润/平均总资产）×100%	说明资产获利能力
（5）权益报酬率	（净利润/平均所有者权益）×100%	说明所有者权益获利能力

8.2.4　贷款定价

1. 贷款价格的构成

从理论上讲，借贷资本的供求是决定贷款价格的主要因素，此外，金融市场上其他交易工具的价格、中央银行的货币政策、借款人的信誉、贷款流动性和安全性等都会影响贷款的价格。贷款价格包括货币性内容和非货币性内容。

1）贷款利率

贷款利率的确定应当考虑以下因素。

（1）基准利率。

货币市场基准利率是商业银行确定贷款价格的基础。在国际借款市场上，一般以LIBOR（伦敦同业拆借利率）为基础利率。商业银行可以基础利率为依据灵活地确定本行的贷款利率。在实际当中同业拆借利率、国库券利率和大额可转让存单利率都可以作为参考依据。基准利率是由资金供求关系、中央银行的货币政策和同业竞争等因素决定，单个银行不能控制。

（2）贷出资金的成本。

贷出资金的成本是指可用资金边际成本。可用资金边际成本是指每增加一单位可用资金需要支付的借入成本。其边际成本随市场利率、管理费用的变化而变动。在资金来源的结构、比例及市场利率不稳定条件下，以边际成本作为贷款定价的基础是比较恰当的。

（3）发放或提供贷款的费用。

贷款的费用包括银行工作人员的工资、银行管理费及设备的折旧费。具体来讲，在贷款过程中，银行要进行信用调查、分析和评估，对抵押物进行鉴定和管理及对贷款进行管理等，这些工作产生的费用在贷款时应由贷款的收益补偿。许多银行对上述贷款的收费标准做出具体规定，每笔贷款按规定标准收费。

（4）风险成本。

这是贷款的风险报酬。考虑的因素有：贷款期限、贷款质量、贷款担保品等。例如，长期贷款比短期贷款的不确定性因素多，市场利率变动的可能性大，银行筹资成本也会有变化。在长期贷款期限内借款人的经营和财务状况也可能发生变动，期限越长银行承担风险的概率亦越大，因此，中长期贷款利率要高于短期贷款。此外无担保贷款风险大，风险成本高，贷款利率也高。

2）承诺费

贷款承诺费是指在不可撤销的贷款承诺中，在银行承诺的贷款额度内，借款人对尚未支用的部分所支付的费用。银行收取承诺费的主要原因是银行已为借款人准备了信贷资金，由于借款人没有支用，使银行资金处于闲置，不能产生收益，银行理应收取一定费用作为补偿。

3）目标收益率

商业银行为实现盈利目标，对各项资金的运用都规定了目标收益率。贷款是银行主要的盈利资产，贷款收益率目标能否实现，将直接影响银行总目标的实现，因此，贷款定价合适的一个衡量标准就是贷款收益率能否达到目标收益率。当然，贷款收益率目标必须科学和准确。

4）补偿余额

补偿余额是指借款人按贷款金额的一定比例以活期存款形式保留在银行账户中的款项，在美国称为贷款回存。银行要求补充存款的理由是：存款是贷款的基础，不向银行存款也不能得到银行贷款。补偿余额对银行来讲可降低贷款风险，对借款人来讲则意味着可用资金的减少和实际利率的提高。

5）隐含价格

隐含价格是贷款定价中的非货币因素，它是指在贷款合同中规定的限制性条款。例如：借款人的董事会及高层领导人在贷款期间不得变动，如发生变动收回贷款等，通过限制性条款和贷款条件的宽严程度来影响借款人的成本。

6）其他因素

银行在确定贷款价格时，除了考虑上述基本构成因素外，还应考虑借款人的信用状况，对信用等级高的客户因违约风险小而给予较低贷款价格，以优惠利率来吸引客户。此外，还应考虑银行与借款人的关系，对于与银行有经常业务往来的亲密客户或者黄金客户，银行应给予优惠的贷款价格。

2. 贷款定价方法

1）宏观差额定价法

宏观差额定价法也称成本加成定价法，是指以贷款成本加目标利润率（或目标利润）作为贷款价格。使用这种定价法时，银行管理人员必须考虑其筹集可贷资金的成本和银行的其他经营成本。贷款利率至少包括四部分内容：① 银行筹资成本；② 银行的非资金性经营成本（包括贷款人员工资和设备、工具的成本）；③ 银行对贷款可能违约的风险做出的必要补偿；④ 每笔贷款的预期利润水平。

例 8-4：某企业向银行申请贷款 500 万元，如果银行为了筹集该笔贷款资金以 10% 的利率发行可转让存单，筹集资金的边际成本就是贷款总额的 10%，为发放和监管这项贷款的经营成本为贷款总额的 2%，为了弥补该笔贷款发生的违约风险损失建议再加上 500 万元的 2% 的预计违约补偿费用，银行要求该项业务的利润水平达到 1%，那么，这笔贷款的利率水平应为 15%，即 10%+2%+2%+1%=15%。

2）微观差额定价法

微观差额定价法是指银行将其从客户那里获得的收益与用于该客户的成本开支进行比较，使贷款定价达到收益大于成本。

这种定价方法的特点在于公平地计算每一客户的贷款价格。银行与客户的业务往来中获得的收益主要是贷款收入和服务收入，与客户业务往来所支出的成本主要包括资金成本和服务成本。这种定价方法的前提条件是电子计算机的广泛应用，且银行贷款成本和服务成本的核算技术较高。现举例说明这种定价方法。

例 8-5：某公司向银行贷款 120 万元，银行将这笔贷款定价为 14%，通过表 8-3 和表 8-4 的资料看这笔贷款定价是否合理。

表8-3　银行从该公司获得的收入一览表

项　目	内　容	单　价	金额/元
一、贷款收入			
（一）商业贷款	1 200 000元	14%	168 000
（二）承诺费	未使用的承诺限额2 300 000元	0.5%	11 500
（三）贷款服务收入			
1.账户保持费			48
2.法定费用			400
3.高级职员工时费			2 000
贷款服务收入小计			2 448
二、一般银行服务收入			
（一）未编码项目	120 000元	2%	2 400
（二）电汇费	280笔	2元	560
（三）贷款办理费	1 200 000	0.5%	6 000
小计			8 960
收入合计			190 908

表8-4　银行对该公司的有关成本开支一览表

项　目	内　容	单　价	金额/元
一、资金成本			
一般资金成本	应摊派1 410 000元	9.6%	135 360
资本成本	应摊派120 000元	30%	36 000
小　计			171 360
二、服务成本			
未编码项目	120 000元	1%	1 200
已支付的支票	300 000元	1%	3 000
电汇	280笔	1.50元	420
贷款办理费	1 200 000元	0.50%	6 000
小　计			10 620
三、存款分析			
（一）实际存款成本			
1.活期存款	125 000元	3.5%	4 375
2.定期存款	50 000元	10.1%	5 050
小　计			10 175
（二）预期资金成本	175 000元	11.2%	19 600
成本净额合计			171 805
超额价值			19 103

① 银行从该公司获得的业务总收入。

表 8-3 显示银行从该公司获得的业务总收入为 190 908 元，包括贷款收入和一般银行服务收入。

② 银行对该公司的支出。

银行与该公司业务往来中应由该公司分摊的成本包括资金成本和服务成本两项。其中资金成本包括一般资金成本和资本成本。

一般资金成本是指银行吸收存款和借入资金的成本。表 8-4 中所列 1 410 000 元是这笔贷款分摊的数额。其计算公式为：

　　一般资金摊派额=（银行一般资金总额/银行盈利资金总额）×贷款数量

一般资金成本率 9.6%，是指一般资金的平均边际成本。它反映的是当前银行获取资金的成本率。

资本成本是银行筹集自有资本的成本开支。表 8-4 中所列 120 000 元就是这笔贷款应分摊的资本额。其计算公式为：

　　资本摊派额=（银行资本总额/银行盈利资产总额）×贷款数量

资本成本率 30%，是根据税前股东产权收益率来确定的。它包含了资本成本及相关的全部费用。

存款分析主要是分析该公司的 175 000 元存款对银行的价值。方法是将预期资金成本与实际存款成本进行比较。实际存款成本是银行为获得存款实际支付的费用。预期资金成本是指银行按一定价格把这部分资金贷款放出去获得的收入。如果预期资金成本大于实际存款成本，则该企业的存款对银行有利；反之，不仅没有利差收入，甚至会使银行资金遭受损失。

微观差额定价法将收入与成本进行比较，表 8-4 中的 19 103 元是超额价值，这是指银行在获得合理利润以外的超额利润。分析表明，这笔贷款定价是合理的。如果出现收入小于成本，说明银行的合理利润不能实现，严重时会导致银行亏损，这时应重新调整贷款价格或限制客户免费使用银行服务的数量。

在实际当中用微观差额定价法确定贷款价格时，还要考虑到贷款风险的大小，并分析所获收入能否补偿可能带来的贷款损失，权衡利害得失后再按已确定的贷款价格发放贷款。

3）综合定价法

综合定价法是指将影响贷款价格的因素逐项考虑后再确定贷款价格的定价方法。其基本计算公式为：

贷款价格=（纳税前股权资本成本+管理费用+贷款资金成本）/贷款数量

例 8-6：某企业向银行借款 50 万元，贷款所需股本为贷款总额的 8%，股权资本盈利率为 14%，银行应缴所得税率为 46%，贷款管理费为贷款总额的 2.4%，放贷资金成本率为9.1%。用综合定价方法计算贷款价格。

① 计算纳税前股权资本成本。

纳税前股权资本成本=（贷款所需股本数量×资本盈利率）/（1-所得税率）

（500 000×8%×14%）/（1-46%）=10 370（元）

② 计算管理费用支出。这笔贷款应分摊的管理费为：

500 000×2.4%=12 000（元）

③ 计算贷款资金成本。

供款资金成本=（贷款总额-股权资本额）×资金成本率

（500 000-500 000×8%）×9.1%=41 860（元）

④ 计算贷款价格。

贷款价格=（10 370+12 000+41 860）/500 000=12.8%

根据基本公式计算出贷款价格后，还要视贷款风险大小、借贷市场资金供求状况等因素加以调整，确定出适当的贷款价格。

4）交叉利率定价法

交叉利率定价法是指对于借款金额较大的（300 万元以上）客户，允许其在银行确定的可以选择的贷款利率与浮动限额内，自行确定贷款期限和贷款价格的定价方法。这是在市场利率不断变化的情况下，银行为吸引大额借款者而创造出的一种新的定价方法。通常情况下，银行是以市场利率作为基础，在基础利率之上加一定的百分点，基础利率可由客户自由选择。目前西方发达国家商业银行通用的基础利率有同业拆借利率、大额存单利率和国库券利率。现举例说明这种定价方法的运用。

例 8-7：某公司向银行申请 500 万元贷款，期限一年，经银行信用分析后同意贷款，并决定贷款价格为银行优惠利率 +0.75%。基础利率（优惠利率）水平由贷款日市场利率表可知，如表 8-5 所示。

表8-5　贷款日市场利率情况

单位：%

项目	期限	标价	实际利率
同业拆借	3月期 6月期 1年期	11.625 12 12.625	12.375 12.75 13.375
大额存单	1月期 2月期 3月期 6月期 1年期	10.4 10.95 11.10 11.2 11.65	11.15 11.70 11.85 11.95 12.4
国库券	13周～3月期 26周～6月期	9.99 10.27	10.74 11.02
优惠利率		12.5	12.5

根据市场利率，该公司可自由选择愿意接受的贷款利率及相应的期限。如果该公司分析后认为，近一年内市场利率会上升，则会选择最低的一年期基础利率，标价 11.65%，加浮动限额0.75%，则这笔贷款的价格为12.4%。相反，如果该公司判断市场利率在一年内将会下降，便会选择 13 周～ 3 月期的国库券。实际利率水平为 9.99%+0.75%=10.74%。待贷款期满后再根据对市场利率的判断进行选择，直至一年期满为止。

5）价格先导模型定价法

价格先导模型定价法是当前西方国家商业银行确定贷款价格的基础方法，它是交叉利率定价法的实际运用。

前述的宏观、微观差额定价法的一个缺点是假设银行必须精确了解成本，而事实并非如此，银行很难准确地将其经营成本及各种费用摊销给每笔具体贷款业务。差额定价法的缺陷导致了价格先导法的形成。价格先导法以若干大银行统一规定的优惠利率为基础，考虑违约风险补偿和期限风险补偿后制定贷款利率，即对特定客户征收的实际贷款利率，其公式表示如下：

贷款利率=基准利率（包括银行的经营成本和预期利润）+违约风险溢价+
长期贷款的期限风险溢价

基准利率是对信用等级最高的大公司提供的短期贷款的优惠利率，违约风险溢价是对非基准借款人收取的费用。贷款风险溢价通常被称为基准利率的加价，银行仅通过降低或提高贷款加价就可以达到扩大或收缩贷款量的目的。

确定风险溢价是价格先导法中最困难的部分，专家建议使用风险调整方法来评价贷款质量等级，以确定基准利率的加价幅度。如表 8-6 所示。

表8-6　利率加价幅度

单位：%

风险等级	风险溢价	风险等级	风险溢价
无风险	0.00%	特别注意	1.50%
微小风险	0.25%	次级	2.50%
标准风险	0.50%	可疑	5.00%

例 8-8：向某客户发放 5 年期贷款的基准利率为 10%，违约风险溢价为 1.5%，期限风险溢价为 2%（即风险等级为次级的风险溢价）。各项加和，该笔贷款的利率为 13.5%。

在美国，最通行的基准利率是由 30 家大银行组成的货币中心银行定期公布的贷款利率，多年来，其基准利率不经常变动。但随着货币市场的发展及利率的自由化，产生了浮动基准利率。浮动基准利率有两种计算公式：① 基准利率相加法，是在基础利率之上加若干百分点；② 基准利率相乘法，是在基准利率之上乘以一个乘数。加法或乘法的等级视企业信用风险等级而定，举例如表 8-7 所示。

表8-7　利率加数和利率乘数

单位：%

基准利率水平	基准加数		基准乘数	
	风险等级A+1%	风险等级B+2%	风险等级A×1.1	风险等级B×1.2
6	7	8	6.6	7.2
8	9	10	8.8	9.6
10	11	12	11	12

20 世纪 70 年代以后，随着银行业务国际化和欧洲货币市场的发展，基准利率作为商业银行贷款的基准利率，一般均以 LIBOR 为共同标准，并为客户对银行的贷款利率进行比较提供了一个公开准则。其计算公式为：

贷款利率=LIBOR+风险溢价+利润

近年来，西方国家随着票据市场的发展，银行对大公司的短期贷款利率已突破了以基准利率或 LIBOR 为基础的贷款定价体系，出现了低于基准利率定价的模式。例如，美国许多银行宣布大公司的几天或几星期贷款利率可以低于货币市场利率（美国联邦资金利率）加上一个很小比例的风险补偿头寸。例如：某银行以当天联邦资金利率 6% 借入联邦资金，以 6.15% 的利率向信誉好的大公司提供期限为一星期的贷款 1 000 万美元（6.15% 贷款利率为 6% 的借贷成本加上 1.5% 的风险溢价）。

目前，西方商业银行借款市场上实际存在以基准利率或 LIBOR 为基础的定价体系和低于基准利率定价体系的双轨定价模型。

8.3　证券投资运营与管理

8.3.1　商业银行从事证券投资的目的

商业银行的投资业务是指金融投资或证券投资，是指商业银行运用持有的资金，为获取收益而承担一定风险的证券购买行为。其业务属于投资银行性质的业务，是一种对金融产品购买并占有的间接投资。

1. 获取收益

获取收益是商业银行从事证券投资的首要目的。商业银行的贷款业务受经济周期、地方经济发展水平、市场竞争环境的影响很大，为了有效运用资金，银行必须多种渠道获取收益，证券投资则是运用资金获取收益的较好途径。

2. 分散风险

证券投资是实现资产多元化、分散风险的重要手段。首先，银行将部分资金投资于高质量的有价证券，可以回避和抵消贷款的风险损失。其次，证券投资地域广、可选择的证券种类多、流动性强，可以在很大程度上分散风险。此外，商业银行可以根据风险管理的要求，进行交易决策，规避和降低风险。

3. 保持流动性

银行的现金资产流动性最强，但是机会成本高，比例过高会降低资产盈利能力。银行的长期贷款和固定资产等，由于不具备随时转让性质，故流动性较差。银行持有的证券资产则具有流动性强的优势。银行购买的货币市场工具有很强的流动性，可以作为二级准备；长期证券在需要时也可以迅速转让，满足流动性需求。

8.3.2　证券投资的收益

1. 贴现债券收益率

贴现债券即零息票债券，如国库券，它是以贴现方式发行并交易的。贴现债券的偿还金额与认购价格之差等于利息。贴现债券收益率的计算公式为：

$$贴现债券收益率=\left[\frac{面值-认购价格}{认购价格}\Bigg/\frac{有效偿还天数}{360}\right]\times100\%$$

例 8-9：某银行购买国库券 100 万元，每份面值 10 000 元，实际天数为 180 天，每份国库券认购的实际支付额为 9 500 元，该银行的这笔国库券业务的最终收益率为：

$$\left[\frac{10\ 000-9\ 500}{9\ 500}\Bigg/\frac{180}{360}\right]\times100\%=10.53\%$$

2. 定息债券收益率

定息（附息）债券的利息每年定期支付，其投资收益包括利息收入和由于债券市场价格波动而产生的投资利得（损失）。常用的是计算直接收益率、持有期收益率和满期收益率。

1）直接收益率

直接收益率又称当期收益率，是指债券年利息收入与当前市场价格之比。其特点是只考虑债券的利息收入。其计算公式为：

$$直接收益率 = \frac{年利息收入}{债券当前市场价格} \times 100\%$$

例 8-10：某种债券面值 100 元，购买时的市场价为 101 元，债券的年利率为 10%，直接收益率为：

$$直接收益率 = \frac{100 \times 10\%}{101} \times 100\% = 9.90\%$$

如果债券的市场价下跌到 98 元，直接收益率为：

$$直接收益率 = \frac{100 \times 10\%}{98} \times 100\% = 10.20\%$$

债券收益率通常是指直接收益率，便于投资者比较后做出选择。但直接收益率不能确切地反映实际收益率，因为它没有考虑到价格变动而使资本增值或损失的因素。

2）持有期收益率

持有期收益率是测算投资者在购买债券后持有一段时间再出售所获得的收益率，含有因价格变动产生的资本利得。又可分为以下几种情况。

（1）二级市场买卖债券收益率。

二级市场买卖债券收益率指购买已发行的息票债券，持有一段时间后又售给他人的持有期收益率。

$$持有期收益率 = \frac{\dfrac{卖价 - 买价}{持有期}}{买价} \times 100\%$$

例 8-11：某银行持有票面价值为 100 元的债券，票面利息率 10%，偿还期为 3 年，银行购入该债券的价格为 88 元，购买后持有 2 年售出，卖出价为 98 元，则持有期收益率为：

$$持有期收益率 = \frac{\dfrac{98 - 88}{2}}{88} \times 100\% = 5.68\%$$

（2）包括交易费用的持有期收益率。

债券持有期收益率是银行在进行证券投资时经常使用的。银行为满足流动性需要，会不断调整债券结构，频繁买进或卖出债券。为了使计算的收益率更精确、更全面，在实际业务中，可将上述公式进行调整，把在债券买卖时发生的相关费用因素考虑进去，使持有期收益率更实际。其计算公式为：

$$持有期收益率（包括费用）= \frac{每期利息 + \dfrac{（卖价 - 费用）-（买价 + 费用）}{持有期}}{（卖价 - 费用）+（买价 + 费用）} \times 100\%$$

（3）单利计息的债券持有期收益率。

到期一次还本付息，中途不支付利息的债券收益率。其计算公式为：

$$持有期收益率=\dfrac{\dfrac{卖价-买价}{持有期}}{买价}\times100\%$$

3）期满收益率

期满收益率又称到期收益率，是指持有债券至期满的收益率。

$$期满收益率=\dfrac{\dfrac{债券到期本利和-买价}{持有期}}{\dfrac{买价+卖价}{2}}\times100\%$$

8.3.3　商业银行证券投资管理

证券投资管理是指投资行为主体决定投资于哪种证券、投资资金多少及何时投资，它是对投资资金的管理过程。证券投资管理要根据投资目标和投资资金，通过投资分析和证券组合，采取不同的投资策略，达到投资收益最大化和投资风险最小化的目的。

1. 证券投资管理形式

1）被动型管理

被动型管理又称消极性管理，是为了实现某种不受利率影响的目标收益而建立的证券组合，称为被动型证券组合管理，相应的组合称为有免疫力的组合。因证券组合风险主要来自于利率风险，免疫是保证证券组合避免利率风险的一种策略。被动型管理者假设市场是半弱式有效市场，就是说，证券在市场中已公正定价，并提供与风险协调的收益。为此，证券组合在较长时期内不做频繁和较大的变动，多投资于中长期证券。

2）主动型管理

主动型管理又称积极性管理，这种管理形式的目的是鉴别出非正确定价的证券，并力求通过市场利率变化的总趋势来选择有利的组合时机。主动型管理者假设市场是弱式有效的，为实现较高收益，主动型管理者较频繁地调整证券组合，比如，当预测利率下降时，选择长期债券，因长期债券有较大的价格波动；当预测利率上升时，选择短期债券，因短期债券有较小的价格波动。企图通过频繁的证券期限调整获取超常收益。

2. 证券投资管理方法

1）梯形或间隔期限策略

梯形或间隔期限策略是指商业银行不应把资金全部投入到一种证券中去，而应投资多类型的证券，从而使各种证券的非系统风险相互抵消，达到一个合理可接受的风险程度下的收益。此策略的实质是分散风险，其基本思路是：把投资资金均匀地分布在不同期限的同质证券上，在由到期证券提供流动性的同时，可由高利息率的长期证券带来较高的收益率。具体来讲，就是在银行可接受的全部到期日等量划分投资组合，这样银行可以在保持证券组合的实际偿还期限结构不变的情况下，获取更高的收益率。

　　梯形或间隔期限策略的特点是银行不必对市场利率走势做出预测，从而减少了投资收益的波动，并且管理方便，无须专家管理运作。但是，此种方法明显的缺点是欠灵活、流动性差，当银行有较高流动性需求时，只有 $1/n$ 的证券到期，当不能满足需求时，就不得不低价出售尚未到期的证券，致使银行遭受损失。

　　例如，假设一家银行的决策层不想投资于期限5年期以上的债券，为此，将投资组合的20%投资于1年期债券，20%投资于2年期债券，依此类推，直到投资于5年期，实现滚动变现、滚动投资。

　　2）杠铃策略

　　杠铃策略又称杠铃投资组合，它是将证券分为两类购买：一类是为了获得流动性而购买短期债券；另一类是为了获得较高收益而购买长期证券，对于中期债券则不予考虑。这种证券投资策略反映在图形上很像杠铃，故名杠铃投资组合。短期证券一般为2年期以内，占投资总额的30%～40%，长期证券一般在10～20年，由于收益曲线向上倾斜，可获得较高的原始收益。从理论上讲，这种投资策略既考虑了流动性，又考虑了盈利性。

　　杠铃投资组合的做法：所投资的短期证券在到期或变现转让后，如果没有流动性需求，即可再把这部分资金投入到短期证券；长期证券到期后，若预测长期利率上升，则将资金再根据利率变动情况投资于长期证券。这种方法对证券的交易能力、转换能力需求较高，要有经验的专业人员来运作。

　　3）利率预期策略

　　利率预期策略是指根据预测的利率变化不断地变动持有证券的到期日。该投资策略认为：在预期利率将上升时，将资金向短期证券转移，减少长期证券；而当预期利率下降时，则向长期证券转移。这种策略提供了潜在的资本利得，但也提高了资本损失的风险。如果预测被证明是错误的，就很可能产生更大的风险。这种策略极大限度地利用了利率变动，因为当利率上升时，到期证券的现金流可以按上升的利率重新投资，以获取更大的收益率；当利率从最高点下降时，可将证券持有量调整到长期证券占较大比重的状态，如图8-1所示。

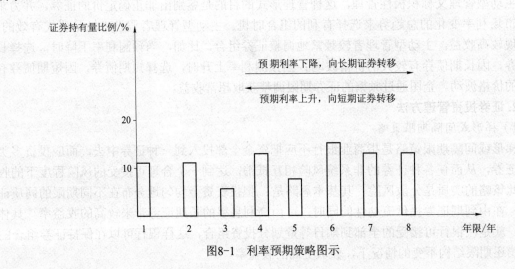

图8-1　利率预期策略图示

利率预期策略运用的环境是市场呈规律性周期波动，当利率频繁波动或利率呈水平状况时，该策略具有不可操作性或效果大打折扣。该策略总的思路是：当利率前景变化时改变投资期限组合。其主要特点是盈利或损失的潜力最大化。因此，运用这种策略的商业银行必须安排经验丰富的专业人员来操作，如果预测方向错误，证券投资将损失严重。

8.3.4　我国对商业银行证券投资的规定

我国目前仍然实行金融分业经营的管理体制，法律对商业银行证券投资进行严格的监管。《中华人民共和国商业银行法》第四章第四十三条明确规定：商业银行在中华人民共和国境内不得从事信托投资和证券经营业务，不得向非自用不动产投资或者向非银行金融机构和企业投资，但国家另有规定的除外。

随着我国金融市场的发展和资产业务多样化要求，目前监管当局允许商业银行可以投资的证券主要包括：国库券、国家建设债券、国际投资债券、国家特种债券、银行及非银行金融机构债券、金融债券、企业债券、央行票据、回购协议和银行承兑票据。

重要概念

托收未达款　抵押贷款　票据贴现　银团贷款　BOT　TOT　保理　综合定价法
交叉利率定价法　梯形或间隔期限策略　杠铃策略

思考题

1. 简述现金资产的构成。
2. 现金资产管理应遵循哪些原则？
3. 按照保障程度划分贷款有哪些种类？
4. 商业银行对贷款抵押物有哪些法律规定？
5. 简述贷款五级分类法的主要内容。
6. 贷款定价有几种方法？主要内容是什么？
7. 简述商业银行证券投资的几种方法。
8. 简述商业银行证券投资管理的形式。
9. 何谓债券收益率？债券收益率有哪些种类？

计算题

1. 根据表 8-8 计算：
① 该银行应缴存法定存款准备金的数额。
② 该行在中央银行可动用的备付金数额。
③ 如果客户当天开出转账支票付款 400 万元，说明该银行的支付准备金状况。
④ 如果客户当天存入 1 000 万元支票，说明该银行可使用的备付金存款。

表8-8　某银行资产负债表

单位：百万元

资产	金额	负债和资本	金额
库存现金	2	活期存款	100
在中央银行的存款	17	定期存款	500
在其他金融机构的活期存款	28	同业拆借	60
在途资金	8	其他负债	30
小计	55	小计	690
证券与生息存款	270	合计股权资本	60
贷款净额	375	—	—
其他资产	50	—	—
总计	750	总计	750

注：本题中，中央银行规定的法定存款准备金率为：活期存款10%，定期存款1%。

2. 根据表8-9和表8-10，计算：

① 宏达制衣有限公司的短期偿债能力、长期偿债能力、营运能力和盈利能力指标。

② 对企业偿债能力做出判断。

表8-9　宏达制衣有限公司资产负债表

（2012年12月31日）　　　单位：元

资产	年初	年末	负债及所有者权益	年初	年末
流动资产：			流动负债：		
货币资金	2 204 512	284 426	短期借款	26 789 439	29 039 439
短期资金	33 000	24 000	应付票据		
应收票据			应付账款	16 801 897	15 144 486
应收账款	15 596 648	19 135 094	预收账款		
预付账款	738 540	1 069 775	其他应付款	12 586 098	13 811 834
其他应收款	1 852 734	2 075 227	应付工资		
存货	19 031 848	14 817 424	应付福利费	1 656 976	2 058 019
其中：原材料	638 007	546 082	未交税金	1 398 542	1 205 057
产成品	8 703 506	10 805 317	未付利润	67 218	67 218
发出商品			其他未交款	76 422	80 745
待摊费用	642 900	304 575	预提费用		
待处理流动资产损失		299 240	一年到期的长期负债		
流动资产合计	40 100 181	38 009 761	流动负债合计	59 376 592	63 377 972
长期投资：			长期负债：		
长期投资	2 147 805	1 992 805	长期借款	1 256 889	1 131 676
固定资产：			长期应付款		

续表

资产	年初	年末	负债及所有者权益	年初	年末
固定资产原值	42 281 992	39 941 292	应付债券		
减：累计折旧	（15 042 236）	（16 830 009）	其他长期负债		
固定资产净值	27 239 756	23 111 283	其中：住房周转金	3 088 678	3 701 065
在建工程	24 621	5 287 440	长期负债合计	4 345 566	4 832 740
固定资产合计	27 264 377	28 398 723	负债合计	63 722 159	68 210 712
无形及递延资产：			所有者权益：		
无形资产			实收资本	5 820 986	5 820 986
递延资产			资本公积		330 000
无形及递延资产合计	0	0	其中：补充流动资本		
其他长期资产：			盈余公积		
其他长期资产			其中：公益金		
			补充流动资本		
			未分配利润	138 333	（5 791 292）
			所有者权益合计	5 790 205	190 579
资产总计	69 512 363	68 401 291	负债及所有者权益总计	69 512 363	68 401 291

表8-10　宏达制衣有限公司损益表

（2012年12月31日）

单位：元

项　目	上年度	本年度
一、产品销售收入	38 480 385	23 783 982
减：产品销售成本	32 950 871	19 986 517
产品销售费用	1 805 360	1 514 803
产品销售税金	196 580	177 119
二、产品销售利润	3 527 574	2 105 543
加：其他业务利润	59 960	49 975
减：管理费用	6 295 901	5 705 835
财务费用	6 983 786	3 489 082
三、营业利润	（9 692 153）	（7 039 398）
加：投资收益	8 800	38 522
营业外收入	10 021 398	938 240
减：营业外支出	36 257	138 077
加：以前年度损益调整	（2 997 823）	271 088
四、利润总额	303 966	（5 929 625）
减：所得税	（203 534）	
五、净利润	100 432	（5 929 625）

第9章

商业银行中间业务与表外业务的运营与管理

学习目标

通过本章学习读者应当掌握：

- 中间业务与表外业务的种类
- 主要中间业务的流程
- 私人银行业务与零售业务的区别
- 中间业务与表外业务的区别
- 商业银行经营投行业务的几种形式
- 国际结算业务的操作流程

9.1 中间业务及其种类

9.1.1 中间业务的界定

中间业务通常是指商业银行不动用或很少动用自己的资金，不列入资产负债表内，利用自身技术、人才、设施等方面的优势，以中间人的身份为客户提供各类金融服务并收取手续费的业务。这类业务主要是以委托代理的方式开展的。

9.1.2 中间业务与表外业务的区别

1. 中间业务和表外业务的范围不同

表外业务只是中间业务的一部分，不能反映所有中间业务的特点。确切地说，除信用证、承兑等业务存在一定交叉以外，表外业务主要包括承诺类表外业务（如贷款承诺、循环保证融资等）、担保类表外业务（如担保信用证或备用信用证、履约担保、投标担保、还款担保等）和与市场价格有关的表外业务（如金融期货、金融期权、利率互换、货币互换等）。而中间业务还包括结算、信托、租赁、银行卡、代客买卖、代收代付、代客理财、代客保管和信息咨询等业务。

2. 中间业务与表外业务的风险程度不同

相对于其他中间业务而言，表外业务由于风险相对较大，特别是金融衍生产品形式的表外业务存在的风险更大，因此受到各国金融管理当局和一些国际金融组织的严格管制。我们通常将银行的无风险型业务称为中间业务，中间业务也可扩展到含有一定风险的传统的表外业务，而把风险程度很高的金融衍生工具交易形成的业务，称为典型的表外业务。

9.1.3　中间业务的种类

1. 结算业务

结算业务是商业银行最基本的传统中间业务。结算是指各部门、单位和个人因商品交易、劳务供应和资金调拨等所发生的货币收付行为和债权债务的清算。结算分为现金结算和转账结算两类，转账结算又可分为国内结算和国际结算。转账结算业务是商业银行利用某种结算工具，通过一定的结算方式，为客户代收代付资金的业务。其结算工具主要是"三票一卡"，即汇票、本票、支票和信用卡。

2. 委托代理业务

委托代理业务是指商业银行接受政府、单位和个人的委托，代理客户交办的经济事务的业务。主要包括代理银行业务、代收代付业务、代理证券业务、代保管业务和代理保险业务。

3. 咨询业务

咨询业务是指商业银行凭借其雄厚的实力和较高的信誉，以及多方面专业人才和信息资源的优势，为客户提供顾问和咨询服务。

1）理财业务

理财业务是指为企业的市场开拓、产品开发、财务核算、现金管理、实业和证券投资等进行理财或提供顾问服务。

2）评估业务

评估业务是指商业银行为企业进行项目评估、借贷评估、抵押物评估及决策评估等，为企业的经营预测和决策提出论证。

3）对企业信用等级评估

对企业信用等级评估是指商业银行对借款企业进行资信等级的评定。

4）工程审价业务

工程审价业务是指商业银行为政府和企业工程项目的投资提供审价、代编工程预算及专项调查咨询等。

4. 保管业务

保管业务是指商业银行利用自己的保管设施，代委托人管理或托管重要财务或资金。其主要形式有仓储保管和出租保管箱。

5. 租赁业务

租赁是指出租人将自己的财物按契约规定出租给承租人使用，承租人按期交纳租金的经济行为。商业银行的租赁业务是一种金融租赁，是指由银行出资金购买设备再出租给承租人使用并定期收取租金的行为。租赁业务既体现出租人与承租人之间的信用关系，又是一种租赁关系。它既是商业银行的资金运用业务，又是一种金融中介服务业务。

6. 投资银行业务

投资银行业务是指商业银行为客户提供财务咨询、担保或投资顾问服务，以及企业产权交易和企业并购、重组的中介服务的业务。投资银行业务是一种多种金融服务相结合的业务，是商业银行经营观念转变的产物，是一种高附加值的高级智力服务。近年来，西方商业银行介入投资银行业务，不但为商业银行带来了丰厚的非利息收入，而且密切了银企关系，巩固了商业银行的市场份额。

7. 信托业务

信托业务是指商业银行代理他人运用资金、买卖证券、发行证券、管理财产的一种信用委托业务。西方国家的大型商业银行普遍经营信托业务，我国有关法律规定商业银行不得从事信托业务。

8. 信用卡业务

信用卡是商业银行或发卡公司发行的具有储蓄、支付、结算、信贷、购物等多种功能的信用流通工具。信用卡的种类繁多，主要有贷记卡和借记卡。信用卡业务是近年来商业银行发展最快的一项金融服务业务。当今风行全球的信用卡不但是支付手段的创新，更是货币定义的创新，信用卡的产生开创了新一代电子货币。

9.2 结算业务

结算业务是指商业银行为客户办理因债权债务关系引起的货币业务。结算业务按地域可以分为同城结算、异地结算、国际结算；按照结算方式不同可分为汇票结算、本票结算、支票结算、信用证结算。其结算工具主要是"三票一卡"，即汇票、本票、支票和信用卡。

9.2.1 汇票结算业务流程

汇票是出票人签发的委托付款人在指定的到期日无条件支付一定金额给收款人的票据。汇票有商业汇票和银行汇票之分。

1. 商业汇票结算业务流程

商业汇票是由收款人或付款人签发的由承兑人在指定日期无条件支付确定金额给收款人或持票人的票据。商业汇票根据承兑人不同，分为商业承兑汇票和银行承兑汇票。

1）商业承兑汇票结算业务流程

商业承兑汇票是由收款人签发，并经付款人承兑，或由付款人签发并承兑的票据。商业承兑汇票的签发必须有商品交易，其承兑期即票据期限一般为 3～6 个月，最长不超过 9 个月。承兑人负有票据到期无条件支付的法律责任。商业承兑汇票结算业务流程如图 9-1 所示。

2）银行承兑汇票结算业务流程

银行承兑汇票是由付款人或承兑银行签发、由承兑银行承兑的汇票。承兑申请人向银行申请承兑汇票，必须在银行开立存款账户并且有支付汇票金额的可靠资金来源，由承兑银行和承兑申请人双方签订承兑契约，规定双方的权利和义务。按照契约要求，汇票到期时承兑申请人在银行账户上必须有足额票款支付资金，承兑银行负有无条件付款的责任。如果汇票到期日账户上的存款不足以支付票据，银行可先支付票款，再向承兑申请人追索。我国商业银行在贴现业务中一般只受理银行承兑汇票。银行承兑汇票结算业务流程如图 9-2 所示。

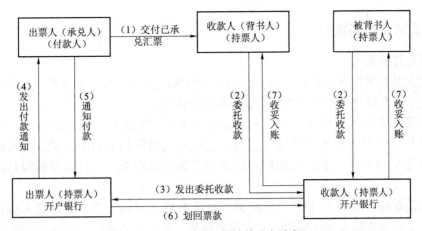

图9-1　商业承兑汇票结算业务流程

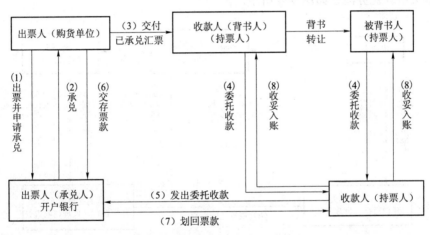

图9-2　银行承兑汇票结算业务流程

2. 银行汇票结算业务流程

银行汇票结算业务流程如图 9-3 所示。

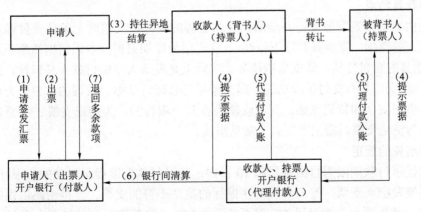

图9-3　银行汇票结算业务流程

9.2.2　本票结算业务流程

1. 本票及其种类

本票是发票人签发并承诺在见票时或指定的日期无条件支付一定金额给收款人或持票人的票据。以发票人划分，本票分为商业本票和银行本票。

商业本票是企业签发的承诺自己在见票时无条件支付确定金额给收款人或持票人的票据。商业本票是以商业信用为基础的票据，在赊购赊销商品交易中，买方签发约定金额和付款日的本票交付卖方，卖方可如期收回货款，如急需资金，可将本票向银行贴现或背书转让。

银行本票是银行签发的承诺自己在见票时无条件支付确定金额给收款人或持票人的票据。银行本票具有款随人到、见票即付、视同现金、允许背书转让、信誉高的特点。

2. 银行本票结算业务流程

银行本票结算业务流程如图 9-4 所示。

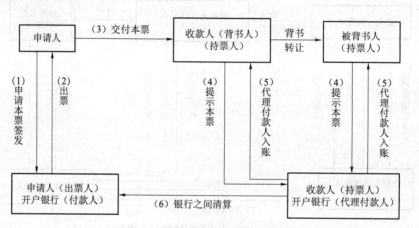

图9-4　银行本票结算业务流程

9.2.3　支票结算业务流程

1. 支票及其特点

支票是由出票人签发的委托办理活期存款业务的银行在见票时无条件支付确定金额给收款人或持票人的票据。支票具有以下特性：① 支票为即期票据，各国票据法都不承认远期支票；② 支票具有自付性质，即支票的债务人实际上是发票人，但付款人是银行，是银行替发票人付款；③ 支票具有支付手段功能，即支票是见票即付票据。我国的支票分为现金支票和转账支票，借记支票和贷记支票。支票收款人在开户银行的，为借记支票；支票付款人在开户银行的，为贷记支票，贷记支票属于常见形式。

2. 支票结算的规定

支票的提示付款期限为自出票日起 10 日内，超过付款期限提示付款的，银行不予受理。出票人如果签发空头支票、签章和预留在银行的签章不符的支票、支付密码错误的支票，银行应予退票，并按票面金额处以 5% 但不低于 1 000 元的罚款，并且持票人有权要求出票人支付支票金额 2% 的赔偿金。

3. 支票结算业务流程

1）借记支票结算业务流程

借记支票结算业务流程如图 9-5 所示。

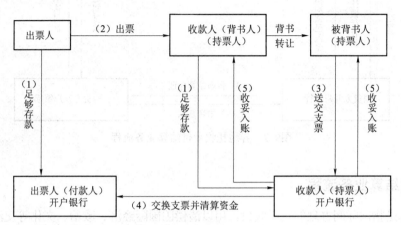

图9-5 借记支票结算业务流程

2）贷记支票结算业务流程

贷记支票结算业务流程如图 9-6 所示。

图9-6 贷记支票结算业务流程

9.2.4 异地托收承付结算业务流程

托收承付结算是指根据购销合同由收款人发货后委托银行向异地购货单位收取货款，购货单位根据合同对单或对证验货后，向银行承认付款的一种结算方式。异地托收承付结算业务流程如图 9-7 所示。

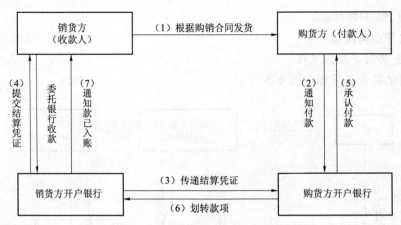

图9-7 异地托收承付结算业务流程

9.2.5 国际结算业务流程

国际结算是指国际间办理的货币收付，用以清偿因国际经济、政治、文化等交流往来活动而产生的国与国之间的债权债务的经济活动。国际结算基本上可分为贸易结算和非贸易结算两种。

国际结算方式主要有汇款、托收、信用证等。其中，资金从付款的一方转移到收款的一方，由付款方主动付款的，叫作顺汇，又称汇付法；由收款方主动索取的，叫作逆汇，又称出票法。汇款属顺汇，托收、信用证属逆汇。

1. 汇款

汇款结算方式是为了解决现金结算的困难而发展起来的，它利用汇票或电汇、信汇委托书等，为处在不同国家或地区的进出口商清结相互间的债权债务关系。汇款结算业务流程如图 9-8 所示。

图9-8 汇款结算业务流程

2. 托收

采用托收结算方式，出口商按合同要求发货，备齐单据后即开立汇票，将汇票与单据交给银行，以便向进口商提示请求付款，出口地银行（托收行）接受委托后，再委托一家进口地银行（代收行）向进口商（汇款人）交单。进口商付款后，代收行可根据托收行的指示汇出货款，托收行收款后再付给出口商。托收结算业务流程如图 9-9 所示。

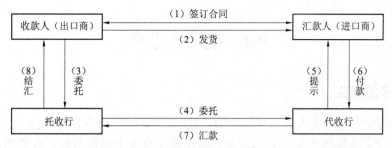

图9-9　托收结算业务流程

9.3　委托代理业务

9.3.1　委托代理业务的种类

委托代理业务是指商业银行接受政府、企事业单位、其他金融机构和个人的委托，以代理人的身份办理客户交办的经济事务的业务。目前我国商业银行的代理业务包括以下几个方面。

（1）代收代付业务，指商业银行接受客户的委托代为办理指定款项的收付事宜的业务。如代理各项公用事业收费、代发工资等。

（2）代理证券业务，指银行接受委托办理的代理发行、兑付、买卖各类有价证券的业务，还包括接受委托代办债券还本付息、代发股票红利、代理证券资金清算等业务。

（3）代保管业务，主要指商业银行保管箱业务。

（4）代理保险业务，指受保险公司委托代其办理保险业务的业务。一般包括代售保单业务和代付保险金业务。

（5）代理银行业务，包括：代理商业银行业务。指商业银行之间相互代理的业务。如为委托行办理支票托收等业务。代理政策性银行业务。指商业银行受政策性银行委托，代为办理政策性银行因服务功能和网点设置等方面的限制而无法办理的业务，包括代理贷款项目管理等。代理中国人民银行业务。主要指财政性存款代理业务、国库代理业务、发行库代理业务、金银代理业务。

9.3.2　委托收款业务流程

委托收款是委托代理业务中较常见的一种，其业务流程如图 9-10 所示。

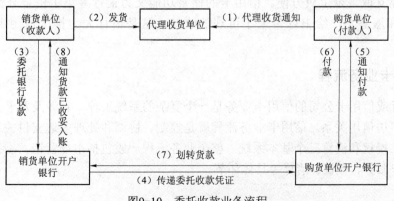

图9-10　委托收款业务流程

9.4　信用卡业务

9.4.1　信用卡的定义

信用卡是商业银行向个人和单位发行的，凭此向特约单位购物、消费和向银行存取现金，具有消费信用的特制载体卡片，其形式是一张正面印有发卡银行名称、有效期、号码、持卡人姓名等内容，背面有磁条、签名条的卡片。

信用卡分为借记卡、贷记卡和准贷记卡。借记卡是指先存款后消费（没有透支功能）的银行卡。借记卡的功能包括转账结算、存取现金、购物消费等基本功能。贷记卡是指银行发行的、并给予持卡人一定信用额度，持卡人可在信用额度内先消费后还款的信用卡。准贷记卡是指银行发行的，持卡人按要求交存一定金额的备用金，当备用金账户余额不足支付时，可在规定的信用额度内透支的信用卡。而我们平常所说的信用卡，一般单指贷记卡。

9.4.2　信用卡的功能

1. 支付功能

支付功能是信用卡最基本的功能。支付功能是指信用卡可以代替现金，持卡人凭卡可以到特约商户购物或消费。从这个意义上讲，信用卡是银行创造的信用流通工具，属于广义的货币范畴。

2. 结算功能

持卡人凭卡办理转账结算，到异地采购采用信用卡结算方式，比其他结算方式具有方便、快捷的优越性。

3. 消费信贷功能

信用卡是一种消费信贷工具。持卡人在自己的账户存款不足以支付时，可以在银行信用限额内透支，即先消费后补款，发卡银行以贷款方式为持卡人提供信贷服务，持卡人按贷款期限和利率在约定的时间内以存款方式偿还贷款。如国际上著名的万事达卡（Master Card）和维萨卡（VISA）都属于具有消费功能的贷记卡。

4. 储蓄功能

持卡人通过信用卡将自己的货币存入银行，获得利息收入，并且可凭卡通存通兑，自动存取款，在支取现金上更方便。信用卡的储蓄功能又为银行筹集了资金来源，并通过收取贷款利息和服务费，给银行带来了可观的收益，这是银行大力推广信用卡业务的内在动力。

9.4.3　信用卡业务流程

商业银行或信用卡公司的信用卡业务是一个复杂的系统工程，它涉及发卡人、持卡人和特约商户等多边信用关系。信用卡业务流程就是控制、协调和处理多边支付关系的过程，主要分为发行、授权和清算三个基本系统。整个业务流程一般包括市场营销、委托代理行、办理发卡、客户服务、授权、清算等具体环节。

1. 指定和委托代理行

信用卡机构要选择具有条件的营业机构作为信用卡的代理机构，办理信用卡的存款、取款、转让和收单等业务，实现信用卡业务联营。

2. 发卡

1）申请与审批

客户办理信用卡要携带有效身份证件到发卡银行填写申请书，或发卡银行将申请书寄给潜在持卡客户，以吸引他们申请。对收到的申请书，发卡行要对其项目、内容进行认真审查，确保真实、准确、完整。同时，对担保人说明担保责任，确定持卡人的资信状况。

2）开立账户与制卡

经审查核实后，对同意发卡的，根据申请的批示，将有关资料输入电脑，按有关会计制度设立账户。打卡人员制作磁卡，将卡交客户。将信用卡交付客户的同时，告知信用卡的一些特点。接受客户的各种咨询。

3. 授权

授权是发卡银行的信用卡授权机构，受理特约商家、取现网点、异地信用卡收单行的授权请求，处理信用卡交易的清分、对账、查询查复、业务统计、止付名单管理等业务。授权系统通过自动授权网络和人工电话授权来完成。

4. 清算信用卡的资金

清算是指发卡银行与代理行之间代收、代付信用卡资金的结算，包括收单行与特约商户、收单行与营业网点、收单行与 ATM、收单行与发卡行之间相互的资金往来清算。发卡行同时又是收单行的，凭持卡人在商店消费的签购单，向商店付款，扣除一定比例的佣金费用。他行发卡本地收单的，收单行凭签购单向商店付款后，与发卡行办理资金清算。发卡行应定期向持卡人发出月结单，持卡人应视存款余额情况补充存款或偿还贷款。

9.5　私人银行业务

9.5.1　私人银行业务的含义

在国外，私人银行业务通常是指商业银行面向社会富裕人士提供的以财富管理为核心的专业化的一揽子高层次金融服务。根据客户量身定做投资产品，对客户及家人、孩子提供合理避税、信托计划、教育规划、移民计划等服务，其服务渗透到客户生活的每一阶段。

在我国，私人银行业务是指商业银行与特定客户在充分沟通协商的基础上，签订有关投资和资产管理合同，客户全权委托商业银行按照合同约定的投资计划、投资范围和投资方式，代理客户进行有关投资和资产管理操作的综合委托投资服务。以上私人银行服务被视为个人理财业务中的一种综合委托投资服务，而不包括个人理财顾问服务。

9.5.2　私人银行业务与一般零售银行业务的区别

1. 服务对象不同

私人银行业务是专门针对富人的需求提供的系列服务，客户门槛较高。同时私人银行还服务于客户的企业，并可对客户的家族财富和家务提供全方位的服务。

2. 服务内容不同

私人银行业务具有多元化的产品结构与服务内容。可谓是从出生到今生再到身后的全方位、全时空的金融服务。

3. 服务人员不同

私人银行客户需要个性化、综合化的金融服务，一般银行从业人员无法胜任此类职业要求。私人银行业务的客户经理必须是精通个人及企业财富管理、保险、税收和不动产策划、法律及会计等多领域的复合型人才，他们不仅需要具备扎实的理论功底，更要亲历经济周期的实战考验。比如英国巴克莱银行要求私人银行客户经理是"具有 15 年以上的资历，亲身体验过经济景气循环的人"。

4. 服务场所不同

一般零售银行业务往往在分支行的理财室内进行，场所公开度较高。私人银行客户则注重财富的隐私性，国内的富裕人士则有更强的隐秘意识。所以提供私人银行服务的空间要格外注意隐秘性。甚至更多时候，私人银行业务由专属客户经理登门拜访进行服务。

5. 业务风险不同

私人银行业务大都属于中间业务和投资业务，银行面临的风险主要是法律纠纷、声誉风险和洗钱风险，因此私人银行必须更加关注风险管理。

9.5.3　私人银行业务的类型

1. 在岸和离岸私人银行业务

私人银行业务可分为在岸业务及离岸业务。在岸业务是指客户的主要居住国提供的产品和服务。相反，离岸业务是指客户将他们的资产放在主要居住国以外进行管理。选择离岸业务的原因主要有：对税收的考虑、在岸市场上没有高端富裕人群所需要的金融产品和服务、对居住国金融市场或政府缺乏信任等。

2. 关系导向和利润导向的私人银行业务

英美国家的私人银行多采取利润导向的战略，而欧美大陆的私人银行更注重关系和信任。

3. 全权资产管理和仅提供投资咨询的私人银行业务

传统上，客户授权给私人银行全权管理资产，但现在越来越多的客户倾向于自主投资，私人银行只负责提供投资咨询建议。

9.5.4　私人银行的业务流程

商业银行要对私人银行客户设置专门的团队，团队中包括绩效评估师、投资经理、金融分析师等，还需要外部资源的配合与支持，如不动产投资研究机构、税务机构、慈善机构、收藏鉴定机构、拍卖行等。投资经理需与私人银行投资者协商，实行专业化管理，要将财产进行组合投资，涉及股票、债券、期货期权、基金、信托、不动产、直接投资、继承和遗产规划、税务规划、收藏品或贵金属投资等。私人银行的业务流程如图 9-11 所示。

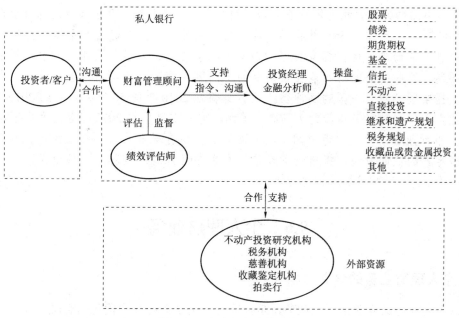

图9-11　私人银行业务流程

专栏

瑞士的银行为全球管钱

瑞士的手表为世界管时间，而瑞士的银行为全球管钱。这片4万多平方公里的土地上，存放着全球近1/3的私人资本。在瑞士，平均1 400多人就拥有一家银行办事机构，而且很大部分是私人银行。走在日内瓦的柯拉托利街上，请留意11号门牌的石造建筑。虽然看不到招牌，但那就是瑞士最古老、规模最大的私人银行之———隆奥达亨银行。推开大门，两位身着宫廷侍者般深蓝色制服的老先生会很绅士地前来迎接你。这家银行管理着1 700亿美元的资产，至今运作了210多年。事实上，瑞士私人银行几乎都是绵延了数百年的家族世袭银行，在法律上属于合伙人制度。若银行倒闭，银行家会以全部家族资产抵押，保护客户利益。合伙人制度要求经营者对客户利益担当"无限责任"，这也是他们与瑞银、花旗等大型金融集团的主要区别。"你交给隆奥达亨银行20万元，我们不希望你产生损失，而要在保存财富同时略有增长。"隆奥达亨银行亚洲董事总经理叶峯立说，"我们的理念不是让客户更富有，而是保存财富。"

从骨子里散发的谨慎和低调，与其起源有关。坊间一种说法是，16世纪中，被驱逐的商人因追随宗教改革领袖而到日内瓦，成为第一代瑞士私人银行家。兵荒马乱的年代，私密性极强的服务受到欧洲贵族的欢迎。后来的私人银行业务也把这种谨慎和高度保密特色传承了下来。但世界上是不存在一家"瑞士银行"的。通常所说"瑞士银行"，是瑞士所有银行的统称，包括瑞士宝胜银行、瑞士联合银行、苏黎世银行、瑞士瑞信银行等大型私人银行。作为目前最大的私人银行集团，瑞士宝胜银行在全球约40个城市雇佣逾3 500名员工。

这家神秘的银行，正在朝中国走来。中国市场仍然相当封闭。目前瑞士宝胜银行仅在上海有一间小小的办公室。私人银行业务需要相对宽泛的产品线，几乎涉及全部金融产品，从最基本的存贷业务到信用卡、结构性产品、共同基金、按揭、财富传承等。宝胜银行的客户经理来自上流阶层，他们拥有良好的教育及社会背景，金融、法律、艺术、医学等，几乎无所不通。这些一个电话就能在最短时间上门服务的客户经理们，也开始关注中国富人的喜好。据宝胜调研，中国的高净值人士预计将从 2010 年的 50 万人增长到 2015 年的 140 万人，此类人群的财富平均值约为 500 万美元。瑞士宝胜已在 2013 年 8 月和中国银行签署关于私人银行业务的协议。为中国市场而激动的，还有瑞士的嘉盛莱宝银行。他们不惜违背 170 多年来的低调做法，将市场营销信息发布在巨大的广告牌上，只为吸引中国的富人客户。

9.6　个人理财业务

9.6.1　个人理财业务的含义

个人理财业务又称财富管理业务，是指银行利用掌握的客户信息与金融产品，分析客户自身财务状况，通过了解和发掘客户需求，制定客户财务管理目标和计划，并帮助选择金融产品以实现客户理财目标的一系列服务过程。

9.6.2　个人理财业务的种类

1. 根据本金与收益是否保证划分

1）保证收益理财计划

保证收益理财计划是指商业银行按照约定条件向客户承诺支付最低收益并承担相关风险，其他投资收益由银行和客户按照合同约定分配，并共同承担相关投资风险的理财计划。保证收益产品包含以下两类。

（1）保证固定收益产品。指银行按照合同约定的事项向投资者支付全额本金和固定收益的产品。投资者到期获得固定收益，投资风险全由银行承担。这类风险发生的概率较低。

（2）保证最低收益产品。指银行按照合同约定事项支付投资者全额本金、最低固定收益及其他或有投资收益的产品。这类产品主要特点为银行承诺支付最低收益，这部分收益所产生的风险由银行承担；其他或有投资收益则按合同约定进行分配，投资者需承担这部分收益为零的风险。

2）保本浮动收益理财计划

保本浮动收益理财计划是商业银行按照约定条件向客户保证本金支付，本金以外的投资风险由客户承担，并依据投资收益确定客户实际收益的理财计划。具体的保本浮动收益又分很多种，比如保本信托产品，保本挂钩股票、商品指数等。收益是与汇率、利率、债券及基金指数等金融市场参数挂钩的。它的风险主要来自于衍生产品。

3）非保本浮动收益产品

随着理财市场的发展，非保本浮动收益产品渐渐引人注目，所谓非保本浮动收益产品，就是那些不保证本金收益率浮动（比保本产品收益率高）的产品，目前市场上基本上有以下几种：QDII、打新股和基金宝。其中 QDII 是一项投资制度，表现为让国内投资者直接参与国外的市场,并获取全球市场收益。大部分银行 QDII 产品认购门槛为几万元甚至几十万元人民币。打新股与基金宝则投资于国内证券市场,属于牛市可遇,熊市不可期。

2. 按照投资方式与方向不同划分

不同的投资策略对应截然不同的投资产品。债券类产品、新股申购类产品、银信合作产品、QDII 产品、结构性产品等,是我们经常听到和看到的说法。表 9-1 是部分产品的一系列比较。

表9-1 个人理财业务产品种类(按照投资方式划分)

产品类型	产品介绍	产品特点	适合投资人群
债券与货币市场类产品	主要投资于国债、央行票据、政策性金融债等非信用类工具,也投资于企业债、企业短期融资券、资产支持证券等信用类工具	投资标的风险较低,收益比较固定	一种是投资风格较保守的投资者,可以低风险获得较定期储蓄高的收益;另一种是做了投资组合的投资者,可用此类产品降低组合风险
信托类产品	投资于商业银行或其他信用等级较高的金融机构担保、回购的信托产品或商业银行优良信贷资产收益权信托产品	虽然产品不保本,但产品收益较为稳定,风险相对较小	适合追求高收益,有较强风险承受能力的投资者
结构性产品	以拆解或组合衍生性金融产品如股票、利率、指数等,或搭配零息债券的方式组合而成的各种不同回报形态的金融产品	一般不以理财本金作投资,仅用利息部分,大多为100%保本,产品收益与挂钩标的有某种关系,通过公式等反映在合同上	适合追求高收益,有较强风险承受能力的投资者
新股申购类产品	集合投资者资金,通过机构投资者参与网下申购提高中签率	产品不保本,直接和新股申购获利有关,风险中等	适合想参与股票市场但是又不具备投资资本市场知识或时间或是厌恶炒股风险的投资者
QDII产品	取得代客境外理财业务资格的商业银行接受投资者的委托,将人民币兑成外币,投资于海外资本市场,到期后将本金及收益结汇后返还给投资者	产品一般不保本,多为投资港股、欧美股票、商品基金,资金全额投资该类标的,风险相对较大	对直接参与海外市场有信心,能够承受本金损失风险的投资者

专栏

商业银行个人理财业务的管理机构

根据个人理财业务的客户层级划分,美国的大型商业银行通常将个人理财业务分设在三个机构中分别进行管理。

(一)一般消费者客户的个人理财业务管理:消费者银行业务部

负责普及式个人理财业务管理的机构一般都是银行的零售银行业务部或称消费者银行业

务部，多数情况下也负责个人理财具体业务的执行。按照一般操作，消费者银行业务部根据对本行零售客户主体银行账户活动的分析，提出普及式的个人理财业务的方案设计，并与住房抵押贷款部、汽车信贷部和信用卡部共同讨论研究，最后制订出业务计划和产品。在很多情况下，普及式的个人理财业务与消费者银行业务部的日常业务工作不做严格的区分，二者融合在一起，以提供更周到服务的形式展现给客户。必要时，住房抵押贷款部、汽车信贷部和信用卡部也可以不经过消费者银行业务部的协调，自行设计和推出本部门独特的个人理财业务和产品，经由本部门的业务渠道介绍给客户。

（二）富裕消费者客户的个人理财业务管理：建立客户经理窗口

由于富裕消费者客户对投资业务和保险业务都有需求，而对这些个人理财业务的经营和管理通常已经超出了消费者银行业务部的业务范围和管理范围。为了解决这一问题，消费者银行业务部引入了公司银行业务部普遍使用的客户经理制，在富裕客户、投资保险产品和业务经营之间建起一个连接的窗口，由客户经理前面应对富裕消费者，聆听他们的具体消费需求，后面寻求投资、保险产品和服务的具体支持，并根据需求和供给两者之间的具体状态，完成具体产品和服务的销售。消费者银行业务部设立客户经理岗位，多半也要设置单独的机构进行管理。但对银行来说，为富裕消费者提供特殊服务的客户经理通常都不特定，一位客户经理也许要为相当数量的客户提供服务。对富裕消费者来说，他们在银行账户、住房信贷、汽车信贷和信用卡等领域的消费需求通常都在普及化个人理财的基础上得到满足，而对投资保险的消费需求，则能够感受到银行是在个性化个人理财基础上经由客户经理的帮助得到满足。这一服务模式对于他们来说是完全能够接受的。

（三）私人银行客户的个人理财业务管理：私人银行部

根据前述分析，银行为了获取高额利润，将银行所掌握的资源向少数客户做高度倾斜式的集中使用。最典型的就是大型银行的私人银行业务部门。私人银行业务部配备的客户经理，或称私人银行家，需要一手代表银行与这些重要的客户进行交易和沟通，另一手代表其客户与银行的其他部门进行协调和平衡。其他部门接触不到的许多业务机会和资料信息，私人银行业务部门却能够掌握并提供给客户。

9.6.3 个人理财业务的风险管理

1. 对理财产品进行风险评级

中国银监会正式印发的《商业银行理财产品销售管理办法》规定，商业银行应当对拟销售的理财产品自主进行风险评级。理财产品风险评级结果应由低到高至少包括五个等级。

2. 销售理财产品实行报告制

《商业银行理财产品销售管理办法》规定，在报告期间，不得对报告的理财产品开展宣传销售活动。商业银行总行或授权分支机构开发设计的理财产品，应当由商业银行总行负责报告，报告材料应当经商业银行主管理财业务的高级管理人员审核批准。商业银行总行应当在销售前 10 日，将材料向中国银监会负责法人机构监管的部门或属地银监局报告。

3. 对理财产品进行全过程风险管理

个人理财业务的风险管理应当是贯穿于个人理财业务整个过程的，包括产品研发、设计、销售、运营管理、信息披露、售后服务等全过程的、全面的风险管理。如同环环相扣的紧密链条，每个环节必须切实发挥各自的作用，整个风险管理体系才可能正常运转。

（1）建立覆盖个人理财业务各环节的全面的风险控制体系。包括设立各有侧重、分工明确、相互支撑的风险管理架构，进一步完善内部控制制度，建立科学的风险管理信息系统，加强技术支持，对风险进行有效控制。

（2）在考核机制上，改变按产品销售情况进行考核的方式，引入按客户整体金融消费给银行带来的利润指标，激励客户经理将客户需求摆在第一位，自觉加强风险管理。

（3）制定个人长期规划，加强专业人才队伍建设，从业人员接受持续的后续培训，建立合理的考核晋升机制，从而提高从业人员素质。

9.7　其他中间业务

9.7.1　汇兑业务

汇兑又称汇兑结算，是指企业（汇款人）委托银行将其款项支付给收款人的结算方式。这种方式便于汇款人向异地的收款人主动付款，适用范围十分广泛。

9.7.2　信托与租赁业务

租赁是指出租人将自己的财物按契约规定出租给承租人使用，承租人按期交纳租金的经济行为。商业银行的租赁业务是一种金融租赁，是指由银行出资金购买设备再出租给承租人使用并定期收取租金的行为。租赁业务既体现出租人与承租人之间的信用关系，又是一种租赁关系。它既是商业银行的资金运用业务，又是一种金融中介服务业务。

信托业务是指商业银行代理他人运用资金、买卖证券、发行证券、管理财产的一种信用委托业务。西方国家的大型商业银行普遍经营信托业务，我国有关法律规定商业银行不得从事信托业务。

我国商业银行的信托租赁业务通过建立信托租赁子公司实现。

9.7.3　保管箱出租业务

1. 保管箱出租业务含义

保管箱出租业务是指商业银行将有类似于保险箱功能的箱体，租赁于租用人存放物品并收取报酬的业务。保管箱出租业务是商业银行接受租用人的委托，遵照《中华人民共和国商业银行法》等法律、法规及自定的条款，遵照商业银行和租用人双方商定的条件和约定，以出租保管箱的形式，代客户保管文件、有价证券及贵重物品的服务项目。

2. 保管箱出租业务的种类

1）按箱型规格划分

共分三种保管箱类型，分别是人工保管箱、移动保管箱、全自动保管箱。

2）按租用人数划分

分为单人租用、多人合租（最多不超过 2 人）。多人合租时，各租用人需同时到场办理申请手续。

3）按照业务程序不同划分

分为机械双头锁式和无线式电脑型两种。机械双头锁式的保管箱业务，要求客户必须留存密码及有效身份证件信息，客户凭密码及有效身份证件原件通过银行验证后办理保管箱业务。无线式电脑型的保管箱业务，要求客户必须留存活体指纹或密码及有效身份证件的信息，客户凭指纹或密码及有效身份证件原件验证身份办理保管箱业务。

3. 保管箱出租业务的操作要点

保管箱出租业务的操作要点如下：① 办理保管箱出租业务的支行，在保管箱出租业务开业前，依据《中华人民共和国商业银行法》向当地中央银行报备。② 商业银行在具体办理保管箱出租业务时，必须和租用人签订有关租赁合同。在合同中，明确约定双方当事人的权利和义务，以及特别约定。③ 保管箱租赁期间，在双方当事人约定的时间内，商业银行将转移保管箱的使用权而非所有权，并在约定的时间里取得一定的报酬。

4. 银行清箱

商业银行是企业法人，开办保管箱业务也是以盈利为目的的。客户逾期不办理保管箱的退租或续租手续，银行如果不清箱，则让保管箱长期无偿被客户占用，造成设备及设施资源的闲置和浪费，影响银行的经济效益。

5. 银行对保管物品的处置

客户租赁期满，既不交租也不退租，银行能否将保管箱内的物品拿出来进行处置，用处置存物的价款来充抵客户所欠的租金呢？这类似于法律上规定的留置权。然而，依照我国《担保法》和《合同法》的规定，留置权是因保管合同、仓储合同、运输合同、加工承揽合同发生的债权，当债务人不按合同约定的期限履行债务时，债权人有权留置该财产，以该财产折价或者拍卖、变卖该财产的价款优先受偿。但租赁合同不在其中，也就是说，在保管箱合同中，银行不享有我国法定的留置权。

6. 保管箱出租业务的管理

1）设备及人员配置要适当

银行有关保管箱出租业务的设备及人员配置，应与自己金库的保护设备及人员相当。细而言之，银行应按保护自己金库的保护设备及人员要求，作为保管箱出租业务的安全保护标准。即使银行保管箱的保护设备和人员达到了标准，除地震、水灾等不可抗力外，银行均应承担赔偿责任。

2）银行和客户为保管箱被窃负共同举证责任

银行和客户应为保管箱的被窃负共同举证责任。银行负责对被窃经过向公安部门的现场勘查笔录事项举证，客户负责对保管物品的来源、品名、数量、价值等举证。

3）实行以银行为投保人，以客户为被保险人及收益人的保险制度

由于客户在保管箱内存放的物品价值难以评估和证明，从而造成客户的权益难以保障，为了改变这种状况，有必要实行保险制度。具体做法是：银行为投保人，客户为被保险人及受益人，由客户提出保险金额并承担保费。遭遇保管箱失窃案件时，客户应登记申报物品及估价，保险公司则按保险金额给付理赔。上述客户登记的物品应向公安部门办理报案手续，所有权仍属于客户，不丧失所有权。如果失窃物品被追回，保险人可就其理赔给付向受领人追偿相当数额。这样做，一方面，银行对保管箱被盗、被劫承担了赔偿责任，客户的损失得到了补偿；另一方面，被盗、被劫的风险转嫁给了保险公司，假如没有发生被盗、被劫事故，保险公司则获得保费收益。

4）完善保管合同

一方面，在合同中约定客户缴纳一定数额的保证金，租用人退租可凭保证金收据取回保证金。如租赁逾期租户未续交租费，银行有权停止开箱，并从其保证金项下扣缴租费。这种保证金额又称押租。出租人取得押租，在租赁关系终了，承租人返还租赁物时，如承租人有租金或其他债务不履行，出租人可以扣去相应金额，只就其差额返还给承租人。押租的目的在于担保承租人租赁债务上的履行。就保管箱而言，主要是迟延租金及银行在租用人逾期经催告仍不退租或续租时费用的支出。另一方面，约定客户租赁到期后一段合理时间（如 3 个月、6 个月等）里如未能办理退租或续租手续的，银行有权邀请公证部门办理凿箱，若欠交租金的，银行有权留置保管物，并以该保管物折价或者拍卖、变卖的价款优先受偿，多余部分应当返还客户或者提存。依照传统民法理论应当允许在法无明定时双方当事人自行创设彼此间的权利与义务，这正是契约自由的体现。

5）与法院协商，破箱损失从申请执行费中支付

根据我国法律规定，申请执行者在向人民法院申请强制执行时，应预交申请执行费，在执行过程中发生的费用由执行方先行承担，否则，强制执行程序无法启动。因此，人民法院为执行案件而采取搜查银行保管箱带来的损失应由申请执行人承担，以便银行及时修复保管箱。最后，由申请执行人向被执行人追索。

6）对于与案件无关物品的保管处理

对于与案件无关物品的保管，应由被执行人自行处理，也可以再与银行另行签订租赁保管箱合同重租保管箱存放；被执行人不到场无法联系的，可由银行暂保管或提存，费用由被执行人承担。

7）建立风险准备金制度

商业银行可根据保管箱业务收入额的一定比例，计提风险准备金，实行专款专用，专项管理，增强抵御风险能力。

9.7.4　投资银行业务

金融混业经营已经成为当代商业银行的重要特征。投资银行业务包括进行证券发行、经济咨询、风险投资、企业并购、金融工程、项目融资等内容。

商业银行开展投资银行业务的途径较多。

1. 与贷款和债券融资业务相关的投资银行业务

1）短期融资券业务

短期融资券指依照人民银行《短期融资券管理办法》规定的条件和程序，在银行间债券市场发行和交易并约定在一定期限内还本付息的有价证券，具有降低企业的融资成本，拓宽企业的融资渠道及灵活性强等优点。与之类似，国际债券是境内银行与境外银行合作，帮助境内借款人在国际证券市场发行以外国货币为面值的债券。

2）资产证券化业务

资产证券化是指将可以产生稳定可预见未来现金流的资产，按照某种共同特点汇集成为一个组合，再通过一定技术将这个组合转化为可在资本市场上流通的证券的过程。目前国内资产证券化分为信贷资产证券化和企业资产证券化两种。资产证券化可以规避利率市场化和资金脱媒化带来的负面影响，解决商业银行贷款资金来源的问题。2005 年 12 月，建设银行

发行了国内首笔住房抵押贷款支持证券，实现了我国资产证券化零的突破。

3）项目融资与银团贷款

项目融资是指项目发起人为该项目筹资和经营而成立一家项目公司，由项目公司承担贷款，以项目公司的现金流量和收益作为还款来源，以项目的资产或权益作抵（质）押而取得的一种无追索权或有限追索权的贷款方式。项目融资主要用于需要巨额资金、投资风险大而传统融资方式又难以满足需求但现金流量稳定的工程项目，如天然气、煤炭、石油等自然资源的开发，以及运输、电力、农林、电子、公用事业等大型工程建设项目。商业银行可以和与项目相关的政府机关、金融机构、投资者及项目发起人等密切联系，协调律师、会计师、工程师等一起进行项目可行性研究，协助项目发起人完成项目的研究、组织和评估，设计项目结构和融资方案，协助项目有关方进行项目协议和融资协议的谈判，起草有关法律文件，等等。最后通过发行债券、基金、股票或拆借、拍卖、抵押贷款等形式组织项目投资所需的资金融通。

银团贷款是许多西方投资银行的主要业务品种，银团贷款与证券承销的业务操作程序相近，这一特点决定了商业银行在分业经营的监管体制下积累承销经验具有特殊的意义。通过牵头组织银团贷款，商业银行可以增强为大型优质企业提供信贷服务的能力，拓展与企业合作的空间，并带动其上下游企业的金融服务。

2. 财务顾问

财务顾问可以分为企业财务顾问和政府财务顾问两类。

1）企业财务顾问

主要为客户的资本运作、资产管理、债务管理等活动提供一揽子解决方案，帮助客户降低融资成本，提高资金利用效率和投资收益，改进财务管理。特别是在企业的并购和重组中，能够发挥巨大的作用。我国已经成为全球收购兼并与重组业务的一个新兴市场。

2）政府财务顾问

政府是商业银行的特殊客户。政府可以为银行提供以大型基础建设为代表的良好商机和创造良好的法制、信用环境。商业银行需要恰当地处理与政府的关系，建立起符合市场经济规范要求的银政关系。

3. 财富管理

商业银行可以为目标客户提供基于传统的支付结算业务之上的财富管理业务，通过专业化的资金管理、外汇交易服务、头寸管理、风险管理、财务管理、投资组合设计等多种服务，解决客户全方位的金融需求，与他们建立"关系客户"与"关系银行"的关系。

9.8 商业银行表外业务

9.8.1 表外业务的种类

2011年3月银监会印发的《商业银行表外业务风险管理指引》将表外业务界定为：表外业务是指商业银行从事的，按照现行的会计准则不计入资产负债表内，不形成现实资产负债，但有可能引起损益变动的业务，包括担保类、部分承诺类两种类型业务。担保类业务是指商业银行接受客户的委托对第三方承担责任的业务，包括担保（保函）、备用信用证、跟单信用证、承兑等。承诺类业务是指商业银行在未来某一日期按照事先约定的条件向客户提供约定的信用业务，包括贷款承诺等。

1. 担保业务

1）担保的定义

担保是指受合同双方当事人（即委托人）的请求，受托人以担保人的身份向合同的受益人出具书面保证，保证在委托人不能履行债务或合同义务时，受托人承担赔偿责任。银行作为受托人出具的书面担保称为银行担保，由此形成了商业银行的担保业务。

2）担保业务的种类

（1）履约担保。

履约担保是银行应委托人（保函申请人）的请求，向受益人出具的保证委托人履行合同的书面担保。担保银行保证在委托人违约时进行赔偿。

（2）投标担保。

投标担保是指银行应投标人（保函申请人）的请求，向招标人（保函受益人）开立的一种书面担保。保证如果投标人中标而不签约，担保银行向招标人进行赔偿。担保金额一般为投标报价的 1% ～ 5%。

以上两种担保通常用于国际工程承包业务中，可统称为合约担保。

（3）还款担保。

还款担保是贷款人要求借款人提供的由银行出具的承诺在借款人不能如期偿还贷款本息时，担保银行偿还贷款本息的担保书。它是我国企业向境外筹资时，我方银行常用的一种保函。

（4）付款担保。

付款担保是银行应进口方的要求向出口方开具的保函，当进口方不履行付款责任时，由担保银行付款。此种担保在国际贸易中常用，其作用与跟单信用证基本相同。

申请人委托银行开具保函时，应提交《开立保函申请书》，详细说明开具保函的原因及条件。银行接受委托可开具保函，保函中规定了担保人应承担的责任和受益人的索赔条件等。保函开出后，意味着银行代替申请人对外承担了偿付义务，双方确立了一种信用关系。如果委托人不能履行合约，担保银行必须负责赔偿。担保银行为了保证在赔偿后向委托人取得偿付，往往要求委托人提供担保，即所谓的反担保，可采用资金、动产或不动产作抵押的方式。如经担保银行同意，客户也可在申请书中写明作贷款处理的条款，不另办反担保。

（5）备用信用证。

备用信用证又称担保信用证，是指银行对受益人提供担保的一种特殊信用证。银行接受申请人的委托承担汇票义务，当受益人出示汇票和表明备用信用证的申请人未能履约的书面证明时，银行即予赔偿。

备用信用证作为一种特殊信用证，实质上是对汇票受益人的一种担保。具体讲，备用信用证是银行代表客户以信用证形式开出的向第三者保证必须履行债务的不可撤销的信用证。当客户不履行债务时，银行须代客户履行支付债务的责任。

补充资料

备用信用证的种类

备用信用证的种类很多，根据在基础交易中备用信用证的不同作用主要可分为以下 8 类。

1. 履约保证备用信用证——支持一项除支付金钱以外的义务的履行，包括对由于申请人在基础交易中违约所致损失的赔偿。

2. 预付款保证备用信用证——用于担保申请人对受益人的预付款所应承担的义务和责任。这种备用信用证通常用于国际工程承包项目中业主向承包人支付的合同总价10%～25%的工程预付款，以及进出口贸易中进口商向出口商支付的预付款。

3. 反担保备用信用证——又称对开备用信用证，它支持反担保备用信用证受益人所开立的另外的备用信用证或其他承诺。

4. 融资保证备用信用证——支持付款义务，包括对借款的偿还义务的任何证明性文件。目前外商投资企业用以抵押人民币贷款的备用信用证就属于融资保证备用信用证。

5. 投标备用信用证——它用于担保申请人中标后执行合同义务和责任，若投标人未能履行合同，开证人必须按备用信用证的规定向收益人履行赔款义务。投标备用信用证的金额一般为投标报价的1%～5%（具体比例视招标文件规定而定）。

6. 直接付款备用信用证——用于担保到期付款，尤指到期没有任何违约时支付本金和利息。其已经突破了备用信用证备而不用的传统担保性质，主要用于担保企业发行债券或订立债务契约时的到期支付本息义务。

7. 保险备用信用证——支持申请人的保险或再保险义务。

8. 商业备用信用证——它是指如不能以其他方式付款，为申请人对货物或服务的付款义务进行保证。

2. 承诺业务

1）承诺的定义

承诺是法律上的一种契约，是指银行向客户许诺对未来交易承担某种信用责任。承诺与承担现行风险的担保不同，它只会在未来某个时候使银行面临风险。

2）承诺业务的种类

承诺业务主要指贷款承诺。

贷款承诺是法律上的一种约束，即银行许诺保证在未来一定时期内履行对客户按双方商定条件发放约定金额贷款。根据贷款承诺协议，银行在承诺期内向客户收取承诺费，不必负担其他任何成本。贷款承诺包括可撤销贷款承诺和不可撤销贷款承诺两种形式。

（1）可撤销贷款承诺。可撤销贷款承诺主要有信用额度和信用透支两种方式。信用额度是一种由银行在一定时期内向客户提供贷款融资的最高限额的承诺。用于满足客户季节性、临时性资金的需要，并允许客户在信用额度内循环借贷。信用透支是银行允许客户在一定限额之内超过账户余额进行支付。可撤销贷款承诺在借贷承诺合同上附有特别条款，规定客户必须履行的义务和条件，如在承诺期内客户没有达到规定的条件或未履行义务，银行有权撤销承诺。

（2）不可撤销贷款承诺。不可撤销贷款承诺包括回购协议和包销承诺。回购协议是一种约定，即银行向第三者出售一定数量的贷款、证券或固定资产，并承诺在一定时期后购回所出售的资产，这种承诺是不可撤销的，具有法律上的约束力。除回购协议外，还有逆回购协议，这也是一种约定，是希望获得利息或借入证券的现金持有人，同意以贷出现金作为购入证券和贷款的条件，但须按约定价格，在一定时期后重新售出这些证券和贷款，收回投资。包销承诺即票据发行便利，是20世纪80年代创新的重要金融工具，是由银行向客户做出的具有法律约束力的中期承诺。

票据发行便利是以债券证券化为特征而产生的一种贷款新品种，它使得投资人和筹资人可以绕过银行直接进行交易，在双方融资的过程中，商业银行常以证券承销人或债券及票据的持有人身份出现。票据发行便利的具体操作程序是：短期票据发行人（即借款人）可以在一定时期内发行一连串的票据，据以进行周转性借款，安排发行便利的银行作为承销银行，按承销合约承购票据发行人售不出去的票据来提供信用支持，从而形成了循环包销便利或购买票据便利等具体方式，其统称为循环保证融资。

票据发行便利既是一种银行承诺业务，又是银行担保业务。如果银行通过提供票据发行便利，即替票据发行人提供筹资担保，本质上就把承诺转化成了贷款担保业务了。也就是说，商业银行代借款人发行票据，然后将所筹资金交付借款人使用，一旦筹资计划不能如期实现，银行需要负责向票据发行人提供贷款用以满足其资金需要。因此，承诺、担保业务在一定条件下会转化为银行的资产业务。

9.8.2　我国商业银行衍生金融产品交易的规定

1. 市场准入的规定

依法设立的商业银行、城市信用合作社、农村信用合作社等吸收公众存款的金融机构以及政策性银行、依法设立的金融资产管理公司、信托公司、企业集团财务公司、金融租赁公司，以及经中国银监会批准设立的其他银行业金融机构从事衍生产品业务可开展衍生金融产品交易。

2. 衍生产品交易品种的规定

银行业金融机构衍生产品交易业务按照交易目的分为两类。

（1）套期保值类衍生产品交易。即银行业金融机构主动发起，为规避自有资产、负债的信用风险、市场风险或流动性风险而进行的衍生产品交易。此类交易需符合套期会计规定，并划入银行账户管理。

（2）非套期保值类衍生产品交易。即除套期保值类以外的衍生产品交易。包括由客户发起，银行业金融机构为满足客户需求提供的代客交易和银行业金融机构为对冲前述交易相关风险而进行的交易；银行业金融机构为承担做市义务持续提供市场买、卖双边价格，并按其报价与其他市场参与者进行的做市交易；银行业金融机构主动发起，运用自有资金，根据对市场走势的判断，以获利为目的进行的自营交易。此类交易划入交易账户管理。

3. 风险管理与控制的规定

在衍生金融产品交易的风险管控方面，现行管理暂行办法规定如下。

（1）银行业金融机构应当根据本机构的经营目标、资本实力、管理能力和衍生产品的风险特征，确定是否适合从事衍生产品交易及适合从事的衍生产品交易品种和规模。

（2）银行业金融机构应当按照所列衍生产品交易业务的分类，建立与所从事的衍生产品交易业务性质、规模和复杂程度相适应的、完善的、可靠的市场风险、信用风险、操作风险及法律合规风险管理体系、内部控制制度和业务处理系统，并配备履行上述风险管理、内部控制和业务处理职责所需要的具备相关业务知识和技能的工作人员。

（3）银行业金融机构董事会或其授权专业委员会应当定期对现行的衍生产品业务情况、风险管理政策和程序进行评价，确保其与机构的资本实力、管理水平一致。新产品推出频繁或系统发生重大变化时，应当相应增加评估频度。

（4）银行业金融机构从事风险计量、监测和控制的工作人员必须与从事衍生产品交易或营销的人员分开，不得相互兼任；银行业金融机构从事套期保值类与非套期保值类衍生产品交易的交易人员不得相互兼任。

★ 重要概念

中间业务　结算业务　委托代理业务　信用卡业务　私人银行业务　个人理财业务
保管箱出租业务　表外业务　担保　承诺　备用信用证　票据发行便利

思考题

1. 中间业务有哪些种类？
2. 图示商业汇票结算方式和银行汇票结算方式的流程。
3. 简述信用卡的功能。
4. 简述私人银行业务的类型及其与一般零售银行业务的区别。
5. 个人理财业务有哪些种类？
6. 简述商业银行保管箱出租业务种类。
7. 我国商业银行开展投资银行业务的主要途径是什么？
8. 表外业务有哪些种类？
9. 担保业务有哪些类型？
10. 贷款承诺的具体形式有哪些？
11. 我国对商业银行衍生金融产品交易有哪些规定？

第 *10* 章

储蓄银行运营与管理

学习目标

通过本章学习读者应当掌握：
- 储蓄银行的比较优势
- 储蓄银行存款业务的种类及相关使用条件
- 储蓄银行其他业务的相关内容
- 储蓄银行风险及特征
- 储蓄银行的内部管理机构设置

10.1   储蓄银行的比较优势

储蓄银行是吸收储蓄存款，从事贷款和投资等业务的金融服务机构。储蓄银行历史悠久，在国外大多是由互助性质的合作金融组织演变而来。改制后的中国邮政储蓄银行，已形成了以本外币储蓄存款为主要负债业务，以国内外汇兑、银行卡业务、转账业务、代理业务、兑付政府债券、代销开放式基金、提供个人存款证明服务及保管箱服务等为中间业务，以及以债券投资、大额协议存款、银团贷款、小额信贷等为主渠道的资产业务，在全国网点规模最大、网点覆盖面最广、客户最多的金融服务机构。邮政储蓄银行与其他银行类金融机构相比具有明显的比较优势，集中体现在以下几个方面。

10.1.1   营业网点优势

在我国，营业网点优势是邮政储蓄银行最大的比较优势。邮政储蓄银行的营业网点遍布城镇乡村，是我国拥有网点最多、分布区域最广的银行。即使是四大国有股份制银行中的工商银行亦无法超越，特别是超过 2/3 网点分布在农村，使得邮政储蓄银行的这一优势在农村地区表现得尤为突出。遍及全国的营业网点为邮政储蓄银行在全国范围内开展业务奠定了良好的基础。截至 2012 年 10 月底，中国邮政储蓄银行拥有营业网点 3.9 万多个，其中中西部地区网点数量超过 2.4 万个，占全行网点总数的 62%。ATM 共 4 万多台，提供电话银行、网上银行、手机银行、电视银行等电子服务渠道，服务触角遍及广袤城乡，拥有本外币账户数逾 12 亿户，客户总数近 6 亿人。

10.1.2　结算网络优势

结算网络是储蓄银行开展业务，特别是支付结算类业务的基础。早在 1995 年 10 月北京、上海、大连三个城市的邮政储蓄银行率先联入全国计算机网络，经过多年努力，目前已在全国范围内建成一个邮政储蓄联网计算机系统，覆盖了全国各大中城市和 98% 的县市地区。再加上邮政电子汇兑系统，邮政储蓄银行已成为全国最大的、覆盖全国城乡区域最广的计算机网络系统。通过这一系统，汇兑服务时限缩短到 24 个小时，并可办理即时到达的汇款服务。

10.1.3　信息优势

邮政储蓄银行的前身为邮政储蓄，长期依托邮政开展业务，邮政人员对其所负责的辖区范围内企业、居民的情况非常了解，特别是在农村地区，邮政人员每天都要往来于当地村庄，为各家农户提供服务，对农户和农村情况甚为熟悉，使得邮政储蓄银行在掌握客户信息方面比其他商业银行和非银行金融机构具有独特的信息优势，从而为其开展信贷业务防范风险打下基础。

10.1.4　资金优势

银行业是一个规模效应明显的行业。资金规模庞大的银行，不仅在吸引战略投资者方面具有优势，而且在科技投入、人才引进、业务创新等方面的优势也十分明显。邮政储蓄银行依靠遍布全国各地的营业网点，吸收资金的规模不断扩大。截至 2013 年 8 月，我国邮政储蓄存款余额达到 1.54 万亿元，仅次于四大国有股份制商业银行。

10.2　储蓄银行的存款业务

邮政储蓄银行作为我国银行的"零售银行"，个人存款业务一直在银行内的整个业务规模中占有相当大的比重，邮政储蓄银行的存款业务主要有以下几种。

10.2.1　个人存款

个人存款业务主要包括活期存款、一本通存款、个人存款证明、个人通知存款、定期存款及定活两便存款等。个人存款业务的基本内容与商业银行存款业务类似，在此不详述。

10.2.2　单位存款

单位存款主要包括：单位活期存款、单位定期存款、单位通知存款、单位协定存款等对公存款业务。

1. 单位活期存款

单位活期存款是指企事业、机关、部队、社会团体等经济实体在邮政储蓄银行开立单位结算账户。特点是不规定存期、可随时存取；不固定期限，客户存取方便。其存取主要采取现金和转账两种方式。

2. 单位定期存款

单位定期存款是企事业、机关、部队和社会团体等单位在存款时事先与银行约定期限、利率，到期支取本息的存款。单位定期存款的期限分为三个月、半年、一年、二年、三年、五年六个档次。

3. 单位通知存款

单位通知存款是存款单位不约定存期，在支取时需事先通知银行的一种人民币存款。按存款人提前通知的期限长短，分为1天通知存款和7天通知存款两个品种。客户只需以正式支取通知书提前1天或7天通知银行，约定支取日期和金额。

4. 单位协定存款

单位协定存款是客户通过与银行签订单位协定存款合同，约定期限，并商定结算账户需要保留的基本存款额度，对账户中超过该额度的存款按双方约定的协定存款利率进行单独计息的存款。单位协定存款在基本存款额度以内按结息日活期存款利率计息，超过基本存款额度的按结息日或支取日协定存款利率上限与活期存款利率之间的差额确定给付利息。

10.3　储蓄银行的贷款业务

储蓄银行的贷款业务是储蓄银行的资金运用，种类繁多，且与商业银行贷款业务有较多重合。为避免重复，这里主要介绍企业项目贷款、小企业贷款、银团贷款及个人贷款。

10.3.1　企业项目贷款

企业项目贷款，也称为项目融资或项目筹资。是以项目的资产、预期收益或权益作抵（质）押的一种无追索权或者有限追索权的债务融资。主要抵押形式包括项目经营权、项目产权和政府特别支持（具备文件）等。项目融资与普通贷款最大的区别是归还贷款的资金来自于项目本身，而不是其他来源。

1. 建设项目贷款

建设项目贷款是指邮政储蓄银行向借款人发放的，用于新建、扩建、改造、开发固定资产（不包括房地产）投资项目的贷款。建设项目贷款一般为中长期贷款，也可对项目临时周转的资金需要发放短期贷款。贷款的项目应符合国家产业政策、信贷政策和邮政储蓄银行贷款投向；应具有国家规定比例的资本金；需要政府有关部门审批的项目，须持有相关批准文件。储蓄银行的建设项目贷款优先支持交通、能源、邮电、通信等基础设施建设项目的资金需要。

2. 大型建设项目银团贷款

大型建设项目银团贷款是指邮政储蓄银行作为参与行，对借款人发放的用于新建、扩建、改造、开发大型固定资产投资项目的银团贷款。大型建设项目银团贷款一般为长期贷款，具有项目贷款和银团贷款的双重属性。

3. 专项融资

专项融资是指邮政储蓄银行开展的新农村建设基础设施专项融资业务，融资对象和用途限于信用评级高的国家级涉农公用企业和公用工程，如农村能源、公路、水利（含南水北调工程）、通信、循环经济和环境保护等基础设施建设。

10.3.2　小企业贷款

小企业贷款是邮政储蓄银行向小型企业法人客户提供的，用于企业正常生产经营的资金周转需要发放的担保贷款。小企业贷款具有申请简便、审批效率高、贷款方式灵活等特点，可以采用不动产抵押、存货质押或应收账款质押等多种担保方式。

这里我们以邮政储蓄银行的小企业动产质押贷款为例介绍小企业贷款业务，具体内容如表 10-1 所示。

表10-1　小企业动产质押贷款业务

产品定义	借款人以合法拥有的动产作为质押物质押给邮政储蓄银行，委托第三方仓储监管机构监管质押物，以质押物的销售收入作为首要还款保障的短期贷款业务。贷款资金主要用于企业正常生产经营过程中的临时性资金周转需求
适用对象	经国家工商行政管理机关核准登记的具备贷款资格的各类小企业
贷款额度	贷款金额最高可达到人民币2 000万元，具体以当地邮储分支机构规定为准
贷款期限	根据企业的合理资金需求确定，原则上最长不得超过12个月
贷款利率	中国人民银行商业贷款基准利率适当浮动
还款方式	1. 等额本息还款法；2. 按月付息；3. 阶段性等额本息还款法
贷款担保	1. 质押物范围为借款企业、企业法定代表人（及其配偶）、企业实际控制人（及其配偶）名下的动产；2. 借款人需要缴纳一定比例的保证金或提供不动产抵押作为辅助担保
办理流程	申请受理—授信调查—审查审批—合同签署—发放贷款

10.3.3　银团贷款

银团贷款是指由多家银行或非银行金融机构参加，基于相同的贷款条件，采用同一贷款协议，按商定的期限和条件向同一借款人提供的贷款。按照贷款方式的不同，银团贷款分为直接银团贷款、间接银团贷款和联合贷款。

1. 直接银团贷款

直接银团贷款是由银团各成员行委托代理行向借款人发放、收回和统一管理的银团贷款，是银团贷款的基本形式。

2. 间接银团贷款

间接银团贷款是由牵头行直接向借款人发放贷款，然后再由牵头行将参加贷款权（即贷款份额）分别转售给其他银行，全部的贷款管理及放款、收款均由牵头行负责。

3. 联合贷款

联合贷款是牵头行已经向借款人承诺贷款或授信的前提下，参与行与牵头行、客户共同签订三方协议，在牵头行的授信额度内向借款人提供融资。

邮政储蓄银行主要作为参与行，参与政策性银行、国有商业银行及股份制商业银行牵头组织的银团贷款业务。

10.3.4　个人贷款

按照借款人用途不同，个人贷款可分为个人经营性贷款和个人消费贷款两类。

1. 个人经营性贷款

个人经营性贷款种类较多，目前开办的主要有小额贷款、个人质押贷款和个人商务贷款。

1）小额贷款

小额贷款是指邮政储蓄银行向单一借款人发放的金额较小的贷款。分为以下三类。

（1）农户小额贷款，是指向农户发放的用于满足其农业种植、养殖或者其他与农村经济发展有关的生产经营活动资金需求的贷款。

（2）商户小额贷款，是指向城乡地区从事生产、贸易等活动的私营企业主（包括个人独资企业主、合伙企业个人合伙人、有限责任公司个人股东等）发放的贷款。

（3）个体工商户和城镇个体经营者贷款，是指对微小企业主发放的用于满足其生产经营资金需求的贷款。又可分为农户保证贷款、农户联保贷款、商户保证贷款和商户联保贷款。

小额贷款业务流程如图 10-1 所示。

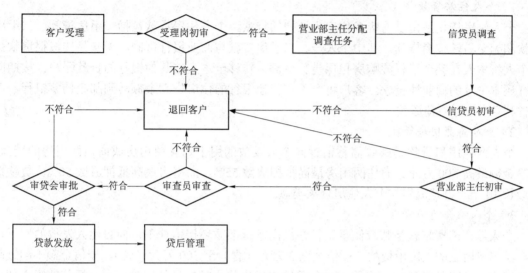

图10-1 小额贷款业务流程

2）个人质押贷款

个人质押贷款指储蓄银行向借款人发放的以未到期邮政储蓄整存整取定期人民币储蓄存单为质押，且到期一次性收回本息的贷款业务，分为本人存单质押贷款、他人存单质押贷款和国债质押贷款。

个人质押贷款的基本内容如表 10-2 所示。

表10-2 个人质押贷款基本内容

适用对象	年满18周岁（含18周岁），具备完全民事行为能力的自然人
贷款额度	单笔贷款金额最高100万元，且不得超过存单本金之和的90%
贷款期限	1个月至12个月，以月为单位；贷款到期日不超过存单到期日
贷款利率	按照中国人民银行商业贷款基准利率确定，并适当进行浮动
还款方式	一次性还本付息法；按月（季）还息、一次还本；等额本息还款法
贷款担保	可以用本人名下的存单或他人所有的存单提供质押担保
办理流程	提出申请—审查审批—签订合同—放款

3）个人商务贷款

个人商务贷款是指储蓄银行向自然人发放的，用于本人合法生产经营活动的个人经营性贷款。贷款可循环使用，但借款人必须提供担保。

个人商务贷款的金额最高可达到人民币 500 万元，具体以当地储蓄银行分支机构规定为准。贷款方式可采取额度授信和单笔授信两种方式。其中额度授信方式是在核定的贷款额度范围内，借款人可随借随还、反复支用。额度支用期最长为 5 年，额度支用期限内符合条件的可多次申请贷款支用。单笔贷款的期限最长为 5 年。其贷款流程与其他类别贷款基本类似，此处不再赘述。

2. 个人消费贷款

1）个人住房贷款

个人住房贷款是指以消费者住房为抵押的贷款。个人住房贷款包括一手房贷款、二手房贷款和无交易转按揭贷款，其中个人一、二手房贷款与商业银行雷同。无交易转按揭贷款是指个人将本人在某个银行的购房担保借款余额，转移至本人在其他银行的贷款账户，按期向银行还本付息的商业性贷款。客户将个人在其他银行的住房贷款余额转到邮政储蓄银行，可节省利息支出、方便还款。

2）个人商业用房贷款

个人商业用房贷款是邮政储蓄银行向个人发放的用于购置商用房或商住两用房的贷款。单笔金额最高 500 万元。商住两用房最高抵押成数 55%，商用房最高抵押成数 50%。贷款期限最长 10 年。办理流程与个人住房贷款类似。

3）个人综合消费贷款

个人综合消费贷款是邮政储蓄银行在最高额抵押循环授信项下，向自然人发放的用于多种合法消费用途的人民币贷款。授信金额 3 万元（含）至 300 万元（含），授信金额不超过邮政储蓄银行认可的抵押物价值的 60%，单笔支用贷款金额视具体用途而定。授信期限不超过 13 年，具体期限视具体用途确定。

4）个人汽车消费贷款

个人汽车消费贷款是中国邮政储蓄银行向自然人发放的用于专项购置一手自用车的人民币贷款（不包括二手自用车、商用车及工程车辆）。贷款额度最高 150 万元。国产车贷款金额最高不得超过所购车辆价格的 70%；进口车贷款金额最高不得超过所购车辆价格的 60%。贷款期限最长不超过 5 年。个人汽车消费贷款的担保可以是所购车辆，也可以是合作机构或自然人保证或邮政储蓄银行认可的其他担保方式。

个人消费贷款的一般业务流程：客户提交贷款申请—银行调查审批—签订贷款合同—落实贷款条件—发放贷款—客户还款。

个人汽车消费贷款案例

贷款类型：个人抵押消费贷款。

贷款金额：40 万元。

贷款用途：购车、装修。

贷款年限：5 年。

案例概况：

李小姐看上一款心仪已久的国产越野车，而且最近正值这家车行难得的打折促销季。李小姐的收入虽然丰厚但是因为刚在去年全款买了房子，手中的现金还是不足以支付 40 万元的车价款。

案例分析：

邮政储蓄银行贷款业务人员通过与李小姐沟通后，得出李小姐的家庭财务状况及资金需求情况。李小姐目前单身，月收入 25 000 元左右。李小姐名下房产现在市值 130 万左右。李小姐希望全款购买一辆价值 40 万元的越野车，享受车行的促销折扣。李小姐未来暂无大额支出预算，工作收入相对稳定，希望保持生活质量不变。

银行建议：

邮政储蓄银行工作人员建议李小姐可以办理本行的"个人汽车消费贷款业务"以所购车辆提供抵押担保，向邮政储蓄银行获得一笔信贷资金，金额为 28 万元（40×70%=28 万），期限为五年。

客户反馈：

李小姐非常满意此方案，通过邮政储蓄银行将自己所购车辆作为抵押担保，两周内就办理完毕所有手续，顺利地在促销期内买下了自己钟爱的座驾。

5）个人信用消费贷款

个人信用消费贷款是中国邮政储蓄银行在循环授信项下向自然人以信用方式发放的用于消费用途的人民币贷款。其基本内容如表 10-3 所示。

表10-3　个人信用消费贷款基本内容

适用对象	25～55周岁，具备良好信用记录和稳定收入来源的单位职工
贷款额度	5万～50万元
额度期限	额度期限最短1个月，最长3年
还款方式	等额本息还款法；等额本金还款法；一次性还本付息法
办理流程	提交贷款申请—银行调查审批—签订贷款合同—银行发放贷款—借款人按期还款
产品特色	支用便利、用途广泛、手续简单

10.4　储蓄银行的投资业务和其他业务

10.4.1　储蓄银行的投资业务

储蓄银行的证券投资指为了获取一定的收益而承担一定风险，对资本证券的购买行为。储蓄银行证券投资的目的是在一定风险水平下使投资收益最大化。

我国储蓄银行的证券投资兼顾银行安全性和流动性，投资方向主要还局限于政府债券，包括中央政府债券、政府机构债券和地方政府债券，并接受银监会的监管。具体内容与商业银行投资业务雷同。

10.4.2　储蓄银行的其他业务

储蓄银行的其他业务主要包括结算业务、代理业务、理财业务、托管业务等。由于部分业务与商业银行类似，此处只选取几项具有代表性的业务进行介绍。

1. 结算业务

结算业务即转账结算业务，也称支付结算业务。邮政储蓄银行接受客户委托，从付款单位存款账户划出款项，转入收款单位存款账户，以此完成经济活动中债权债务的清算或资金的调拨。结算业务包括个人结算业务和公司结算业务。

1）个人结算业务

我国邮政储蓄储银行的个人结算业务主要包括电话银行汇款、预约转账、异地结算、国内汇兑、商易通、网上支付通、ATM/POS 业务。其基本内容如表 10-4 所示。

表10-4　个人结算业务种类

业务名称	产品介绍	产品特点
电话银行汇款	电话银行汇款业务是指邮政储蓄银行，通过电话自助交易方式为客户提供按地址汇款和密码汇款的服务	无须再到网点，方便快捷，省时省心
预约转账	预约转账业务是客户在营业窗口办理预约转账申请后，由计算机系统自动按客户指定时间将约定金额向指定账户进行转账	省时安心，网络庞大，方便灵活，简单快捷
异地结算	客户持邮政储蓄卡或存折，可在全国邮政储蓄联网网点办理存、取款及转账业务，也可在邮政储蓄所有ATM上办理取款、转账业务，还可在全国范围内的商场、超市、酒店等消费场所贴有"银联"标识的POS上刷卡消费	网点众多，覆盖面广；全面支持"银联"交易
商易通	商易通业务是邮政储蓄银行依托邮政储蓄支付结算网络，为行内中高端客户提供的一种安全、方便、快捷、优质的支付结算服务。该业务以固定电话设备为载体，客户通过在电话机上的简易操作，就可以足不出户地办理余额查询、实时转账等支付结算业务	功能：资金互转银行卡查询功能；特色：安全，快捷，费用低
网上支付通	网上支付通业务是指将储蓄卡账户与第三方支付公司账户签约绑定后，通过第三方支付平台进行网上支付时，无须登录个人网上银行，便可支付相应款项的业务。目前网上支付通包括"支付宝卡通"和"财付通一点通"	便捷的网上支付功能，安全的网上支付手段
ATM/POS业务	POS业务（商户收单业务）是指邮政储蓄银行为特约商户提供的银行卡交易处理及资金结算等服务	高效安全，可靠及时；降低成本，增加商机

2）公司结算业务

公司结算业务是储蓄银行向企事业单位提供票据、汇兑、委托收款等多样化的对公结算服务业务，保证企业日常经济活动中货币支付和资金清算的便利、快捷。如为企事业单位提供信汇结算、电汇结算、代收代付，为网络性企业提供个性化的资金归集等综合结算服务。

2. 现金管理

集团客户现金管理是储蓄银行为大型集团企业提供的集资金归集、预算管理、收入清分、额度管理、日间透支、内部计价、实时查询等功能为一体的综合性资金管理服务。根据不同行业资金管理需求的差异，储蓄银行有针对性地为不同行业提供金融服务方案。

3. 托管业务

托管业务是指储蓄银行作为托管人，依据有关法律、法规，与委托人签订托管合同，履行托管人相关职责的业务。

我国邮政储蓄银行 2009 年 7 月获得证券投资基金托管资格，成为中国第 16 家具有证券投资基金托管资格的托管银行，可托管证券投资基金、银行理财产品、信托产品、专户理财产品等多种资产，为客户提供账户开立、财产保管、资金结算、会计核算、投资监督、信息披露、托管报告等安全、高效、专业的托管服务。

4. 银行卡业务

我国邮政储蓄银行的银行卡业务包括以下两种。

1）联名卡

联名卡是银联标准人民币金卡，由中国邮政储蓄银行与广东省邮政公司旗下的"自邮一族"品牌联名推出。"自邮一族"业务是中国邮政集团公司依托邮政电子商务信息平台，利用邮政多渠道资源，采用会员制形式，为广大车主等中高端客户群体提供的涵盖车辆代办、商旅、机票、礼仪服务等在内的一站式综合服务品牌。产品除了邮政储蓄银行金卡原有的功能外，增加了"自邮一族"系列服务，包括车辆违章信息查询、代办本地交警罚单、代缴车船税、代办驾驶证和行驶证年审换证业务、代购车辆保险等多项车主服务，是邮政储蓄银行推出的一款为车主提供全方位汽车管家服务的信用卡。

2）旅游卡

旅游卡是我国邮政储蓄银行的一种特色银行卡业务。能为客户提供酒店优惠预订、知名景点门票优惠、餐饮及特色购物商户凭卡打折、银联游、中国系列旅游景点的特惠商户服务、旅游卡专属礼品兑换服务等业务。

10.5 储蓄银行的管理

10.5.1 储蓄银行风险管理的优劣势

1. 储蓄银行风险管理的优势

邮政储蓄银行风险管理的优势是储蓄银行处理时间短，没有任何历史包袱，有雄厚的客户资源，而且以小额零售业务为主，资产风险受经济周期影响较小，因此，资产质量好，业务增长快且收入稳定，相对于商业银行而言易于获得较高的资本回报率。就我国而言，评级机构对邮政储蓄银行的主体信用评级和债券信用评级均为"AAA"。在风险管理方面，邮政储蓄银行成立后第一个五年，批发业务实现了零不良记录，信贷资产的不良率仅为 0.36%。

2. 储蓄银行风险管理的劣势

与有几十年信贷经验和风险管理经验的商业银行相比，我国邮政储蓄银行的"劣势"也较明显。

1）从业人员经验不足，专业素质亟待提高

我国邮政储蓄银行网点众多且大部分人员都是从邮政储汇局转过来的，长期以来邮政企业是一个垄断的、提供邮政服务的低风险行业，从业人员缺乏金融专业知识、合规经营意识、风险意识、信贷管理和风险管理经验，业务素质亟待提高。

2）网点层次多，层级复杂，管理难度大

邮政储蓄银行 70% 以上的网点分布在县及县以下地区，其中自主经营的有 8 000 个，委托邮政企业代理经营的有 3.1 万个，拥有个人客户总数约 4.2 亿户，是国内网点规模最大、网点覆盖面最广、服务客户最多的银行。由于网点众多、遍布城乡，层次多，层级复杂，因此管理难度大。

10.5.2　储蓄银行内部管理机构

1. 总行风险管理架构

1）四级风险管理机构

我国邮政储蓄银行内部建立了四级风险管理机构：一是在董事会下设风险管理委员会，负责制定全行的风险管理战略，确定风险管理目标并监督实施。二是在总公司高级管理层设置首席风险官，制定全行风险管理政策，统一管理信用风险、市场风险和操作风险。三是在各分支行设立独立的风险管理部门，建立专业风险管理团队，直接向行长负责。四是在各分支行建立独立的内部监督检查体系，定期对业务部门和风险管理部门进行监督检查。

2）风险管理架构

邮政储蓄银行总行风险管理架构为：总行成立风险管理部，设立首席风险官。首席风险官直接对董事会负责，同时向行长汇报，实行双线汇报制度。风险管理部实行双向管理，一是部门内设立政策规划、内部控制、信用审批、法律事务、资产负债管理等工作组，制定各类风险管理措施；二是在行内重点业务部门，如资金营运部、信贷业务部、国际业务部等部门派驻风险经理，风险经理直接对风险管理部负责，定期向该部门总经理汇报。邮政储蓄银行总行风险管理架构如图 10-2 所示。

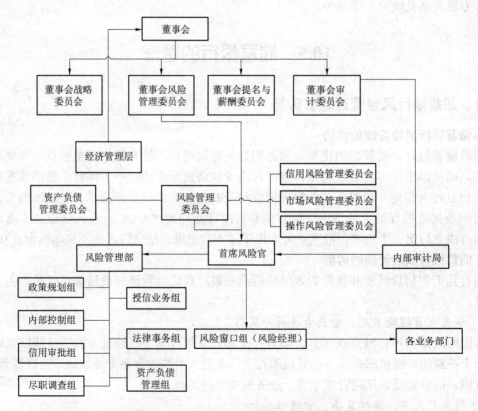

图10-2　邮政储蓄银行总行风险管理架构

2. 省分行风险管理架构

省分行成立风险管理部，直接对行长负责，同时接受总行风险管理部统一领导，负责对全行及邮政储蓄银行代理网点的操作风险、内控制度进行风险管理。风险管理重点是小额贷款的信用风险及操作风险。随着省分行信贷资产规模逐步扩大，邮政储蓄银行省分行也增设首席风险官，直接对总行负责，定期向分行行长汇报。同时，省分行风险管理部向分行业务部门派出风险经理，直接对风险管理部负责，负责重大业务风险管理及监督审查。省分行风险管理架构如图 10-3 所示。

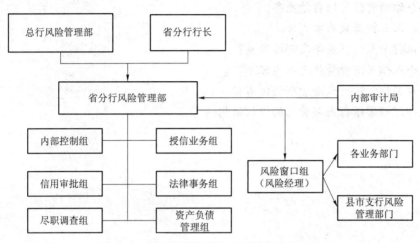

图10-3　邮政储蓄银行省分行风险管理架构

3. 县市支行风险管理架构

县市支行主要风险为信用风险和操作风险。因此其风险管理组织架构首先是在县市支行设立风险管理部，将稽查部的内控和审计部合规管理等职能归并至风险管理部。风险管理部经理接受支行行长和上级行风险管理部的双重领导，定期向支行行长和上级行风险管理部提供风险和内控报告。同时，在信贷业务部、个人业务部、计划财务部等部门设立风险管理岗，采用矩阵式管理方式，实行业务操作和风险管理的一岗双责。县市支行风险管理架构如图 10-4 所示。

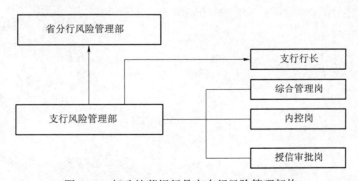

图10-4　邮政储蓄银行县市支行风险管理架构

重要概念

　　储蓄银行　个人存款　项目贷款　小企业贷款　银团贷款

思考题

1. 分析储蓄银行运营的比较优势。
2. 简要介绍储蓄银行的存款业务。
3. 简述个人质押贷款基本内容。
4. 储蓄银行个人结算业务有哪些种类？
5. 简述个人信用消费贷款基本内容。
6. 简析我国储蓄银行风险管理的优劣势。
7. 简述邮政储蓄银行内部管理的组织结构。

第 4 篇

非货币银行类金融机构运营与管理

本部分包括第 11 ~ 14 章，主要介绍金融租赁公司、财务公司、典当业等非货币银行类金融机构的业务与运营管理。这类机构与商业银行不同的地方在于其业务范围单一，不能吸收存款和办理转账结算，无信用创造功能。

第 *11* 章

金融租赁公司运营与管理

学习目标

通过本章学习读者应当掌握：
- 租赁业务的种类及特点
- 金融租赁业务的一般操作程序
- 租赁合同的特征
- 租金的构成要素和计算方法
- 租赁融资资金来源
- 租赁项目的管理要点

金融租赁是现代租赁的主要形式，以融资与融物为一体、贸易和信用为一体，表现出其独特的金融优势。金融租赁公司通过融资租赁的特殊融资形式，在经济市场中发挥着其他融资方式不可替代的作用。本章主要介绍金融租赁业务。

11.1　金融租赁业务的类型

11.1.1　融资租赁和经营租赁

1. 融资租赁

1）融资租赁的概念

融资租赁是指出租人根据承租人的要求，向承租人指定的供货商购买承租人指定的资本货物，并以承租人支付租金为条件，将租赁标的的占有权、使用权和收益权转让给承租人。融资租赁是现代租赁的典型形式。

2）融资租赁的特点

（1）融资与融物相结合。

金融租赁公司按照合同的规定为承租企业购买设备，然后再以租赁的方式出租给承租人，承租企业获得设备使用权以分期支付租金的形式偿付购买设备的价款及利息等费用，金融租赁既解决了企业生产经营需要设备的问题，又解决了企业资金不足的问题。

（2）信用与贸易相结合。

金融租赁涉及两种行为。金融租赁公司作为出租人为承租人购买设备，这是一种贸易行为；同时又以出租的方式将设备出租给承租人，在租赁期内收取租金，作为垫付资金本息的补偿，这是债权债务关系。

（3）产业资本和金融资本相结合。

在金融租赁业务中，业务运作的起点是出租人为承租人投资购买设备，这是租赁的基本商业模式。在实践中最具通用和耐用性的设备最适合做租赁标的，既可以满足承租人对设备的需要，又可以降低出租人的风险，并为其带来收益，这属于产业投资行为。而出租人让渡设备使用权，以融物的形式为承租人解决资金不足问题并收取报酬的行为，属于金融资本的运作。

（4）涉及三方当事人，两个以上的合同。

金融租赁涉及三方当事人，即出租人、承租人和供货商。涉及两个以上的合同，出租人与供货商签订的商品买卖合同及租赁双方签订的租赁合同。此外，在杠杆租赁中还涉及出租人与商业银行签订的贷款合同，如果是转租赁还要签订其他相关合同。

3）融资租赁业务流程

融资租赁业务流程包括：① 承租人选择设备；② 选择租赁公司并委托租赁；③ 租赁公司审查；④ 出租人与承租人签订租赁合同；⑤ 出租人与供货商签订商品买卖合同；⑥ 出租人验收商品交付货款；⑦ 出租人办理设备保险；⑧ 出租人向承租人出租设备；⑨ 双方签订设备维修合同；⑩ 承租人交付租金；⑪ 租赁期满处理标的物。如图 11-1 所示。

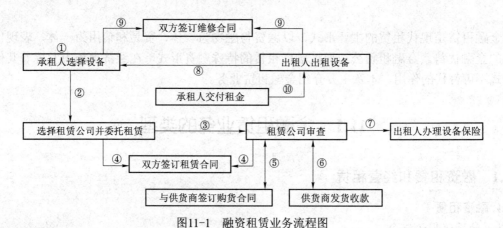

图11-1　融资租赁业务流程图

2. 经营租赁

1）经营租赁的含义

经营租赁又称操作性租赁，是指出租人在为承租人提供租赁标的物的同时还承担标的物的维修和保养等服务的一种中短期租赁。如汽车租赁、房屋租赁等。经营租赁的对象主要是那些技术进步快、用途较广泛或使用具有季节性的物品。

2）经营租赁的特点

（1）是不完全支付租赁。

在经营租赁方式下，出租人无法从一次租赁中收回租赁标的物的全部投资，出租人需将设备多次出租给不同的承租人使用,每一个承租人支付的租金只是设备价款的一部分。

（2）租赁标的物是通用物件。

经营租赁的标的物一般是出租人批量购买的且承租人不经常使用的设备,这些物件一般通用性较强。

（3）租期较短租金较高。

经营租赁的一次性租期远远低于设备的寿命期,租赁标的会被反复出租给多家承租人使用。由于出租人需承担设备过失和中断出租的风险,故收取的租金较高。

（4）租赁关系简单。

经营租赁只涉及出租人和承租人两个当事人和一个租赁合同,租赁关系较简单。

11.1.2　直接租赁、转租赁和回租租赁

1. 直接租赁

直接租赁是指由承租人指定设备及生产厂家,委托出租人购买并提供设备,由承租人使用并支付租金,租赁期满由出租人向承租人转移设备所有权的租赁。直接租赁以出租人保留租赁物所有权和收取租金为条件,承租人在租赁期内对租赁物取得占有、使用和收益的权利。这是一种最典型的融资租赁。直接租赁的基本模式如图 11-2 所示。

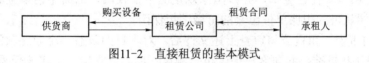

图11-2　直接租赁的基本模式

2. 转租赁

转租赁是融资租赁合同的承租人同时作为出租人,将同一租赁物进行再次融资租赁的行为。转租赁涉及两个出租人和两个承租人。第一出租人是原始出租人,以出租标的物投资获利,租赁物的所有权归第一出租人。第一承租人具有承租人和出租人双重身份,作为承租人,承租第一出租人的标的物,作为出租人是租赁业务的中间人,以获得租金差价为目的,将标的物转租给第二承租人。第二承租人是实际承租人即租赁物的使用人。可见,转租赁包括以同一标的物为基础的两个租赁行为和至少两个租赁合同。

3. 回租租赁

回租租赁又称售后回租,是指承租人将自有物件出售给出租人,同时与出租人签订一份融资租赁合同,将租赁标的物租回使用,租赁物的所有权在租期内归租赁公司所有,租赁合同履行完毕,承租人收回租赁资产所有权。回租租赁的基本模式如图 11-3 所示。

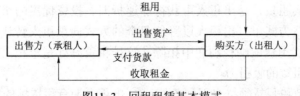

图11-3　回租租赁基本模式

（1）承租人与租赁公司签订出售回租合同,将自有的资产按照商定的价格出售给租赁公

司，然后再租回使用。客户将原有的固定资产改记融资租入固定资产。

（2）租赁公司按合同规定支付货款，并收取租金。租赁合同履行完毕，开出租赁资产所有权转移证明，承租人收回租赁资产的所有权。

11.1.3　单一租赁和杠杆租赁

1. 单一租赁

单一租赁是指出租人投资购买租赁标的物，然后出租给承租人的租赁业务。

2. 杠杆租赁

1）杠杆租赁的含义

杠杆租赁是指在一项租赁交易中，出租人只需投资租赁标的物购置款的20%～40%，其余部分由其他债权人提供无追索权的贷款，出租人以拥有的租赁标的物所有权向贷款人作抵押，并以转让租赁合同和收取租金的权利作担保的一种租赁业务。杠杆租赁是目前国际租赁中广泛采用的一种方式，主要适用于资本密集型设备的长期融资租赁。

2）杠杆租赁的步骤

① 承租人申请。承租人根据需要，确定拟租赁的技术设备，向租赁机构递交文件，委托租赁。提交的文件包括：项目建议书、可行性报告或设计任务书；用户的工商登记证明文件和有关会计报表；填写委托任务书，并按国家规定的审批权限，加盖申请单位和项目批准单位公章；经租赁公司认可的担保单位出具的可撤销担保函。

② 租赁公司审查。租赁公司审查上述文件后，对项目的效益、企业还款能力和担保人资格进行审定、确认和批准，并向客户提供租金测算，如同意立项，正式接受委托。

③ 签订租赁合同。租赁公司与客户协商确定租赁条件，制订租金收取方案，签订租赁合同，并由担保人盖章履行担保手续。

④ 出租人融资。出租人以租赁资产作抵押或以租金转让为担保（或两者兼而有之），向银行取得长期贷款，贷款金额通常为租赁物价值的50%以上。

⑤ 出租人购买设备。出租人运用自己的资金和所贷款项购买所需设备，并完成付款、收货和验收。

⑥ 起租。租赁公司通知承租人正式起租，承租人按起租通知按期支付租金。

⑦ 处理设备。租赁期满，承租人可对设备做如下选择：以名义价值购买、续租或将设备退还租赁公司。

11.1.4　节税租赁和非节税租赁

1. 节税租赁

节税租赁也称真实租赁，是出租人可获得加速折旧、投资优惠的租赁，典型的租赁都是节税租赁。在节税租赁方式下，出租人以降低租金的方式向承租人转让部分税收优惠，承租人支付的租金可当作费用从应纳税利润中扣除。这种租赁好处是承租人购买设备的成本低于贷款购买，可以增加租赁的吸引力。

按照美国税制，节税租赁须符合下列条件：① 出租人拥有租赁标的物的所有权。② 租期结束后，承租人以公允市价续租或留购，或将设备退回出租人，但不能无偿享受期末租赁标的物残值。③ 如果租期只有18年或不到18年，在租赁期满时，租赁标的物的预期公允市价不应小于原来成本的 15%；如果租期超过 18 年，在租赁期满时，标的物的公允市价至少应为原成本 20%。④ 租赁期满时，余下的经济寿命必须要么是租赁期限的 20%，要么是 2 年，取二者之中较少的年限。⑤ 出租人的投资至少应占设备购置成本的 20%。⑥ 出租人从租金收入中可获得相当于其投资金额 7% ～ 12% 的合理报酬，租期不得超过 30 年。

根据我国《企业所得税暂行条例实施细则》，融资租赁发生的费用不得直接扣除。承租方支付的手续费及安装交付使用后支付的利息等可在支付时直接扣除。因此，融资租赁的设备可以计提折旧并在税前扣除，租赁费高于折旧的差额也可税前扣除。

2. 非节税租赁

非节税租赁与分期付款类似，在税收上视同分期付款对待。在美国称为有条件的销售式租赁，在英国称租购。如租赁合同中有承租人享受留购权的条款被视为租购，不享受租赁税收优惠。

11.1.5　其他租赁类型

1. 动产租赁与不动产租赁

这是以租赁标的物划分的。动产租赁是指以各种动产，如机器设备、交通工具等作为标的物的租赁，大多数融资租赁和经营租赁都属于动产租赁。不动产租赁是指以房屋、土地等不动产为标的物的租赁。

2. 国内租赁和国际租赁

这是以租赁涉及的地理区域划分的。国内租赁的当事人均为国内法人或个人，业务相对简单。国际租赁的当事人涉及两个以上的国家。出租人可以是专业租赁公司、银行、保险公司等金融机构，也可以是制造商、经销商和经纪人、租赁联合组织等。国际租赁又可分为进口租赁和出口租赁。前者是引进外资的一种形式，后者则是扩大本国商品出口的一种途径。

3. 委托租赁和分成租赁

委托租赁是指出租人接受委托人的资金或租赁标的物，根据委托人的书面委托，向委托人指定的承租人办理融资租赁业务。在委托租赁中，出租人不承担风险也不享受租金收益，只收取一定的手续费。

分成租赁是一种具有某些投资特点的新的租赁形式。租赁公司与承租人不以固定或者浮动的利率来确定租金，而是以租赁设备的生产量或租赁设备的相关收益来确定租金，设备生产量大或租赁设备相关的收益高，租金就高，反之相反。

案例

租赁融资为中小企业排忧解难

德阳 CF 公司属中小企业，长期从事车铣加工并与二重、东电等几个大企业有稳定的配套加工合作合同，由于业务量增加，急需购置一台 130 万元的车床扩大加工能力。但企业只有 30 万元现金。该企业向银行贷款遇到的最大障碍是企业规模小，在银行没有信用记录，不仅信用等级低、授信额度小，而且无抵押担保，故不具备贷款的基本条件。该企业采取融资租赁方式获得成功。由于租赁公司拥有租赁设备的物权，因此更为看重的是租赁设备产生的效益，故对企业的资信和抵押担保要求较低。

该企业融资租赁的基本做法是：由租赁公司按照企业要求购买价值 130 万元的车床，租给企业使用。企业作为承租人首付 30 万元，其余 100 万元由租赁公司解决。这样企业投入很少比例的资金即取得了设备的使用权和收益权。企业每月支付租金 10 万元，全部用设备所产生的效益支付，支付 11 个月后可取得租赁设备的所有权。对承租人而言，一次付款购买该设备需 130 万元，通过融资租赁"分期购买"只需支付 140 万元，实现了"小钱起步，终获设备"的发展。

11.2　金融租赁业务的一般程序

11.2.1　选择租赁设备

承租人在决定采用租赁方式引进设备时，应选择信誉好、产品质量有保证、价格合理和售后服务有保障的机械设备生产商，并可直接与其洽谈选择设备。若承租人缺少此类信息，可以请出租人协助。我国的融资租赁业务多采取这种形式。

11.2.2　委托租赁

承租人选择好设备生产商后，便可选择租赁公司并向其提出委托。理想的租赁公司应符合以下条件：资金实力强；信誉良好；业务范围广泛；有丰富的租赁业务经验；贸易渠道通畅。选择好租赁公司后，承租人向租赁公司提出申请，按照出租人的要求填写租赁委托书。委托书是承租人的要约行为，是租赁合同和购货合同的依据。委托书应载明租赁设备的种类、规格、型号、性能、供货商名称、租赁期限、还款能力、投资预算等。承租人还要按照出租人的要求提供近年的资产负债表和损益表及租赁项目的可行性报告等财务资料。

11.2.3　审查与评估

出租人要对承租人提交的租赁委托书及相关文件进行审查和评估。

对于大型设备租赁，审查时应注意以下问题：① 租赁项目的合法性、技术可行性及其经济效益；② 项目建成后是否具备生产条件，原材料供应有无保证，生产所需流动资金的落实情况，产品销售是否有市场；③ 承租人的管理水平和使用先进技术的能力；④ 租赁项目的收入能否支付租金；⑤ 担保人的担保能力和信誉。

在项目可行性研究和审查的基础上，租赁公司还要进行复审和评定。评估的重点是项目本身的效益和承租人的还款能力。此外还要对于担保人的资格、财务能力和履约意愿进行评定，以控制租赁业务的风险。对租赁金额过大的项目一般是几家租赁公司联合承办，以分散风险。经审查评估如果符合租赁公司承办业务的条件，出租人接受委托，在委托书上签字。

11.2.4　参与者洽谈

租赁业务的洽谈参与者包括出租人、承租人和供货商。参与者洽谈是租赁合同签订的关键。洽谈内容包括技术、商务和租赁三方面。技术谈判是在承租方和供货方之间进行的，主要内容是设备质量、性能、技术参数等，目的是确保租赁标的物符合承租方的要求。商务谈判是在出租方和供货方之间进行的。谈判内容涉及商品成交价格、付款方式、交货时间和售后服务等。在上述谈判成功后，承租方和出租方要进行租赁谈判，主要内容包括租赁金额的确定、租金的支付方式、手续费率、利率和租赁期限等。

11.2.5　签订合同

包括租赁合同和购买合同。若上述谈判成功，出租方立即与承租方签订租赁合同，明确双方的权利义务。双方达成一致后，承租方在出租方事先准备的合同文本上签字，合同生效。与此同时，出租方和供货方签订购买合同，购买合同必须采取书面形式，必要时可要求公正机关公证。购买合同一经生效，非出租方和供货方同意不能变更。

11.2.6　付款交货和售后服务

合同签订后，租赁和购买立即生效。出租方要在货款支付日到期前筹集资金，到期按照合同的规定交付货款。供货方收到货款后，按合同规定发货给出租方，同时将发票、运单和交易凭证寄交出租方。出租方将设备转移给承租方，供货方按照购买合同要求提供售后服务。

11.2.7　交付租金

承租方按合同规定，从起租日起定期向出租方交付租金。一般租赁合同中的租金是按成本估算的，当实际成本与估算成本有出入时，租金要做出相应修改，并向承租方下发通知书，承租方应按变更通知书的数额交纳租金。

11.2.8　处置设备

租赁期满，承租方对租赁标的物的处理有三种选择：留购、续租和退回。留购是承租方支付设备残值后，获得租赁标的物的所有权，租赁业务结束。续租是租赁期满后承租方继续租用设备。在这种情况下，需变更合同的租赁期限，租赁合同继续生效，租金可以按原租金支付也可以重新商定。退租是租赁期满，承租方把租赁标的物退还给出租方，并承担由此产生的包装、运输费用。我国目前多选用留购方式。

11.3　租赁合同

我国《合同法》规定，租赁合同是出租人将租赁物交付承租人使用、收益，承租人支付租金的合同。租赁合同是构成租赁业务的基本要素，关系租赁业务的成败。

11.3.1　租赁合同的特征

1. 租赁合同是转移租赁标的物使用权的合同

在租赁合同中，承租人取得租赁物的使用权和收益权；出租人只转让租赁物的使用权，而不转让其所有权，租赁合同终止时，租赁物仍归出租人所有。这也是租赁合同与买卖合同的根本区别。

2. 租赁合同是双务、有偿合同

双务合同指当事人双方互负对待给付义务的合同。有偿合同，是指当事人一方在享有合同规定的权益时，必须向对方当事人偿付相应代价的合同。在租赁合同中，交付租金和转移租赁物的使用权和收益权之间存在对价关系。交付租金是承租方获取租赁物使用权、收益权的对价，而获取租金是出租方出租资产的目的。

3. 租赁合同是诺成合同

诺成合同指仅以当事人意思表示一致为成立要件的合同。诺成合同自当事人双方意思表示一致时即可成立，不以一方交付标的物为合同的成立要件，当事人交付标的物属于履行合同，而与合同的成立无关。租赁合同的成立不以租赁物的交付为要件，当事人只要依法达成协议合同即告成立。

11.3.2　租赁合同的有效要件

租赁合同的有效要件包括实质要件和形式要件。实质要件包括：租赁当事人具有民事行为能力；租赁当事人真实意思的表示；租赁合同的内容不违背法律和社会公共利益。形式要件为租赁合同必须符合法律规定的形式，不符合法律规定形式的合同均属无效合同。

我国《合同法》规定，租赁期限为 6 个月以下的，可以由当事人自由选择合同的形式。无论采用书面形式还是口头形式，都不影响合同的效力。租赁期限 6 个月以上的，应当采用书面形式。未采用书面形式的，双方当事人对租赁期限存在争议的，视为不定期租赁合同。

11.3.3　合同的一般条款

合同的一般条款包括：合同当事人；租赁标的物；租金；租期和起租日；租赁标的物交货和税款费用；租赁标的物的维修和保养；租赁标的物的保险；租赁期满后租赁标的物的处置；违约和争议的处理等。我国《合同法》规定，租赁合同的内容包括租赁物的名称、数量、用途、租赁期限、租金及其支付期限和方式、租赁物维修等条款。

11.3.4　合同当事人的义务

1. 出租人的义务

1）交付租赁物

出租人应依照合同约定的时间和方式交付租赁物。租赁物的使用以交付占有为必要条件的，出租人应按照约定交付给承租人实际占有使用。租赁物的使用不以交付占有为必要条件的，出租人应使之处于承租人得以使用的状态。如果合同成立时租赁物已经为承租人直接占有，从合同约定的交付日时起，承租人即对租赁物享有使用收益权。

2）租赁物的维修

我国《合同法》规定，承租人在租赁物需要维修时，可以要求出租人在合理期限内维修。出租人未履行维修义务的，承租人可以自行维修，维修费用由出租人负担。

3）保持租赁物符合约定用途

租赁合同是继续性合同，在其存续期间，出租人有继续保持租赁物法定或约定品质的义务，使租赁物符合约定的使用收益状态。在发生品质降低而损害承租人使用收益或其他权利时，则应维护修缮，恢复原状。因修理租赁物而影响承租人使用和收益的，出租人应相应减少租金或延长租期（但按约定或习惯应由承租人修理，或租赁物的损坏因承租人过错所致的除外)。

《中华人民共和国融资租赁法(草案)(二次征求意见稿)》规定,租赁物严重不符合约定的,承租人可以选择解除供货合同和融资租赁合同,并要求供货人赔偿损失。出租人因此受到的损失,由承租人向出租人赔偿,该项赔偿不受承租人向供货人索赔结果的影响。承租人也可以要求供货人更换、修理租赁物,因更换、修理租赁物给承租人造成的损失,由供货人赔偿。承租人接受租赁物或者更换、修理租赁物而使租赁物的价值减损的,该损失部分由供货人向承租人赔偿。出租人因此受到的损失,由承租人向出租人赔偿,该赔偿不受承租人向供货人索赔结果的影响,但租金应当适当降低。

4)标的物瑕疵担保

出租人应担保所交付的租赁物能够为承租人依约正常使用、收益的状态,即交付的标的物须符合约定的用途。租赁物不符合约定的,出租人不承担责任(但承租人依赖出租人的技能和判断确定租赁物或者出租人干预选择租赁物的除外)。明知或者应当知道租赁物有瑕疵而未告知承租人的,应承担相应的民事责任。

5)权利瑕疵担保

出租人应担保不因第三人对承租人主张租赁物上的权利而使承租人无法依约对租赁物进行使用收益。《中华人民共和国融资租赁法(草案)(二次征求意见稿)》规定,融资租赁合同约定由出租人行使对供货人的索赔权,而出租人怠于行使的,出租人应承担相应的民事责任。

6)告知义务

出租人应当采取下列方式之一保证承租人知悉供货合同的主要内容:① 出租人取得承租人对供货合同的认可;② 出租人应当将供货合同送交承租人;③ 出租人应当书面告知承租人供货合同的供货人、租赁物的规格和性能、租赁物的交付、瑕疵担保、违约责任、争议解决方式等主要条款。

2. 承租人的义务

1)支付租金

承租人应当按照约定的期限支付租金。我国《合同法》第226条规定:对支付期限没有约定或者约定不明确,租赁合同不满一年的,应当在租赁期届满时支付;租赁期一年以上的,应当在每届满一年时支付。《中华人民共和国融资租赁法(草案)(二次征求意见稿)》规定,承租人应当按照约定支付租金,未按约定支付租金达到租金总额的五分之一的,或者未付租金期次超过约定应付租金总期次的五分之一的,出租人可以要求支付全部租金,也可以解除合同,收回租赁物,并要求承租人赔偿损失。

2)按照约定的方法使用租赁物

承租人应按照约定的方法使用租赁物。承租人按照约定的方法或者按租赁物的性质使用致使租赁物受到损耗的,属于正常损耗,不承担损害赔偿责任。承租人不按照约定的方法或者不按租赁物的性质使用致使租赁物受到损耗的,为承租人违约,出租人可以解除合同并要求赔偿损失。

3)妥善保管租赁物

其一,承租人应当妥善保管租赁物,因保管不善造成租赁物毁损、灭失的,应当承担损害赔偿责任。其二,经出租人同意,承租人可以对租赁物进行改善和增设他物。未经出租人同意对租赁物进行改善和增设他物的,出租人可以要求承租人恢复原状或赔偿损失。其三,经出租人同意，承租人可以将租赁物转租给第三人，承租人与出租人之间的租赁合同继续有效，第三人对租赁物造成损失的，承租人应当赔偿损失。承租人未经出租人同意转租的，出租人可以解除合同。

4）通知义务

在租赁关系存续期间，出现以下情形之一的，承租人应当及时通知出租人：租赁物有修理、防止危害的必要；其他依诚实信用原则应该通知的事由。承租人怠于通知，致出租人不能及时补救而受到损害的，承租人应负赔偿责任。

5）返还租赁物

租赁合同终止时，承租人应将租赁物返还出租人。逾期不返还，即构成违约，须给付违约金或逾期租金，并须负担逾期中的风险。经出租人同意对租赁物进行改善和增设他物的，承租人可以请求出租人偿还租赁物增值部分的费用。

11.3.5　租赁期限

我国《合同法》对租赁期限有如下规定：租赁期限不得超过二十年，超过二十年的，超过部分无效。租赁期满，当事人可以续订租赁合同，但约定的租赁期限自续订之日起不得超过二十年。

11.4　租　金

11.4.1　租金及其构成要素

租金是租赁业务中出租人向承租人收取的转让资产使用权的补偿款。租金以耗费在租赁标的物上的价值为基础确定。出租人耗费在租赁标的物上的价值由四部分组成：租赁标的物购置成本；购置租赁标的物的融资成本；租赁业务的营业费用；租赁利润。

1. 租赁标的物购置成本

购置成本是指出租人购置租赁物所花费的各种费用之和。购置成本包括：购买设备所支付的资金；在购置过程中发生的运输费用、保险费用、设备的安装调试费、技术培训费等。出租人的购置成本要通过租赁收入得到补偿。购置成本是租金的主要内容。

2. 租赁标的物的融资成本

租赁公司购买设备筹集的资金是要支付利息的，这部分成本也要从租赁收入中得到补偿。利率的高低按照借款时的利率计算，一般按复利计算。

3. 营业费用

营业费用是指出租人办理租赁业务的费用支出。包括业务人员的工资薪金、差旅费等。

4. 租赁利润

租赁利润是出租人经营租赁业务获取的盈利，这部分利润是通过租金收取的。

11.4.2　租金的计算

租金关系到承租人和出租人双方的利益，是租赁合约能否签订的条件和租赁双方进行财务处理的依据。租金的计算方法很多，采用不同的计算方法，计算出的租金略有差异。租金的计算原则是将租金总额分成若干份，由承租人分期支付。租金的计算方法主要有以下几种。

1. 附加率法

附加率法是指在租赁设备货价或概算成本上再加一个特定的比率计算租金的方法。附加比率由营业费用和预期利润来确定。计算方法是：按期分摊本金利息和之后，每期租金都加上附加费用。表面看利率不高，实际上每期租金和租金总额都因附加费用而变得很高。

其计算公式为：

$$R = \frac{P(1+ni)}{n} + Pr$$

式中：R 为每期租金；P 为租赁标的物的价款或概算成本；n 为租金支付的次数；i 为每期利率；r 为附加利率。

例 11-1：某租赁资产的概算成本为 50 万元，租赁期 3 年，分 3 次偿付租金，每期支付的利率为年息 8%，附加率为 5%，计算每期应支付的租金及总额。

每期租金为：$R = \dfrac{50(1+3\times 8\%)}{3} + 50\times 5\% = 23.17$（万元）

租金总额为：$23.17\times 3 = 69.51$（万元）

2. 年金法

年金法是将一项租赁资产在未来各租赁期内的租金按照一定的利率换算成现值的计算方法。计算原则是按照承租人占用本金的时间、双方约定的利率和期数复利计算利息。年金法又分为等额年金法和变额年金法。

1）等额年金法

等额年金法是使各期租金均等的租金计算方法。又分为期初支付租金和期末支付租金两种。

（1）期初支付租金。

承租人在每期租金支付期开始日支付租金。计算公式为：

$$R = P \dfrac{i}{1+i-\dfrac{1}{(1+i)^{n-1}}}$$

式中：R 为每期租金；P 为租赁标的物的价款或概算成本；n 为租金支付的次数；i 为每期利率。

例 11-2：某租赁资产的概算成本为 50 万元，租赁期 3 年，分 3 次偿付租金，每期支付的利率为年息 8%，计算每期应支付的租金及总额。

每期租金为：$R = 50\times \dfrac{8\%}{1+8\%-\dfrac{1}{(1+8\%)^{3-1}}} = 18$（万元）

租金总额为：$18\times 3 = 54$（万元）

（2）期末支付租金。

承租人每次租金在租金支付期末支付。计算公式为：

$$R = P \frac{i}{1 - \dfrac{1}{(1+i)^n}}$$

例 11-3：承上例，每期租金为：$R = P \dfrac{i}{1 - \dfrac{1}{(1+i)^n}} = 50 \times \dfrac{8\%}{1 - \dfrac{1}{(1+8\%)^3}} = 19$（万元）

租金总额为：19×3=57（万元）

2）变额年金法

变额年金法是每期支付的租金金额不相等的租金支付方式。变额年金法分为等差变额年金法和等比变额年金法。

（1）等差变额年金法。

在这种方法下，每期租金都比前一期增加一个常数 d。其公式为：

$$R_1 = \frac{i(1+i)^n}{(1+i)^n - 1} \left[P + \frac{d}{i} \left(n - \frac{i(1+i)^n}{(1+i)^n - 1} \right) \right] - nd$$

$$R_{\text{总}} = \frac{n}{2} [2R_1 + (n-1)d]$$

公式中的 d 表示每期租金比前一期增减的常数。如果 $d > 0$，则后一期租金比前一期租金增加一个正数，称为等差递增变额年金法。如果 $d < 0$，则后一期租金比前一期租金增加一个负数，称为等差递减变额年金法。如果 $d=0$，则为等额年金法，等额年金法是变额年金法的特例。

例 11-4：某租赁资产的概算成本为 50 万元，租赁期 3 年，每年支付一次租金，每期支付的利率为年息 8%，从第 2 期起，每次比前期多支付 2 万元，计算第 1 期应支付的租金及总额。

$$R_1 = \frac{8\%(1+8\%)^3}{(1+8\%)^3 - 1} \left[50 + \frac{2}{8\%} \left(3 - \frac{8\%(1+8\%)^3}{(1+8\%)^3 - 1} \right) \right] - 3 \times 2 = 13.34 \text{（万元）}$$

$$R_{\text{总}} = \frac{3[2 \times 13.34 + (3-1) \times 2]}{2} = 46.02 \text{（万元）}$$

（2）等比变额年金法。

在这种方法下，每期租金与前一期租金的比值总是一个常数 q。计算公式为：

$$R_1 = \frac{P(1+i-q)}{1 - \left(\dfrac{q}{1+i} \right)^n} \qquad (q \neq 1+i)$$

$$R_{\text{总}} = \frac{R_1(1-q^n)}{1-q}$$

式中：R_1 为第 1 期期末支付的租金额；q 为常数，代表每期租金与前一期的比值。如果 $q > 1$，则为等比递增变额年金法。如果 $q < 1$，则为等比递减变额年金法。如果 $q = 1$，则为等额年金法。

由此我们可以看出，使用变额年金法，每次支付租金的金额不同，有时递增、有时递减。d 与 q 的大小难以确定，而且 d、q 越大，租金增额越多。

例 11-5：某租赁资产的概算成本为 50 万元，租赁期 3 年，每年支付一次租金，每期支付的利率为年息 8%，从第 2 期起租金每次比前期递增 10%，计算第 1 期应支付的租金及总额。

$$R_1 = \frac{50 \times (1+8\%-1.1)}{1-\left(\dfrac{1.1}{1+8\%}\right)^3} = 17.67（万元）$$

$$R_{总} = \frac{17.67 \times (1-1.1^3)}{1-1.1} = 58.49（万元）$$

3. 成本回收法

成本回收法指各期按照一定的规律收回本金，再加上应收的利息即为各期租金的计算方法。其特点是各期租金没有统一计算公式，各期成本回收额由双方商定，可以是等额的，也可以是等差或等比变额或无规律的。

4. 不规则租金计算方法

不规则租金计算方法指带有付租宽限期的租金计算方法。这里的付租宽限期是指针对承租人引进设备，因从安装、调试到投产的一段时间内无偿还资金来源，故租赁双方商洽从起租日算起一个确定时间（如 3 个月）以后开始付租，这段时间称为付租宽限期。在付租宽限期内只计算利息，承租人可以不付租金。宽限期的利息加入租赁物的概算成本中。

例 11-6：某租赁资产的概算成本为 50 万元，租赁期 3 年，每年支付一次租金，每期支付的利率为年息 8%，分 3 年每期期末支付租金，第 1 期在使用后第 1 年年末支付，第 1 期支付金额为成本的三分之一，计算第 1 期应支付的租金。

$$R_1 = \frac{1}{3} \times 50 + 50 \times 8\% = 20.67（万元）$$

5. 浮动利率计租法

浮动利率计租法是指租金随市场利率变化而变化的计租方法。在国际市场上，浮动利率一般采用 LIBOR 并加一定的利差作为租金利率，一般以起租日的 LIBOR 加利差作为计算第一期租金的利率，第一期租金偿还日的 LIBOR 利率加利差作为计算第 2 期租金的利率，依此类推，计算以后各期租金。

例 11-7：某租赁资产的概算成本为 50 万元，租赁期 3 年，每年支付一次租金，第 1 期支付的利率为 7.625%（LIBOR+ 利差），第 2 期为 8.125%，第 3 期为 8.625%，计算第 1 期应支付的租金。计算公式：

$$R = P \times \frac{i}{1-(1-i)^3}$$

式中：R 为每期应偿还的租金；P 为租赁资产的概算成本；i 为利率。

第 1 期支付的租金为：

$$R_1 = 50 \times \frac{7.625\%}{1-（1-7.625\%）^3} = 18.00（万元）$$

其中第 1 期的利息为：

$$50 \times 7.625\% = 3.81（万元）$$

11.4.3　租金的支付方式

1. 按照支付时间不同划分

按照支付时间不同，租金的支付方式可分为期初支付、期末支付和付租宽限期期末支付三种形式。期初支付是第一期租金在起租日支付。期末支付是在付租间隔期末支付租金。付租宽限期期末支付是从起租日起确定一个宽限期，在宽限期内，承租人可以不支付租金，但要计算利息，并加入租赁物的总成本中一并计算租金。我国多采用期末支付方式。

2. 按照付租金额不同划分

按照付租金额不同，租金的支付方式可分为等额支付和不等额支付。等额支付是指每次支付的租金相等。不等额支付是视承租人情况确定每次支付的租金数额。如季节性支付、逐期递增或递减支付等。

11.4.4　影响租金的因素

1. 购置成本

购置成本是租金的主要构成部分，租赁标的物的购置成本越高，出租人要求补偿成本的租金越高，反之相反。

2. 融资数额和融资利率

在购置成本一定的情况下，出租人的融资数额越大，利率越高，其要求的补偿金额就越大，租金也越高，反之相反。

3. 租赁期限和付租间隔期

租赁期限越长，出租人通过租金收回融资本息的时间就越长，债务负担越重，收取的租金也就越高，反之相反。付租间隔期越长，承租人占用租金的时间就越长，租金总额就越大，反之相反。

4. 保证金

保证金是承租人在签订租赁合同时，按照租赁合同的要求，作为履行合约的保证向出租人支付的货币资金。这部分保证金是要在租金总额中扣除的。因此，在租金总额一定的情况下，承租人支付的保证金越多，应支付的租金越少，反之相反。

5. 汇率

在进口租赁业务中，出租人购置成本是要用外汇支付的。汇率的波动直接影响未偿付的租金总额。本国汇率上升，本国货币升值，用本国货币表示的外汇租金减少；本国汇率下跌，用本国货币表示的外汇租金增加。

6. 租金的支付方式

在期初付租情况下，承租人占用出租人资金的时间相对缩短，因此租金总额较少。若期末付租，租金相对增加。

11.5　金融租赁公司的项目管理

11.5.1　审查租赁项目的安全性

1. 审查租赁项目的可行性

审查项目是指根据租赁项目的性质及特点，综合评价项目的盈利能力和风险大小。租赁公司应当根据承租人提供的项目可行性报告，对项目的技术支持、市场环境、项目成本、经济效益等进行审查和评估。

2. 审查承租人的经营管理能力

承租人的经营管理能力直接关系项目实施效果、租赁项目的盈利能力和风险大小。懂得租赁标的物技术，有管理经验和能力的人，能充分发挥租赁物的效用，在为承租人带来利润的同时也为出租人创造了租金收入。反之租赁设备难以发挥效能。

3. 承租人财务状况

承租人的财务状况是交付租金的保障。如果承租人的财务指标处于良好状态，如资本充足，资产负债率合理，盈利能力强，租赁公司承担的风险较低；反之相反。因此租赁公司要认真阅读承租人的财务报表，必要时还要进行实地调查，以确保租赁项目的安全。

11.5.2　项目的后期管理

1. 项目资料管理

租赁合同及其相关资料是租赁业务的法律依据，也是出租人合法权益的保证。租赁公司要建立资料保管制度。租赁合同签订后，相关部门和人员必须妥善保管项目的可行性报告、预期收益、产品市场占有率、租赁合同等资料。

2. 对租赁项目进行监测

租赁项目实施后，租赁公司必须对项目进行跟踪和监测，了解其实施进度和项目进展过程中出现的问题，并做好检测记录。包括项目资金是否到位，租赁物是否按时交货，安装调试和运转情况，项目的预期收入等。一旦发现问题，立即采取措施加以解决。

3. 到期收取租金

租赁合同一经确定，无论承租人经营状况如何，承租人都要按照合同规定的支付时间、支付方式足额交付租金。对于拖欠的租金要及时催收，必要时运用法律手段追索。有担保人的租赁公司要依法追究担保人的经济责任。

重要概念

金融租赁　杠杆租赁　回租租赁　租赁合同　附加率法　等额年金法　成本回收法

思考题

1. 简述经营租赁的特点。

2. 简述融资租赁业务的一般程序。

3. 简述杠杆租赁的步骤。

4. 简述租赁合同的特征。

5. 简述租金的构成要素。

6. 金融租赁公司项目管理包括哪些内容?

计算题

某租赁设备的概算成本为 100 万元，租期 3 年，采用等额支付方式，每半年支付一次租金，租金于每期期初支付，年利率 8%，计算每期租金和总租金。

第12章

财务公司运营与管理

学习目标

通过本章学习读者应当掌握：
- 财务公司的运作模式
- 资金集中管理的内容
- 财务公司对成员单位存款业务的流程
- 财务公司结算业务的种类及特点
- 财务公司贷款业务与商业银行贷款业务的异同

世界各国财务公司的运作模式不同。我国财务公司立足于企业集团，主要为企业集团提供金融服务。一方面集中管理企业集团资金，为集团成员单位提供各种金融服务；另一方面与金融市场对接，成为我国金融服务业的重要组成部分。

12.1 财务公司的运作模式

12.1.1 美国财务公司的运作模式

1. 资金来源

美国对金融财务公司的股东来源没有限制，股东可以是银行，也可以是商业企业和个人。但目前20家最大的金融财务公司基本上为制造业的大企业所有。

按照美国法律规定，财务公司不能吸收社会公众和企业存款，也不能通过信托方式融资，其资金来源主要是从金融市场融资，如货币市场和资本市场融资、吸收母公司及成员单位的资金、向商业银行借款。大型财务公司虽然在商业银行有一定的授信额度，能保证在额度内随时使用资金，但是银行贷款比重较小，一般不超过10%，它们主要是凭借较高的信用评级，发行商业票据筹资或发行债券筹资。小型金融财务公司除自有资金外，主要从银行和其他财务公司借款。

2. 资金运用

美国金融财务公司主要是从事商业放款、消费信贷和不动产贷款，包括销售应收款、中短期商业信用贷款、房地产二次抵押贷款、批发商和零售商的贷款、跨国公司的全球化资金管理、融资租赁、产品保险等业务。企业附属财务公司主要是独立地销售母公司的产品。

美国金融财务公司的贷款业务与商业银行不同，以资产为基础发放贷款，在进行一项贷款时，强调抵押作为最终还款来源。而银行则是以现金流为基础发放贷款，在贷款时更注重贷款项目本身是否能产生稳定现金流。

美国金融财务公司的利润主要来自利差收入。由于借款企业往往是不被银行认可的企业，因此贷款利差较高，风险较大。由于不吸收个人储蓄，因此其风险对社会的冲击也较小。

12.1.2　英国财务公司的运作模式

英国的财务公司基本上依附于商业银行，组建目的在于规避政府对商业银行的监管，如政府对商业银行证券投资业务有限制，而财务公司则不受此限制。

1. 资金来源

英国财务公司的资金来源主要包括股本、吸收存款、发行债券和银行贷款。其中吸收的存款大约 40% 来源于商业银行和其他金融机构，其他部分来源于工商业和个人。

2. 资金运用

1）公司贷款

英国财务公司可以为企业或公共部门提供贷款。接受贷款的企业包括独资企业、合伙企业、本地区政府和医疗服务机构，财务公司为其融资的主要方式是租购和租赁方式。

2）消费信贷

英国的财务公司可以对个人发放消费贷款，贷款方式很多。包括：① 无担保的信用贷款，贷款主要用于消费者购买汽车和住房。② 信用卡和储蓄卡贷款。消费者运用信用卡或储蓄卡贷款，可以灵活快捷地解决购买和支付的资金需要。③ 分期付款信贷。主要解决消费者购买家电、家具等大件消费品的资金需要。④ 抵押贷款。财务公司收取借款人的抵押品发放贷款，贷款风险较小。

3）汽车金融

财务公司的汽车金融业务包括以下几种。

（1）租购。

租购是一种信贷购物形式，买方用分期付款的方式取得汽车，在供款期内，买方只是租用，待租约期满后，买方有权根据租购合约上规定的售价选择是否购买。当买方选择购买并付清货款后，便得到了汽车的所有权。这是购买汽车的常用方式。

（2）个人购买合同。

个人购买合同是指在租金支付期末，汽车购买者有权按照合同的价格将商品退还卖者。在汽车金融中，个人购买合同越来越受欢迎。

（3）租赁协议。

客户以租赁方式向汽车消费者融通资金。与其他商品的租赁一样，租金包括了购买汽车的成本和利息。

（4）保险。

普遍采用的是付款保障保险（guaranteed aseet protection，GAP）。若发生交通事故，该保险能覆盖保险公司支付额与消费者负责的任何未决资金的缺口。

（5）租借合同。

采取租借的形式，客户在一段时间内只支付租金就可以获得汽车使用权，无须花大量的资金购买。这种形式适合商务车队使用。

12.1.3　我国财务公司的运作模式

我国财务公司是企业集团内部的金融机构，主要是为集团内的成员企业提供金融服务，其经营范围只限于企业集团内部。财务公司的业务包括存款、贷款、结算、担保和代理等，经人民银行批准也可开展证券和信托投资等业务。

1. 业务范围

我国的财务公司可以经营下列集团内部的业务：

① 对成员单位办理财务和融资顾问、信用鉴证及相关的咨询、代理业务；

② 协助成员单位实现交易款项的收付；

③ 经批准的保险代理业务；

④ 对成员单位提供担保；

⑤ 办理成员单位之间的委托贷款及委托投资；

⑥ 对成员单位办理票据承兑与贴现；

⑦ 办理成员单位之间的内部转账结算及相应的结算、清算方案设计；

⑧ 吸收成员单位的存款；

⑨ 对成员单位办理贷款及融资租赁；

⑩ 从事同业拆借和中国银监会批准的其他业务。

符合条件的财务公司，可以向中国银行业监督管理委员会申请从事下列集团外部的业务：

① 经批准发行财务公司债券；

② 承销成员单位的企业债券；

③ 对金融机构的股权投资；

④ 有价证券投资。

2. 运作系统

我国财务公司的运作系统如图 12-1 所示。

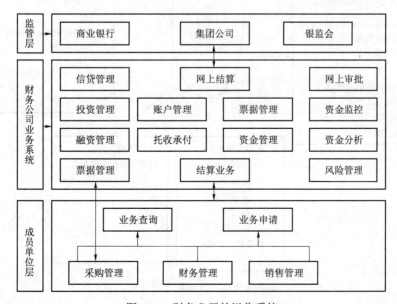

图12-1　财务公司的运作系统

12.2　集团资金集中管理业务

12.2.1　集团资金集中管理的内涵

集团资金集中管理是指财务公司将整个集团的资金汇集到总部，由总部统一协调，统一管理和统一运用。实现集团资金的集中管理对于降低集团财务费用，提高资金使用效率，加强集团对成员单位的财务控制，降低财务风险和有效使用集团资源有重要意义。

12.2.2　集团资金集中管理模式

由财务公司集中管理集团的资金，也称集团资金集中管理的"财务公司模式"。

财务公司是一个独立的企业法人，它与企业其他成员之间是企业法人之间平等的经济关系。财务公司承担集团公司的资金募集、资金供给、资金调剂和投资功能，同时为集团成员公司寻找投资项目，对项目资金的使用情况进行监控。此外，由于财务公司具有法律定位清晰，专业化强，信息化程度较高，金融服务广泛的优势，可以降低企业集团资金管理成本，有效防范财务风险。正是由于财务公司在集团资金集中管理方面发挥优势，一些大型企业集团资金集中管理普遍采用"财务公司模式。"财务公司模式"的内容如图 12-2 所示。

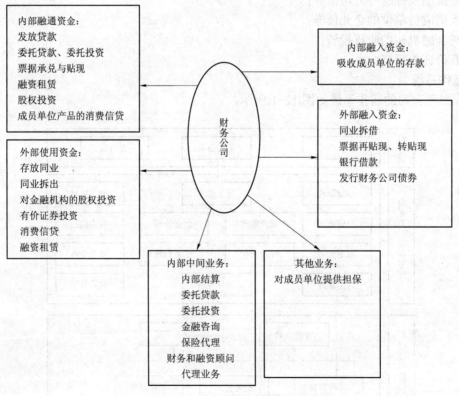

图12-2　集团资金集中管理的"财务公司模式"

12.2.3 集团资金的归集

集团资金的归集包括集团企业的资金集中和支出两部分。资金归集模式有收支两条线、收支一体化和集团账户三种。

1. 收支两条线资金归集模式

收支两条线是指财务公司对企业的资金集中和资金支出分别采取互不干涉、互不影响的两条渠道完成，资金集中和资金支出各自有其业务流程和处理路径。收支两条线资金归集模式业务流程如图 12-3 所示。

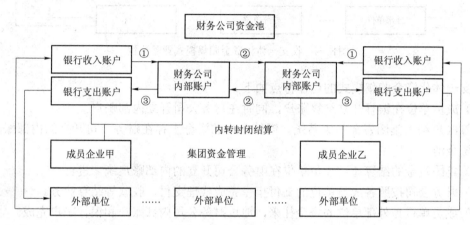

图12-3 收支两条线资金归集模式业务流程

收支两条线资金归集模式有如下特点。

（1）成员单位在银行分别开立收入和支出账户，同时在财务公司开立内部账户，授权财务公司进行业务往来的资金结算；每日收款账户的余额全部划归内部账户。

（2）成员单位的内部资金转移及其与外部单位的资金往来均通过银行账户和财务公司内部账户完成。

（3）成员单位的资金转移以其在财务公司内部账户的存款为限，以透支形式办理对外资金支付，每日终了由集团公司从财务公司调拨资金进行轧差。

（4）成员单位在银行的账户和财务公司的内部账户均是独立的，财务公司只需通过三方协议把成员单位的银行账户纳入资金归集系统即可，资金支付不受资金数量的限制。

收支两条线资金归集模式实现集团内部封闭全程结算，保证实时到账，既加快了集团资金的周转速度，减少了在途资金，又减少了资金划拨费用。但是对集团公司的资金预算能力和结算业务系统的功能要求高，运行系统需要的人力、财力、物力投入较多，且需要成员单位的积极配合，只有少数集团才能实现。

2. 收支一体化资金归集模式

收支一体化资金归集模式是指成员单位在财务公司开立一般存款账户，并将资金统一上存至该存款账户，各成员单位在集团内部和对外收支均通过财务公司开立的存款账户进行。收支一体化资金归集模式业务流程如图 12-4 所示。

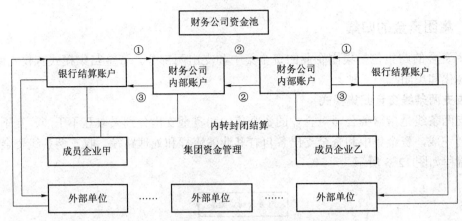

图12-4　收支一体化资金归集模式业务流程

收支一体化资金归集模式的运作特点如下。

（1）成员单位在银行开立结算账户，同时在财务公司开立内部账户。

结算账户纳入集团资金归集系统。银行账户的资金上存在财务公司开立的内部账户，形成集团资金池。

（2）集团资金的结算通过成员单位在财务公司开立的内部账户统一进行。

（3）财务公司按照各成员单位的支付指令完成代理支付、收款等结算业务。

（4）成员单位与外部单位的资金往来，通过财务公司内部账户和银行账户完成。

在这种模式下，集团公司对成员单位资金归集的比例一般为100%，归集效率较高，财务公司实行资金收付代理和严密监控，结算关系明晰，有利于实现集团整体利益最大化。

3. 集团账户资金归集模式

集团账户资金归集模式是指财务公司在银行开立总账户，作为集团的一级账户，成员企业同时以自己的名义在银行开立基本账户，作为财务公司的二级账户与总账户对接，二级账户余额是成员单位可以支配的。集团账户资金归集模式的优点在于，集团单位既可以监控成员单位的资金，又可以根据成员单位实际需要进行资金往来。集团账户资金归集模式的业务流程如图12-5所示。

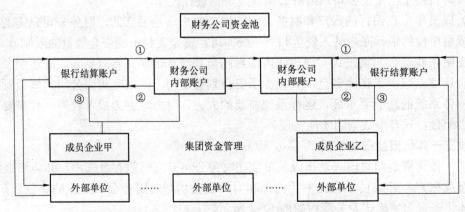

图12-5　集团账户资金归集模式业务流程

集团账户资金归集模式的运作特点如下。

（1）一、二级账户联动，成员单位二级账户的每笔收款自动全额归集一级账户，成员单位二级账户实时为零，名义余额为其实际可用额度，反映二级账户实际对外付款的余额。

（2）成员单位二级账户发生资金支付时，财务公司系统自动从一级账户下拨付资金，不影响其实时支付。

（3）成员单位有真实贸易背景的收付款均在银行二级账户办理，银行提供二级账户的资金往来记录和对账单。成员单位二级账户的支付以其名义余额与一级账户余额孰小者为限。

与其他两种模式相比，集团账户资金归集模式对成员单位的资金监控更加严格，能够有效地通过预算管理控制成员单位的资金，提升资金监控能力。

集中管理企业集团资金，是财务公司吸收存款、开展资产业务和中间业务的基础。

12.3　财务公司的存款业务

12.3.1　与商业银行存款业务的区别

1. 存款客户单一
财务公司的存款客户只限于本企业集团的成员单位。

2. 开户管理严格
根据我国《企业集团财务公司管理办法》的规定，财务公司在账户管理上比一般金融机构增加了开户单位股权结构及其在集团公司管理级次的要求，目的是确定开户单位是否为本集团的成员单位，避免超范围吸收存款。

3. 吸收存款手段非市场化
企业集团赋予财务公司集团资金集中统一管理的职能是财务公司吸收存款的基础，故财务公司主要靠集团资金的管理制度吸收存款，而非市场行为。

4. 存款方式灵活
财务公司的活期存款主要通过银行网络实现成员单位资金向财务公司账户自动归集和自动入账；定期存款和其他存款则是通过网银提交、柜台支票转入或转存通知书的形式完成，灵活方便。

12.3.2　财务公司的存款种类

财务公司的存款种类主要有以下几种。

1. 单位活期存款
单位活期存款是集团成员单位存在财务公司账户随时可以转账结算的存款。存款的存取通过财务公司网上金融服务系统转账办理。

1）产品特点

成员单位在各银行开立的银行结算账户与财务公司的银行账户授权联网，财务公司通过资金软件与各家银行总行的结算系统对接，搭建集团整体结算平台，按事先协商的结算规则，吸收各成员单位活期存款，成员单位利用财务公司结算平台，方便快捷地办理存款和结算业务。

2）产品优势

单位活期存款无起存金额限制，无固定期限，存取方便，随时可以用于支付结算；存款超过 1 万元自动按协定存款利率上浮 10% 计算利息，与一般金融机构的活期存款相比有一定的价格优势。

2. 单位协定存款

单位协定存款是成员单位在财务公司开立结算账户的基础上，通过与财务公司签订《单位协定存款协议书》，商定结算账户需要保留的基本存款额度（1 万元），超过基本存款额度的存款，按人民银行公布的协定存款利率计付利息。

单位协定存款的优势：

（1）利率高于活期存款，可以为成员单位带来更多的利息收入，鼓励企业合理运用资金；

（2）既能享受较高的利率，又能享有一般结算账户的便利。

3. 单位通知存款

单位通知存款是指存款时不约定存期，需要支取时，需提前与财务公司约定支取日期和金额才能支取的存款，利率按提前通知天数确定，分为 1 天通知和 7 天通知两种。

产品优势：

（1）利率高于活期存款；

（2）无固定期限，成员单位用款方便。

4. 单位定期存款

单位定期存款是财务公司与成员单位在存款时事先约定期限和利率，到期支取本息的存款。期限有 3 个月、6 个月、1 年、2 年、3 年、5 年六个档次，定期存款起存金额 1 万元至 50 万元不等，多存不限，利随本清。

12.3.3　财务公司存款业务流程

1. 账户授权与资金归集

集团成员单位是独立的企业法人，财务公司要归集其账户资金，必须有成员单位的授权，即允许财务公司对其银行账户资金进行转账和查询。

账户授权与资金归集包括以下环节。

（1）账户授权。

成员单位填写银行账户授权书，授权财务公司对其银行账户进行查询和转账。

（2）财务公司与商业银行签订协议。

包括两个协议：一是现金管理协议，明确财务公司在对成员单位银行账户资金进行归集中双方的权利和义务。二是银企直联服务和网银服务协议，明确财务公司在运用银企直联或网银对企业现金账户进行查询和转账时双方的权利和义务。

（3）资金归集。

商业银行根据财务公司的指令自动归集成员单位账面资金。

（4）资金入账。

根据商业银行资金归集的信息，财务公司增加同业存款或成员单位在财务公司的活期存款。

2. 办理存款

账户授权和相关协议签妥后，财务公司便可吸收成员单位的存款。存款业务的办理与商业银行类似。

现以协定存款为例说明财务公司存款业务流程。

（1）与成员单位签订存款合同。合同明确存款的种类、金额、期限,合同终止条件和计息规则。

（2）审查。经财务公司管理部门审查合同无误后生效，从合同起始日开始计息。

12.4 财务公司的结算业务

财务公司的结算业务是财务公司为成员单位的货币收支及资金清算提供的服务。

12.4.1 财务公司结算业务的特点

1. 主要采取网上结算方式

由于财务公司没有加入银行间的清算系统，如果利用银行传统的支付结算方式效率较低，故主要采取网上结算方式。

2. 结算业务与预算管理相结合

财务公司的结算业务是实现对集团资金管理的手段，通过结算业务实现企业集团对成员单位资金的预算控制。

3. 为集团成员单位业务发展提供资金支持

在结算业务过程中，财务公司可以最大限度调度成员单位的资金，并将闲置资金在集团内部进行调剂，促进成员单位的业务发展。

12.4.2 财务公司结算业务的种类

按照结算资金的流向划分，财务公司结算业务有以下四种。

1. 内部转账

内部转账是指财务公司在成员单位之间的资金划拨，即将成员单位甲在财务公司账户的资金支付给其他成员单位乙的业务。内部转账无须通过商业银行系统，结算速度快，效率高，资金瞬间到账，免手续费。

2. 对外支付

对外支付是财务公司根据客户（成员单位）的付款指令，在客户存款额度内，直接向客户的供应商和分包商支付款项。财务公司对外支付可以减少客户存款对外支付的流转时间和资金在途风险，而且通过财务公司网上金融服务系统提交支付指令，可以节约财务成本。

3. 资金回拨

资金回拨是成员单位将在财务公司的存款划转至银行其他账户的行为。资金集中管理后，成员单位取现、发放工资、缴纳税款等仍需在注册地进行，为此，资金必须从财务公司内部账户回拨至所在地银行账户。回拨数额一般是根据企业集团批准的成员单位预算与资金计划进行。

4. 银企直联

银企直联指财务公司通过资金运营网络系统和银行专线，向客户提供账户查询、企业付款、网上支付等标准化的金融服务。包括：网上收款、网上付款、账务查询、资金归集和下拨服务等。

12.4.3 财务公司结算业务流程

财务公司的结算业务种类不同,但业务流程基本相同,如图 12-6 所示,主要包括以下环节。

1. 业务指令

财务公司办理结算业务是根据成员单位的指令进行的。成员单位向财务公司提交业务指令可采取线上或线下两种形式。线上指令是通过财务公司网上平台提交电子指令；线下指令是通过银行柜台填写支票或划款通知书，向财务公司提交纸质指令。

2. 审核并受理业务

财务公司经办人员对客户提交的指令进行审核，包括凭证的真实性、预留印鉴的核对、账户资金是否充足等。审核无误受理业务。

3. 业务录入

财务公司审核成员单位的指令无误，录入付款信息。包括支付方式、银行名称、附件张数、票据号码、内容及用途等。

4. 业务复核

业务录入后，财务公司复核人员要复核付款信息，包括收付款单位名称、开户行、账号、金额、付款行等内容，如信息不符，退回经办人员进行核实或修改。

5. 提交付款

信息无误，提交付款。如需银行支付，则通过财务公司银企互联平台向银行发出支付指令，或财务公司开具支票、电汇凭证等向银行发出支付指令。

6. 传递业务回单

支付成功后，财务公司经办人员打印业务回单并传送给成员单位。

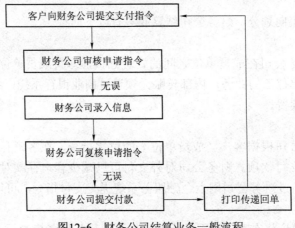

图12-6　财务公司结算业务一般流程

12.5　财务公司的信贷业务

12.5.1　与商业银行信贷业务的异同

1. 相同点

财务公司是非银行金融机构，办理信贷业务与商业银行及其他金融机构一样要遵守国家信贷政策和信贷法律、法规，遵循有借有还的信贷资金运动规律，商业银行信贷业务的程序与原则对财务公司都是适用的。

2. 不同点

1）信贷对象不同

商业银行的信贷对象可以是个人和法人，对此监管当局无特别的限制。财务公司则不然，财务公司隶属于企业集团，其信贷业务是为集团成员单位提供金融服务的一项主要业务，也是财务公司的一项重要职能，所以财务公司信贷业务的对象主要是集团成员单位，也有符合监管要求的其他企业。

2）具有信息优势

首先，财务公司的业务人员大多有企业集团的背景和经历，对企业集团的业务活动和流程熟悉，了解成员企业的经营状况和财务状况；其次，财务公司可以通过集团内部资料及时获取贷款对象的各种信息，判断企业的发展前景与趋势；最后，集团内部信息反馈及时，便于财务公司贷款后管理。财务公司的信息优势可以降低借贷市场信息不对称带来的逆向选择和道德风险。

3）贷款决策快

商业银行的客户众多，贷款业务量大，贷款业务的规章制度严格，对贷款调查和审查的时间往往较长，无法迅速做出贷款决策。财务公司贷款对象只限于集团内部成员单位，数量较少，信贷人员对其业务状况和资金需求熟悉，特别是对集团的重要项目贷款审批决策快，可及时满足企业需要。

此外，财务公司的贷款与结算、投资、保险等业务结合，为集团成员单位提供一揽子的金融服务，实现财务公司与成员单位的双赢。

12.5.2　财务公司信贷业务的种类

财务公司的信贷业务分为传统信贷业务和特色信贷业务。传统的信贷业务包括综合授信业务、流动资金贷款和固定资产贷款业务。特色信贷业务包括保理业务、银团贷款、委托贷款、买方信贷、消费信贷和担保业务。

1. 综合授信业务

1）综合授信业务含义

综合授信业务是指财务公司在一定期限内一次性给成员单位一定的综合信贷额度，成员单位可以一次性使用，也可以在规定的贷款种类上多次循环使用。但各类贷款之和不得超过最高授信额度。

2）综合授信业务的对象

综合授信业务的对象包括单一法人客户和集团客户。前者是指具有法人资格并与其他法人无关联关系的客户；后者指相互之间存在直接或间接控制关系或其他重大影响关系的法人客户群。

3）授信申请

借款企业向财务公司申请授信是开展综合信贷业务的前提。财务公司按照《商业银行授信指引》的规定，对客户基本情况、行业宏观环境、行业总体授信原则、公司经营管理、财务报表、信贷风险等方面进行评价。其中，客户基本情况分析包括股份构成、外部授信和贷款情况分析等；行业宏观环境分析包括行业外部环境概况、行业总体授信原则等；公司经营管理综合分析包括公司经营情况、公司产品质量、市场占有率等；公司财务报表分析包括偿债能力分析、营运能力分析、盈利能力分析、资金结构分析、发展能力分析等；信贷风险分析包括单位总体情况分析、预警信号情况、履约能力等。通过上述综合分析，评定企业的信用等级，测算企业年度授信额度。

4）授信额度的使用

在履行完贷款审批手续后，即可获得融资。财务公司对企业的综合授信期限一般为1年，优质客户最长可达2年。财务公司办理信贷业务时，必须检查最高信贷额度是否充足，对授信额度不足的，必须经贷款审查委员会批准通过后方可贷款。客户在授信额度内可申请流动资金贷款、固定资产贷款、银行承兑汇票贴现、保理、融资租赁、担保、贷款承诺函等业务，财务公司可调整分项授信额度。

2. 流动资金贷款和固定资产贷款

流动资金贷款和固定资产贷款，依据《流动资金贷款管理暂行办法》和《固定资产贷款管理暂行办法》办理，贷款的程序与商业银行相同。

3. 保理业务

保理业务是成员单位将商品或劳务销售产生的应收账款转让给财务公司，由财务公司提供应收账款融资及相关综合服务的业务。其业务操作与商业银行的保理业务相同。

4. 银团贷款

银团贷款是财务公司与多家银行和非银行金融机构基于相同的贷款条件和统一的贷款协议，向同一借款人发放的贷款。作为银团贷款的参与行，财务公司银团贷款的运作与商业银行的银团贷款业务相同。

5. 委托贷款

委托贷款是财务公司根据委托人确定的贷款对象、用途、金额、期限和利率发放贷款，并监督贷款的使用和收回。

6. 买方信贷

买方信贷是财务公司向购买成员单位产品的企业发放贷款。集团成员单位经市场调研确认买方资信后，可向财务公司提出贷款申请。财务公司的买方信贷业务有两个特点：一是买方购买的产品或劳务是企业成员单位生产的产品、提供的劳务或技术；二是一般由卖方（成员单位）提供担保，并以标的物作抵押或由买卖双方提供其他符合贷款条件的担保方式。

上汽买方信贷业务

一、上汽买方信贷的主要客户群

1. 已开展买方信贷业务的所有上汽集团品牌小轿车经销商。包括合资品牌经销商和自主品牌经销商。

2. 未开展买方信贷业务的商用车经销商。

二、贷款客户的条件

1. 是上汽集团内部品牌的经销商，只销售上汽生产的车辆。

2. 面临自身经营需要和整车厂销售需要双重压力。

3. 每个品牌商有自身不同的特质。如上海大众经营多年积累了丰富的经验，且大部分是老牌经销商，部分经销商注册资本较少。

三、上汽财务公司买方信贷的特色

1. 上汽财务公司向指定品牌的经销商提供买方信贷融资，借款资金用于购买指定品牌的整车产品。

2. 经销商和整车厂作为买方均可在财务公司开户，账户管理方便，可直接划拨资金，资金在途时间短。

3. 买方信贷的整个业务流程在财务公司内部完成，系统支持全年 365 天、每天 24 小时运作，操作灵活，服务质量有保障。

4. 信贷资金主要来源于企业存款，资金来源稳定、充足、成本低、有保障。

5. 决策链短。贷款审批在财务公司内部完成，不存在向总行或上级部门申报审批的过程，使决策时间大大缩短，贷款效率提高。

7. 消费信贷

消费信贷是指财务公司向购买成员单位耐用消费品的个人发放的贷款。包括汽车贷款、房屋按揭贷款、大额耐用消费品贷款等。

消费贷款的基本要求是：消费者借款购买的商品必须是本集团单位生产的耐用消费品；消费贷款原则上采用抵押或担保方式。

12.6　财务公司的票据业务

12.6.1　财务公司开展票据业务的优势

1. 有利于盘活集团内部的资金

财务公司通过票据承兑和贴现业务，直接为成员单位提供融资服务。商业票据与企业生产和销售链密不可分，商业票据的签发，表明成员单位间债权债务关系的确立，销售单位不能及时收到货款，直接影响企业的资金周转和生产经营。财务公司向集团成员单位办理票据贴现和承兑业务能够促进集团内部企业债权债务的清偿，加速资金周转。

2. 票据业务与贷款业务相结合

1）贷款供不应求时，加大票据买入力度

在年初，贷款投放刚刚开始，财务公司促进成员企业间利用商业信用融通资金，鼓励企业持有商业银行票据。

2）贷款投放加速期，保持合理的票据融资规模

随着贷款投放进度的加快和全年贷款计划的逐步落实，财务公司要调整贴现规模，一方面将票据余额调整到合理水平，另一方面开拓票据的转卖渠道，加快票据的周转。如贷款淡季，提高票据的流动性；贷款投放旺盛期，财务公司资金处于紧张阶段，加大票据的卖出力度，有利于缓解财务公司资金的紧张状态。

12.6.2　票据业务的种类

1. 票据贴现

票据贴现是指持有银行承兑汇票的成员单位需要资金时，可持未到期的汇票到财务公司申请提前兑现以获取资金的业务。

1）贴现申请人应具备的条件

① 申请人为集团成员单位；

② 贴现金额在财务公司授信额度内；

③ 申请人除了符合一般流动资金贷款条件外，还需与出票人或其前手之间有真实合法的商品交易；

④ 票据要素齐全，背书连续，真实有效，且必须无限制性条款；

⑤ 财务公司要求的其他条件。

2）汇票贴现的做法

财务公司在收到客户申请书和票据复印件后，一般在 1 个工作日达成初步意向，客户需将票据和申请书原件、业务合同、发票复印件（初次办理业务还需提供公司证件、报表的复印件）交财务公司，经审查无误且审核同意后，签订贴现协议。在以上手续办妥后 2 个工作日内，财务公司将贴现款项存入客户在财务公司的账户中。

2. 票据承兑

票据承兑是集团成员企业作为出票人向财务公司提出申请，由财务公司承诺对其票据承担到期付款的责任。集团成员企业向财务公司办理票据承兑的优势在于不交保证金、费用合理、办理业务便利、审批效率高。财务公司与多家银行合作，利于票据的支付和贴现。

3. 票据质押

票据质押是集团成员企业作为债务人，为担保债务履行将所持有的票据作为质押品并设置质押权以获得财务公司资金融通的行为。目前财务公司办理票据质押一般采取电子商业票据质押业务。其业务流程为：成员单位提交票据质押申请材料；财务公司审批；双方签订质押协议；财务公司在商业汇票系统做票据质押操作。

4. 票据再贴现和转贴现

票据再贴现是财务公司将买进的票据转向中央银行进行贴现。转贴现是财务公司将买进的票据转向其他金融机构进行贴现。财务公司的票据再贴现和转贴现业务的操作同于商业银行。

12.7　财务公司的投资银行业务

12.7.1　投资业务

投资业务是财务公司运用资金进行股权投资或其他有价证券投资的业务。我国财务公司的投资业务主要采取以下两种形式。

1. 对金融机构的股权投资

2006 年以后，我国部分财务公司开始作为战略投资者或财务投资者对商业银行、证券公司、信托公司、基金公司、保险公司及保险经纪公司等金融机构进行中长期股权投资。投资方式一般采取发起设立、协议转让和参与挂牌竞拍等方式，退出的方式是协议转让、挂牌竞卖和在证券交易所择机卖出。

2. 有价证券投资

有价证券投资是财务公司投资股票、债券、基金和以有价证券为标的物的金融标准化产品行为，是财务公司主要的投资业务。财务公司有价证券投资采取两种方式：一种是自营，在授权投资额度内自主决定买卖有价证券。如申购新股、定向增发、二级市场投资、基金投资、债券投资等。另一种是委托，财务公司与证券公司、基金公司、信托公司签订委托合同，将资金委托给上述机构买卖有价证券。

12.7.2　债券承销和发行业务

1. 债券承销

债券承销是财务公司在一级市场承销集团成员单位企业债券和发行财务公司的金融债券。依照债券发行的相关规定，财务公司接受成员单位的委托，为其发行债券设计承销方案和提供承销服务。

2. 债券发行

债券发行是财务公司为改善自身的负债结构，提高财务公司的自我发展能力，在市场上发行债券筹集资金。我国允许符合条件的财务公司发行金融债券。财务公司发行金融债券的时间进度如表 12-1 所示。

表12-1　财务公司发行金融债券的时间进度

时间安排	流程进度
T日	财务公司与主承销商达成金融债券发行的承销意向
$T+1$日	主承销商对财务公司进行尽职调查
$T+1\sim T+15$日	财务公司股东会通过金融债券的发行决议
$T+1\sim T+15$日	主承销商完成金融债券发行材料的制作
$T+17$日	主承销商将发行材料上报银监会
$T+40$日	银监会向财务公司下达批复
$T+50$日	人民银行批准发行并下达准予发行的文件
$T+51\sim53$日	金融债券招标发行，募集资金到位

12.7.3　财务顾问

财务顾问是指财务公司利用其在信息、人才、产品和渠道等方面的综合优势，为客户提供融资顾问、信息咨询、企业并购及财务优化等服务。

1. 融资顾问

1）融资财务顾问

融资财务顾问是指财务公司提供融资相关方面的服务。如为客户提供境内外融资政策、融资渠道、融资产品等方面的调查报告；根据客户财务状况和资金需求，协助制订最佳的融资方案；为客户设计应收账款质押、股权质押、收费权质押、知识产权质押等融资方案等。

2）项目融资顾问

项目融资顾问是指财务公司为项目发起人提供融资相关服务。包括提供政策、法律、财务等方面的咨询；协助设计项目融资模式和制定项目融资担保措施；参与融资谈判并向其他银行或金融机构发出参加项目融资的建议书；组织银团贷款、杠杆租赁等。

3）投资并购财务顾问

投资并购财务顾问业务是指财务公司应客户申请，为客户的投资并购活动提供相关服务。如投资环境和法规政策咨询、参与制订投资并购方案、参与投资并购谈判等。有财务公司作为投资并购财务顾问可以提高客户投资并购的成功率及经济效益。

2. 咨询服务

1）财务优化咨询

财务优化咨询是财务公司接受客户委托，根据客户的经营目标和要求，在调查研究的基础上，运用科学的方法对客户财务管理中存在的问题进行综合分析，提出改善客户财务管理状况的建议和方案并实施指导。

2）信息咨询

信息咨询是财务公司接受客户的委托，以举办讲座、撰写报告、发送资料等形式向客户定期或不定期提供各种国内外动态信息。包括金融形势、金融政策法规、外汇行情、金融知识等综合信息，也包括经济形势、经济政策、财政、税收等宏观经济信息。

12.8　财务公司的保险代理业务

12.8.1　财务公司保险代理业务的特点

财务公司保险代理业务指财务公司代理集团成员单位的财产险和人身险业务。包括为成员单位提供保险业务咨询、保险方案设计、办理投保手续、协调理赔事项和保险知识培训等服务。其特点主要体现在两个方面。

1）集团公司统一管理

保险代理业务是以财务公司为平台对集团保险业务统一管理。其做法是由集团总部负责牵头，整合集团成员的保险需求，在保险市场上统一招标，确定集团统一保险条件，选择合作的保险公司。集团公司将保费划付到财务公司，由财务公司与保险公司定期进行结算。财务公司按照代理保费数额的一定比例，向保险公司收取代理手续费。

2）财务公司与保险公司签约

开展保险代理业务之前，财务公司需与合作的保险公司订立书面委托代理合同。根据中国保监会的规定，合同应当包括以下基本事项：代理险种范围；保险单证的领用及核销程序；代收保险费和代理手续费的结算方式及结算时间；合同有效期限等。

12.8.2　代收与代付保费

1. 代收保费

代收保费是财务公司代保险公司向集团成员单位代收保险费的业务。财务公司代收保险费采取专户管理和代收管理两种形式。在专户管理形式下，财务公司应按照保监会的要求开立独立账户对收取的保费进行专户管理。在代收管理形式下，财务公司在协助客户完成投保后，向参保的集团成员单位发送付费通知书，通知客户及时交付保费，财务公司收到保费后，进行对账、登记台账，并将已代收的保费按保险公司归属分别制作对账单，以便结算。财务公司不得动用代收保费账户的资金。

2. 代付保费

代付保费是保险公司代参加保险的集团成员单位支付保险费的业务。财务公司代付保费应注意两点：一是应在委托代理协议规定的时间内将代收的保费及时、全额交付保险公司；二是不得在代收的保费中坐扣手续费。

12.8.3　财务公司保险代理业务的优势

1. 提高内部风险管理水平

由财务公司统一管理集团成员保险业务，可以发挥财务公司对内部产业风险特征熟悉和了解的优势，提升企业集团内部风险管理水平和保险专业化水平。

2. 争取有利的保险条件

财务公司代理集团成员保险业务，可以利用规模优势，取得更优越的保险条件和保障范围，降低企业集团保险成本。

12.9　企业集团外汇资金集中管理和国际业务

12.9.1　企业集团外汇资金集中管理

外汇资金集中管理指财务公司对集团成员单位相互拆借外汇资金的管理、外汇资金池管理及结售汇业务管理。

1. 企业集团外汇资金集中管理模式

集团外汇资金集中管理模式有全部集中管理、境内集中管理和境内境外多点集中管理三种模式。全部集中管理模式是集团所有外汇资金全部联网授权至境内集中管理；境内集中管理指只集中企业集团境内的外汇资金进行管理；境内境外多点集中管理指境内境外的外汇资金分别管理。现就常见的境内集中管理模式加以介绍。

财务公司对企业集团外汇资金境内集中管理有三种形式。

1）资金集中、结算不集中

在这种形式下，资金管理执行"资金落地后集中"的原则，集团成员单位的国际收支的申报、外币收付汇核销手续、外币收付汇的合规性审查等均由成员单位委托当地银行办理，财务公司只负责选择合作银行。

该做法的优点是，成员单位委托银行进行外币收付汇相关业务，业务操作模式不变，操作相对简便。但是由于集团只掌控资金流而欠缺业务流信息，且财务公司与银行异地对接不便，因此这种形式适用于成员单位分布在全国各地，不熟悉相关外汇集中管理业务的财务公司。

2）资金集中、结算集中

该形式下，资金管理执行"资金落地前集中"的原则，成员企业在财务公司开立结算账户，财务公司对其实行限额主动上划管理，所有收付汇业务、外币收付汇核销手续和国际收支的申报、外币收付汇的合规性审查等均由财务公司办理，财务公司负责选择合作银行。

该形式的优点是，财务公司完全取代银行的外币收付汇管理功能，集团实现了资金流和业务流的统一管理，能全面掌控资金流和业务流的信息。缺点是财务公司业务压力大，而且必须得到外汇管理局的审批。因此该形式适用于集团对外币资金管理严格，成员单位集中在一个地区，熟悉外币收付汇相关业务的财务公司。

3）资金集中、结算部分集中

该形式下，资金管理执行"资金落地后集中"的原则，集团所有成员单位均在主归集银行开户，收款汇入成员单位在归集银行的账户，而后财务公司再归集；付款由财务公司下拨到成员单位在归集银行开立的账户，然后对外支付。在这种形式下，集团成员单位收付汇结算及贸易结算在银行办理，如开证、到单、信用证通知、议付等业务在分行办理，外币收付汇核销手续和国际收支的申报、外币收付汇的合规性审查等委托当地银行办理，财务公司负责选择合作银行。

该形式的优点是集团实现了资金流和业务流的统一管理，委托银行办理相关收付汇业务，操作相对简便，但是也存在财务公司与归集银行异地对接问题。因此该形式适用于集团成员遍布全国各地，不熟悉外币收付汇相关业务管理，但是要求统一收付汇结算及贸易融资的财务公司。

2. 企业集团外汇资金集中管理的做法

经国家外管局批准，我国企业集团对成员单位外汇资金的管理可以"一企一策"，采取符合自身特点的方式。目前主要有以下几种做法。

1）集中管理＋境外贷款

这种做法是以财务公司作为集团内部外汇资金转账结算的操作平台，通过外汇资金集中管理专户，对境内成员单位外汇资金集中管理。采用这种做法，财务公司在外汇管理局核定的美元跨境贷款限额内，通过设定境外贷款综合头寸进行跨境资金集中运作，为中资跨国公司境外成员提供资金支持，实现全球范围的资金配置。如海尔财务公司。

2）集中管理＋内部结售汇

这种做法是以集团资金结算中心作为境内外汇资金集中管理的职能部门，汇集整个集团经常项目下的外汇资金至集团外汇资金集中管理的主账户，统筹调配经常项目下的外汇资金，根据成员单位 IDE 需求，由财务公司进行资金调拨和内部结售汇。通过全额外汇资金集中管理，企业集团能够对其内部成员的对外收款、付款，对内资金结算进行全方位控制，实现资源的最优配置。这种做法以海信集团为代表。

3）集中管理＋外币委托贷款

这种做法是集团公司要求下属公司将暂时闲置资金上划给财务公司集中管理，对临时的外汇资金需求财务公司以委托贷款形式下拨，成员单位收到国外客户回款予以归还。这种做法有效提高了资金使用效率，节约了财务成本。该做法以中国外运总公司为代表。

4）集中管理＋内部资金调剂

这种做法是集团资金管理中心负责集中管理境内成员公司的经常项目外汇资金，统一外汇资金和人民币资金的调剂和划转，并由该公司集中在外汇指定银行办理结汇和购汇手续。该做法以新华锦集团为代表。

12.9.2　财务公司的国际业务

目前财务公司开展的国际业务有外汇存款、外汇贷款、结售汇、国际结算和资产管理。

1. 外汇存款业务

外汇存款业务是成员单位在财务公司开立外汇结算账户，在此账户办理外币定活期存款、外币隔夜存款、外币通知存款等业务。定期存款一般分为 1 个月、3 个月、6 个月、1 年、2 年等不同档次。大额存款实行浮动利率计息。业务流程与人民币存款相同。财务公司外币存款账户的开立、变更和销户必须到成员单位和财务公司所在地外汇管理局备案。

2. 外汇贷款业务

外汇贷款业务是财务公司以自营或接受委托的方式向集团成员单位融通资金，主要解决成员企业生产经营过程中外汇流动资金和特定项目外汇资金的需要。财务公司要对外汇贷款的用途和企业偿还能力进行审核，根据国际金融市场利率、资金成本和风险大小确定贷款利率。其业务流程与人民币贷款相同。

3. 结售汇业务

1）财务公司结售汇业务的含义

结售汇业务是结汇和售汇业务的总称。财务公司的结汇是指境内成员单位出口商品或劳务取得的外汇收入，按照财务公司的挂牌利率全部卖给财务公司的业务。结汇业务又分为经常项下的结汇和资本项下的结汇。财务公司的售汇业务是指境内成员单位对外支付需要外汇时，用人民币向财务公司购买外汇的业务。财务公司经营结售汇业务需向外汇管理部门申请结售汇经营资格，并根据成员单位的分布情况选择自行办理或由当地银行代理进行结售汇。

2）财务公司结售汇业务的两种模式

（1）自主审单模式。

该模式是配合"资金集中，结算集中"的外汇资金集中管理模式，财务公司完全充当银行角色，与海关、外汇管理局联网进行业务单据审核、确定接受汇率和办理业务。

（2）代理审单模式。

该模式是配合"资金集中，结算不集中"或"资金集中，结算部分集中"的外汇资金集中管理模式，财务公司与银行合作，在银行负责审核单据并代为进行国际收支申报后，将业务单据传递给集团成员单位或财务公司。财务公司负责确定结售汇率并办理业务。在这种模式下，审核文件及相应的外汇风险由财务公司负责。

3）结售汇业务的操作

现以普遍采用的代理审单模式为例介绍结售汇业务的操作步骤。

① 财务公司在当地选择银行作为归集行，在归集行开立外汇账户，用于归集和调剂成员单位的外汇资金，并办理成员单位的结售汇及外汇兑换业务。

② 财务公司委托成员单位开户行（助办行）办理相关单据的核审。

③ 财务公司根据成员单位的结售汇情况，进行内部资金调剂，对调剂后形成的资金多头或空头，通过银行间即期外汇市场统一平盘，并委托外汇资金归集行通过财务公司外汇资金主账户进行资金交割。其操作方式如图 12-7 所示。

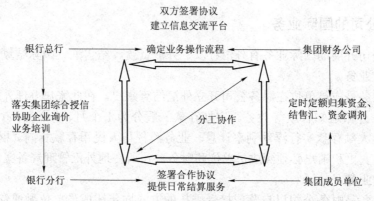

图12-7   代理审单模式下结售汇业务的操作方式

上图中各参与方职责：

银行总行：一般为归集行。① 负责为财务公司开立外汇账户，用于外汇资金统一管理和调剂；② 为财务公司提供网银系统。

银行分行：一般为协办行。① 负责为财务公司开立外汇账户，用于外汇资金结算；② 负责对成员单位提交的结售汇单据进行合规性审核，并将审单确认函提交给财务公司；③ 负责境外支付手续的审核和外汇申报。

财务公司：① 负责为成员单位开立内部外汇账户，用于归集外汇资金并进行管理和调剂；② 按照成员单位指令和协办行提交的审单确认函办理外汇资金的交割；③ 负责成员单位外汇资金的汇划和报送结售汇相关报表。

4）结售汇和外汇兑换业务的业务流程

结售汇和外汇兑换业务流程如下。

（1）成员单位提出申请。集团成员单位有结售汇及外汇兑换需要时，向财务公司提出申请并将相关单据交协办行，协办行按照财务公司《审单委托书》及外管局的要求进行合规性和真实性审核，出具审核确认函。

（2）确定汇率。集团成员单位将协办行的意见反馈给财务公司，并与财务公司就结售汇及外汇兑换的金额、汇率等达成协议。财务公司必须遵守外汇指定银行挂牌汇价的管理规定。

（3）资金清算。集团成员单位结售汇和外汇兑换的资金清算，通过财务公司内部账户进行，财务公司调整成员单位外汇账户余额。成员单位对外付汇时，财务公司通过外汇资金集中归集行下拨，成员单位的对外资金收入通过协办行办理。

（4）数据报送。财务公司按照外管局的要求报送每日业务量和相关数据。

4. 国际结算业务

财务公司的国际结算业务是财务公司经国家外汇管理局批准，在境外开立离岸外汇账户，通过远程电子银行系统为成员单位的境内外支付等提供各种服务。如划款、外汇兑换等。其业务流程因地域而有差别。

5. 资产管理业务

资产管理业务是指财务公司向成员单位提供外汇理财产品。在成员单位不能及时结汇的情况下，往往通过财务公司的外币结构性存款的较高利率弥补汇率变动的损失。

除上述业务外，财务公司还根据自身的能力和成员单位的需要开展外汇投资、外汇套期保值、出口信用保险、国际货运保险等其他国际业务。

12.10 财务公司的租赁业务

12.10.1 财务公司办理融资租赁业务应具备的条件

我国《企业集团财务公司管理办法》规定，财务公司可以对成员单位办理融资租赁业务；符合条件的财务公司可以对成员单位的产品办理融资租赁业务。财务公司开办成员单位的产品租赁业务应具备以下条件：

① 财务公司设立 1 年以上，且经应状况良好；

② 注册资本不低于 5 亿元人民币或等值可自由兑换外汇；

③ 经股东或董事会同意；

④ 有比较完善的投资决策机制、风险控制制度、操作规程及相应的管理信息系统；

⑤ 有相应合格的专业人员；

⑥ 银监会规定的其他审慎性条件。

12.10.2 财务公司融资租赁业务的操作

财务公司融资租赁业务的操作流程与金融租赁公司的操作流程相同。

重要概念

单位协定存款　综合授信业务　结售汇业务　代理审单模式　集中管理

思考题

1. 简述我国财务公司运作模式的特点。

2. 财务公司存款业务与商业银行存款业务有何不同？

3. 简述财务公司票据贴现业务的程序。

4. 财务公司投资业务风险控制应遵循哪些原则？

5. 简述财务公司保险代理业务的优势。

6. 写出财务公司发行金融债券的时间流程。

7. 财务公司外汇资金集中管理有几种模式？

8. 简述财务公司结售汇业务的一般操作方式。

第13章

典当业运营与管理

学习目标

通过本章学习读者应当掌握：

- 典当行与拍卖行的区别
- 典当的构成要素
- 我国典当业务的范围
- 典当业务的一般流程
- 折当率的类型及特点
- 典当业有哪些风险

典当是指当户将其财产作为当物质押或者抵押给典当行，典当行向当户发放当金，双方约定由当户在一定期限内赎回当物的融资业务。我国典当业自 1987 年正式出现至今已有近 30 年的历史。典当业以独特的方式为民营中小企业、个体工商户和消费者个人提供融资服务，日益成为我国金融服务业不可缺少的一部分。

13.1　典当业的特征与构成要素

13.1.1　典当业的特征

1. 独立性

典当在任何社会都具有相对独立的经济地位。典当的独立性表现在，在经济衰退时期，典当的发展与社会经济不同步。20 世纪末以后，是美国经济连续 10 年的稳定发展时期，美国的典当业随之发展起来。而 1997 年亚洲金融危机，东南亚一些国家经济衰退，银行等金融机构纷纷破产倒闭，但是典当业却生意红火。典当业这种独立性是其他行业少见的。

2. 每笔金额小

典当行向客户发放的当金均以小额为主。这是由典当业资本实力差和规避风险的要求决定的。典当业注册资本要求较低，外部融资受到一定的限制，难以承担大额业务。典当金额越小，笔数越多，风险就越分散。如典当行单笔典当金额，美国规定在 2 000 ～ 5 000 美元之间；加拿大规定的金额为 1 万加元，英国规定为 2.5 万英镑。

3. 当期短

典当业资本金少，在经营上首先要考虑安全性，当物的在押期限越短，风险就越小，资金周转越快，盈利能力越强。一般而言，典当时间少则 10 天、半月，最长不过 6 个月，大大短于商业银行的抵押贷款期限。如美国大多数州规定的法定当期为 3 个月，最短为 30 天，英国规定最长为 6 个月。我国规定典当期限最长不得超过 3 个月。

4. 快捷方便

由于典当业放款不以信用为条件，重视的是当物的合法性和价值大小，与银行贷款以企业未来现金流为条件，特别重视企业的信用分析相比，快捷方便。小额放贷立等可取，大额放贷 3 ～ 5 天即可完成。我国《典当管理办法》规定，办理出当与赎当，当户为个人的，出具本人的有效身份证件；当户为单位的，经办人员应当出具单位证明和经办人的有效身份证件；委托典当中，被委托人出具典当委托书、本人和委托人的有效身份证件即可。

5. 灵活性强

典当业的灵活性主要表现在可当物的多样性、期限的可选择性和利率的可调整性。如我国 2011 年颁布的《典当行管理条例（征求意见稿）》规定，当物的估价金额、当金数额、典当期限等可由典当行与当户协商确定。此外，典当行发放贷款不限定用途，与银行拒绝发放不符合规定用途的贷款相比灵活得多。

6. 安全性大

典当业安全性表现在两个方面：一是客户当物安全。典当业设有专门的仓库且配备良好的设施和专门人员妥善保管当物；二是对当户的信息实行严格保密制度，不会因典当业的泄露而损害客户的利益。

由上述特点可见，典当业的短期、快速、小额、便捷等行业属性与中小型企业贷款需求周期短、频率高、额度小、需求急的特点有极高的契合度；典当业注重当物而非信用，对所融通的资金用途不加干预，灵活度高的特点与商业银行有很强的错位经营和市场互补优势。因此典当融资已逐渐成为中小企业一条重要融资渠道。

13.1.2 典当的构成要素

典当是依法进行的一种商业性金融活动。其构成要素包括基本要素和法律要素。

1. 基本要素

基本要素即典当的一般要素。它体现的是一种典当经营关系，即典当双方当事人在典当运作过程中根据典当业的特点所发生的业务行为关系。典当经营关系由典当行为、典当标的、典当当事人三个要素构成，缺一不可。典当行为是指当户将其动产、财产权利或房地产作为当物质押或者抵押给典当行，交付一定比例费用，取得当金，并在约定期限内支付当金利息、偿还当金、赎回当物的行为。典当当事人包括当户和典当行。典当标的是指当户与典当行进行典当业务时，赖以达成债权债务关系而滞留典当行用于债务偿还担保的信物。

2. 法律要素

典当的法律要素包括典当法律关系的主体、内容和客体，缺少其中任何一个要素，都不能构成典当法律关系。典当的法律关系一方面表现为典当双方之间的质押担保关系；另一方面表现为典当双方之间的债权债务关系。典当法律关系是这两种关系的统一体。从质押担保关系看，当户与典当行是出质人和质权人的关系；从债权债务关系看，当户与典当行是债务人和债权人的关系。典当法律关系的这种二重性，决定了它不同于一般的质押担保关系和债权债务关系。如在典当法律关系中，出质人与债务人合一，即二者为同一主体的现象，明显不同于一般质押担保关系（一般的质押关系中出质人有可能不是债务人而是第三者）。另外，质权人与债权人合一也明显不同于一般债权债务关系中债权人不确定的情况。

13.2　典当业务涉及的相关问题

13.2.1　有效证件

世界各国和地区的法规都规定，在典当业务中必要法定程序之一是当户凭有效证件典当以便于典当行确认当户的合理身份。出具有效证件是当户的义务，检验有效证件是典当行的权利。如有的国家和地区规定当户的法定年龄是 16 岁或 18 岁以上。典当行收当时必须向当户索要有效身份证件并进行登记。我国《典当行管理条例（征求意见稿）》规定，典当行收当时应当查验当物，向当户索要有效身份证件、当物来源的证明材料，并进行登记。

13.2.2　当物

在典当过程中，当户必须交付当物并转移其占有权至典当行。典当行必须鉴定当物。

1. 当物的种类

能作为当物的东西分为两类：动产和财产权利。常见的动产当物有金银饰品、钻石珠宝、名贵手表、照相器材、汽车、文物艺术品、家用电器、机械设备、生产资料和服装等。

2. 合法当物的条件

在典当业务中，某件标的能否作为当物必须符合一定的条件。

1）自然属性

首先，典当物不能是抽象的，必须是特定物而非种类物。如：以钢材为当物，应明确钢材的型号、规格和批量；以汽车为当物，必须明确汽车的型号、车号和牌照。其次，当物必须不易损耗，这是当物实现担保功能的物质保证。因为当物损耗过快会造成其性质和形态发生变化，价值下降，导致在死当时无法变现，典当行会因此而蒙受损失。

2）经济属性

在经济属性方面，当物必须具有交换价值。典当权作为一种特殊的质权本质上是价值权，当物只有具备交换价值才能作为典当的质押品，并且在不能赎当时，通过变卖实现质权。我国一些典当行要求，当物按照再次流通可销价评估，至少达到一定数额的人民币以上才予以收当。

3）法律属性

首先，当物必须无流通障碍。从法律角度考察，财产一般分为三类：允许流通物、限制流通物和禁止流通物。只有允许流通物才能作为当物。其次，当物必须无权利瑕疵。从法律角度考察，应当禁止三种财产进入典当领域，即他人财产、非法财产、有争议的财产。对此典当行一般从以下三方面判定和把握：一是当物权利明确。必须是当户拥有所有权或处分权的财产，否则死当后典当行不能依法实现质权。如用租赁财产或分期付款购买的财产进行典当，存在权利瑕疵，不能作为合法的当物。二是当物权利合法。当物必须是当户合法取得的财产，否则死当后无法实现质权。三是当物权利无争议。如果以与他人共有财产作当物，当物权属未定，明显存在权利瑕疵，典当无效。

我国《典当管理办法》规定，典当行收当的当物应当是依法可以质押的动产、财产权利或者依法可以抵押的不动产。法律、行政法规和国家规定禁止质押的动产、财产权利或者禁止抵押的不动产，典当行不得收当。正在建造的建筑物不得作为当物。典当行不得收当下列财物：① 依法被查封、扣押或者已经被采取其他保全措施的财产；② 赃物和来源不明的物品；③ 易燃、易爆、剧毒、放射性物品及其容器；④ 管制刀具，枪支、弹药，军、警用标志、制式服装和器械；⑤ 国家机关公文、印章及其管理的财物；⑥ 国家机关核发的除物权证书以外的证照及有效身份证件；⑦ 当户没有所有权或者未能依法取得处分权的财产；⑧ 法律、法规及国家有关规定禁止流通的自然资源或者其他财物。

13.2.3　当物估价

对当物进行价格评估是发放当金的基础。对于当物估价的主体，世界各国和地区立法规定主要有三种。

1. 典当行是独立的估价主体

印尼《荷属东印度典当业条例》第 11 条第 1 款规定，物品入质在未付当款前，应由管理员按照总管所之标准估价。

2. 典当双方是共同的估价主体

2011 年 5 月我国颁布的《典当行管理条例（征求意见稿）》规定，当物的估价金额、当金数额、典当期限由典当行与当户协商确定。明确了当物估价权属于典当双方，任何一方不得凌驾于对方之上。在当物估价时兼顾典当双方的合法利益，有利于贯彻典当交易的公平原则。

3. 第三方是估价主体

鉴于对当物估价时会出现典当双方各持己见，难以产生共同的估价结果或者典当双方对于特殊的当物缺乏科学估价的能力，一些国家或地区立法允许典当双方以外的第三方参与当物的估价。从实际情况看，对于文物艺术品和房地产当物的估价，典当双方通常委托专业评估机构予以协助。

13.2.4　折当率及其类型

1. 折当率及其计算公式

折当率是指当物经过评估后，按照当物估价数额折发当金的比例。典当行对当户发放当金不是购买当物，因此不应当按照当物的实际估价发放当金，必须按一定的折当率支付当金。折当率的高低根据当物实际情况和典当行控制风险的原则确定。

折当率的计算公式：

$$折当率 = \frac{当金数额}{当物估价数额} \times 100\%$$

例如，某当户以住宅典当融资，典当行对房屋的估价是 400 万元，当金数额是 280 万元，折当率为 70%。

2. 折当率的类型

1）法定折当率

法定折当率即立法规定折当率。如美国《加利福尼亚州典当法》规定，汽车折当率上限为 75%；另一些州的法律规定，折当率的上限为 50% 或 33%。

法定折当率的特点是，便于典当双方依法操作，易排除一些不确定的因素。其优点是，有利于保护当户的合法权益，特别是折当率下限的规定，使广大当户在获得当金时，能够充分享有一定的数额保障。

2）约定折当率

约定折当率即立法规定折当率由典当双方协商决定。在这种情况下，当金数额可以等于或低于当物估价。

约定折当率的优点是，法律充分考虑到典当双方的合同自由，有利于典当双方在典当交易中充分自由协商。约定折当率的缺点是，不利于保护当户的合法权益，因无折当率的下限约束，典当行有可能乘人之危压低当金数额。我国《典当行管理条例（征求意见稿）》规定，当物的估价金额、当金数额、典当期限由典当行与当户协商确定。

13.2.5　当期的规定

当期是典当行允许当户使用当金的期限。典当期满，当户还清当金和利息后有权赎当。当期的规定有以下三种类型。

1. 法定当期

法定当期是立法当期，典当双方无权任意选择。法定当期分为全部法定和部分法定两种形式。

1）当期全部法定

典当法律规定双方一次性典当交易的期限，通常以日、月为单位。

2）当期部分法定

法律规定典当双方进行一次性典当的最长期限和最短期限。如美国各州规定的当期上下限有长有短，最长 3 个月，最短 30 ～ 90 天不等。我国台湾省《当铺业管理规则》规定，当期不得少于 3 个月。

2. 约定当期

约定当期是指当期的天数或上下限无立法规定，由典当双方自由决定。如美国阿肯色、康涅狄格等州均不规定当期，当期的长短完全由典当双方自由决定。我国也采取约定当期的形式。

3. 当期长短的利弊分析

1）当期长的利与弊

对于典当行而言，当期长的优点是可以获得稳定和丰厚的息费收入；缺点：其一是期限长，不稳定因素增加，风险加大；其二是当物保管的压力大，甚至因保管不善而遭受损失；其三是出现死当，典当行处理当物时，会因价格变动遭受变现风险。

对于当户而言，期限长可获得较长时间的货币使用权，满足生产经营和生活消费的需要，并使当户可以在较长时间内积累资金偿还当金和利息。但是当期长也意味着当户支付当金本息的负担加重，典当成本上升。

2）当期短的利与弊

对于典当行而言，当期短，虽然息费收入较低，但是典当风险也随之降低。此外，会加速典当行的资金周转。

对于当户而言，期限短可以减轻当金本息和费用的负担，但是由于时间紧迫也会加重当户本息筹措的难度。

13.2.6　息费标准

典当业务中的息费是当户支付的当金费用和相关费用。包括鉴定、评估、保管、保险费等。世界各国采取不同的息费制度确定息费标准。息费制度有以下几种类型。

1. 单一费用制

单一费用制是指典当行只收当金利息，不收其他费用的制度。世界上不少国家和地区实行这种制度。如美国亚拉巴马、密西西比和蒙大拿三洲实行固定费用制，规定月利率均为25%，夏威夷州为20%，堪萨斯州为10%，新泽西州则为3%。科罗拉多州则实行差别费用制，如规定当金50美元以下的月利率为20%，50美元以上则为10%。佛罗里达州则实行非比例利息制，即按照交易次数确定利息，收5～10美元。

实行单一费用制典当行只收一种费用，有利于吸引当户，但是透明度较差。

2. 多元收费制

多元收费制指典当行既收利息也收其他费用的制度。世界上也有许多国家采取这种制度。多元收费制种类很多，有按当期长短收取的，有视当金数额不同收取的，也有根据交易次数收取的。如《加利福尼亚州典当法》规定，当金15～20美元至2 100～2 500美元且当期在90天以下的，收取3～140美元的服务费；美国《内华达州典当法》则按交易次数收取，规定每次点当交易收取5美元费用，利息另付。我国《典当行管理条例（征求意见稿）》规定，典当行可以按照当金的一定比例向当户收取综合费用。综合费用占当金的比例不得超过国务院商务主管部门规定的比例上限。当金利率按照中国人民银行公布的贷款基准利率执行。当金利息不得预先从当金中扣除。

实行多元费用制的好处是每笔费用具体明了、透明度强，不易产生歧义，但是过多的费用科目可能造成当户反感。

13.2.7　当物保管

委托保管当物是典当行的义务，也是典当业务顺利完成的保证。主要内容包括以下方面。

1. 硬件设施的要求

对于当物保管的硬件设施各国法律都有规定。如美国《印第安纳州典当法》规定，设立典当行必须建有典当库，否则不准开业。我国台湾省《当铺业管理规则》规定，申请经营当铺业者，应有固定之营业场所，并具有防火隔离的设备，面积12平方米以上，钢筋混凝土或水泥砖造，门窗铁造的库房。

我国《典当管理办法》规定，设立典当行应当具备与经营活动相适应的营业场所和设施。典当行房屋建筑和经营设施应当符合国家有关安全标准和消防管理规定，具备下列安全防范设施：① 经营场所内设置录像设备（录像资料至少保存2个月）；② 营业柜台设置防护设施；③ 设置符合安全要求的典当物品保管库房和保险箱（柜、库）；④ 设置报警装置；⑤ 门窗设置防护设施；⑥ 配备必要的消防设施及器材。

2. 当物保管的法定义务

以物作质押融通资金是典当业区别于其他金融服务业的重要标志，也决定了典当行在占有当户缴纳的当物期间，负有妥善保管的责任。这不仅是因为向当户收取了保管费，在到期赎当时，典当行应当完好无缺地将当物交于当户，还因为在发生死当时只有完好无缺的当物才能顺利变现受偿。

3. 当物保管的法律责任

世界各国和地区的典当立法都明确规定，对于典当行在当物保管过程中因主观过错而未履行义务的行为，应由典当行承担相应的法律责任。但对于不可抗力原因而未履行义务的行为，则免除典当行的责任。

13.3　典当业务的操作

13.3.1　典当行的业务范围

根据 2005 年颁布的《典当管理办法》第 25 条规定，经批准，典当行可以经营下列业务：

① 动产质押典当业务；
② 财产权利质押典当业务；
③ 房地产抵押典当业务；
④ 限额内绝当物品的变卖；
⑤ 鉴定评估及咨询服务；
⑥ 商务部依法批准的其他典当业务。

2011 年《典当行管理条例（征求意见稿）》第 30 条规定，典当行不得从事下列活动：

（1）吸收公众存款或者变相吸收公众存款；
（2）发放信用贷款；
（3）从商业银行以外的单位和个人借款；
（4）国务院商务主管部门规定不得从事的其他活动。

13.3.2　典当业务流程及操作要领

典当业务操作流程如图 13-1 所示。

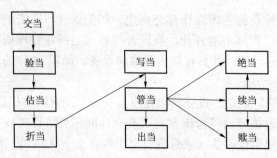

图13-1　典当业务操作流程

1）交当

交当是当户在典当过程中向典当行给付当物，用于质押借贷的行为。典当行收当时应当查验当物，向当户索要有效身份证件、当物来源的证明材料。在交当环节，典当员应小心谨慎接受当物，避免磕碰、摔落；对贵重物品应戴上手套，避免弄脏当物。

2）收当

收当是典当行向当户收取并验证当物作为债务担保的行为。包括以下环节。

（1）验当。验当时要查验当户身份证件，对当户出具的有关证件初审后还应电话或派人查询核实；查验当物是否属于禁当物品；查验当物权属真伪；查验当物的真假、品种、规格、型号、质量、成色、性状等，并做好查询登记。

我国《典当管理办法》规定，典当行不得收当下列财物：依法被查封、扣押或者已经被采取其他保全措施的财产；赃物和来源不明的物品；易燃、易爆、剧毒、放射性物品及其容器；管制刀具，枪支、弹药，军、警用标志、制式服装和器械；国家机关公文、印章及其管理的财物；国家机关核发的除物权证书以外的证照及有效身份证件；当户没有所有权或者未能依法取得处分权的财产；法律、法规及国家有关规定禁止流通的自然资源或者其他财物。

（2）估当。评估当物的价值要有科学的依据，做到合理合法。要考虑其使用年限及折旧损耗，严禁故意压低估价。

（3）折当。当金的确定要充分体现和当户的"协商原则"，按合理的浮动幅度确定。当金的最终确定应符合评估员的贷款权限，折当率的高低应充分考虑到当物变现时市场价格，在典当业务实践中，折当率一般在 80% 左右。

资料

如何查验当物的合法性

查验当物的合法性应掌握以下要点。

1.查验当物来源的合法性。一是核查当物的原始发票。查看购物日期、金额是否经过涂改。如果发票遗失可要求当户出具所在单位或居委会证明。二是通过观察询问了解当物的特点、操作、维修方面的问题，检验当户对当物的熟悉程度，防止收当赃物。

2.查验当物所有权。当物必须是当户合法拥有所有权和处分权的物品，持他人物品典当的，当户人应出具当物所有权人的书面委托书和有效身份证明。

3.共有财产典当，必须事先征得其他共有人的同意并取得书面证明。

4.查验当物的真假、品种、规格、型号、质量、成色等，以防以假冒真，以次充好。必要时典当行应购置检验设备，对专业性强的当物应委托专业机构鉴定。

5.对于国家明文规定的当物，如房地产、机动车辆等，必须到相关部门查询，以防收当已经被查封或抵押的当物。

3）写当

典当行收妥当物后应当向当户开具当票。当票应载明的事项：① 典当行机构名称及地址；② 当户机构名称（姓名）、地址、有效证件号码，当物名称、数量、质量和完好状况；③ 估价金额和当金数额，利率和综合费率；④ 典当日期、续当期，当户须知等事项。

写当要求：① 当票上各要素要如实填写齐全；② 当票一式四联字迹要清晰；③ 当户须在当票上亲笔签名，典当行须加盖业务专用章或公章；④ 如当票上已注明的条款不能真实地、全面地反映双方意愿，可重新签订补充协议，补充协议或合同的签订人仍然是当物的所有权人或代理人。

4）管当

管当包括以下环节：① 当物封包前，应将当票与当物核对，查看票、物是否相符；② 封包时，要与当户当面清点、包装、封存，封口处有当户签字；③ 封包后，保管员须在当票上签字，同时在封包上应贴牢当票编号；④ 封包入库前，保管员应根据当票"保管联"在"库存当品登记簿"上登记入库；⑤ 入库后，应将当物封包、封袋按品种类别和先后顺序存列、摆放整齐。

5）出当

出当是典当行在典当过程中向当户发放当金的行为。出当必须凭当票的"出纳联"如实支付当金，坚持见票付款、先记账后付款的原则；付款前必须仔细审核当票要素是否齐全，实付金额是否准确，是否有保管员、终审人或经理签字。

6）续当

续当是指当户在典当期满后不赎当，而是以原物再进行典当的行为。当户续当时，须持有居民身份证和原当票；评估员应审核原当票及当户身份证，填写续当凭证，续期不得超过原当票期限；保管员应根据续当凭证"保管联"对续期当物在"库存当品登记簿"上予以登记；出纳员审核续当凭证后，与客户结清前期利息和本期综合费用。我国规定，典当期限届满，当户和典当行可以在 5 日内约定续当，也可以向典当行偿还当金及其利息，支付综合费用，赎回当物。

7）赎当

赎当是指当户在一定的典当期满，向典当行清偿当金本息后赎回当物的行为。当户赎当时须持当票和居民身份证办理，评估员应审核赎当人身份证及所持当票的真伪；出纳员收取本金利息，确认结清后，开具一式三联"收款单"；保管员见出纳"收款单"保管联后，方能按当据编号入库取物；保管员对当物出库必须登记销号，并将当物与当票核对无误后交当户当面拆封，清点核收。

8）绝当

绝当也称"死当"，是指典当期满当户既不续当也不赎当的行为。典当期满，当户和典当行未约定续当，也未赎回当物的，典当行可以与当户协议，以当物折价或者以拍卖、变卖当物所得的价款偿还当金、利息、综合费用，超过部分返还当户，不足部分由当户清偿。

这一环节操作时需特别注意：① 当期届满时，先要发函或电话通知当户；② 保管员每月应根据"库存当品登记簿"清理逾期当物，列出绝当物清单；③ 保管员根据审批意见，填写出库单，将绝当物出库并在"库存当品登记簿"上登记销号，同时建立"绝当品专用台账"，以逐一记载绝当品的增加或减少。

13.4　典当业的风险与管理

13.4.1　典当业的风险

典当风险是指在典当活动中因内外因素影响导致典当交易发生损失的可能性。典当风险从宏观角度可以分为政策风险、法律风险、市场风险、违规风险、信用风险、流动性风险、资本金风险。从微观角度，可以分为鉴定评估风险、绝当物变现风险、贷款比例管理风险及职业道德风险。现仅就主要风险加以阐述。

1. 法律风险

法律风险指在日常经营活动或各类交易中，典当工作人员不遵守相关法律、法规或违反政策规定操作，使典当行遭受法律制裁和处罚的风险。

如典当行为了扩大规模，非法高息集资，变相吸收存款。又如在交当和验当环节中，收取法律明文禁止的当物，或者明知当物有嫌疑，为贪图暴利铤而走险，甚至和犯罪分子勾结恶意收赃、销赃等。

2. 流动性风险

流动性风险是指典当业不能从市场或正常的典当业务中获得必要流动资金偿还到期借款或支付当户的当金，使典当业的信誉、筹资能力遭受损失的可能性。

当户对典当业务的需要具有不确定性，典当行必须具有随时向合格当户发放当金的能力。这就要求典当业在经营过程中必须保持资产的流动性。如为了吸引客户，拓展业务获取更多的盈利机会，在资金不足时典当行也会在市场上拆借资金，偿还到期借款。此外，必须合理确定典当期限，如果典当行当期过长，就会导致资金周转不灵。绝当物不能以有利的价格变现也会导致流动性风险的发生。

3. 信用风险

信用风险是指当户不能履约或延期偿还当金本息使典当行收益受损的可能性。典当行的信用风险来源于当户，在增加典当资产的同时，典当行便承担了信用风险，且不同的典当资产信用风险大小不同，尽管当户出具了当物作质押，可是一旦出现绝当，当物的变现风险就不可避免，结果不仅要付出相关的变现成本，能否补偿当金本息收入也很难预测。

4. 鉴定评估风险

鉴定评估风险是指在收当环节中，由于验当、估价和折当失误给典当行带来的风险损失。在实际当中经常出现的风险原因有以下几种。

（1）收假。当户以假冒真，典当行收取假钻石、假字画、假房产证、假车牌照等质押品，就会造成不可挽回的损失。

（2）收错。当户交的虽是真货，但品相、质地、性能等较差，现实价值与原价相差甚远，而估价人员误将其按原价值估价，导致物无所值。

（3）收偏。指典当行收进了自己不熟悉的冷门、偏门当物，一旦绝当便无法变现。

5. 绝当变现风险

绝当变现风险是指出现绝当后，绝当物在处理过程中，由于难以在市场上变卖带来的风险。包括价格风险和过户风险。

（1）价格风险。价格风险主要是"两高一低"，即对当物的估价过高、折当率过高，出现绝当后当物变现价格过低导致风险损失的可能性。出现价格风险的原因往往是典当行追求过高的当金利息收入，对当物估价过高或折当率过高，虽然过高的估价和折当率易于和当户达成协议，但典当行的风险加大。但是也要避免"两低一高"，即对当物的估价过低、折当率过低、绝当后变现价格高的情况，这种情况虽然典当行承担的价格风险小，但是容易挫伤当户的积极性。

（2）过户风险。过户风险是指出现绝当后，当户不能按照协议办理当物的变卖手续给典当行带来的风险损失。如机动车绝当，当户不配合，没有身份证原件或当事人不到场，不能办理过户手续。又如房地产绝当，当户不配合，不能协议抵债或不能办理过户手续。

6. 职业道德风险

职业道德风险指典当行工作人员违反典当法律、法规和内部规章制度，利用职务之便，以牺牲典当行的利益为代价谋取个人私利给典当行带来风险损失的可能性。主要表现在：内外串通，有意高估当物价格，超额发放当金；免除抵押或质押条件，发放人情信用贷款；在业务中收取回扣、佣金，造成典当行利润流失。

案例

道德风险不容忽视

2007 年某典当公司一名业务经理利用职务便利，在做一笔房产抵押借款业务时，私下向当户收取了 10 000 元现金，收取的理由是房产评估及抵押登记加急费。实际上当时根本没有该项费用，该公司的房产是由两位客户经理上门自行评估，没有聘请专业的评估机构。房产的抵押登记是区县建委，按照工作流程在 10 个工作日就能取得权利证书，根本不需要加急。该事件是在客户赎当时索要 10 000 元正式发票而被发现。

13.4.2　典当业的风险管理

1. 典当业风险监管指标

我国《典当行管理条例（征求意见稿）》第 28 条规定，典当行经营典当业务的典当余额应当符合下列规定：

（1）对单一当户的典当余额不得超过典当行资产总额的 25%；

（2）对单一当户及其关联方的典当余额不得超过典当行资产总额的 50%；

（3）不动产典当单笔当金数额不得超过典当行资产总额的 15%；

（4）财产权利典当余额与不动产典当余额之和不得超过典当行资产总额的 80%。

国务院商务主管部门根据典当业发展及典当行风险管理水平等情况，可以调整前款规定的比例。

2. 典当业的风险防范

典当业的风险防范应当从以下几方面着手。

（1）依法依规经营，防止违约风险。

为加强典当行业的风险管理，国家颁布了《典当管理办法》《典当业风险管理指引》及其他有关法律和行政法规，这是典当业行为规范和业务准则。典当行必须严格遵守。

（2）合理布局典当业务结构。

不同的典当业务风险大小不同。典当行要从实际出发，保持合理的业务结构。一是控制大额业务，多做小额业务，避免风险过于集中；二是多做熟悉的业务，少做生疏的业务，控制当物风险；三是收紧长线业务，扩大短线业务，提高资金的周转率，降低绝当物的价格风险。

（3）培养典当专业人才，防范收当风险。

我国典当业对人才的需要是多层次的，在加快高级典当人才培养的同时，也要重视在职典当人员的培训，提高典当业从业人员的业务素质，特别要加强经理人员和主要业务骨干的技能培训，实行培训考核上岗制。同时要大胆引进人才，积极引进具有较强行业知识和专业知识的业务人员和经验丰富的管理人才，夯实抵御典当风险的人才基础。

（4）强化典当行内部风险管理制度建设。

风险管理是典当业经营管理的核心。制度建设又是提高识别、衡量、监测和控制风险，确保在合理的风险水平之下稳健经营的关键。为此，首先要建立健全内部风险管理制度，做到权责分明、部门和业务人员之间相互制衡，有效控制业务风险。其次，将现代企业制度和运行模式引进典当业，建立适合典当行的约束机制和激励机制。一方面要运用现代企业的经营理念、酬薪制度、股权约束制度调动员工的积极性，另一方面要完善内控机制，落实岗位责任制，建立相互制约、相互监督和合作的内部制衡机制。

（5）建立网络信息系统，防止绝当风险。

要有效防止绝当风险，必须及时掌握各种当物的市场价格变化，为此要建立商品市场价格信息网络，包括新产品价格和二手商品交易价格，做好资料的搜集、整理和汇总，及时向业务部门反馈信息，对当物灵活估价和折当，降低绝当变现的风险。

重要概念

典当　收当　折当　估当　赎当　绝当　折当率　单一费用制　鉴定评估风险

思考题

1. 典当业有哪些特征？
2. 简述典当的构成要素。
3. 简述典当业务的操作流程。
4. 简述折当率的类型及特点。
5. 我国《典当管理办法》对典当行业务范围有哪些限制？
6. 试述典当业的风险及其防范。
7. 对下面案例中典当行风险及其产生的原因进行分析。

案例：某典当行对 A 公司典当一批无缝焊管 500 吨。当时每吨市场销售价约 3 000 元，折当率为市场价格的 80%，发放当金 120 万元。典当期满后，A 公司续当 3 个月，半年后 A 公司无力赎当，焊管成为死当。此时，焊管的市场价格每吨已下跌了 500 元，典当行鉴于续当期的利息和费用约 15 万元均未收回，欲想待价格回升后再卖当物。但是第二年，市场上焊管无人问津，价格一再下跌，每吨跌至 2 000 元左右，最后典当行因资金周转困难，不得不忍痛变现，损失本金 20 多万元。

第 *14* 章

其他非货币银行类金融服务机构运营与管理

学习目标

通过本章学习读者应当掌握：
- 小额信贷公司业务经营活动的特点
- 小额信贷公司的资金来源与运用的范围
- 小额信贷公司贷款业务流程
- 消费金融公司贷款与银行消费贷款的区别
- 消费金融公司贷款种类
- 消费金融公司的风险及其管理方法
- 货币经纪公司的服务对象
- 货币经纪公司的业务种类与交易方式
- 货币经纪公司的业务流程

非货币银行类金融服务机构的种类很多，本章主要介绍小额信贷公司、消费金融公司和货币经纪公司的业务种类、操作流程及风险管理的相关内容。

14.1 小额信贷公司运营与管理

14.1.1 小额信贷的特点

小额信贷是对中低收入的居民和小型、微型企业提供的额度较小的信贷服务。传统的小额信贷主要是小额无担保贷款，如向农户发放的农业种植、养殖贷款；向城乡地区从事生产和贸易的私营业主、个体工商户和个体经营者等小微企业发放的小额贷款。小额信贷公司的经营有以下特点。

1. 经营理念人性化

小额信贷公司的经营理念完全不同于商业银行。商业银行发放贷款时要对借款人进行信用分析，现金流收入是企业获得银行贷款的重要条件，在此基础上还要求客户提供抵押或担保，并通过借贷合同明确双方的权利义务，以保障债权的安全。小额信贷公司则不然，它们专门向穷人提供无抵押担保的小额贷款，其经营理念是每一个借款者都是诚实的，即便是有些借款人到期偿还不了贷款，很可能是无力偿还而非故意违约。因为穷人深知，贷款是他们摆脱贫穷的唯一机会。实践证明，孟加拉的格莱珉银行贷款的偿还率超过 99%。

2. 贷款程序简便

小额信贷公司有独特的存贷款机制，它们为不同的借款人分别制订贷款方案，提供适合于客户需要的贷款期限和分期偿还方式。如孟加拉的格莱珉银行帮助没有知识和经验的借款人设计特有的贷款偿还机制。

3. 三位一体的风险控制模式

小额信贷公司具有贷款者、存款者、股东三位一体的风险控制模式。贷款者也是存款者，甚至是小额信贷公司的股东。它们鼓励小额贷款者成为银行的股东，甚至可以成为董事会成员。其产品设计具有特殊的风险控制模式。如为贷款者设计出有吸引力的养老金产品和保险产品，并要求超过一定额度的借款人必须在养老金账户存入一定金额。这不仅为银行带来一笔可观的现金流，而且还可以消除借款人还贷的后顾之忧。此外，有的小额贷款公司还要求借款人每年将未偿还贷款的一定比例（如 25%）存入保险储蓄账户，成为银行稳定的资金来源和偿还贷款的保证。

4. 管理模式多样化

小额信贷公司是按照市场需要发展和完善的，机构和管理模式多样化，实行完全市场化运作。如美国小额信贷机构有升级模式、降级模式和绿色田野模式。所谓升级模式是将半正规的小额信贷机构升级为正规金融机构；降级模式是指由商业银行经营小额信贷业务；绿色田野模式是指一开始就成立正式的小额信贷机构。美国城市社区和农村老少边穷地区小额信贷机构有小额信贷银行、小额信贷信用社、小额信贷基金会、小额信贷金融办等多种类型，各类机构均独立运作。这些模式不是由政府决定，而是小额信贷公司根据市场自行选择。

5. 政府政策支持

政府对小额信贷公司提供多渠道的支持。如政府财政支持、政策性金融机构配合、社会富裕阶层资助等。这样可以利用金融手段充分调动社会资源，扶持弱势群体，推动贫穷落后地区经济发展。

14.1.2　小额信贷与商业银行主导型小额贷款的区别

小额信贷在资金来源、服务对象、贷款目的、贷款原则、担保方式、利率和贷款期限等方面均不同于商业银行的小额贷款。两者的区别如表 14-1 所示。

表14-1　我国小额信贷与商业银行主导型小额贷款的区别

项目	小额信贷公司	商业银行小额贷款
资金来源	股本和积累、银行贷款	股本和积累、储蓄存款、货币市场借款、发行债券
服务对象	三农、中小企业、微型企业、个体工商户和创业者	有明显政策扶植的三农、中小企业、微型企业、个体工商户和创业者

续表

项目	小额信贷公司	商业银行小额贷款
贷款目的	为微型企业提供资金支持	促进就业、扶贫、促进经济发展
贷款原则	小额、分散、救急	小额、分散、扶贫
担保方式	信用贷款、抵押、担保贷款	一般无担保和抵押
利率	利率无上下限，一般为基准利率的四倍	利率放开
贷款期限	一般是1年以内的短期贷款	1～3年中期贷款

14.1.3 小额信贷的模式

1. 小组贷款模式

小组贷款模式是指以小组联保的方式发放小额贷款。孟加拉乡村银行模式是典型代表。以小组为基础的农民互助组是小组贷款模式的基础。其特点如下。

（1）自愿组合、亲属回避、相互帮助。

一般5人组成一个小组，形成"互助、互督、互保"的小组制约机制，一个组员不能偿还贷款，全组成员都失去了再贷款的资格。

（2）贷款人和联保小组共同出资，建立救济基金，用于在紧急情况下帮助借款人。

（3）5～6个小组建立一个中心，定期召开会议检查贷款项目的落实和资金使用情况，检查存、放、还手续，交流信息和经验。

（4）每笔贷款金额在100～500美元之间，无需担保，每周还贷，一年内还清，对于信誉好的借款人实行连续放贷政策。

2. 乡村银行模式

乡村银行是以一个村的整体信用为支持的小额信贷机构，主要在村范围内发放贷款。这种模式的典型代表是印度尼西亚人民银行乡村信贷部。乡村银行模式下设地区人民银行、基层银行和村银行。以村银行为基本经营单位，实行独立核算，自主权较大，可以独立确定贷款规模、贷款期限和抵押品。

印度尼西亚人民银行乡村信贷部以吸收了印度尼西亚农村大约3 300万农民的小额游资，成为贷款资金的主要来源，鼓励储蓄的措施和适当的存贷利差，激发了银行经营贷款的积极性，使其信贷收入不仅能完全覆盖成本，而且通过所获利润不断开拓业务，确保了人民银行乡村信贷部的可持续发展。

3. 个人贷款模式

个人贷款模式是直接向自然人发放小额贷款的小额信贷模式。这种模式的小额信贷机构主要向农、牧、渔等非农经济体及小商贩等发放无抵押的小额贷款。伴随贷款的发放，银行还提供一系列综合技术服务，帮助借款人获得生存和发展的机会。

4. 混合贷款模式

混合贷款模式是上述三种小额信贷模式的混合使用。

14.1.4 小额信贷公司的资金来源

小额信贷公司不吸收存款，但是后续资金来源非常广泛且呈多元化的特点。

一般而言，小额信贷公司的资金来源主要有政府拨款、政策性金融机构的资金支持、社会捐赠、其他金融机构的贷款、借款人的存款、在金融市场发行大额可转让存单、短期融资债券、中期票据和长期债券、会员存款、机构存款、银行中长期借款、股东借款和资产证券化等。

我国小额贷款公司初始资金主要是股东的投资及社会捐赠的资金，后续资金来源主要有五类：一是发起人的自有资金；二是接受的捐赠资金，如国际非政府组织或慈善机构提供的无偿资金和政府扶持资金；三是单一来源的批发资金，如一家机构提供的批发资金、自然人或法人的委托资金；四是自然人或法人投入股金；五是邮政储蓄资金、农业发展银行回流到当地的部分资金。

14.1.5 小额信贷公司的资金运用

小额信贷公司主要是对微小企业和个人发放贷款，其资金运用有以下特点。

1）贷款对象以小微企业和个人为主

小额信贷公司的客户群体主要是农户、个体工商户、个人和小微企业。我国调查显示，在 142 家样本公司中，以小微企业和个人为主要贷款对象的分别占 66.9% 和 45.1%，体现"草根金融"特征。

2）贷款品种多样化

小额信贷公司贷款品种包括：① 信用额度内种植业、养殖业循环生产性贷款，主要解决农户产前、产中、产后的资金需要；② 农民外出务工和返乡创业贷款，为农民土地以外的生产经营项目提供必要的资金支持；③ 农户消费性贷款，如住房建设改造贷款，购置家用电器贷款，男婚女嫁、子女上学、看病就医等方面的贷款；④ 城镇下岗职工和失业人员创业贷款。

3）以抵押担保贷款为主

小额信贷公司的贷款方式仍然以抵押担保贷款为主，信用贷款占全部贷款的比重较低。我国小额信贷公司抵押贷款种类很多。如农户经营权、股权、农村土地使用权的抵押贷款，微小企业流动资产抵押贷款，公司＋农户、农户＋基地的生产性担保贷款，以贵金属、有价票证为质押的贷款，小组担保、家族式担保贷款等。可以作为抵押担保品的资产包括：房产、土地使用权、设备、车辆、出口退税账户、存单、存货和仓单、股权、专利权等。

小额信贷公司之所以选择风险较低的抵押和担保贷款是因为：① 贷款风险大。小额信贷公司的潜在客户多为银行小额贷款未覆盖的风险较高客户，风险较大。② 风险识别能力差。一部分小额信贷公司因为技术支持不到位无法精确地评估借款企业的风险。③ 一部分小额信贷公司风险承受能力较差。

14.1.6 小额信贷公司贷款审批流程

小额信贷公司董事会下设贷款审查委员会，对贷款项目进行审查、评议和贷款决策。贷款审查委员会对须经审议的贷款项目按照下列程序操作。

1. 要件审查

贷款审查部门按照规定将贷款资料提交给贷款审查委员会。贷款审查委员会首先要对上报的资料进行要件审查，对符合要求的贷款文件进行审议，对不符合要求的责令补充完善。

2. 审议投票

审查人员对贷款进行审查后向审查委员会提交贷款审查报告，贷款部门的人员列席会议，必要时对贷款企业的情况进行补充说明。参加会议的审查委员就报告中的主要内容和关键问题进行审议并进行记名投票，审查委员有不同意见或复议必须书面说明理由。若审查委员认为贷款金额、期限、利率、担保方式、限制条款和管理要求需要修改的，修改后全体委员再进行投票表决。

3. 审批

贷款审查委员会办公室将贷款审查委员会审议结果按照贷款项目逐个填制审议表，并附会议纪要和贷款审查报告等资料，提交董事长、总经理、分管总经理和独立审批人审批。最终审批人在审议表上签署最终审批意见。最终审批人可以提出更严格的贷款条件。贷款审查委员会未通过的项目，最终审批人不得审批同意；对审查委员会未否决的项目，最终审批人可以否决。

4. 批复

对于最终审批人同意的贷款项目，由信贷业务部通知客户，按照审批结果签署借款合同。需复议的项目要按规定进行复议。最终审批未通过的贷款项目，终止信贷业务运作。

14.1.7 小额信贷风险的控制

由于小额信贷公司是私人性质，且公司规模小，因此普遍实行出资人直接控制的模式。我国小额信贷公司在10余年的发展过程中积累了贷款风险控制的经验。特别是内蒙古、山西等地小额信贷公司在风险控制方面有独特的方法。概括起来有以下几点。

1. 贷款对象仅限于自然人

任何法人都不能成为小额信贷的借款者。因为将贷款落实到具体的人头上，这个人就承担了无限责任，即便其所在机构破产了，其家产也得用来偿还债务。

2. 贷款采用第三方担保方式

大部分小额信贷公司的贷款都采用第三方担保方式。但是对于担保人的选择差别较大。有些公司更倾向选择商人作担保，它们认为做生意的人很重视自己的信用。而有的公司则要求由农户自己寻找公务员为担保人，并对小额信贷公司、借款人和担保人三方签订担保合同进行公证。它们认为，公务员有稳定的收入，且更注重个人声誉的维护，一般不会轻易违约。如山西日升隆小额信贷公司约有70%以上的贷款为担保贷款。

3. 重视信息收集和集体决策

小额信贷公司非常重视贷前对借款者个人信誉、经营能力和业务状况等信息的搜集。特别注意发挥公司股东在解决贷款人信息不对称上的作用。此外，贷款集体决策是控制风险的有效方法。一些小额信贷公司组织公司工作人员、村委会领导、村里德高望重的人士组成村民信用评级小组，对借款者的个人信息详尽调查后，由信用评级小组对借款者进行评级并张榜公布，经审核后发放贷款。

4. 差异性的还款计划

小额信贷公司在坚持"小额、分散"原则，面向农户和微型企业提供信贷服务的同时，还根据客户的收入状况，灵活确定贷款期限、还款方式和额度，制订差异性还款计划，比如，对于业务周转量大、盈利能力强的服装业，要求其按月等额还款；对于春种秋收，期间没有收入的农民，采取前期还利息、年底再还本金的方式；对于其他行业实行利息按月结清，本金偿还视行业的具体情况而定的方式。

5. 有专业人员管理，贷款流程规范

小额信贷公司高管人员普遍具有金融业从业背景，熟悉相关金融业务，具有较强的金融合规经营意识。某省 142 家小额信贷公司样本中，95.1% 的公司制定了贷前调查、贷时审查和贷后检查的业务操作流程；98.6% 的公司建立了客户信用档案；78.9% 的公司对信用等级不同的贷款对象实行差别贷款利率；92.3% 的公司跟踪贷款的使用；60.% 的公司向借款人提供与资金使用相关的咨询服务。实践证明，贷款业务流程规范的小额信贷公司不良贷款比例低。

14.2　消费金融公司运营与管理

消费金融服务是向各阶层消费者提供消费贷款的现代金融服务方式。消费金融公司是经营消费信贷业务的非银行金融机构。设立消费金融公司，有利于促进一国消费需求的增长，支持经济可持续发展，有利于促进金融产品创新，满足不同消费者群体多层次需求，提高金融业的服务水平。

14.2.1　消费金融公司业务活动的特点

1. 不吸收公众存款

消费金融公司不是商业银行，不依靠吸收存款获取资金来源。如美国消费金融公司主要资金来源是股东的股金、历年利润留成、银行借款、同业拆借、发行债券和商业票据、公开上市或资产证券化进行筹资。我国《消费金融公司试点管理办法》规定，消费金融公司只能通过接受境内子公司及境内股东的存款、向境内金融机构借款、发行金融债券、同业拆借等渠道获得资金。

2. 贷款审批快

与商业银行个人贷款相比，消费金融公司的贷款方便快捷。消费金融公司贷款不需提供抵押，只要有个人收入证明，消费金融公司就可以为他们提供服务。很多消费金融公司办理业务不在办公大厅，而是到消费现场，消费者只需填写简单的申请表，提交身份证和收入证明，经过消费金融公司的信用审核人员审批后，便可以在现场获得无需抵押担保的贷款。

3. 贷款对象是有稳定收入的低端客户

与商业银行主要针对中产阶级和富裕人群的私人银行业务不同，消费金融公司的业务对象主要是有稳定收入的中低端个人客户。如美国消费金融机构的贷款对象多为收入来源有限的工薪阶层或收入和职业不稳定的群体。欧盟消费信贷公司的贷款对象包括年轻人群或年轻的家庭，如大学毕业后工作年限比较短的群体，他们对电子产品有较强烈的购买欲望，但是收入比较低，即使有信用卡，额度也不高，往往会选择消费金融服务。年轻家庭对家用耐用消费品、房屋装修、子女支出等都有较大的需求，由于工作时间不长、储蓄不足，又缺少一定的担保，向消费金融机构贷款是他们的首选。

4. 产品种类丰富

消费金融公司推出的贷款种类很多，以耐用消费品贷款为例，通常包括家用电器、家具、健身器材、音乐器材等。如美国消费金融公司的贷款涉及汽车贷款、耐用消费品贷款、偿还信用卡贷款、旅游和结婚贷款、房屋装修和支付医疗费用贷款等。英国消费金融公司还有工资贷款，贷款金额在 750 英镑以下，为高消费的工薪阶层提供及时便利的融资服务。为刺激消费者，一些消费信用机构还发行自己的信用卡。

5. 贷款金额小、风险大、利率高

由于贷款客户多为收入较低的工薪阶层和职业不稳定的群体，贷款又无抵押品，故风险较大，利率较高。如美国路易斯安那州消费金融的贷款利率在 29%～35% 之间。日本消费金融公司的贷款利率也高达 25% 左右。与消费者群体的收入相匹配，贷款金额小。我国《消费金融公司试点管理办法》规定，消费金融公司向个人发放消费贷款最高不得超过人民币 20 万元。

14.2.2　消费金融公司的资金来源

消费金融公司作为非银行金融机构资金来源各国有所不同。美国消费金融公司短期资金主要是在货币市场筹资，约占全部负债的三分之一，占短期负债的比重高达四分之三以上。中长期借款主要以在资本市场发行债券为主，银行长期贷款比重较低，在负债中不足 10%。日本与美国相似，不允许消费金融机构吸收存款。英国的金融公司原则上可以吸收 3 个月以上的存款，许多大型消费金融公司存款占资金来源的 30% 以上。新加坡和我国香港等地区金融公司原则上也可以吸收存款，还可以以客户分期付款协议为担保向商业银行申请贷款。一些规模较大、资信状况较好的消费金融公司可以从商业银行获得短期无担保贷款。也可以通过在市场上直接融资或在货币市场上出售客户分期付款协议筹措应急资金。大型企业或银行控股的消费金融子公司也可从其母公司获得资金支持。

14.2.3　消费金融公司的资金运用

1. 我国消费金融公司的贷款种类

消费金融公司的贷款种类很多，按照用途划分，包括以下几种。

1）个人耐用消费品贷款

个人耐用消费品贷款是消费金融公司通过经销商向借款人发放的用于购买约定的家用电器、电子产品等耐用消费品（不包括房屋和汽车）的贷款。我国北银消费金融公司规定，耐用消费品贷款起贷金额 600 元，贷款期限有 3、6、9、12、18、24 和 36 个月。

2）一般用途贷款

一般用途贷款是指消费者直接用于个人及家庭旅游、婚庆、教育、装修等消费事项的贷款。贷款种类包括以下几种。

① 房屋装修贷款。用于个人房屋装修等消费事项的贷款。

② 结婚、旅游贷款。

③ 教育贷款。为贫困家庭子女教育提供的贷款。

我国北银消费金融公司推出"助业贷"，面对高校毕业生贷款。北京的大学毕业生无需抵押和担保，只需身份证和三方合同即可申请贷款。本科生、硕士生和博士生的贷款上限分别为 6 000 元、1 万元和 1.5 万元，贷款期限有 12 个月和 24 个月两种。"助业贷"设有 3 个月宽限期，在宽限期内，毕业生只需要交纳贷款利息，从贷款第 4 个月开始偿还本息。贷款可用来解决房屋租金、生活费、交通费等生活费支出问题。

一般用途贷款的起贷金额为 3 000 元，期限有 6、9、12、18、24 和 36 个月。

表 14-2 为北银消费金融公司的贷款种类。

表14-2　北银消费金融公司的贷款种类

产品名称	目标客户	申办条件	便捷之处
电器贷	需购买电器的消费者	出具有效身份证和收入证明，可申请无担保贷款	40分钟之内即可办理完毕
助业贷	已取得用人单位聘书（签署三方协议）的应届大学生	出具有效身份证和收入证明	在3个月宽限期内只交利息，在获得工资收入前，贷款可满足生活之需
新婚贷	即将步入婚姻年龄的伴侣	出具有效身份证和收入证明	提供涵盖婚庆消费的一系列贷款产品
名师贷	在北京高等学校、中小学任教的正式教职工	凭本人身份证、教师证或工作证、收入证明等相关资料	贷款期限6个月至3年，贷款利率折上折优惠
应急贷	个体工商业经营者	凭身份证、营业执照、柜台租赁合同、近3个月流水单或完税证明等相关资料	还款方式有随借随还和分期还款两种
轻松贷	个人及家庭旅游、婚庆、教育、装修等各类消费者	出具有效身份证和收入证明	贷款额度可循环使用，额度内可随时提款。按日计息，随借随还。日利息万分之四点五
教育培训贷款	教育、培训机构的学员	本人身份证、收入证明、录取证明	弹性还款，前期还利息，后期偿还本金

注：工作证明或收入证明包括：a）工作证或名片或工牌；b）单位开具的工作（收入）证明，加盖单位公章、人事章或财务章；c）劳动合同；d）密闭薪资单；e）银行代发工资流水或存折；f）个人完税证明（原件）；g）医保手册；h）公积金、社会保险扣缴凭证等任意一项。上述可任选其一。对于退休群体，需提供退休证及养老金扣缴存折。

2. 消费金融公司的营销模式

1）直接营销模式

直接营销模式是指消费金融公司直接寻找客户，并与客户进行交易，风险由消费金融公司自己承担。该模式最大优势在于减少了信贷中间环节，节省了时间和中介费用，但此种营销模式需要公司有较多网点支撑业务数量。

2）间接营销模式

间接营销模式是消费金融公司不直接与客户接触，而是通过经销商对客户的风险进行调查和甄别、办理贷款手续、催收贷款等。消费金融公司和经销商协商确定各自分担的违约风险。

3）全方位营销模式

（1）通过延伸服务吸引更多的潜在客户。

在德国，如果客户在大众汽车金融公司办理消费贷款，在保险、燃油、维修、驾车旅行等方面都能获得消费便利，而且购车价低于市场价格水平。

（2）实行弹性工作时间。

消费金融公司多实行弹性工作时间，周末仍然营业，以方便消费者咨询和申请贷款。我国四川锦程消费金融公司的服务时间，除正常的工作时间外，下班后和周末均可接受消费者现场申请。中银金融公司还开设了客户网上在线申请。

（3）分销网络灵活多样。

与商业银行个人银行业务的分销渠道依附于分支机构不同，消费金融公司的分销网络灵活多样，除设置较多的营业网点满足消费者地域性的便利外，还与百货公司、大型购物中心结盟，提供即时贷款申请服务。同时也利用各种直销渠道，包括电子邮件、呼叫中心、电话传真等接受客户的贷款申请。邮局网点等也是常使用的销售渠道。与大型零售商和生产企业合作，消费金融公司可获得如下好处：依托庞大的销售网络和客户群体，能直接接触到终端消费者，更准确地把握市场需求，根据市场需求推出相应的金融产品；扩大知名度和业务量，增加盈利。

小资料

消费金融公司的漏斗式营销方式

桑坦德消费金融公司主要通过与遍布全国的汽车经销商和零售商密切合作的方式开展贷款业务。汽车经销商和零售商既是客户，也是销售渠道。他们将办理贷款的场所直接设在经销商和零售商的营业网点中，消费金融公司借助这些商家积累多年的口碑与声誉，通过经销商和零售商对个人客户进行营销，在短时间内打开市场，积累品牌效应。而后，消费金融公司根据经销商和零售商收集的个人客户信息和付款记录，建立个人客户资料数据库，采取"漏斗"模式，即基于一定条件筛选目标客户群，进一步将其转变为直接个人贷款客户，不断扩大客户群。这种独特、高效的销售模式和渠道管理可以帮助消费金融公司主动寻找和吸引目标客户。

中银消费金融公司的"新易贷"

我国中银消费金融公司是上海商业巨头"百联集团"的股东。中银消费金融公司与"百联集团"签署战略合作框架协议，百联集团提供商业网点资源。贷款发放有两种模式：一是通过特约商户发放，也称"销售终端贷款"；另一种是现金发放，将贷款直接打到客户账户，称为"一般用途贷款"。

中银消费金融公司向市场推出消费金融产品"新易贷"，在市场引起很大的反响。可使用的范围涵盖百联集团旗下18家零售企业。只要在上海有稳定工作，在现单位工作满6个月，有缴税记录，收入大于2 000元，有良好信用记录的个人均可申请贷款。凭借中国银行和百联集团两大股东的支持，中银消费金融公司已经成为国内消费金融公司中特约商户数量最多，消费品种最多的公司之一。

14.2.4 消费金融公司的风险管理

1. 消费金融公司的风险特征

1）贷款质量较差

消费金融公司不能吸收存款，主要资金来源是自有资金和货币市场借款，因而资金成本相对较高。此外，贷款对象多为不符合商业银行贷款条件的借款人，因此贷款利率也较高。由于其主要资金运用于个人小额贷款，因此应收账款占资产的很大比重。例如，美国消费金融公司应收账款占总资产的比重平均为 80% 左右，且大多属于次级贷款。

2）风险控制成本高

消费金融公司的业务以小额贷款为主，业务数量多、额度小、风险大、信贷风险控制要投入大量的人力和物力，成本高成为其不可避免的经营特点。

3）风险管理贯穿贷款的全过程

消费金融公司的客户特点决定了其信贷风险通常贯穿贷款生命周期的各个阶段，包括贷款政策制定、产品设计、客户选择、贷款账户的管理和逾期贷款的催收。

2. 消费金融公司风险管理的做法

1）将风险管理贯穿于贷款的全过程

（1）制定适宜的贷款政策。

鉴于消费金融公司以小额贷款为主，业务数量多、每笔额度小、风险大、信贷风险控制成本高的特点，消费金融机构将风险管理贯穿于贷款生命周期的各个阶段，包括贷款政策制定、产品设计、客户选择、贷款账户的管理和逾期贷款的催收。根据目标客户的特征（还款能力、个人负债比率等），制定适宜的贷款政策，如对客户确定不同的贷款额度、贷款期限和还款方式，有效控制风险。

（2）严格贷款审批环节。

贷款审批是控制风险的关键环节。管理先进的消费金融公司通常利用内部信息系统、外部征信系统、合作伙伴数据等信息，通过自身的贷款申请处理系统完成贷款审批。在此过程中，掌握尽可能详细真实的客户资料是风险管理的基础。在缺少足够信息的情况下，贷款审批人员有时需要采用家访等极端征信手段或采取提供较小额度贷款的策略。在贷款审批过程中，高度自动化的决策和定价流程也必不可少，贷款申请录入系统后，贷款处理系统要判定违约概率和贷款欺诈的可能性，确定风险加权价格和最高贷款额度。

（3）贷后持续监测。

贷款发放后，消费金融公司还十分重视对客户贷款账户进行持续监测，收集客户的还款信息，及时更新客户数据库，并对逾期账户提出预警以备催收。针对逾期贷款，经验丰富的信贷人员通常采用逐步升级的催收方式，通常按照短信、电话、催收信、上门催收和实施法律程序的顺序实施催收，消费金融公司密切监管催收人员的催收行为，坚持合法合规和经济有效的原则。

2）完善个人征信体系

完善的个人征信体系是消费金融公司对贷款风险进行管理控制的基础和前提。美国 20 世纪初就开始建立个人信用制，到 20 世纪中期，消费信贷的征信制度逐步完善。Trans Union、Equifax 和 Exqerian 等专门的征信机构，拥有庞大的信用信息数据库和大量的信用管理人员，将信用产品生产、销售、使用的全过程纳入法律范畴，为贷款人提供消费者征信服务。欧盟绝大多数国家也都构建了完善的社会信用管理体系，为消费金融公司快速可持续发展奠定了坚实基础。

3）自动化的贷款管理系统

消费金融公司利用自动化的贷款审批系统，按照标准化程序输入客户信息，通过自动化与高集成度的评分卡系统集中处理贷款申请，既可完成快速审批，又能做到有效控制、识别风险，防范欺诈行为。据有关资料，桑坦德消费金融公司日常业务中，87% 的汽车贷款和 98% 的耐用品贷款都通过评分卡系统进行审批，剩余的贷款则进入风险审批中心由分析师人工审批，较好地避免了人工处理的操作风险。Cetelem 和 Home Credit 就是通过格瑞顿公司及欧洲公共征信局进行个人信用信息的采集，并通过自动贷款申请处理系统完成贷款审批。

此外，公司的客户数据库能够自动对不同合约的信息进行相互匹配，如发现不匹配的情况便会发出警报，由公司设立的反欺诈委员会对发出识别警报的申请人信息进行监测与分析，及时发现污点申请人并采取相应措施，有效地避免了信贷欺诈行为。

14.3 货币经纪公司运营与管理

货币经纪公司是专门从事金融机构间资金融通和外汇交易等经纪服务，从中收取佣金的非银行类金融机构。货币经纪公司的出现搭建了供需双方的交流平台，降低了金融市场的交易成本，增加了市场透明度，在增强金融市场的活跃度和流动性，提高资金配置效率方面发挥着重要的功能。

14.3.1 货币经纪公司的服务对象

货币经纪公司的服务对象分为两种，一种是为交易规模很大的交易商提供批发经纪服务，也称"批发市场经纪商"，其业务成本低、收益高。另一种是为终端投资者之间或终端投资者与交易商之间的交易提供经纪服务，也称"零售经纪商"。

目前全球最大的四家货币经纪公司通过全球庞大的交易网络全天 24 小时提供几乎所有金融产品的经纪服务。其业务渗透债券市场、信贷和外汇市场。而数量众多规模较小的经纪公司只提供个别产品的专项经纪服务。

目前我国银行间市场交易的集中度很高，银行类交易商间的交易占 90% 以上，我国货币经纪人的服务对象是境内外金融机构。

表14–3 我国货币经纪公司签约客户比例

主要客户	比重/%
一、中资金融机构	61
1. 国有商业银行	10
2. 全国性股份制商业银行	6
3. 城市商业银行	20
4. 农村商业银行	4
5. 农信社	6
6. 证券公司	10
7. 基金、保险、财务、信托、金融租赁公司	5
二、外资金融机构	39
合计	100

14.3.2　货币经纪公司的业务

1）外汇交易

外汇交易业务包括即期外汇、远期外汇、外汇期货、外汇期权、货币互换、利率互换、远期利率协定、利率期权、隔夜指数互换、互换期权。

2）货币市场交易

货币市场交易包括同业拆借、回购协议、银行承兑汇票、商业票据、大额可转让存单。

3）债券市场交易

债券市场交易包括可调整利率抵押债券、资产担保证券、国库券和国债期货、担保抵押债务、可转换债券。

4）衍生产品交易

衍生产品交易包括股权市场、美国存托凭证、股票期权、股指期权、股指期货、股票互换、股票回购、隔夜指数互换、互换期权。

5）信贷市场交易

信贷市场交易包括结构融资、资产互换、资产证券化。

6）非金融产品交易

非金融产品交易包括信用衍生工具、电力期货、贵金属场外期权、天气衍生工具、商品互换。

表 14-4 是英国某货币经纪公司的业务。

表14-4　英国某货币经纪公司的业务

市场类型	业务种类	收入占比/%
Rate	利率衍生品、政府债券、回购、现券交易金融期货	41
Fx	即期、远期及期权结构性产品	20
Commdities	能源（电力、原油、天然气等）、软性产品、农业、替代性能源、航运、金属、知识产权等	12
Em Erging Markets	亚太地区、拉丁美洲、中东和非洲等地区金融市场交易	10
Credit	债券和信用衍生品	9
Equities	股权类衍生品	8

注：比重为 2012 年数据，根据 *ICAP2012 Annual Report* 和调查数据整理。

我国《货币经纪公司试点管理办法》规定，货币经纪公司可以经营下列全部或部分经纪业务：境内外外汇市场交易；境内外货币市场交易；境内外债券市场交易；境内外衍生产品交易和经中国银行业监督管理委员会批准的其他业务。目前国内大部分货币经纪公司的业务主要集中在货币市场和债券市场的基础产品和部分外汇市场交易方面，由于政策限制等原因，衍生金融产品主要是利率掉期交易，其他经纪业务较少。由于市场上参与者免费从事撮合交易较多，货币经纪公司的业务需求较少。表 14-5 为我国某货币经纪公司业务。

表14-5　我国某货币经纪公司业务

市场类型	业务种类	比重/%
外汇市场	外汇延期、外汇掉期	36
货币市场	同业拆借、同业存放、人民币回购	54
债券市场	国债、央票、政策性金融债券、公司债券、企业债券、短期融资债券等	7
衍生品市场	利率掉期	3

注：比重为2012年数据，根据*ICAP2012 Annual Report*和调查数据整理。

14.3.3　货币经纪公司业务流程

货币经纪公司的业务操作分四步。一是发现价格。即货币经纪公司的经纪人每个工作日通过各种通信手段搜集各银行拆出拆入资金和可以接受的报价（利率）。然后将报价和有交易意向的客户输入公司的电子通信网络，向集团公司各机构公开信息。二是报价成交。货币经纪公司的经纪人将得到的最优价格迅速报给客户，达成交易。三是确认交易。交易完成后，交易双方的交易员确认交易的具体细节，包括拆出拆入的币种、金额、利率、期限及交割方式，并填写交易记录单，交予后台清算部门处理有关清算及确认事宜。四是清算。由清算部门人员完成每笔交易的清算，无论完成的是何种金融产品交易，都要根据交易确认书的内容完成清算程序。

货币经纪业务的一般流程是：① 有交易意向的金融机构向货币经纪公司提出交易意向内容。② 货币经纪公司随即通过内部完备而先进的电子通信系统将信息发往其分布在世界各金融中心和新兴市场的分支机构，向潜在交易对手传递信息。③ 当收到反馈信息后，经纪公司再根据各地分支机构反馈的报价信息进行综合筛选，以满足客户要求的最好价格，实现交易。货币经纪公司进行交易时，确保交易双方的资料保密。它们只充当交易中介人的角色，在市场上保持绝对中立的身份。图14-1是银行同业拆借流程图。

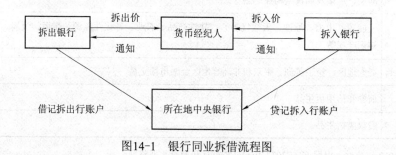

图14-1　银行同业拆借流程图

14.3.4　货币经纪公司的交易方式

货币经纪公司交易有两种方式。

1. 经纪公司不显明方式

这是指货币经纪公司同时作为买方和卖方的代理人，当买卖双方达成正式交易意向时，货币经纪人就告知双方姓名，成交后货币经纪公司即退出。交易双方自行交割和清算，经纪公司向双方发送交易确认书和收取经纪费用。这种交易方式风险较小，货币市场交易多采用这种方式。

2. 经纪公司撮合方式

这是指交易双方自始至终是匿名交易。他们各自只与货币经纪人交易，由货币经纪人将买卖匹配，自己不留盘，清算和交割都通过经纪公司完成。货币经纪公司赚取买卖差价。债券交易多采取这种方式。

14.3.5 经纪费用

货币经纪公司提供经纪服务，在交易完成后按照事先商定的费率收取经纪费用。经纪费用由交易者和经纪公司双方管理层商定。不同金融产品收取的经纪费用不同，计算方法也不同。如即期外汇交易根据交易量的一定比率收取；利率衍生品交易则按交易量和期限收取。清算周期一般是一个月。

14.3.6 货币经纪公司的风险管理

为了保证经纪业务的稳妥和有序进行，货币经纪公司都有一整套完善的内部风险管理机制。主要包括以下内容。

1. 业务人员的资格

货币经纪公司所有前台和后台的业务人员必须符合经纪专业人员从业标准，并具有一定的工作经验，特别是不能有任何犯罪和严重违规交易的记录，入职前必须经过专业培训。对于新入职的业务人员要进行业务规范和职业道德教育。对于高级管理人员条件更加严格。如英国规定，董事级别的人员和从事 5 年以上债券品种交易的经纪人必须报债券和期货委员会备案。

2. 业务操作过程的风险控制

一是前后台分开操作。明确前台交易人员和后台清算人员的职责。后台必须对每笔交易的金额、利率、期限进行核实，并立即发送交易确认书。二是严格进行新客户的资格确认。审核部门要严格审核客户的最新财务报表和注册文件，确保客户无洗钱行为。三是通过监控系统监督和记录经纪人员和客户每笔交易过程，便于处理纠纷。四是监控头寸。货币经纪公司每天的头寸都应该是平衡的，说明业务无差错，特别是在经纪公司撮合交易方式下，头寸匹配无差额才能降低风险。经纪公司通过日间头寸报告制度，及时发现和解决问题，确保每日无敞口头寸。

重要概念

批发市场经纪商 零售经纪商 经纪公司 经纪公司不明显方式 经纪公司撮合方式

思考题

1. 简述小额信贷公司业务经营活动的特点。
2. 比较小额信贷与商业银行的小额贷款的区别。

3. 小额信贷有哪几种模式？

4. 消费金融公司贷款有哪些种类？

5. 消费金融公司是怎样控制贷款风险的？

6. 简述货币经纪公司业务的一般流程。

7. 简述货币经纪公司风险管理的内容。

第 5 篇

资本市场金融服务机构运营与管理

资本市场金融服务机构运营与管理部分包括第 15、16、17 章。第 15 章投资银行运营与管理,第 16 章证券投资基金、企业年金的运营与管理,第 17 章金融期货类金融服务机构运营与管理。

第15章

投资银行运营与管理

学习目标

通过本章学习读者应当掌握：

● 投资银行业务的主要类型

● 证券发行与承销业务的基本步骤和一般业务流程

● 股票承销价格的几种确定方式和股票承销的流程

● 记账式国债的承销程序

● 我国证券承销的法律规定

● 证券经纪业务的特点与操作流程

● 证券经纪业务的风险来源及管控的做法

● 兼并与收购业务的种类及运作流程

● 我国资产管理业务种类

● 资产管理业务登记与销户的操作流程

投资银行是现代金融体系中一个重要的组成部分，是金融市场中最具活力和创新性的行业，被誉为市场经济中的金融工程师。它以灵活多变的形式参与资本市场资源配置，为融资者和投资者创造最佳的经济效益。自20世纪50年代以来，金融领域发生了深刻的变革，金融机构多样化，金融工具和交易方式日趋复杂，投资银行的业务不断拓展和创新。本章介绍我国投资银行运营与管理相关知识。

15.1　证券发行与承销业务

15.1.1　证券发行、承销与保荐业务的一般流程

证券发行业务主要包括股份公司首次公开发行（IPO）证券和已上市公司的证券发行两大类。根据2007年证监会颁布的《公司债券发行试点办法》规定，上市公司和未上市公司均可向证监会申请公开发行公司债券。关于公司发行证券的条件在《证券法》中有明确规定，这里仅就投资银行证券发行、承销与保荐业务的一般流程做简单介绍。

1. 项目开拓和立项

项目开拓过程是投资银行业务人员向有发行意向的拟上市公司或已上市公司提交项目建议书，与相关人员沟通联络，并最终获得发行公司的认可，直到聘请投资银行为其提供全过程的证券发行、承销与保荐服务。

投资银行接到客户的委托后，进入立项程序。项目开拓人员要根据本行立项管理办法的规定，对发行公司进行初步的尽职调查，在此基础上提交立项申请文件，待立项审核通过后，正式为发行公司提供服务。

2. 首次发行证券的辅导

根据证监会要求，公司申请首次发行股票前，需聘请保荐机构进行发行上市前的辅导，由发行所在地证监局监管。投资银行对首次发行证券的公司要进行发行前辅导，辅导结束，由发行所在地证监局出具"辅导监管报告"后，发行人方可向证监局提出首次发行股票的申请报告。辅导程序包括签署辅导协议、报送辅导材料、进行辅导和申请辅导验收。

3. 尽职调查和制作申请文件

项目立项后，投资银行业务人员要依据证监会有关文件的规定进行尽职调查。并根据上市公司首次申请发行股票的规定，编写发行申请文件。

4. 签署承销与保荐协议

全套申请文件制作后，投资银行业务人员向本行提交内核申请文件，经审核同意后，业务人员可与发行公司协商，正式签署承销协议和保荐协议。

5. 向证监会报送发行申请文件

投资银行业务人员对审议通过的内核申请文件进行修改后，履行证监会"投行业务合同"的网上审批程序。

6. 证监会审批

证监会通过见面会、审核发行文件、听取反馈意见、口头交流等多种形式进行预审，而后召开内部会议进行初审和最终审核，审核结束，证监会以书面形式通知发行公司。

7. 询价推介及发行

取得证监会的正式发行审核意见后，进入证券发行阶段。按照规定，上市公司首次公开发行股票应以询价方式确定发行价格。主承销商（保荐机构）撰写拟公开发行股票投资价值的研究报告，并将报告提供给询价对象，取得询价对象的报价，并在询价基础上确定发行价格。上市公司公开增资发行证券可询价确定发行价格，也可与主承销商协商确定发行价格。上市公司非公开发行证券，可定价发行也可询价发行。其中公开发行证券需在证监会指定的信息媒体和交易所网站披露信息。

8. 发行股票并申请上市

首次发行股票的公司通过交易所上网发行股票，并将该公司的所有股票托管在登记公司。股票发行完毕后，发行人需申请在交易所上市交易。

15.1.2　证券发行方式

1. 公开发行和非公开发行

按照发行对象划分，证券发行可分为公开发行和非公开发行。

公开发行又称公募，是指筹资人向非特定投资者发行证券的方式。公开发行的手续复杂，费用也较高。但是公开发行透明度高，有利于扩大证券的发行量，提高发行者的信誉和知名度，公开发行的证券可以在证券交易所流动转让。

非公开发行又称私募，是指发行者向特定的少数投资者发行证券的方式。私募发行的对象主要有两类：一是企业内部职工；二是与发行公司有密切往来关系的企业或金融机构。私募发行手续简便，发行费用较低。但是发行支付的报酬较高，投资者对发行人的经营管理干预较大，证券流通转让有一定的限制。

2. 直接发行和间接发行

1）直接发行

直接发行又称自办发行，是指发行人直接向投资者出售证券的发行方式。采用直接发行方式可以节省发行费用。但是发行人投入的人力、物力较多，发行时间长，承担的风险大，且需要有一定的销售渠道。很多国家对直接发行证券都有严格的限制。

2）间接发行

间接发行又称委托发行，是指发行人委托证券承销机构代为出售证券的行为。证券承销机构主要是投资银行。采取间接发行方式，证券发行时间短、筹资快、效率高，但是发行人支付的发行费用较高。间接发行有如下几种方式。

（1）包销。

包销也称买断发行，是最基本的承销方式。发行人与承销商签订合同，承销商以协议价格买下全部证券，然后销售给投资者，承销商承担全部销售风险。对发行人来说，不必承担证券销售不出去的风险，而且可以迅速筹集资金，因而适用于资金需求量大、社会知名度低且缺乏证券发行经验的企业。包销在实际操作中有全额包销和余额包销之分。全额包销是指发行人与承销机构签订承购合同，由承销商按一定价格买下全部证券，并按合同规定的时间将价款一次付给发行公司，然后承销机构以略高的价格向社会公众出售。全额包销是成熟证券市场中最常见、最广泛的方式。余额包销也称助销，是指承销商尽力推销，销售剩余的证券由承销商购买。

（2）代销。

代销也称代理发行，是指发行人委托承销商代为销售证券。承销商按照规定的发行条件，在约定的期限内尽力推销，到销售截止日，承销商将没有售出证券返还给发行人，承销商不承担任何发行风险。在代销的过程中，发行公司与承销商之间是一种委托代理关系，未售出证券的所有权属于发行人，投资银行只接受委托办理证券销售事务，承销商不用垫付资金，发行风险全部由发行人自己承担。相对于包销而言，采用代销方式，承销商所得收入较少。代销方式适用于证券信用等级较低，承销风险很大的发行人，实践中很少采用。

3. 投标承购

投标承购是指投资银行通过参加投标承购证券，再将其销售给投资者，该种方式在股票和债券发行中较为常见。这种发行方式适用于信用较高、有潜在投资价值、受投资者青睐的证券。

4. 赞助推销

赞助推销是指发行人委托承销商办理对现有股东发行新股，从而将风险转嫁给承销商。发行公司增资扩股的主要对象是现有股东，但又不能确保现有股东认购新股票，为防止不能及时筹集到资金，甚至引起该公司股票价格下跌，往往采取赞助推销的方式。

我国《证券法》规定，证券发行采用包销或者代销方式。

15.1.3　证券发行价格的确定

证券发行价格的确定是股票发行中最重要的内容，它关系到发行人与投资者的利益及股票上市后的表现。如果发行价过低，会损害发行人和原有股东的利益；若发行价太高，又会加大投资者的风险，抑制投资者的认购热情，并增加承销机构的发行难度。因此发行公司及承销商必须对公司的利润及增长率、行业因素、二级市场的股价水平等因素进行综合考虑。然而，为新证券定价既是一门科学也是一门艺术。前者要视二级市场的收益率确定，后者要凭无法量化的市场经验。现以股票为例，介绍股票发行价格的确定方式。

1）累积订单方式

累积订单方式是指在预先确定的承销价格区间，通过汇总客户在不同认购价位的加权认购价格最终确定发行价格的方式。美国证券市场经常采用这种方式。国际上巨额股票发行一般采取这种定价方式。

累积订单方式的操作流程是：首先由发行人和承销商确定一个双方认可的发行价格区间，如股票发行市盈率在 12 ～ 14 倍之间，然后承销商在这一价格区间向客户推销股票并汇总统计出在各价位认购的数量，在此基础上再与发行人确定最终的发行价格。

2）固定价格方式

固定价格方式是指承销商和发行人在公开发售前确定某一固定价格，并按照这一确定的价格公开发行股票。在固定价格方式下，不存在承销商的巡回推介，由于价格不能改变，因此承销商会尽量压低价格以取得发行的主动权。我国香港地区的证券发行多采用这种方式。

3）封标竞价方式

封标竞价方式是指先由投资者按照不低于股票面值的价格集中申购，然后由发行人、承销商和证券交易所理事会组成定价委员会，汇总申购情况，剔除无效申购后再根据有效申购的市场预期，确定发行价格。法国的证券发行多采用这种方式。

4）加权平均法

加权平均价格是以市盈率和每股收益为基础确定的发行价格。利用加权平均法计算每股发行价格公式如下：

$$每股发行价格 = 市盈率 \times 每股预测盈利$$

其中：

$$每股预测盈利 = \frac{预测利润}{总股本}$$

$$总股本 = 原股本 \times 发行股数 \times 权数$$

$$权数 = \frac{新股发行到本会计年度结束所余时间}{12个月}$$

5）全面摊薄法

全面摊薄法计算每股发行价格公式如下：

$$每股发行价格 = 市盈率 \times 每股预测盈利$$

其中：

$$每股预测盈利 = \frac{预测利润 + 发行利息收入}{总股本}$$

$$总股本 = 原股本 + 新发行股本$$

投资银行在确定发行价格时要考虑以下因素：发行人的经营业绩；发行人所在行业和发展潜力；证券的发行数量；市场利率走势和股票市场的状况。

15.1.4 证券承销

1. 股票承销

投资银行在承销过程中要按照承销金额及风险大小确定是否要组织承销。

1）确定承销方式应考虑的因素

（1）发行人在证券市场上的知名度和信誉。

发行人的市场知名度和信誉高，其证券的市场需求大，证券易销售，可采取包销方式；反之，发行保障较差，应采取代销方式。

（2）发行人对获得资金的急需程度。

如果发行人急需获得资金，在发行者信誉良好的情况下，可以采取包销的方式，以减少其等待时间，满足发行人的需要；如果发行人不急需资金，则可考虑采取代销方式，待筹集到资金后再支付给发行人。

（3）自身技术能力和资金实力。

如果投资银行历史悠久，资本实力雄厚，有丰富发行经验，有熟悉市场和善于开拓的技术人员，可采取包销方式，以获取较高的承销费用；反之为稳妥起见，应选择代销。

（4）发行性质。

若是发行人首次发行股票或债券，无以往的发行记录可查，投资银行可采取代销方式；反之，可查询以往的发行记录，如满意则可采取包销方式。

2）股票承销业务流程

股票承销业务流程如图 15-1 所示。

图15-1 股票承销业务流程图

3）承销费用

承销费用是承销商办理承销业务收取的手续费，也是投资银行主要利润来源之一。承销费用的收取通常有两种形式：一种是承销商赚取承购包销的差价；另一种是按照承销金额的一定比例收取，由双方根据实际情况协商确定。

承销费用的高低受证券市场状况、证券发行规模、首次发行或增发、发行人的信誉、证券类型和承销商信誉状况等多种因素的影响。一般而言，股市繁荣时承销费率高；承销商的信誉越高收取的承销费用也较高；发行规模越大，承销费率越低；发行公司信用状况越好，承销费率越低。

2. 债券承销

投资银行的债券承销与股票承销相似。这里仅就不同之处加以说明。

1）影响债券定价的主要因素

（1）债券的票面利率与市场利率。

当债券票面利率等于市场利率时，债券发行价格等于面值；当债券票面利率低于市场利率时，企业以面值发行就不能吸引投资者，故一般要折价发行；反之，当债券票面利率高于市场利率时，企业以面值发行就会增加发行成本，一般要溢价发行。

（2）债券的期限。

在债券票面利率一定的情况下，债券期限越长，债权人的风险越大，其所要求的利息报酬就越高，故发行价格应适当降低；反之，债券期限短，投资者承担的债务风险小，支付的报酬相对低，债券的发行价格可适当提高。

（3）发行人的资信和债券级别。

发行人的信誉越高、债券的信用等级越高，债券的风险越小，发行价格相对高些。反之，债券信用等级低，发行价格应相应降低。

2）债券承销程序

现以我国记账式国债为例，说明债券的承销程序。

（1）招标发行。

记账式国债是一种无纸化国债，主要通过银行间债券市场向具备国债承购包销资格的商业银行、证券公司、保险公司、信托投资公司等机构发行，也可以通过证券交易所的交易系统向具备承购包销资格的证券公司、保险公司、信托投资公司和其他投资者发行。

记账式国债发行招投标通过财政部国债发行招投标系统进行，国债承销团成员通过上述系统远程终端投标。远程终端出现技术问题，可在规定的时间内委托中央国债登记结算有限责任公司代为投标。

（2）债券托管。

招投标结束后，各中标机构应通过国债招投标系统填制"债权托管申请书"，在中央国债登记结算有限责任公司和中国证券登记结算有限公司上海、深圳分公司选择托管。托管单位应在规定的债权登记日，对当期国债进行总债权登记和分账户债权托管。债权确认时间按国债发行款划入财政部指定的资金账户的时间确定。国债发行缴款与债权确立方式以当期发行文件规定为准。

（3）分销。

记账式国债分销是指在规定的分销期内，国债承销团成员将中标的全部或部分国债额度销售给非国债承销团成员的行为。记账式国债采取场内挂牌、场外签订分销合同和商业银行柜台销售的方式分销。具体分销方式以当期发行文件规定为准。

分销对象是在中央国债登记结算有限责任公司开立债券账户及在中国证券登记结算有限公司开立股票和基金账户的各类投资者。国债承销团成员根据市场情况可自定分销价格，国债承销团成员间不得分销。非国债承销团成员通过分销获得的国债债权额度，在分销期内不得转让。

15.1.5 证券承销的风险控制

为控制证券承销业务的风险，监管当局规定了证券承销机构的风险监控指标。

1. 净资本要求

目前我国对经营证券承销业务的证券公司净资本的规定如下。

① 证券公司经营证券经纪业务的，其净资本不得低于人民币 2 000 万元。

② 证券公司经营证券承销与保荐、证券自营、证券资产管理、其他证券业务等业务之一的，其净资本不得低于人民币 5 000 万元。

③ 证券公司经营证券经纪业务，同时经营证券承销与保荐、证券自营、证券资产管理、其他证券业务等业务之一的，其净资本不得低于人民币 1 亿元。

④ 证券公司经营证券承销与保荐、证券自营、证券资产管理、其他证券业务中两项及两项以上的，其净资本不得低于人民币 2 亿元。

2. 风险控制比例指标

① 净资本与各项风险资本准备之和的比例不得低于100%。

② 净资本与净资产的比例不得低于40%。

③ 净资本与负债的比例不得低于8%。

④ 净资产与负债的比例不得低于20%。

15.2 证券交易业务

投资银行在二级市场的证券交易中扮演经纪商、做市商和自营商三重角色。现就其主要业务加以介绍。

15.2.1 证券经纪业务

1. 证券经纪业务的含义

证券经纪业务是指投资银行通过设立的证券营业部，接受客户委托，按照客户的要求代理客户买卖证券的业务。在证券经纪业务中，证券公司只收取一定比例的佣金收入。各国的证券交易法规都规定，只有交易所的会员证券商才能进入交易所进行交易，一般投资者只能由证券经纪商代理交易。

证券经纪业务可分为柜台代理买卖和证券交易所代理买卖两种。我国柜台交易市场不发达，柜台代理买卖较少，投资银行证券经纪业务主要是证券交易所代理买卖。

2. 证券经纪业务的特点

1）业务对象广泛

所有在交易所上市交易的股票和债券都是证券经纪业务的对象。只要是在交易所进行交易的非会员公司或个人，购买股票和债券必须委托证券经纪人进行。由于证券经纪业务的具体对象是特定价格的证券，而证券价格受宏观经济运行状况、上市公司经营业绩、市场供求情况、社会政治变化、投资者心理因素、主管部门的政策及调控措施等多种因素影响，处于经常变化之中，因此，证券经纪业务的对象具有价格变动的特点。

2）业务的中介性

证券经纪业务是一种代理活动，证券经纪商不垫付资金，也不承担证券价格涨跌的风险，只是充当证券买卖双方的代理人，是沟通买卖双方交易供求，迅速准确执行指令，并代办手续，按买卖双方的意愿成交的媒介。

3）客户指令的权威性

在证券经纪业务中，委托人的指令具有权威性，证券经纪商必须按照委托人指定的证券、数量、价格和有效时间买卖证券。不能自作主张，擅自改变委托人的意愿。即使情况发生了变化，不得不变更委托指令时，也必须事先征得委托人的同意，对无故违反指令给委托人带来的损失，应承担赔偿责任。

4）客户资料的保密性

在证券经纪业务中，委托人的资料关系到投资决策的实施和投资盈利的实现，证券经纪商有义务为客户保密，如股东账户和资金账户的账号和密码、客户委托的事项、客户股东账户中的库存证券种类和数量及资金账户中的金额等。对泄露资料而造成客户损失的，证券经纪商应承担赔偿责任。

3. 证券经纪业务的流程

1）代理开户

客户持有效证件如身份证、护照等证件去证券经纪商处开立所需要的证券账户（深圳证券账户或上海证券账户）。客户开户时需阅读风险提示，验证手机号码，填写个人资料。完成开户手续以后，客户要设定交易初始密码、资金存取密码。

2）签订协议

证券经纪商和客户要签订证券交易委托代理协议。这是客户与证券经纪商就委托买卖过程中有关权利、义务、业务规则和责任的基本约定，也是保障双方权益的基本法律文书。我国证券公司客户的交易结算资金存放在商业银行，以每个客户的名义单独立户管理。在该管理模式下，客户开立资金账户时，还需在证券公司指定一家银行作为其交易结算资金的存管银行，并与其指定的存管银行、证券公司三方共同签署客户交易结算资金第三方存管协议书。

3）受理委托并申报

客户可以通过柜台委托、远程自助委托等方式发布委托指令，证券经纪商根据客户的指令，受理并申报委托，代理客户进行证券的买进和卖出。

4）清算交割

清算交割是证券经纪商在结算期内按照成交的证券价款和数量，对证券和资金的应付应收额进行清理结算的过程。交割是买卖双方根据证券交易的结果，在事先约定的时间内买方交付款项获得所购证券，卖方交付证券获得相应价款，钱货两清的过程。资金的收付称为交收，证券的收付称为交割。

股票和记名债券还要办理过户手续。目前大多数证券交易所均采用计算机系统无纸化交易，过户在交割时一并完成。

4. 证券经纪业务的风险

证券经纪业务的风险是指证券经纪商在开展证券经纪业务过程中因种种原因而导致自身利益遭受损失的可能性。按风险的原因不同，可分为合规风险、管理风险和技术风险。

1）合规风险

合规风险主要是指证券经纪商因违反法律、行政法规和监管部门规章，违反行业规范和自律规则，违反公司内部规章制度和行业公认的职业道德和行为准则等行为，而受到法律制裁遭受财产损失或声誉损失的可能性。

2）管理风险

管理风险是指证券经纪商由于管理制度不健全、内部控制不严或工作人员有章不循、违规操作等，导致客户账户管理差错侵害客户权益，造成客户资产损失，由此承担赔偿责任而遭受财产损失或声誉损失的可能性。

3）技术风险

技术风险是指证券经纪商因信息技术系统（包括电脑设备、供电、通信设施等）发生故障，导致行情中断、交易停滞、银证转账不畅，或在容量和运作等方面不能保障交易有序进行给客户造成损失，由此承担赔偿责任而带来经济或声誉损失的可能性。

技术风险主要来自于硬件设备和软件开发两个方面。硬件设备方面主要是由于场地、设施问题或电脑、通信设备的机型、容量、数量、运营状况不能适应正常行情传送、证券交易和银证转账需要，不能有效及时地应付突发事件。软件方面主要是软件的运行效率、行情传送和业务处理速度及精度不能满足业务需要，可能造成行情中断、交易停滞、银证转账不畅等。

5. 证券经纪业务风险管理的要求

1）前后台分离，岗位分离

证券经纪商营业部应实行前后台分离和岗位分离：① 前台人员负责市场营销，后台人员负责业务操作与管理，前后台人员不得兼职；② 营业部后台电脑管理、会计核算与经纪业务操作等部门人员要严格分开，不得兼职操作；③ 电脑管理、会计核算人员不得兼办清算业务；④ 经纪业务的不同环节，账户管理、资金管理、委托买卖、清算交割、咨询服务等岗位，应按不同岗位定员、定职，各岗位不得合并，人员不得兼职或串岗操作。

2）不得违规代理客户交易

营业部工作人员应遵纪守法、规范操作、自觉维护客户权益，不得私下接受及全权代理客户办理开户、指定交易或撤销指定交易、转托管、资金存取、资金划转、资金三方存管的申请与开通、委托买卖及交割、挂失与解挂、冻结与解冻、客户资料修改、开通客户交易委托权限、指定（变更）存管银行等事项。

3）妥善保管客户业务档案

营业部应当妥善保存客户开户资料、委托记录、交易记录和内部管理与业务经营的各项资料，不得遗失、隐匿、伪造、篡改或损毁。

4）加强集中统一管理

根据规范管理和经营监督的要求，证券总公司应对经纪业务的交易、清算、客户账户、操作权限和风险监控等实行集中管理。对风险程度不同的业务，按照分类管理、分级授权、逐级审批的原则进行管理，重要业务必须实行实时复核、审核及总部审批制。证券公司总部要对营业部的岗位与权限设置、业务操作的合规性进行监督和检查。

5）加强信息系统管理

要做好信息系统的日常管理和维护保养，定期按应急处理预案进行演练。既要确保信息系统正常运行，也要保证信息系统发生故障时交易能正常进行，将系统故障导致的风险降到最低程度。

15.2.2　融资融券业务

1. 融资融券与普通证券交易的区别

融资融券业务是指证券公司向客户出借资金供其买入证券或者出借证券供其卖出，并由客户交存相应担保物的经营活动。融资融券与普通证券交易的区别如表 15-1 所示。

表15-1　融资融券与普通证券交易的区别

区别	融资融券业务	普通证券业务
保证金机制不同	不必有足额资金或证券，欲买入证券，可向证券公司借入资金；欲卖出证券时可向证券公司借入证券	买入证券时须有足额的保证金，卖出证券时须有足额的证券
投资者与证券公司的法律关系不同	委托买卖关系 资金或证券的借贷关系 债权债务的担保关系	委托买卖关系
承担风险不同	当客户不能按时足额偿还资金或证券时，证券公司承担风险	风险完全由投资者自己承担
交易范围不同	仅限于标的证券	所有上市证券
交易机制不同	引入补仓和强行平仓机制	客户自行决定买卖时机
收费不同	佣金、印花税、过户费、融资利息、融券费用、违约费、逾期和坏账罚息	佣金、印花税、过户费

2. 融资融券交易规则

（1）证券公司接受客户融资融券委托，按照交易所规定的格式申报。申报指令包括客户的信用证券账户号码、席位代码、标的证券代码、买卖方向、价格、数量等内容。

（2）融资买入、融券卖出的申报数量应当为 100 股（份）或其整倍数。

（3）融券卖出的申报价格不得低于该证券的最新成交价；当天没有产生成交的，申报价格不得低于其前收盘价，否则为无效申报。融券期间，客户所有或控制的证券账户持有与融券卖出标的相同证券的，卖出该证券的价格应遵守上述规定，但超出融券数量的部分除外。融券期间，本人或关联人卖出与所融入证券相同的证券的，应当自该事实发生之日起 3 个交易日内向证券公司申报。证券公司应当将客户申报的情况按月报送相关证券交易所。

（4）客户融资买入证券后，可通过卖券还款或直接还款的方式向证券公司偿还融资。其中卖券还款是客户通过其信用证券账户申报卖券，结算时将卖出证券所得资金直接划转至证券公司融资专用账户。直接还款方式的具体操作按照证券公司与客户之间的约定办理。

（5）客户融券卖出后，可通过买券还券或直接还券的方式向证券公司偿还融入的证券。其中买券还券是指客户通过信用证券账户申报买券，结算时将买入的证券直接划转至证券公司融券专用证券账户。直接还券按照证券公司与客户间的约定或登记结算机构的有关规定办理。

（6）客户卖出信用证券账户内证券所得价款，应先偿还其融资欠款。

（7）在未了结相关融券交易前，客户融券卖出所得价款除买券还券外不得他用。

（8）客户信用证券账户不得买入或转入除担保物和交易所规定标的证券范围以外的证券，不得用于从事交易所债券回购交易。

（9）客户未能按期交足担保物或者到期未偿还融资融券债务的，证券公司应当根据约定强制平仓，不足部分可以向客户追索。

（10）证券公司根据与客户的约定采取强制平仓措施的，应按照交易所规定的格式申报强制平仓指令。申报指令应包括客户的信用证券账户号码、席位代码、标的证券代码、买卖方向、价格、数量、平仓标识等内容。

3. 融资融券业务流程

（1）客户申请。

（2）投资银行对客户资质初审。

（3）投资者教育与风险揭示。

（4）填写业务申请表，提交征信材料。

（5）对客户进行信用评级。

（6）授信。

（7）签订风险揭示书及合同。客户在与证券公司签订融资融券合同时，应当向证券公司申报其本人及关联人持有的全部证券账户。

（8）开立信用账户。

（9）提交担保物。

（10）融资融券交易。

（11）证券公司逐日盯市与强行平仓。

（12）通知送达投资者。

（13）债务追索。

（14）客户回访服务。

4. 融资融券保证金比率及计算

1）融资融券保证金比率

融资保证金比率是指客户融资买入时交付的保证金与融资交易金额的比率。

融券保证金比率是指客户融券卖出时交付的保证金与融券交易金额的比率。

客户融资买入证券时，融资保证金比率不得低于 50%。计算公式为：

$$融资保证金比率 = \frac{保证金}{融资买入证券数量 \times 买入价格} \times 100\%$$

客户融券卖出时，融券保证金比率不得低于 50%。计算公式为：

$$融券保证金比率 = \frac{保证金}{融券卖出证券数量 \times 卖出价格} \times 100\%$$

2）保证金可用余额

保证金可用余额是指客户用于充抵保证金的现金、证券市值及融资融券交易产生的浮盈经折算后形成的保证金总额减去客户未了结融资融券交易已占用的保证金和相关利息、费用的余额。客户融资买入或融券卖出证券所使用的保证金不得超过其保证金可用余额。

5. 融资融券交易的管理原则

1）合法合规原则

未经监管当局批准，任何证券公司不得向客户融资融券，也不得为客户与客户、客户与他人之间的融资融券活动提供任何便利和服务。证券公司向客户融资，应当使用自有资金或者依法筹集的资金；向客户融券，应当使用自有证券或者依法取得处分权的证券。

2）集中管理原则

证券公司融资融券决策和管理职责应集中于证券公司总部。总部应建立融资融券管理制度、决策与授权体系、操作流程与风险识别制度、评估与控制体系。一般做法是：董事会负责制定融资融券业务的管理制度，确定业务部门的设置和各部门职责，并确定融资融券的总规模；业务决策机构负责制定融资融券业务操作流程，确定对单一客户和单一证券的授信额度、融资融券期限和利率（费率）、保证金比率和最低维持担保比例、可充抵保证金的证券种类及折算率、客户可融资买入和融券卖出的证券种类；业务执行部门负责融资融券业务的具体管理和运作，确定对具体客户的授信额度。各分支机构在公司总部的集中监控下，按照公司的统一规定，具体负责客户征信、签约、开户、保证金收取和交易执行的业务操作。

3）独立运行原则

证券公司应当健全业务隔离制度，确保融资融券业务与证券资产管理、证券自营、投资银行等业务在机构、人员、信息、账户等方面相互分离、独立运行。

4）岗位分离原则

证券公司融资融券业务的前、中、后台应当相互分离、相互制约。各主要环节应当分别由不同的部门和岗位负责；风险监控和业务稽核的部门和岗位应当独立于其他部门和岗位；分管融资融券业务的高级管理人员不得兼管风险监控部门和业务稽核部门。

15.2.3　证券自营业务

证券自营业务是指投资银行用自有资金和依法筹集的资金，以自己名义开设证券账户，买卖依法公开发行或证券监管当局允许的有价证券，获取利润的行为。

1. 证券自营业务的特点

1）自主决策

自主决策表现在：第一，交易行为的自主性。投资银行自主决定是否买入或卖出某种证券。第二，选择交易方式的自主性。在买卖证券时，是通过交易所买卖还是通过其他场所买卖，投资银行可自主决定。第三，选择交易品种、价格的自主性。证券公司在进行自营买卖时，可根据市场情况，自主决定买卖品种和价格。

2）交易风险自担

与证券经纪业务不同，投资银行证券自营业务的收益来源于债券低买高卖的价差。由于证券价格瞬息万变，自营交易的收益与损失无法事先准确预计，因此证券自营业务的风险较大，买卖的收益与损失完全由投资银行自担。

2. 证券自营业务的管理

1）控制运营风险

控制运营风险主要采取以下措施。

（1）交易与账户管理分离。自营业务必须以证券公司自身名义，通过专用自营席位进行。

为控制风险，应由非自营业务部门负责自营账户的管理，包括开户、销户、使用登记等。

（2）严格资金审批。主要指严禁将自营账户借给他人使用，严禁使用他人名义和非自营席位变相自营和账外自营。

（3）加强资金的调度和会计核算。自营业务资金的出入必须以公司名义进行，禁止以个人名义从自营账户中调入调出资金，禁止从自营账户中提取现金。非自营业务部门负责自营业务所需资金的调度和会计核算。

2）控制投资风险

首先，要严格规定自营部门权限。如明确自营业务的资金规模、资产配置比例、项目集中度和单个项目规模等。其次，完善投资证券品种的投资论证机制。建立根据经济周期、中央银行货币政策、市场资金供求关系、利率走势和行业发展前景建立证券池的制度。在确定的自营规模和可承受风险限额内，从证券池内选择证券进行投资。最后，建立健全自营业务运作止盈止损机制。止盈止损的决策、执行与实效评估应当符合规定的程序并进行书面记录。

3）严密业务的运作流程

严密自营业务运作流程，确保自营部门及员工按规定程序行使相应职责。包括：投资品种的选择和投资规模的控制、自营库存变动的控制；自营操作指令的权限及下达程序、请示报告事项及程序；投资组合的决策与交易指令相互分离；专人负责管理自营业务数据资料；自营业务的清算由特定部门指定专人完成等。

15.3　兼并与收购

15.3.1　兼并与收购的形式

兼并与收购简称并购，其形式主要为合并和收购。

1. 合并

合并是指两家以上的公司依契约及法令归并为一个公司的行为。合并包括吸收合并和新设合并两种形式。

1）吸收合并

吸收合并指一个公司（购买公司）取得其他公司（目标公司）产权、使其他公司丧失法人资格或改变法人实体，并取得对这些公司决策控制权的经济行为。合并后，购买公司继续保持原有公司名称，并获得目标公司产权和债权，同时承担其债务，目标公司不复存在。

2）新设合并

新设合并是指两个或两个以上的公司通过合并同时消亡，在新的基础上组建新公司。新设合并可以通过以下两种方式进行：一种是由新设公司以资金购买部分参与合并公司的资产或股份，该部分参与合并公司的股东丧失其股东资格，剩余股东持有新设公司发行的股份，成为新设公司的股东；另一种是新设公司发行新股，消失的各公司股份可以全部转化为新公司的股份，成为新设公司的股东。在新设合并中，新设立的公司具有新公司名称，并对消失的各公司全部资产和负债全部接手。

2. 收购

收购是一家公司（收购方）用现金或者有价证券购买另一家公司（目标公司）的多数股

权或所有权，以获得控制权的活动。

收购有多种策略。从交易标的角度划分，可分为资产购买和股权购买两种形式。从对目标公司控制程度划分，可分为全面收购（100%）、绝对控股（51% 以上）和相对控股（51% 以下）。通常情况下，控制 20% ～ 25% 的股份就能达到相对控股的目的。按照收购途径划分，可分为定向收购、定向标购、全面邀约收购和分次购买。从标的公司管理层的态度看，可分为善意收购和敌意收购。

15.3.2　并购业务的种类

投资银行的并购业务主要有两类：一类是并购策划财务顾问业务，另一类是产权投资商业务。前者投资银行不是并购的主体，只是作为中介人为并购交易的主体和目标企业提供策划、顾问及相应的融资服务。后者投资银行是并购交易的主体。先买下企业的产权然后通过整体或拆分将其卖出或包装上市获利。

1. 并购策划财务顾问业务

投资银行作为并购的顾问，在企业并购中的角色依客户在并购中的地位而不同。

1）作为买方顾问的并购业务

作为买方顾问的并购业务，主要内容是策划收购方经营战略和发展规划，帮助收购方明确收购目的，拟定收购标准。

投资银行作为买方顾问的并购业务流程如下。

（1）搜寻、调查和审计目标企业，分析并购的可行性。

（2）设计并购方式和交易结构。

（3）评估并购对买方的影响。预测审定对并购公司的影响，评估财务及经营协同效应，分析可能出现的摊薄影响，明确并购后公司实体的财务需求。

（4）制定谈判策略和技巧，组织和安排谈判，拟订明确的收购建议。其中要明确保障买方权益的机制，保障协定交易顺利完成。例如，决定适当的锁定协议、悔约费、期权或换股交易协议等。

（5）帮助客户确定合理价格，向买方董事会提供关于价格的公平意见书。

（6）游说目标企业及目标企业管理层和职工，使其接受买方收购。

（7）防范和粉碎目标企业的反并购活动。

（8）策划并购融资方案，承销并购方融资证券或提供收购融资。

（9）在善意并购的情况下与律师一起拟订合同条款，协助买卖双方签订并购合约，办理产权转移手续。

（10）在证券交易所上市收购情况下，帮助买方分析市场行情，策划并实施二级市场操作方案，与各有关当事人沟通和协调，发出收购要约，完成目标收购。

（11）改组目标企业董事会和经理层，实现对目标企业的控制与接管。

（12）对接管后的企业重组、一体化经营等问题提出咨询意见，帮助买方实现并购宗旨。

在上述操作过程中，投资银行能否做到以最优的交易结构和并购方式、最低的成本购得最合适的目标企业，是衡量并购业务成功与否的标志。

业务流程如图 15-2 所示。

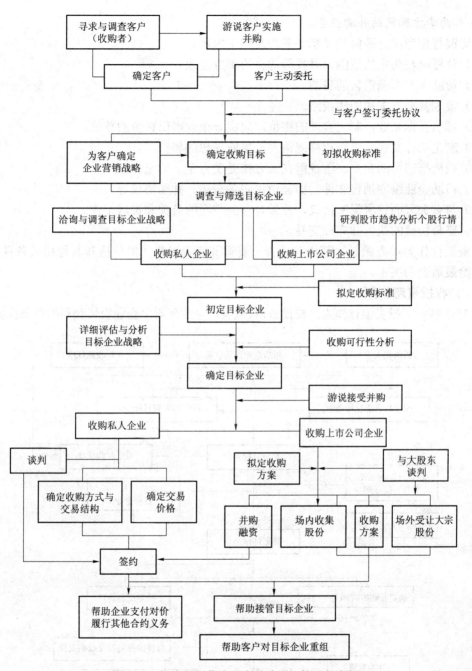

图15-2 投资银行作为买方并购顾问的业务流程

需要说明的是，上述业务操作环节是一般意义上的并购。在实际当中并非每一单并购业务投资银行都要承担上述全部角色。在具体业务中投资银行究竟参与其中的哪些环节，要视具体情况而定。若收购企业的经营战略和收购目标已经明确，这方面的策划则可以省略；若买主已确定，投资银行就不需再为卖方寻求买主；若目标企业为非公众公司，投资银行则可免去制定二级市场的操作方案。

2）作为卖方顾问的并购业务

投资银行作为卖方顾问的并购业务涉及以下内容。

（1）分析潜在买主的范围，寻找最适合的买方企业。

（2）帮助卖方明确销售的目的。

（3）策划营销方案和销售策路。

（4）评估目标企业，制定合理的售价，向卖方企业提出售价的意见。

（5）制定招标文件，组织招标或谈判，争取理想的售价。

（6）积极推销标的企业，游说潜在买方接受卖方企业的出售条件。

（7）帮助企业编制销售文件。如公司说明备忘录、并购协议等。

（8）与有关方面签署保密协议，并做好有关方面的公关和说服工作。

（9）监督协议的执行并完成交易。

投资银行作为卖方顾问，其成功与否，要看其能否以最优的价格和其他相关条件将标的企业卖给最适合的买主。

2. 产权投资商业务

图15-3展示了投资银行作为产权投资商，从买入企业到卖出企业投资获利的全部业务流程。

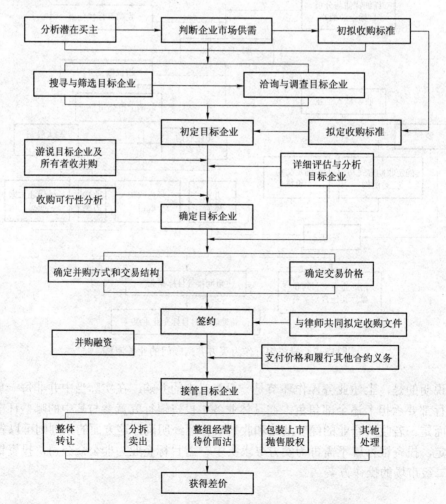

图15-3　投资银行作为产权投资商的并购业务流程

15.3.3　投资银行的并购业务收入

投资银行的并购业务收入主要包括以下几部分：并购顾问和经纪业务收入；并购融资业务收入；并购产权投资商买卖差价收入和风险套利收入。其中并购顾问和经济业务收入是并购收入的主要形式。

兼并收购案例

招商银行收购香港永隆银行

一、收购背景

1. 收购方：招商银行

招商银行 1987 年成立于深圳，2002 年和 2006 年股票分别在上海证券交易所和香港联合交易所上市。招商银行是国内最佳的零售银行，竞争优势明显。2008 年 1 季度，招商银行实现营业收入 137.12 亿元，同比增长 75.65%，实现净利润 63.19 亿元，同比增长 157%，每股收益 0.43 元，手续费及佣金净收入增幅达到 102.95%。截至 2009 年年底，招商银行在中国大陆的 60 个城市设有 47 家分行、648 家支行，2 家分行级专营机构，1 家代表处，1 622 家自助银行，1 500 多台离行式自助设备，1 家全资子公司——招银金融租赁有限公司；在香港拥有永隆银行和招银国际金融有限公司 2 家全资子公司，以及 1 家分行；在美国设有纽约分行和代表处；在英国设有伦敦代表处。

2. 被收购方：永隆银行

永隆银行是一家在香港注册成立、拥有 70 多年历史的香港本地银行，也是一家管理风格保守的小型家族银行。其股票于 1980 年在香港联合交易所挂牌上市，2008 年注册资本为港币 15 亿元。除东亚银行之外是香港规模最靠前的本土银行，在香港拥有 35 家分支机构。永隆银行主要提供银行及有关金融服务业务。永隆银行及其附属公司（以下简称"永隆银行集团"）主要业务包括接受存款、期货及证券经纪服务、投资业务、保险及保险代理、信托、受托代管服务及物业管理等。截至 2008 年 5 月底，永隆银行主要由伍絜宜有限公司、伍宜孙有限公司和宜康有限公司控股，这三个公司持股合计占永隆银行股份的 53.12%。

收购前永隆银行股权结构如表 15-2 所示。

表15-2　收购前永隆银行股权结构

项　目	永隆银行股份数目	百分比/%
伍絜宜有限公司	65 524 929	28.22
伍宜孙有限公司	32 239 835	13.89
宜康有限公司	25 571 406	11.01
其他公司和公众人士	108 853 945	46.88
总　计	232 190 115	100

2007 年永隆银行在贷款和存款市场占有约 1.4% 和 1.2% 的份额，在中小企业市场上的综

合实力相对较强。截至 2008 年 3 月 31 日,永隆银行总资产 963 亿元港币,总负债 846 亿元港币,净资产为港币 117 亿元,每股净资产 50.3 港元,截至 2008 年 3 月 31 日三个月实现净利润为港币 -82 532 000 元。收购前永隆银行历年主要财务指标如表 15-3 所示。

表15-3　收购前永隆银行历年主要财务指标

指标	净利润/港元	每股收益/港元	每股净资产/港元	净资产收益率/%	总资产/港元
2004年	1 032 146 000	4.44	41.21	10.79	71 054 398 000
2005年	1 108 815 000	4.78	43.66	10.94	74 721 738 000
2006年	1 605 789 000	6.92	49.02	14.11	84 980 628 000
2007年	1 371 514 000	5.91	53.75	10.99	93 048 139 000
2008年	-82 532 000	-0.36	50.27	-0.71	96 308 595 000

二、案情

1. 收购方案

2008 年 6 月 3 日,招商银行公布了其《招商银行股份有限公司关于收购永隆银行有限公司的公告》,收购方案要点如下。

(1)本次收购将按照《买卖协议》的约定有条件地收购永隆银行 123 336 170 股股份,约占永隆银行总股本 232 190 115 股的 53.12%。

(2)本次收购总计港币 193 亿元,将以现金方式收购目标股份。

(3)本次收购是有条件地收购伍絜宜有限公司持有的永隆银行 65 524 929 股股份(约占永隆银行总股本的 28.22%)、伍宜孙有限公司及宜康有限公司合计持有的永隆银行 57 811 241 股股份(约占永隆银行总股本的 24.90%)。

(4)本次收购价格为每股 156.50 港元,目标股份收购完成后,招商银行将持有永隆银行约 53.12% 的股份,成为永隆银行的控股股东,并须按照香港法律规定就永隆银行全部已发行股份提出全面收购建议。

(5)卖方(永隆银行)的承诺:每一卖方向本公司承诺,在《买卖协议》签署日期和目标股份收购完成期间内,每一卖方将确保永隆银行集团将按正常过程继续其各自的业务。

(6)招商银行的承诺:本公司与永隆银行、卖方不存在任何关联关系,本次收购不构成本公司的关联交易。本公司尽力维持永隆银行管理层及员工的长期稳定性和持续性。因此,本公司已向卖方承诺,在目标股份收购完成日期后至少 18 个月内不会终止任何永隆银行集团之职员的雇用,但在一些有限的特定的情况除外。

2. 收购过程

2008 年 10 月 6 日招行向永隆银行剩余股东发起全面邀约收购之后,招商银行即迅速在二级市场增持永隆银行股权。在发出全面邀约收购建议后的 4 天内,招商银行持有永隆银行股权比例已增加 9.49% 至 62.61%,随后每一个交易日,招商银行都在二级市场上增持永隆银行股权,截至 10 月 22 日,招行持股比例已经达到 90.65%。刚好超过发起强制性收购的比例。而招行从 53.12% 的持股比例增至 90.65%,仅花了短短 19 天的时间,比原先拟定的 4 个月期限整整提前了 100 天。招商银行于 10 月 27 日完成对永隆银行的全面收购,耗资约 363 亿港元,持有永隆银行全部已发行股份的 97.82%。

从 11 月起，招商银行开始对永隆银行剩余的 2.18% 股份进行强制性收购。招商银行在 2009 年 1 月 15 日强制性收购完成，永隆银行正式成为招商银行直接全资附属公司，并将于 1 月 16 日撤销在港交所上市地位。

2008 年，在永隆银行经营陷入困境时，招商银行以溢价两倍的代价，将永隆收入囊中。此次收购，是国内迄今为止金额最大的银行并购案，引起了业内界及国际、国内的广泛关注。

3. 思考题

（1）简述招商银行收购香港永隆银行的形式与过程。

（2）招商银行选择收购目标考虑了哪些因素？

（3）对此次收购谈谈你的看法。

15.4　资产管理业务

从全球范围看资产管理业是当今金融服务业中规模最大、发展最快的行业之一。随着法律、法规的不断完善，我国投资银行的资产管理业务出现蓬勃发展的趋势。

15.4.1　资产管理业务及其特点

投资银行资产管理业务是投资银行作为受托人，借助自身在人才、技术和信息等方面的专业优势，接受委托人的资产并进行组合投资，获取最大投资收益的业务。资产管理业务具有以下特点。

（1）体现以金融契约为基础的委托代理关系。

在资产管理业务中，客户作为委托人，与投资银行签订资产管理委托协议书，投资银行作为资产的受托方，取得了协议规定范围内受托财产的管理权。

（2）受托财产的多样性。

客户委托投资银行管理的资产主要是金融资产，包括现金、股票、各种债券，其中主要是现金和国债。

（3）管理的个性化。

委托人资产的种类不同、数量各异，对受托人管理资产的要求也有差别。投资银行必须区别对待，对客户的资产分别设立账户，根据客户的要求进行个性化管理。

15.4.2　资产管理业务的资金投向

1. 类基金产品

资产管理最主流的投资产品是共同基金，以美国最为典型。据美国投资公司协会统计，美国的共同基金占全球基金总额的近 50%，其中 49% 的美国家庭持有共同基金，约 76% 的共同基金资产的持有者是个人投资者。随着金融市场的发展，投资者的需求更加多样化，不再满足于传统的共同基金。这一转变客观上要求资产管理者开辟新的投资领域，给客户提供多种投资选择，"类基金产品"应运而生，交易技术平台的不断升级也为新产品提供了支持。

（1）交易所指数基金。

交易所指数基金融合了封闭式和开放式基金的特点，既可以在交易所买卖，又允许投资者连续交易和赎回。交易所指数基金追踪于市场综合指数，如标准普尔指数、道琼斯指数；我国上交所已上市数十只交易所指数基金产品，市值规模数百亿元。

（2）管理账户。

管理账户与投资基金不同，投资银行最为资产管理人购买投资基金，意味着投资者通过持有投资基金间接持有股票，而投资于管理账户则是直接拥有所投资的股票。管理账户允许投资者根据自己的偏好调整股票投资组合，并对客户资产分户管理。在投资管理人完成了大宗交易以后，通过计算机系统再将股票在客户账户间分配，实现客户资产分户管理。近年来，投资银行管理账户的服务对象扩大到了中小投资者。在美国，管理账户已经成为近年来发展迅速的资产管理工具。

（3）综合性选择理财计划。

综合性选择理财计划是 20 世纪 90 年代末在激烈的竞争中美林公司推出的一种资产管理产品。该计划是一种不同层次、多样化的专业咨询服务。美林公司把 50 万个个人客户、200 万个中小企业客户及其他客户分成重要优先客户、优先客户、最重要客户、富裕客户等多种类型，并设有从完全自己管理到全权委托管理的不同服务产品供客户选择，不同账户确定不同的收费标准。

（4）组合投资计划。

组合投资计划是一种经纪人账户。投资者在这一账户可以购买事先打包好的一组股票，也可以买进其他股票或将账户股票卖出。组合投资计划除了和管理账户一样分户管理投资者的资产外，还有如下特点：投资者购买股票不受最低交易单位的限制，可按照账户拥有的资金下达购买指令，允许不足 1 股的交易存在，这样投资者可用闲置的资金构建良好的投资组合。此外该计划还提供税务跟踪服务，在投资者卖出或分批买入股票时，提出减少税收支出的建议。

2. 固定收益产品

这是国际最大的资产管理商瑞银集团推出的资产管理产品。固定收益的投资产品不仅包括政府债券和公司债券，还包括高收益的新兴市场债券，主要的产品有以下几种。

（1）提供流动性的产品。包括美元现金、美元短期债券基金、瑞银集团（UBS）货币市场基金。

（2）全球市场业务。包括涉及多个市场和多种货币的政府债券组合、全球主权基金、全球短期债券等。

（3）区域性业务。为亚洲、澳大利亚、加拿大、欧元区、瑞士、英、美等国家的客户提供的投资策略，既有单币种投资组合，也可以根据投资者偏好在全球范围内进行资产配置。

（4）高收益市场债券。包括欧元高收益债券、结构信贷产品、美元高收益债券、美元市政债券等。

（5）创新的固定收益产品。如绝对回报债券、全球高收入产品等。

3. 股权投资

股权投资基于以下三种投资理念。其一是核心价值投资。该投资理念强调公司的管理情况、竞争优势和核心竞争力，并以现金流折现方法确定某种证券的内在价值，将其与其市场价值进行比较。其二是成长型投资。这一理念强调的是开拓成长型投资，投资团队通过缜密研究和分析，寻找具有持续商业模式的公司进行投资。其三是结构性股权投资。该理念强调在投资过程中运用数量分析方法和多种策略进行资产组合。

4. 另类资产及数量投资

另类资产及数量投资包括私募股权、商品及基础设施，如交通运输网络、医疗教育机构、通信网络、水及能源管线铺设等对社会经济运转起关键作用的设施。投资银行的专业基础设施投资团队通过对基础设施直接投资和对公开上市的基础设施公司证券组合投资等方式对此类投资进行管理。

5. 全球房地产投资

瑞银集团除了在欧洲大陆、日本、英国和美国等地进行产权投资外，同时也投资于全世界公开交易的房地产证券，通过私募混合基金、差异型管理账户和公开上市的投资基金向客户提供传统的和高附加值的投资服务。

我国《证券公司客户资产管理业务试行办法》规定，证券公司客户资产管理业务分为单一定向资产管理、集合资产管理和专项资产管理三类。第一类单一定向资产管理，即为资产净值不低于 100 万元的单一客户提供的一种资产管理服务。第二类集合资产管理，指通过设立集合资产管理计划，与多个客户签订集合资产管理合同，将客户资产交由商业银行或证监会认可的其他机构进行托管，通过专门账户为客户提供的资产管理服务。第三类专项资产管理，指证券公司设立综合性资产管理计划，与客户签订专项资产管理合同，针对客户的特殊要求和资产的具体情况，设定不同的投资目标，通过专门账户为客户提供的资产管理服务。

15.4.3　资产管理业务的操作程序

这里介绍集合资产管理计划柜台操作业务流程。

1. 开立集合资产管理计划账户

（1）客户申请。

客户填写《集合资产管理计划账户开立 / 登记申请表》。个人投资者须持本人身份证件。机构投资者持营业执照或事业社会团体法人证书、法人代表人证书、法人代表人身份证及复印件、法人代表出具的机构授权委托书或单位介绍信、被授权人身份证及复印件。集合资产管理计划账户的基本信息应与保证金账户基本信息一致。

（2）审核录入。

营业部柜台录入登记相关信息，投资者输入保证金及密码，提交账户开立 / 登记申请。

（3）账户开立 / 登记。

T 日营业部柜台提交《集合资产管理计划账户开立 / 登记申请表》。

T 日晚中国证券登记结算责任有限公司配发 / 核对集合资产管理计划账户。

T+1 日中国证券登记结算责任有限公司发送开立 / 登记成功的集合资产管理计划账户。

T+2 日客户集合资产管理计划账户开立，各营业部接受投资者查询，为投资者打印交易确认凭证。

2. 撤销集合资产管理计划账户

（1）营业部验证投资者资料。

个人投资者须持本人身份证件。机构投资者持营业执照或事业社会团体法人证书、法人代表人证书、法人代表人身份证及复印件、法人代表出具的机构授权委托书或单位介绍信、被授权人身份证及复印件。集合资产管理计划账户的基本信息应与保证金账户基本信息一致。

（2）验证完毕，客户填写《集合资产管理计划账户销户申请表》。

（3）销户信息发送与确认。

T日营业部柜台提交《集合资产管理计划账户销户申请表》。

T+1日中国证券登记结算责任有限公司发送销户成功与否的信息至证券公司。

T+2日客户集合资产管理计划账户销户成功，各销售网点为投资者办理销户信息查询业务。

（4）发生以下情况，客户当天不能办理集合资产管理计划账户的销户业务：

① 有集合资产管理计划单位余额或集合资产计划权益；

② 有当日开户或交易申请；

③ 集合资产管理计划账户状态不正常；

④ 集合资产管理计划账户当天申请变更证件号码、证件类资料。

重要概念

固定价格方式　累积订单方式　吸收合并　新设合并　并购策划财务顾问业务
产权投资商业务

思考题

1. 简述投资银行业务种类。

2. 简述证券承销业务的基本步骤。

3. 简述记账式国债的承销程序。

4. 我国对经营证券承销业务有哪些风险监控指标？

5. 证券经纪业务有哪些特点？

6. 简述融资融券业务与普通证券交易的区别。

7. 简述融资融券业务的管理原则。

8. 兼并与收购有哪几种形式，其主要内容是什么？

9. 简述投资银行作为买方并购顾问的并购业务的运作流程。

10. 证券自营业务有哪些特点？

11. 类基金资产管理产品有哪些种类？

12. 简述资产管理业务登记的柜台操作流程。

第16章

证券投资基金、企业年金的运营与管理

学习目标

通过本章学习读者应当掌握：

● 证券投资基金的种类

● 公司型基金和契约型基金的区别

● 开放式基金和封闭式基金的区别

● 证券投资基金的运作流程

● 企业年金的当事人及其职责

● 企业年金的运作程序

● 企业年金服务机构及其主要业务

　　证券投资基金作为一种投资方式，集中分散的小额资金，专家运用、集合投资，分散风险；作为一种投资制度，实现专家理财，专业化管理。证券投资公司是金融市场的机构投资者，发挥着稳定市场的作用。

　　社会保险基金是一个国家社会保障基金的重要组成部分。企业年金作为国家基本养老保险的重要补充，已经成为各国养老保险制度的重要组成部分，是城镇职工养老保险体系的重要支柱。

16.1　证券投资基金运营与管理

16.1.1　证券投资基金及其分类

1. 证券投资基金的概念

　　证券投资基金是通过发售基金份额，将众多投资者的资金集中起来，形成独立财产，由基金托管人托管，基金管理人管理，以投资组合的方式进行证券投资的一种利益共享、风险共担的集合投资方式。

2. 证券投资基金分类

证券投资资金有不同的分类方法。主要有以下几种类型。

1）公司型基金和契约型基金

公司型基金指基金公司本身为一家股份有限公司，公司通过发行股票或收益凭证的方式来筹集资金。投资者购买了该家公司的股票，就成为该公司的股东，凭股票领取股息或红利，分享投资所获得的收益。公司型基金具有独立法人地位。契约型基金是基于契约原理而设立的基金。一般由基金管理公司（委托人）、基金管理机构（受托人）和投资者（基金受益人）三方当事人建立信托契约关系，依照契约，委托人运用基金进行投资，受托人保管基金财产，受益人享受投资收益。

公司型基金和契约型基金的区别主要有以下几个方面。

（1）立法基础不同。公司型基金依照公司法组建，依照公司章程经营；契约型基金依照信托法组建，依照基金契约经营。

（2）法人资格不同。公司型基金具有法人资格；契约型基金不具备法人资格。

（3）资本结构不同。公司型基金除了发行股票筹资以外还可以发行债券筹资；契约型基金只能发行收益凭证筹资。

（4）投资者地位不同。公司型基金的投资者是公司的股东，享有股权；契约型基金的投资者只是基金的受益人。

2）封闭式基金和开放式基金

封闭式基金是指基金份额在基金合同期限内固定不变，基金份额可以在依法设立的证券交易所交易，但基金份额持有人不得申请赎回的一种基金运作方式。开放式基金是指基金份额不固定，基金份额可以在基金合同约定的时间和场所进行申购或者赎回的一种基金运作方式。这里所指的开放式基金特指传统的开放式基金，不包括 ETF、LOF 等新型开放式基金。

封闭式基金和开放式基金的区别主要有以下几个方面。

（1）期限不同。封闭式基金通常有固定的封闭期，到期还本，投资者购买基金后未到期不能赎回，只能在二级市场转让。开放式基金，投资者购买一段时间以后，便可以向公司赎回；新的投资者也可以向公司购买基金。

（2）发行规模不同。封闭式基金发行的基金单位数额有限制，发行总额固定不变，不能增加或减少；开放式基金发行的基金单位数额及总额没有限制，可根据需要增减。

（3）交易方式不同。封闭式基金发行后在交易所交易，公开竞争决定价格；开放式基金的交易通过银行或证券商柜台向基金公司赎回，交易价格由基金的净资产值决定。

3）私募基金和公募基金

私募基金是指以非公开发行方式向特定投资者募集基金；公募基金是指以公开发行方式向社会公众募集基金。

4）股票基金、债券基金、货币市场基金和认购权证基金

股票基金主要投资于股票，目的是获得资本增值和股息收入，投资风险较大。债券基金的主要投资对象是债券，以国债为主，投资风险小，可获得固定的收益。货币市场基金的投资对象是货币市场工具，投资风险小，流动性强。认购权证基金的投资对象是认购权证，认购权证是股份公司发行的可以在有效期内以确定的价格认购公司新股的凭证。

除上述分类以外，按照基金的投资目的不同，还可以分为成长型基金、收入型基金、平

衡型基金；按照基金的组织结构不同，又有伞型基金、基金中的基金、创业基金、产业投资基金等；近年来又出现了 ETF、LOF、QDII 等特殊的基金种类，由于篇幅所限，在此不展开介绍。

16.1.2 证券投资基金的参与主体

1. 基金当事人

基金当事人包括以下三方。

（1）基金份额的持有人。基金份额持有人即基金投资者，也是基金的出资人、基金资产的所有者和基金投资回报的受益人。

（2）基金管理人。基金管理人是基金产品的募集者和管理者，其最主要职责就是按照基金合同的约定，负责基金资产的投资运作，在有效控制风险的基础上为基金投资者争取最大的投资收益。

（3）基金托管人。基金托管人是管理基金资产的金融机构。为了保证基金资产的安全，《证券投资基金法》规定，基金资产必须由独立于基金管理人的基金托管人保管，使其成为基金当事人之一。

2. 基金服务机构

基金服务机构包括基金销售机构、注册登记机构、律师事务所和会计师事务所、基金投资咨询机构与评级机构、基金监管机构和自律组织。

16.1.3 证券投资基金的运作流程

1. 募集基金

基金的募集是指基金管理公司根据有关规定，发售基金份额、募集基金的行为。我国的基金的募集一般要经过申请、核准、发售、合同生效四个步骤。

1）基金募集申请

基金管理人募集基金必须根据《证券投资基金法》的有关规定，向中国证监会提交相关文件。申请募集基金应提交的主要文件包括：募集基金的申请报告、基金合同草案、基金托管协议草案和招募说明书草案等。

2）核准募集申请

根据《证券投资基金法》的规定，证监会自受理基金募集申请之日起 6 个月内作出核准或不予核准的决定。经证监会核准批准后方可发售基金份额。

3）发售基金份额

基金管理人自收到核准文件之日起 6 个月内进行基金份额的发售。基金管理人应当在基金份额发售前 3 日公布招募说明书、基金合同及其他有关文件，并将募集的资金存入专门账户，在基金募集行为结束前任何人不得动用。封闭式基金的募集期限自基金份额发售日开始计算，募集期限不得超过 3 个月。

4）基金合同生效

基金募集期结束，基金管理人要向证监会提交验资报告，证监会自收到基金管理人验资报告和基金备案材料之日起 3 个工作日内予以书面确认；自中国证监会书面确认之日起，基金备案手续办理完毕，基金合同生效。基金管理人收到证监会确认文件的次日发布基金合同生效公告。

2. 认购基金

1）开放式基金的认购

开放式基金的认购，一般通过基金管理人或管理人委托的商业银行、证券公司或经监管机构认定的其他机构办理。

（1）认购程序。

开放式基金的认购分开户、认购和确认三个步骤。

① 开户。拟购买基金的投资人，必须先开立基金账户和资金账户。基金账户是基金注册登记机构为基金投资人开立的、用于记录其持有的基金份额及变动情况的账户；资金账户是投资人在基金代销银行、证券公司开立的证券投资基金的资金结算账户。

② 认购。投资人办理基金认购申请，填写认购申请表，并按销售机构规定的方式全额缴款。投资人在募集期内可以多次认购基金份额。一般情况下，已经正式受理的认购申请不得撤销。

③ 确认。销售机构受理了认购申请并不代表该认购一定成功，申请成功与否应以注册登记机构的确认为准。如投资者 T 日提交认购申请后，可于 $T+2$ 日起到办理认购的网点查询认购申请的受理情况。认购申请无效的，认购资金退回投资人的资金账户。认购的最终结果要待基金募集期结束后才能确认。

（2）认购费率。

我国《证券投资基金销售管理办法》规定，开放式基金的认购费率不得超过认购金额的5%。在具体实践中不同类型的基金、不同的认购金额认购费率也不相同。我国股票基金的认购费率大多在 1%～1.5%，债券基金的认购费率通常在 1% 以下，货币市场基金一般不收取认购费。

根据证监会的规定，目前基金认购费统一以净认购金额为基础收取，相关计算公式为：

$$净认购金额 = 认购金额/（1+认购费率）$$
$$认购费用 = 净认购金额 \times 认购费率$$
$$认购份额 = （净认购金额+认购利息）/基金份额面值$$

其中："认购金额"指投资人在认购申请中填写的认购金额总额；"认购费率"指与投资人认购金额对应的认购费率；"认购利息"指认购款项在基金合同生效前产生的利息。

例 16-1：某投资者在基金 A 募集期间投资了 1 万元，其对应认购费率为 1.2%，同时产生 3 元的利息收入，基金份额初始面值为 1 元，则：

$$净认购金额 = 10\ 000 /（1+1.20\%）= 9\ 881.42（元）$$
$$认购费用 = 9\ 881.42 \times 1.2\% = 118.58（元）$$
$$认购份额 = （9\ 881.42+3）/ 1.00 = 9\ 884.42（份）$$

2）封闭式基金的认购

封闭式基金发售有网上发售和网下发售两种方式。网上发售指通过与证券交易所交易系统联网的全国各地的证券营业部，向公众发售基金份额。网下发售是指通过基金管理人指定的营业网点和承销商的指定账户，向机构或者个人投资者发售基金份额。

封闭式基金的认购价格一般采用基金份额面值加计 0.01 元发售费用的方式确定。

3. 基金交易业务的处理

以开放式基金为例加以介绍。

　　投资者在开放式基金合同生效后，申请购买基金份额的行为通常被称为基金的申购。开放式基金的赎回是指基金份额持有人要求基金管理人购回其所持有的开放式基金份额的行为。开放式基金的申购和赎回与认购一样，可以通过基金管理人的直销中心或基金代销网点办理。

　　开放式基金的申购、赎回原则如下。

　　(1)"未知价"交易原则。投资者在申购、赎回基金份额时并不能即时获知买卖成交价格。申购、赎回价格只能以申购、赎回日交易结束后基金管理人公布的基金份额净值为基准进行计算，这与股票、封闭式基金等金融产品的"已知价"买卖原则不同。

　　(2)"金额申购、份额赎回"原则。申购以金额申请，赎回以份额申请。

　　申购费用及申购份额的计算：

$$净申购金额 = 申购金额/（1+申购费率）$$

$$申购费用 = 净申购金额 \times 申购费率$$

$$申购份额 = 净申购金额/申购日基金份额净值$$

　　当申购费用为固定金额时，申购份额的计算为：

$$净申购金额 = 申购金额 - 固定金额$$

$$申购份额 = 净申购金额/申购日基金份额净值$$

　　赎回金额的计算：

$$赎回总金额 = 赎回份额 \times 赎回日基金份额净值$$

$$赎回费用 = 赎回总金额 \times 赎回费率$$

$$赎回金额 = 赎回总金额 - 赎回费用$$

　　例 16-2：某投资者投资 50 000 元认购某开放式基金，假设申购费率为 1%，当日的基金份额净值为 1.168 8 元，那么：

$$净申购金额 = 50\ 000/（1+1\%）=49\ 504.95（元）$$

$$申购费用 = 49\ 504.95 \times 1\%=495.05（元）$$

$$申购份额 = 49\ 504.95/1.1688=42\ 355.36（份）$$

　　假如投资者赎回 50 000 份基金份额，赎回费率为 0.5%，当日的基金份额净值为 1.168 8 元，则：

$$赎回总金额 = 50\ 000 \times 1.168\ 8=58\ 440（元）$$

$$赎回费用 = 58\ 440 \times 0.5\%=292.20（元）$$

$$赎回金额 = 58\ 440-292.20 =58\ 147.80（元）$$

4. 开放式基金份额的转换、非交易过户和转托管

1）开放式基金份额的转换

(1)基金份额转换的含义。

　　开放式基金份额转换是指投资者将其所持有的某一只基金份额转换为另一只基金份额的行为。基金的转换业务可视为从一只基金赎回份额，即"转出"，同时申购另外一只基金的基金份额，即"转入"。基金转换业务所涉及的必须是由同一基金管理人管理的、在同一注册登记机构注册登记的基金。

　　(2)基金份额转换的费用。

　　投资者进行基金份额转换，需提交申请，即在销售机构处以"份额"为单位提交转换申请，以转出和转入基金申请当日的份额净值为基础计算转入份额。转入的基金份额可赎回时间为 $T+2$ 日。

由于不同基金的申购费率、赎回费率不同，投资者进行基金份额转换时，基金管理人应当按照转出基金的赎回费用加上转出与转入基金申购费用补差的标准收取费用。当转出基金申购费率低于转入基金申购费率时，费用补差为按照转出基金金额计算的申购费用差额；当转出基金申购费率高于转入基金申购费率时，不收取费用补差。此外，基金份额的转换常常还会收取一定的转换费用。

2）非交易过户

开放式基金非交易过户是指不采用申购、赎回等交易方式，将一定数量的基金份额按照一定规则从某一投资者基金账户转移到另一投资者基金账户的行为，主要包括继承、捐赠、司法强制执行和经注册登记机构认可的其他非交易过户。

继承指基金份额持有人死亡，所持有的基金份额由其合法继承人继承。捐赠指基金份额持有人将其合法持有的基金份额捐赠给福利性质的基金会或社会团体的行为。司法强制执行是指司法机构依据生效司法文书，将持有人的基金份额强制划转给其他自然人、法人、社会团体或其他组织。无论在上述何种情况下，接受划转的主体都应符合相关法律、法规和基金合同规定的可持有基金份额的投资者的条件。

办理非交易过户必须提供基金注册登记机构要求提供的相关资料。对于符合条件的非交易过户，按基金注册登记机构的规定办理，按规定标准收费。

3）开放式基金份额的转托管

开放式基金份额转托管是指基金份额持有人申请将其托管在某一交易账户中的全部或部分基金份额转入另一交易账户的行为。投资人通过办理转托管业务，实现其变更基金业务销售渠道。

5. 基金的清算

证券基金的清算分为交易所资金清算、全国银行间债券市场资金清算和场外资金清算三种情况。

1）交易所资金清算

交易所资金清算指基金在证券交易所进行股票、债券买卖及回购交易时所对应的资金清算。交易所资金清算流程如下。

① 接收交易数据。T 日闭市后，托管人通过卫星系统接收交易数据。

② 制作清算指令。托管人对当日交易进行核算、估值并核对净值后，制作清算指令，完成 T 日的工作流程。

③ 执行清算指令。$T+1$ 日，托管人将经复核、授权确认的清算指令交付执行。

④ 确认清算结果。基金托管人对指令的执行情况进行确认，并将清算结果通知管理人。

2）全国银行间债券市场资金清算

全国银行间债券市场资金清算包括基金在银行间市场进行债券买卖、回购交易所对应的资金清算。

全国银行间债券市场资金清算的流程如下。

① 基金在银行间债券市场发生债券现货买卖、回购业务时，基金管理公司将该笔业务的成交通知单加盖公司业务章后发送给基金托管人。

②基金托管人在中央债券综合业务系统中，采取双人复核的方式办理债券结算后，打印出交割单，加盖基金资金清算专用章，传送给基金管理公司，原件存档。

③债券结算成功后，基金托管人按照成交通知单约定的结算日期，制作资金清算指令，进行资金划付。

④基金托管人负责查询资金到账情况。资金未到账时，要查明原因并及时通知管理人。

3）场外资金清算

场外资金清算指基金在证券交易所和银行间债券市场之外所涉及的资金清算，包括申购、增发新股、支付基金相关费用及开放式基金的申购与赎回的资金清算。

场外资金清算流程如下。

①基金托管人通过加密传真等方式接收管理人的场外投资指令。

②基金托管人审核指令的真实性、合法性、完整性，审核无误后制作清算指令。清算指令经过复核、授权后，交付执行。

③对指令的执行情况进行查询，并将执行结果通知基金管理人。

16.1.4　QDII运营与管理

QDII（qualified domestic institutional investor）即合格的境内机构投资者，是在一国境内设立，经该国有关部门批准从事境外证券市场股票、债券等有价证券业务的证券投资基金。QDII 也是在一国货币没有实现完全可自由兑换、资本项目尚未开放的情况下，有限度地允许境内投资者投资境外证券市场的一项过渡性的制度安排。

1. QDII 的投资对象

1）QDII 可投资的金融产品

①银行存款、可转让存单、银行承兑汇票、银行票据、商业票据、回购协议、短期政府债券等货币市场工具。

②政府债券、公司债券、可转换债券、住房按揭支持证券、资产支持证券等及经中国证监会认可的国际金融组织发行的证券。

③与中国证监会签署双边监管合作谅解备忘录的国家或地区证券市场挂牌交易的普通股、优先股、全球存托凭证和美国存托凭证、房地产信托凭证。

④与中国证监会签署双边监管合作谅解备忘录的国家或地区证券监管机构登记注册的公募基金。

⑤与固定收益、股权、信用、商品指数、基金等标的物挂钩的结构性投资产品。

⑥远期合约、互换及经中国证监会认可的境外交易所上市交易的权证、期权、期货等金融衍生产品。

2）对 QDII 投资的限制

QDII 不得有下列投资行为：①购买不动产。②购买房地产抵押按揭贷款。③购买贵重金属或代表贵重金属的凭证。④购买实物商品。⑤除应付赎回、交易清算等临时用途以外，借入现金。该临时用途借入现金的比例不得超过基金、集合计划资产净值的 10%。⑥利用融资购买证券，但投资金融衍生产品除外。⑦参与未持有基础资产的卖空交易。⑧从事证券承销业务。⑨中国证监会禁止的其他行为。

2. QDII 的运作

QDII 在申购和赎回渠道、申购和赎回的开放日及时间、申购与赎回的程序、原则、申购份额和赎回金额等方面都与一般开放式基金类似。不同之处有两点：一是币种不同。一般情况下，QDII 申购和赎回的币种为人民币，但基金管理人可以在不违反法律、法规的情况下，接受其他币种的申购和赎回，并提前公告。二是拒绝或暂停申购条件不同。如基金资产规模不可超出中国证监会、国家外汇管理局核准的境外证券投资额度等。

3. QDII 的信息披露

QDII 全部或部分资金投资境外证券，聘请境外投资顾问为其提供咨询或组合管理服务，聘请境外资产托管人负责境外资产托管业务。针对 QDII 投资运作的特点，法律对其披露要求有一些特殊规定。如对信息披露所使用的语言及币种的要求；基金合同、招募说明书中的特殊披露要求；净值信息的披露要求；定期报告中的特殊披露要求；临时公告中的特殊披露要求等。当 QDII 基金变更境外托管人、变更投资顾问或涉及境外诉讼等重大事件时，应在事件发生后及时披露临时公告，并在更新的招募书中予以说明。

16.2   企业年金运营与管理

16.2.1   企业年金和企业年金基金

企业年金是指企业在国家政策的指导下，在政府强制实施的公共养老金或在国家养老金之外，根据自身经济实力和经济状况建立的为本企业职工提供一定程度退休收入保障的补充性养老金。

企业年金基金是根据企业年金计划筹集的资金及其投资运营收益形成的企业补充养老保险基金。

16.2.2   企业年金当事人

企业年金当事人包括委托人、受益人、受托人、账户管理人、托管人、投资管理人和中介服务机构。

1. 委托人

我国《企业年金基金管理试行办法》规定，企业年金的委托人是设立企业年金的企业及其职工，委托人按照法律规定，将企业年金基金财产委托给受托人管理和处分。

1）企业应具备的条件

一是依法参加基本养老保险并履行缴费义务，二是具有相应的经济负担能力，三是已建立集体协商机制。

2）委托人的范围

《企业年金试行办法》第五条规定，企业年金方案适用于企业试用期满的职工。即建立企业年金的企业中，只要试用期满的所有职工都有权参加企业年金计划。

3）企业年金的筹集方式

企业年金所需费用由企业和职工个人共同缴纳。企业缴费的列支渠道按国家有关规定执行，职工个人缴费可以由企业从职工个人工资中代扣。企业缴费每年不超过本企业上年度职工工资总额的十二分之一，企业和职工个人缴费合计一般不超过本企业上年度职工工资总额的六分之一。

2. 受益人

企业年金计划的受益人是企业职工，企业职工是企业年金资产的最终所有权人。法律规定，企业年金的支取条件为退休、死亡和出国定居。因此，在退休和出国定居情况下，企业年金计划的受益人为参加企业年金计划的员工本人；职工本人死亡，受益人为该员工的法定继承人或指定继承人。当达到支取条件时，可以一次或分次按照企业年金方案领取归属于本人的企业年金财产。

3. 受托人

受托人指按照委托人的意愿以自己的名义为受益人的利益服务，承诺对年金财产进行管理和处分的管理机构。在我国，受托人是企业年金理事会或符合国家规定的养老金管理公司、银行等法人受托机构。

4. 账户管理人

账户管理人是接受委托，为委托人管理企业年金基金账户、处理企业年金基金账务的金融管理机构。

5. 托管人

企业年金基金托管人是指应受托人委托，保管企业年金基金财产的商业银行或专业机构。

6. 投资管理人

投资管理人指接受受托人委托，投资管理企业年金基金财产的专业机构。

7. 中介服务机构

企业年金的中介服务机构是指为企业年金管理提供服务的投资顾问公司、精算咨询公司、律师事务所、会计师事务所等专业机构。投资顾问公司为企业年金基金投资战略提供决策参考；精算咨询公司为企业设计企业年金方案提供咨询服务；律师事务所为企业订立企业年金基金信托合同、委托合同、处理有关企业年金待遇计发等事务提供法律咨询；会计师事务所为企业年金基金审计等事务提供服务。

16.2.3　企业年金的运作

企业年金的运作流程具体包括缴征企业年金供款、投资运营和待遇给付三个环节，具体运作如下。

1. 缴征企业年金供款

（1）委托人将企业和职工缴费总额及明细情况通知受托人及账户管理人，账户管理人在缴款日前生成企业和个人缴费账单。

（2）缴费日，委托人向托管人支付账单所列缴费总额，托管人收到款项核对无误后将资金正式入账，并通知受托人和账户管理人。

（3）受托人核对数据后，账户管理人根据企业年金计划的规定在已建立的个人账户之间进行缴费的账户处理。

2. 投资运营

（1）托管人向投资管理人分配基金资产，投资管理人进行投资运作及会计核算。

（2）托管人将投资管理人发送的数据与交易所和中国证券登记结算公司发送的数据核对无误后，进行清算、会计核算、估值和投资运作监督。

（3）账户管理人根据企业年金基金财产净值和净值增长率，将基金投资运营收益按期足额计入企业年金账户和个人账户。

3. 待遇给付

（1）委托人向受托人发送企业年金支付或转移的通知。

（2）账户管理人计算支付待遇，经受托人核对无误后通知托管人支付或转移金额至指定的专用账户。

（3）账户管理人核对托管人提供的支付结果，扣减个人账户资产，并向受益人提供年金基金的最终账户数据或向新年金计划移交账户资料。

企业年金运作流程如图 16-1 所示。

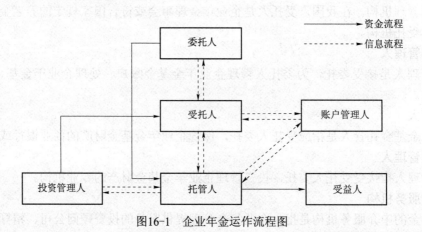

图16-1　企业年金运作流程图

16.2.4　企业年金服务机构的业务

在企业年金参与者中，受托人、账户管理人、托管人、投资管理人、中介服务机构构成企业年金服务机构。

1. 受托人的业务

目前具有企业年金基金受托人资格的有商业银行、养老保险公司和信托公司。受托人的业务包括以下方面。

1）建立年金计划

受托人要设计企业年金方案，拟定工作实施细则，设计年金运作管理模式，报备年金计划。

2）选择管理机构

受托人依托企业年金基金管理人评价体系提供的信息，选择适宜的企业年金账户管理人、托管人、投资管理人及其他中介服务机构，对其跟踪评价，必要时根据委托人要求和受益人利益更换相关服务机构。

3）制定投资策略

根据委托人的个性化需求，制定资产配置策略，设计年金基金投资组合，选择企业年金基金投资产品，实现企业年金基金长期保值、增值的目标。

4）监督基金运作

监督和评估账户管理人、托管人、投资管理人的工作，提供账户管理人、托管人和投资管理人综合评级报告，敦促管理人提高企业年金基金管理水平，确保企业年金基金管理合规、安全和高效。

5）办理缴费支付

受托人依托遍布全国的机构网点和网上银行、电话银行、自助银行等渠道，提供年金基金归集、划拨等支付服务，保证资金及时到账。

6）编制管理报告

编制企业年金基金管理报告（包括季度报告、年度报告和临时报告），按合同约定提交给委托人、监管部门。

7）年金管理咨询

在企业筹划建立年金制度及日常运营管理过程中，为企业或年金理事会提供全面的咨询服务，包括相关政策法规、年金方案和运作管理模式设计、管理机构评估与选择、投资策略建议和资讯信息等。

2. 账户管理人的业务及管理

目前具有企业年金基金账户管理人资格的有商业银行、信托公司、养老保险公司。

1）账户管理人的业务

① 信息整理。根据年金方案和企业实际情况，制定信息整理方案，有序高效地完成信息采集和历史信息导入。实现新老账户并账和规范管理。

② 建立账户。为企业和每个员工建立企业年金基金账户，通过完整的账户结构，详细记录每笔资金的来源、税务、投资等信息要素，灵活管理企业年金资产。

③ 日常管理。包括缴费管理、投资管理、收益分配和支付与转移，如表 16-1 所示。

表16-1　账户管理人日常管理的内容

内容	业务内容
缴费管理	计算缴费金额，通知企业备款；将企业账户和个人账户缴费入账，保证账实相符；支持自动计算、批量导入、特殊缴费等多种缴费方式
投资管理	详细记录企业、个人投资组合信息，选择灵活的投资组合
收益分配	根据合同约定，按时将企业年金基金投资收益分配到个人账户和企业账户
支付与转移	员工达到支付条件时，计算并记录企业缴费部分的权益归属，计算支付金额并提供书面确认单，按照委托人选择的支付期限和方式进行支付。员工工作调动时，计算权益归属并进行账户转移

④ 财产核对。及时与托管人核对缴费数据及企业年金基金财产变化状况。

⑤ 报告管理。按照合同约定提供企业年金基金账户管理报告，根据需要定制个性化账户管理报表。定期向受托人和监管部门提交企业年金基金账户管理报告。

⑥ 账户查询。按照合同约定为员工提供多途径的账户信息查询和对账服务。

⑦ 档案管理。按照规定，保存企业年金基金账户管理档案至少 15 年。

2）缴费管理

企业年金基金由企业缴费、职工个人缴费、企业年金基金投资运营收益组成。企业年金基金实行完全积累，采用个人账户方式进行管理。管理企业年金的具体要求是，企业按照企业年金方案规定比例计算的缴费数额，计入职工企业年金个人账户，职工个人缴费数额计入本人企业年金个人账户，企业年金基金投资运营收益，按净收益率计入企业年金个人账户。

3）中止缴费的条件

企业中止缴费的条件是：企业经营亏损、兼并、解散、破产；本企业半数以上职工反对继续实施企业年金方案；企业年金方案被劳动保障或司法机关认为无效。

个人中止缴费的条件是：职工与企业中止或解除劳动合同；职工自愿提出申请不参加企业年金计划。

4）企业年金的计发

企业年金的计发可分为缴费确定和待遇确定两种类型。

① 缴费确定型。通过建立个人账户，由企业和职工定期按一定比例缴纳企业年金。职工退休时企业年金的水平取决于资金积累规模及其投资收益。缴费确定型的基本特征是：第一，简便易行，透明度较高；第二，缴费水平可以根据企业经济状况灵活调整；第三，企业与职工缴纳的年金免税，投资收益享受减免税优惠；第四，职工个人承担有关投资风险，企业原则上不负担超过定期缴费以外的年金给付义务。

② 待遇确定型。所谓待遇确定型企业年金计划，是指在参保员工的服务年限、就业期间的某段时期的平均薪金收入及养老金权益的年度积累率一定的前提下，职工可获得的养老金权益是事先确定的。待遇确定型的基本特征是：第一，通过确定一定的收入替代率，保障职工获得稳定的企业年金；第二，基金的积累规模和水平随工资增长幅度进行调整；第三，企业承担因无法预测的社会经济变化引起的企业年金收入波动风险。

5）企业年金的支付

（1）支付方式。

企业年金支付方式采取即期给付、延期给付、固定给付、变额给付、终身给付、固定期间给付等方式。

即期给付指职工退休即行给付企业年金。延期给付指根据集体合同，在职工退休后某个时点开始给付企业年金。固定给付指从承诺给付企业年金时开始，对受益人采取定期定额的给付方式。变额给付是根据企业年金集体合同，根据职工退休期不同的特点和企业年金个人账户的投资收益累计情况，在不同时期，采取不同额度的给付方法。比如在职工退休初期，实行低给付政策，随着退休时间的延长，逐步提高给付额度。这样有利于职工退休收入的合理安排和保障良好的退休生活。终身给付是把企业年金给付的时间设定为职工退休后的整个生命期间。固定期间给付指约定企业年金给付的固定期间，约定期满即给付完毕而不管其以后生存与否。

（2）支付条件。

职工在达到国家规定的退休年龄时，可以从本人企业年金个人账户中一次或定期领取企业年金。职工未达到国家规定退休年龄，不得从个人账户中提前提取企业年金。

3. 托管人的业务

目前具有企业年金基金托管人资格的只有商业银行。具体业务如下。

1）归集支付

商业银行依托遍布全国的结算网点和强大的清算支付系统，为委托人提供快捷、便利、准确的企业年金基金归集和待遇支付服务。

2）资产保管

为企业年金基金单独建账，分别核算，每日估值，定期对账，保证企业年金基金资产的完整、独立和安全。

3）资金清算

在投资管理人完成证券交易后，托管人与证券登记公司或交易对手完成场内外资金清算。

4）会计核算

按照会计准则对年金基金进行会计核算，核算内容包括成本计量、收入确认、利息计提等，每月提供资产负债表、经营业绩表和净值变动表等会计报表。

5）资产估值

按公允价值对企业年金基金资产进行估值，准确地反映企业年金基金的真实价值，并每日计算基金资产净值增长率。

6）投资监督

按照国家法规及托管合同的规定，监督企业年金基金的投资运作，确保托管的年金基金按照约定的要求进行投资，发现问题及时向受托人和监管部门报告。

7）托管信息披露

托管人应及时向受托人提供企业年金基金运作情况报告，包括会计报表、托管报告、风险提示及监管部门要求披露的信息等。

4. 投资管理人的业务

目前具有企业年金基金投资管理人资格的有养老保险公司、基金公司、证券公司。

1）业务种类

① 投资咨询。对国内宏观经济、股票市场、债券市场进行深入分析研究，为客户提供翔实的投资策略咨询。

② 投资监督。围绕企业年金计划的投资策略，制定个性化的投资监督内容，定期向受托人和有关监管部门提交投资管理报告。

③ 绩效评估。运用多种定量指标和分析方法，结合投资风险分析，对投资组合的业绩进行多层次、多角度的衡量；分析投资组合的业绩来源和投资效率，对投资组合管理人的投资行为做出客观的揭示。

2）企业年金的投资工具

企业年金投资工具大体划分为两类，一类为金融工具，另一类为实物投资。我国《企业年金基金管理试行办法》规定，企业年金基金的投资范围限于银行存款、国债和其他具有良好流动性的金融产品，包括短期债券回购、金融债、可转债、投资性保险产品、证券投资基金、股票等。

5. 中介服务机构的业务

根据《企业年金基金管理试行办法》的规定，企业年金中介服务机构的业务包括：设计企业年金计划；为企业年金管理提供咨询；为受托人选择账户管理人、托管人；为投资管理人提供咨询；对企业年金管理绩效进行评估；对企业年金基金财务报告进行审计。

16.2.5　企业年金风险与管理

1. 企业年金运营的风险

1）信用风险

信用风险是指企业年金的受托人、托管人、投资管理人或账户管理人违约而给受益人造成直接或间接损失的风险。信用风险根植于企业年金的治理结构之中。在这种"信托—委托"关系链中，受托人、账户管理人、托管人和投资管理人的信用状况，直接影响企业年金计划运行的成败，所以信用风险是进行企业年金风险管理时首先要考虑的风险。

2）投资风险

投资风险是指在对企业年金基金进行投资时，由于金融市场或单只证券价格波动使投资收益低于目标值甚至发生亏损的可能性。在企业年金的运作流程中，投资管理是一个极其重要的环节。一旦投资失败将直接影响受益人的经济利益，甚至会导致整个年金计划的失败，并引发信用风险。

2. 企业年金的风险管理

1）信用风险管理

（1）建立严格的市场准入和退出制度。

首先，政府应建立严格的受托人、账户管理人、投资管理人和托管人准入和退出制度。其次，企业年金的监管机构要制定全面和详细的规则，对申请从业的机构的资本规模、治理结构、人员素质、资信水平、经营业绩等进行严格审核，从源头上预防信用风险的发生。对于出现违规行为的机构，要坚决取缔从业资格并严厉惩罚。再次，为了从根本上避免违规机构和人员到异地从业的现象发生，监管部门还应当建立企业年金从业机构和人员的信用档案信息系统，并与证监会、银监会和保监会相关信息系统联网，互通信息。最后，要明确界定从业机构和人员的独立性，以预防从业机构之间出现利益勾结而损害企业年金受益人的利益的行为。

（2）建立相互制衡机制。

第一，对于金额很大的企业年金应当选择多个投资管理人进行管理，以分散信用风险，把损失控制在一定的范围之内。第二，托管人如果发现投资管理人员有违反法律、行政法规、其他有关规定或合同约定的，应当立即通知投资管理人，并及时向受托人和监管部门报告。

2）投资风险管理

（1）明确禁止过度承担风险的投资行为。

例如，规定企业年金基金不得用于信用交易，不得用于向他人贷款和提供担保，不得从事承担无限责任的投资等，从源头上规避风险。

（2）限定投资比例。

这是抑制损失的措施。如对企业年金的投资金融工具比例做出规定，限制股票及衍生金融产品等高风险工具的投资比例，规定单个投资管理人管理的企业年金基金财产投资于一只证券的比例，等等。

（3）实行有计划的风险自留。

有计划的风险自留是指风险管理者察觉到了风险的存在，估计到了该风险造成的期望损失，决定以其内部资源（自有资金或借入资金）来对损失加以弥补的措施。风险自留属于财务型风险管理技术。有计划的风险自留方式包括：企业年金的投资管理人每年从当期收取的管理费中，提取一定比例的投资风险准备金，专项用于弥补企业年金基金投资亏损；企业年金的受托人按企业年金基金净收益的一定比例提取一般风险准备金，专项用于弥补投资风险准备金的不足。

3）综合性风险管理

（1）完善内部控制制度。

受托人、账户管理人、托管人和投资管理人都应当完善内部控制制度。在实际经济活动中，内部控制制度是企业年金的基础性的风险管理制度，它的有效运行可以在很大程度上发现和化解这些机构本身遇到的外部风险，阻断风险传递链条，降低企业年金运作的整体风险。

（2）完善信息披露制度。

受托人应定期向委托人提交企业年金基金管理报告；账户管理人应当向受托人提交企业年金基金账户管理报告；托管人应当向受托人提交企业年金基金托管和财务会计报告；投资管理人应当向受托人提交经托管人确认的企业年金基金管理报告。相应地，应同时建立起定期审计的制度。委托人应聘请会计师对企业年金基金的财务会计报告进行审计，及时发现从业机构在管理中存在的问题，把各种风险因素化解在萌芽状态。

（3）建立定期风险评估制度。

企业年金的风险及发生的频率、程度是不断变化的，因此风险管理措施也不应当是一成不变的，应当根据经济、社会和政治环境的变化及时调整风险管控措施。为此，企业年金的受托人应当定期对企业年金的风险状况进行分析评估，检查现有风险管理措施的实施情况，并向委托人提交风险评估报告。

重要概念

证券投资基金　公司型基金　契约型基金　封闭式基金　开放式基金　QDII
企业年金　企业年金基金　基金份额转换

思考题

1. 封闭式基金与开放式基金有何区别？
2. 简述开放式基金的认购程序。
3. 企业年金可以投资哪些金融工具？
4. 简述 QDII 的申购与赎回与一般基金的区别。
5. 企业年金的当事人有哪些？
6. 简述企业年金的风险。
7. 企业年金基金托管人的主要业务是什么？
8. 简述企业年金的支付方式。
9. 画出企业年金的运作流程图。

第 **17** 章

金融期货类金融服务机构运营与管理

学习目标
通过本章学习读者应当掌握:
- 金融期货交易的特点
- 金融期货合约的要素
- 金融期货交易的种类
- 期货交易的一般程序
- 金融期货交易的风险管理

本章主要讲授期货交易所和期货经纪公司的业务与风险管理。期货交易所是买卖期货合约的场所,是期货市场的核心。期货交易所为交易者提供公开、公平、公正的交易场所,在对交易活动进行监督和服务的基础上实现合理的经济利益。期货经纪公司是依法设立的、接受客户委托、按照客户的指令、以自己的名义为客户进行期货交易并收取手续费的中介组织,也是期货交易的直接参与者和交易的中介。

17.1 金融期货交易及其种类

17.1.1 金融期货交易及其特点

1. 金融期货与金融期货交易

金融期货是指以金融工具为标的物的期货合约。金融期货合约是指由交易双方订立的、约定在未来某个日期按照约定的价格购买一定数量的某种金融资产的标准化协议。

金融期货交易是指交易双方在证券交易所,以公开竞价的方式,买入或卖出一定数量的某种金融工具的活动。

2. 金融期货交易特点

1)交易标的物是金融商品

与商品期货比较,金融期货交易对象大多是无形的、虚拟化的证券。金融期货合约标的物不是实物商品,而是传统的金融商品,如外汇、债券、存款单、股票、股票价格指数等。

2）交易的是标准化合约

金融期货交易买卖的是标准化的金融期货合约。世界各国的交易所都规定了交易所内金融期货合约的基本要素。

（1）交易单位。

交易单位也称合约规模，指每一份金融期货合约的标准数量。一般以份为单位计量。交易中只能买卖交易单位的整倍数。

（2）保证金。

交易所清算机构为防止违约，要求交易者在购买合约时必须缴纳的一部分资金。分为初始保证金和追加保证金。保证金比率越低，杠杆效应越大。我国股指期货保证金比率为 15%。

（3）最小变动单位。

最小变动单位也称单位刻度，是指金融交易中期货合约价格变动的最小幅度。最小变动单位乘以交易单位就是合约价值变动的金额。

（4）每日价格波动的限制。

每日价格波动的限制又称熔断机制，是指对每日金融期货交易价格涨跌的最大幅度限制，其目的是防止金融期货价格暴涨或暴跌的风险。

（5）合约月份。

合约月份是期货合约到期交收的时间。在金融期货交易中除个别合约有特殊的规定外，绝大多数合约的交割月份都是 3 月、6 月、9 月、12 月。

（6）最后交易日。

最后交易日是指期货合约到期前的最后一个交易日。期货交易中金融期货大多不实际交割，而是在到期日之前以对冲方式结清差额。如果持仓者在最后交易日仍没做对冲交易，只能在合约到期时进行交收或现金结清交易。

17.1.2　金融期货交易的种类

金融期货主要包括外汇期货、利率期货和股票指数期货。

1. 外汇期货

外汇期货又称为货币期货，是一种在最终交易日按照当时的汇率将一种货币兑换成另外一种货币的期货合约。外汇期货只提供主要货币的交易，如美元、欧元、澳大利亚元、加拿大元、日元等。与外汇远期相比，外汇期货存在佣金成本和保证金占用成本，但是由于外汇期货是标准化合约，故较外汇远期有更好的流动性。

2. 利率期货

利率期货是指以债券为标的物的期货合约，它可以回避由市场利率波动所引起的证券价格变动的风险。

利率期货的种类繁多，分类方法也有很多种。通常按照期限划分，利率期货可分为短期利率期货和长期利率期货两大类。前者一般是期限为 3 个月以内的债券期货，如 3 个月美国短期国债期货。后者一般指期限较长的债券期货，如联邦长期公债、市政公债期货等。

3. 股票指数期货

股票指数期货是指以股票价格指数为标的物的标准化期货合约，双方约定在未来的某个特定日期，按照事先确定的股价指数，进行标的指数的买卖，到期日通过现金结算差价进行交割。

股票价格指数是一种极为特殊的金融商品，双方交易时只能把指数点位换算成货币金额进行结算。如沪深300指数期货，每一点位代表300元，合约价格以指数点位乘以每一点位代表的货币金额计算。各国期货交易所都规定了股指期货交易的规则。表17-1是我国金融期货交易所沪深300指数期货交易的规则。

表17-1　沪深300指数期货交易规则

合约标的	沪深300指数
合约乘数	每点300元
报价单位	指数点
最小变动价位	0.2点
合约月份	5月、6月及随后9月、12月
交易时间	上午：9：15—11：30，下午：13：00—15：15
最后交易日交易时间	上午：9：15—11：30，下午：13：00—15：00
每日价格最大波动限制	上一个交易日结算价的±10%
最低交易保证金	合约价值的15%
最后交易日	合约到期月份的第三个周五，遇国家法定假日顺延
交割日期	同最后交易日
交割方式	现金交割取当天最后两小时的平均价格
交易代码	IF
上市交易所	中国金融期货交易所

股指期货交易与股票现货交易相比有更大的灵活性和更大的风险性。股指期货交易与股票现货交易的区别如表17-2所示。

表17-2　股指期货交易与股票现货交易的区别

	股指期货	股票现货
关注焦点	系统性风险	非系统性风险
信息来源	较易获得	不易获取
操作模式	$T+0$	$T+1$
占用资金	15%保证金	100%资金
结算方式	每日无负债结算，现金结算到期交割	现金交割
交易成本	较低	较高
流动性	高	较低
风险	更大	大

案例

沪深300指数交易案例

某甲的期货账户初始保证金为200万元。2009年11月26日在4 000指数点位开仓买入11张IF1006合约。每张合约需保证金：4 000×300×15%=18（万元），11张合约保证金为：18×11=198（万元）。

某甲开仓比例是：198/200=99.9%。随后沪深300指数下跌，11月27日IF1006合约最低跌至3 750.2点。某甲账户亏损额：（4 000-3 750.2）×300×11＝82.434（万元）。需要当日清算，从保证金中扣除。

扣除亏损后，保证金账户余额为：200-82.434=117.566（万元），不够维持最初开仓的11手多头持仓。3 750×300×15%×11=185.625（万元），仅够持有7手合约的保证金［3 750×300×15%×7=118（万元）］。

此时要么追加保证金，要么自己主动减仓，否则将被期货公司强行平仓，若是减仓或被强平，即便此后行情向上反弹，也无法从中获利了。

相反，如果投资者只开仓买入5张IF1006合约，总共需要保证金为：18×5=90（万元），相应开仓比例是：90/200=45%。IF1006合约最低跌至3 750.2点时，账户亏损金额为：（4 000-3 750.2）×300×5=37.47（万元）。

扣除亏损后账户余额为：200-37.47=162.53（万元），足以维持5张合约的多头持仓：3 750×300×15%×5=84.375（万元），无须追加保证金，此后行情向上反弹也还可以凭多头持仓获利。

17.1.3　金融期货交易的一般程序

现以股指期货交易为例，介绍金融期货交易程序，如图17-1所示。

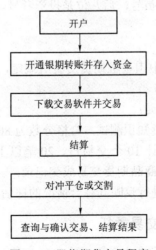

图17-1　股指期货交易程序

1. 开户

具备开户资格的投资者可以向期货经纪公司营业部申请开立期货交易账户。

2. 开通银期转账并存入资金

开户后客户到指定的期货结算银行开通银期转账，并通过银期转账或报备的银行账户存入资金。

3. 下载交易软件并交易

投资者登录期货公司网站下载期货交易软件，安装交易软件即可进行交易。

4. 结算

结算部每日收盘后对客户的交易保证金、盈亏、手续费等进行结算并划转资金。

5. 对冲平仓或交割

期货合约到期日投资者要做平仓交易，并进行现金交割。

6. 查询与确认交易、结算结果

投资者可通过网上交易系统、中国期货保证金监控中心或电话查询与确认交易、结算结果。

17.2　金融期货业务的操作规则

金融期货交易公司作为交易所会员接受投资者期货交易申请，为其提供期货交易的相关服务，期货交易所要对期货交易进行管理。这里介绍金融期货交易业务的操作规则。

17.2.1　建立交易编码制度

交易编码制度是指期货交易所要求会员按照交易所制定的细则为投资者编制期货交易的专用代码，专用代码是交易所计算机系统进行交易、结算、交割和标准仓单确认的依据。期货交易所会员应当按照要求为每一个客户单独开立专门账户、申请交易编码，不得混码交易。交易编码分经纪公司会员交易编码和投资者交易编码。交易编码由会员号和投资者号两部分组成，共 12 位数字，前四位是会员号，后八位是投资者号。

17.2.2　投资者资格审查

以沪深 300 指数期货为例。中国金融期货交易所规定，投资者开立期货交易账户需满足以下条件：

（1）开户门槛为人民币 50 万元；

（2）投资者需要通过股指期货知识测试，合格分数为 80 分；

（3）投资者开户前需要有累计 10 个交易日、20 笔以上的股指期货仿真交易成交记录，或者最近三年内具有 10 笔以上的商品期货交易成交记录；

（4）期货公司还将对投资者进行反映其综合情况的评估，合格分数为 70 分。

17.2.3　开立交易账户并接受交易委托

1. 开立交易账户

业务流程如图 17-2 所示。

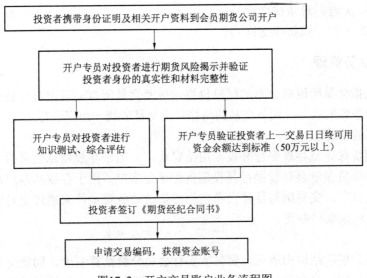

图17-2　开立交易账户业务流程图

2. 接受客户交易委托

客户按规定足额缴纳开户保证金后，即可委托下单，开始交易。交易流程具体如下。

① 客户可以通过书面、电话、互联网等委托方式下达交易指令。

② 会员期货经纪公司接受客户委托指令后，通过交易所集中交易。

③ 买卖申报经撮合成交后，买卖双方应当承认交易结果，履行相关义务。

④ 买卖成交后，交易所按照规定发送成交回报确认单。

⑤ 会员有异议的，应当在当日以书面形式向交易所提出。未在规定时间内提出的，视为对成交记录无异议。

17.2.4　交易竞价管理

期货交易采用集合竞价、连续竞价方式。

1. 集合竞价

集合竞价是指对在规定时间内所接受的买卖申报一次性集中撮合的竞价方式。集合竞价采用最大成交量原则，即以此价格成交能够得到最大成交量。高于集合竞价产生的买入申报全部成交；低于集合竞价产生的卖出申报全部成交；等于集合竞价产生的买入或者卖出申报，根据买入申报量和卖出申报量的多少，按照少的一方的申报量成交。开盘集合竞价中的未成交指令自动参与连续竞价交易。集合竞价未产生成交价的，以上一交易日收盘价为前一成交价，按照上述办法确定第一笔成交价。

2. 连续竞价

连续竞价是指对买卖申报逐笔连续撮合的竞价方式。在采用限价指令连续竞价交易时，交易所系统将买卖申报指令以价格优先、时间优先的原则进行排序，当买入价大于等于卖出价时系统自动撮合成交。撮合成交价，即最新成交价等于买入价（p_b）、卖出价（p_s）和前一成交价（p_c）三者中居中的一个价格。即：

当 $p_b \geqslant p_s \geqslant p_c$ 时，最新成交价 $=p_s$

当 $p_b \geqslant p_c \geqslant p_s$ 时，最新成交价 $=p_c$

当 $p_c \geqslant p_b \geqslant p_s$ 时，最新成交价 $=p_b$

17.2.5　结算业务管理

结算业务是指交易所根据公布的结算价格，按照交易所有关规定对交易双方的交易结果进行资金清算和划转的业务。期货交易的结算，由交易所统一组织进行。

1. 结算账户的管理

交易所在期货保证金存管银行开设专用结算账户，用于存放结算会员的保证金及相关款项。结算会员在期货保证金存管银行开设期货保证金账户，用于存放其客户及受托交易会员的保证金及相关款项。交易所与结算会员之间的期货业务资金往来通过交易所专用结算账户和结算会员专用资金账户办理。

2. 结算制度

与期货市场的层次结构相适应，交易所实行会员分级结算制度。期货交易的结算是分级分层进行的。交易所只对会员结算，结算会员对其受托的交易会员进行结算，交易会员对其客户进行结算。非会员单位和个人通过会员期货经纪公司结算。

1）交易所对会员结算

首先，每日交易结束后交易所对每一会员的盈亏、交易手续费、交易保证金等款项进行结算。交易所结算完成后，将会员资金的划转数据传递给有关结算银行。

会员可通过交易所会员服务系统在每个交易日规定的时间内获得会员当日平仓盈亏表、会员当日成交合约表、会员当日持仓表和会员资金结算表，这是会员对客户结算的依据。会员对交易所提供的结算结果要认真核对，妥善保存。

会员若对结算结果有异议，需在第二天开市前30分钟以书面形式通知交易所。如果在规定时间内没有对结算数据提出异议，则视作会员已认可结算数据准确。

2）会员公司对客户结算

会员公司对客户的结算与交易所的方法一样，即每日交易结束后对每一客户的盈亏、交易手续费、交易保证金等款项进行结算。会员公司在闭市后向客户发出交易结算单。当每日结算后客户保证金低于期货交易所规定的交易保证金水平时，会员公司按照合同约定的方式通知客户追加保证金，客户不能按时追加保证金的，期货经纪公司将该客户部分或全部持仓强行平仓，直至保证金余额能够维持其剩余头寸为止。

17.2.6　期货交易保证金管理

期货交易实行保证金制度，保证金是交易所向结算会员收取的用于结算和担保合约履行的资金。保证金分为交易保证金和结算准备金。交易保证金是指已被合约占用的保证金。结算准备金是指未被合约占用的保证金。

1. 交易保证金

交易保证金是期货合约的买卖双方都必须向期货经纪公司缴纳的保证金，分为初始保证金和维持保证金。初始保证金是客户在开仓时按照合约价值的一定比例必须缴纳的保证金，一般相当于合约价值的5%～10%，该比例由期货经纪公司确定。

由于期货合约价值的变化，投资者未平仓的期货合约必然会出现账面上的盈亏。在每个交易日结束后，根据当日的结算价格，对投资者未结清合约进行重新估价，如果亏损，则相应减少投资者保证金账户的金额。所剩余额，即维持保证金必须满足规定的最低水平。

2. 结算准备金

结算准备金是指结算会员在金融期货交易所专用结算账户中预先准备的资金，是未被合约占用的保证金。结算准备金分为总额准备金和净额准备金。总额准备金的收取标准是空头和多头的未结清持仓量之和。净额准备金的收取标准是空头和多头两者抵消后所剩余额。

结算完毕后，结算会员的结算准备金余额低于最低余额标准时，交易所向结算会员发出追加保证金通知，两者的差额即追加保证金金额。结算准备金余额的计算公式如下：

当日结算准备金余额=上一交易日结算准备金余额+上一交易日交易保证金-

当日交易保证金＋当日盈亏＋入金－出金－手续费等

式中：入金是指从结算会员专用资金账户向交易所专用结算账户划入的资金；出金是指从交易所专用结算账户向结算会员专用资金账户划出的资金。

17.3　金融期货交易的管理

17.3.1　金融期货交易的风险管理

1. 涨跌停板制度

涨跌停板制度，是在一个交易日中期货合约的成交价格不能高于或低于以该合约上一交易日结算价为基准的某一涨跌幅度，超过该范围的报价视为无效，不能成交。

2. 持仓限额制度

持仓限额是指交易所规定的会员或者客户持仓的最大数量。同一客户在不同会员处开仓交易，其持仓总额不得超出该客户的持仓限额。交易所有关规定对不同的交易品种规定不同的持仓限额，交易所可以根据市场风险状况调整持仓限额标准。如果会员或客户持仓达到或者超过持仓限额，不得同方向开仓交易。

3. 大户持仓报告制度

大户持仓报告制度是与持仓限额制度紧密相关的一种防范大户操纵市场价格的管理制度。一旦参与者持有的头寸达到交易所规定的申报数量，就必须向交易所申报。大户申报的内容包括该参与者的开户情况、交易情况、资金来源和交易动机。实施大户持仓报告制度，可以使交易所对持仓量较大的会员或客户进行重点监控，了解其持仓动向和意图，有助于防范市场风险。

4. 强行平仓制度

强行平仓制度是指当会员或客户的交易保证金不足且未在规定时间内补足，或者当会员或客户的持仓数量超出规定的限额时，为了防止风险进一步扩大，交易所或期货经纪公司强制平掉会员或客户相应的持仓。

实行强行平仓往往出现在下列情况下：

① 会员交易保证金不足且未能在规定时间内补足；

② 持仓量超出其限仓规定的标准；

③ 因违规受到交易所强行平仓处罚；

④ 根据交易所的紧急措施应予强行平仓；

⑤ 交易所规定应当予以强行平仓的其他情况。

5. 风险警示制度

交易所实行风险警示制度。在交易所认为必要时，可以采取要求会员和客户报告情况、谈话提醒、书面警示、发布风险警示公告等措施警示和化解风险。

17.3.2　金融期货交易的其他管理

为保证金融期货交易的安全无误，金融期货交易所实行当日无负债结算制度、结算担保金制度和风险准备金制度等。

1. 当日无负债结算制度

当日无负债结算制度又称为逐日盯市制度，是指当日交易结束后，金融期货交易所按当日结算价对结算会员结算所有合约的盈亏、交易保证金及手续费、税金等费用，对应收应付的款项实行净额一次划转，相应增加或减少结算准备金，使保证金余额维持在一定的水平上，防止负债现象发生的一种结算制度。

1）浮动盈亏的计算

结算部门根据每日交易的结算价格，计算出会员未平仓的浮动盈亏，确定未平仓合约应支付的保证金数额，浮动盈亏的计算方法是：

当日结算价=该合约上一交易日结算价+基准合约当日结算价-基准合约上一交易日结算价

浮动盈亏=（当日结算价-开仓价格）×持仓量×合约单位-手续费

如果是正值，则表明为多头浮动盈利或空头浮动亏损，即多头建仓后价格上涨表明多头浮动盈利，或者空头建仓后价格上涨表明空头浮动亏损；如果是负值，则表明多头浮动亏损或空头浮动盈利，即多头建仓后价格下跌表明多头浮动亏损，或者空头建仓后价格下跌表明空头浮动盈利。

如果保证金数额不足以维持未平仓合约，结算机构便通知会员在第二天开市之前补足差额，即追加保证金，否则将予以强制平仓。如果浮动盈利，会员不能提出该盈利部分，除非将未平仓合约予以平仓，变浮动盈利为实际盈利。

2）实际盈亏的计算

平仓后实现的盈亏称为实际盈亏，实际盈亏的计算方法是：

多头实际盈亏=（平仓价-买入价）×持仓量×合约单位-手续费

空头实际盈亏=（卖出价-平仓价）×待仓量×合约单位-手续费

当期货市场出现风险，某些会员因交易亏损过大，出现交易保证金不足或透支情况，结算系统首先通知会员追加保证金，如果保证金追加不到位，先停止该会员开新仓，并对该会员未平仓合约进行强制平仓，如果全部平仓后该会员保证金余额不足以弥补亏损，则动用该会员在交易所的结算准备金。如果仍不足以弥补亏损，则转让该会员的会员资格费和席位费。如果仍不足以弥补亏损，则动用交易所风险准备金，同时向该会员进行追索。

2. 结算担保金制度

金融期货交易所实行结算担保金制度。结算担保金是指由结算会员依交易所规定缴纳的，用于应对结算会员违约风险的共同担保资金。金融期货交易所在银行开立结算担保金专用账户，对结算会员缴纳的结算担保金进行专户管理。结算会员应当在金融期货交易所指定的银行开立结算担保金专用账户，用于与金融期货交易所结算担保金专用账户之间进行结算担保金缴纳、调整的资金划转。结算担保金缴纳、调整的标准按金融期货交易所风险控制管理办法及其他相关规定执行。

3. 风险准备金制度

风险准备金制度是期货交易所为维护期货市场正常运转，弥补因不可预见的风险损失而建立的提取风险准备金的制度。风险准备金包括两部分，一部分是期货交易所从会员缴纳的交易手续费中提取一定比例的资金，作为确保交易所担保履约的备付金。另一部分是针对股指期货的特殊风险而建立的由会员缴纳的股指期货特别风险准备金。风险准备金必须单独核算，专户存储，除用于弥补风险损失外，不能挪作他用。风险准备金的动用应遵循法定程序，经交易所理事会批准，报中国证监会备案后按规定的用途和程序支用。

17.4　期货经纪公司的其他业务

17.4.1　期货经纪业务

期货经纪业务是指代理客户进行期货交易并收取佣金的业务。客户不能直接到期货交易所进行交易，只能通过会员期货公司在期货交易所内进行交易，交易所收取期货公司手续费，期货公司向客户收取佣金。

17.4.2　期货投资咨询业务

期货投资咨询业务是指基于客户委托，期货公司向客户提供的风险管理顾问、期货市场分析、期货交易咨询等业务。我国《期货公司期货投资咨询业务试行办法》对申请期货投资咨询业务的期货公司的注册资本、净资本、高管人员和从业人员都有严格的限制。

1. 风险管理顾问

包括协助客户建立风险管理制度、操作流程，提供风险管理咨询、专项培训等。

2. 期货研究分析

包括收集整理期货市场经济信息，研究分析期货市场及相关现货市场的价格及相关影响因素，制作并提供研究分析报告或者资讯信息。

3. 期货交易咨询

包括为客户设计套期保值、套利等投资方案，拟定期货交易操作策略等。

4. 资产管理业务

资产管理业务是期货公司接受客户书面委托，按照合同约定，依法运用客户委托的资产进行投资，并收取报酬的业务。资产管理业务的投资范围包括期货、期权、股票、债券、证券投资基金、集合资产管理计划、央行票据、短期融资券、资产支持证券等。中国期货保证金监控中心依法对期货公司的资产管理业务实施监测监控。

重要概念

期货交易　期货合约　利率期货　股票指数期货　期货经纪业务　期货投资咨询业务

结算担保金制度　当日无负债结算制度

思考题

1. 金融期货交易有何特点?
2. 金融期货合约的基本要素有哪些?
3. 股指期货交易与股票现货交易的区别是什么?
4. 简述交易所会员分级结算制度。
5. 简述强行平仓制度的主要内容。
6. 简述结算担保金制度的主要内容。
7. 简述期货公司的主要业务。

第 6 篇

保险、信托、网络金融服务机构的运营与管理

第六部分包括第 18、19、20 章。第 18 章介绍保险机构运营与管理，第 19 章介绍信托机构运营与管理，第 20 章介绍网络金融服务机构运营与管理。

第 *18* 章

保险机构运营与管理

学习目标

通过本章学习读者应当掌握：
- 保险的种类与内容
- 保险原则
- 人寿保险业务流程
- 保险投资的领域

保险业与银行、证券和信托业作为金融产业四大支柱，在市场经济中发挥着重要的作用。改革开放以来，中国保险业保持高速发展的势头。加入世贸组织以后，保险业对外开放的步伐进一步加快。随着保险业的深化改革和全面开放，规模不断扩大，保费收入迅速增长，保险业以其特有的金融服务方式，显示出巨大的市场优势。

18.1　保险的种类

18.1.1　按照保险标的划分

按照保险标的划分，保险分为财产保险、人身保险和再保险。

1. 财产保险

财产保险是以补偿财产损失为目的的保险。在财产保险中，被保险人向保险人缴纳保险金，保险人按照保险合同的约定，对所承保的财产及其因自然灾害或意外事故造成的损失承担赔偿责任。财产保险包括普通财产保险、运输工具保险和责任保险。

2. 人身保险

人身保险是以人的身体和寿命为保险标的的保险。包括人寿保险、人身意外伤害保险和健康保险。

3. 再保险

再保险也称分保，是保险人在原保险合同的基础上，通过签订分保合同，将其所承保的部分风险和责任向其他保险人进行保险的行为。

18.1.2　按照保险性质划分

按照保险性质划分，保险分为政策性保险和商业保险。

1. 政策性保险

政策性保险是国家基于特定的政策意图，以国家财政作支持，不以盈利为目的的保险。通常由国家直接投资成立的保险公司或国家委托商业保险机构经营。

1）政策性保险的特点

政策性保险具有以下特点：

① 政策性保险的目的是服务于政府政策的贯彻实施；

② 保险范围具有全面性；

③ 保险形式表现为强制性方式；

④ 保险金的赔偿表现为固定金额。

2）政策性保险的种类

（1）出口信用保险。

出口信用保险是国家为了推动本国的出口贸易，保障出口企业的收汇安全而制定的一项由国家财政提供保险准备金的非营利性的政策性保险业务。

出口信用保险包括以下几种。

① 短期出口信用保险，是针对信用期限在 180 天以内的出口合同提供的保险。适用于大批量、重复性的初级产品和消费型工业品。

② 延长期出口信用保险，是承保 180 天到两年之间的出口贸易风险。适用于汽车、机械工具、生产线等货物出口，是短期出口信用保险的延续。

③ 中长期出口信用保险，是承保两年以上，金额巨大，付款期长的出口贸易保险。如建筑工业、造船业等。此外，海外工程承包和技术服务项下费用结算的收汇也可承保。

④ 特定出口信用保险，是在特定情况下，承保特定合同项下的风险。其承保对象一般是大型的复杂项目。如大型的转口贸易、军用设备、出口成套设备等。

（2）农业政策性保险。

农业政策性保险是以保险公司市场化经营为依托，政府通过保费补贴等政策扶持，对种植业、养殖业因遭受自然灾害和意外事故造成的经济损失提供直接物化成本的保险。

（3）社会保障。

社会保障是指国家通过立法，以劳动者为保障对象，以劳动者的年老、疾病、伤残、失业、死亡等特殊事件为保障内容，以政府强制实行为特点的一种保障制度。社会保险的险种主要有养老保险、医疗保险、生育保险、工伤保险及失业保险。

（4）存款保险。

存款保险是指由符合条件的各类存款性金融机构集中起来建立一个保险机构，各存款机构作为投保人按一定存款比例缴纳保险费，建立存款保险准备金，当成员机构发生经营危机或面临破产倒闭时，存款保险机构向其提供财务救助或直接向存款人支付部分或全部存款，从而保护存款人利益，维护银行信用和稳定金融秩序。

① 存款保险的特点。

第一，当事人关系的有偿性和互助性。有偿性是指只有投保银行按规定缴纳保险费，在其发生危机或倒闭时才能得到资金援助或赔偿。互助性是指存款保险是众多的投保银行互助共济实现的。第二，时间的有限性。存款保险只在保险有效期间对倒闭银行存款给予赔偿，未参加存款保险或已终止保险的银行不受保护。第三，结果的损益性。一旦投保银行倒闭，存款人要向保险人索赔，其结果可能超过该投保银行缴纳的保险费。第四，保险机构的垄断性。存款保险公司经营目的不是为了营利，而在于建立一种保障机制，提高存款人对银行业的信心。因此，存款保险机构一般具有垄断性。

② 存款保险的类型。

存款保险有隐性存款保和显性存款保险之分。隐性存款保险指国家没有对存款保险做出专项制度安排，但在银行倒闭时，政府会采取某种形式保护存款人的利益，因此形成了公众对存款保护的预期。多见于发展中国家或者国有银行占主导地位的银行体系中。显性存款保险是指国家以法律的形式设立存款保险机构，明确规定对存款人赔偿的保险。显性存款保险的优势在于：明确银行倒闭时存款人的赔付额度，稳定存款人的信心；建立专业化机构，以明确的方式迅速、有效地处置有问题银行，节约处置成本；明确银行倒闭时各方责任，增强对银行体系的市场约束。

2. 商业保险

1）商业保险的概念

商业保险是指保险双方当事人（保险人和投保人）自愿订立保险合同，由投保人缴纳保险费，建立保险基金，当被保险人发生合同约定的财产损失或人身事件时，保险人履行赔偿或给付保险金义务的以营利为目的的保险。商业保险是保险的主要形式。

2）商业保险的构成要素

① 专营机构。保险公司是商业保险专营机构的主要形式，是保险供给的主体，各国对保险公司的设立都有严格的监管规定。我国《保险法》规定，经营商业保险业务的必须是依照本法设立的保险公司，其他单位和个人不得经营商业保险业务。

② 保险合同。保险合同规定了投保人和保险人的权利和义务，签订保险合同是法律行为。由于保险活动不是即时结清的交易行为，所以保险关系的确立必须以保险合同为依据，并采取书面形式，保险当事人之间签订的保险合同是商业保险的法律依据。

③ 可保利益。可保利益是指投保人对保险标的必须具有法律上认可的利益。如果投保人对保险人不具有可保利益，保险行为不能成立，已签订的保险合同无效。

④ 大数法则。商业保险的险种要求具有大量的保险标的，以使危险损失率符合概率的要求，只有这样保险定价才具有科学性，符合客观规律和公平合理的要求。

18.1.3 按照承包方式划分

按照承包方式划分，保险分为逐笔保险、预约保险。

1. 逐笔保险

逐笔保险是指由被保险人一笔一笔地向保险人申请保险，保险人按照每笔业务估计风险，确定费率和签发保单的保险。

2. 预约保险

预约保险是保险双方约定保险范围并签订预约保险合同的长期保险。预约保险合同内载明承保货物范围、保险责任范围、每批货物的最高保险金额、保险费率和保险费结算办法等。

对于长期、大量投保的被保险人可采用这种保险。

18.1.4 按照保险价值划分

按照保险价值在合同中是否预先确定划分，保险分为定值保险和不定值保险。

1. 定值保险

定值保险是保险当事人双方事先确定保险标的的价值，并将其载明于保险合同中的保险。定值保险合同在有效期内，如果发生保险事故并造成财产全部损失，无论保险标的的实际价值多少，保险人都应当依据合同规定的保险价值计算赔偿金，如果是部分损失，按照损失比率赔偿。定值保险多用于海上保险。

2. 不定值保险

不定值保险是保险当事人双方签订的保险合同中，只记载保险金额，不约定保险标的的价值，保险标的实际价值在危险发生后需要确定保险赔偿限度时再估算。当保险标的发生损失时，如果保险金额低于市场完好价值，保险赔偿按照比例计算，如果保险金额高于市场完好价值，保险赔偿按照实际损失计算。不定值保险多用于火灾保险。

18.1.5 按照承保人划分

按照承保人划分，保险分为单独保险、共同保险和重复保险。

1. 单独保险

单独保险是保险标的由一个保险人承保的保险。

2. 共同保险

共同保险是指被保险人就同一个保险标的，与两个或两个以上的保险人签订保险合同，如果发生损失，各保险人按承包金额的比例承担赔偿责任。

3. 重复保险

重复保险是投保人以同一保险标的、同一保险利益、同一保险事故分别与两个或两个以上保险人订立保险合同，且保险金额总和超过保险价值的一种保险。重复保险可以按比例赔付也可以按顺序赔付。

18.1.6 按照金额划分

按照金额划分有超额保险、低额保险和全额保险。

1. 超额保险

超额保险指保险金额超过保险标的的实际价值的保险。其原因有两个：一是再保险过程中保险标的的市价下跌；二是投保人动机不良为骗取赔款所致。如果保险标的发生损失，只能按照保险标的的实际价值赔偿，超过部分不予赔付。

2. 低额保险

超额保险指保险金额低于保险标的的实际价值的保险。其原因有两种：一是再保险过程中保险标的的市价上升；二是投保人为节省保险费故意所为。如果保险标的发生损失，按照保险金额赔付。

3. 全额保险

全额保险是指保险金额和保险标的的实际价值相等的保险。如果保险标的发生损失，按照保险金额赔偿。

此外，按照保险地域范围划分有国际保险和国内保险；按照危险种类划分有单一危险保险和综合危险保险等。

小资料

泰国国王的失业保险案例

曾任泰国国王的帕拉贾德希波克一生中最值得称道的事情之一，就是他在地位和声望达到巅峰的时候，对自己命运的清醒预测。1825 年，帕拉贾德希波克登基，当上了泰国国王。执政之后，政绩平平，无所建树，他终日担心害怕有朝一日被政敌废黜，成为一个一贫如洗的贫民。为防不测，他同时向英国和法国的两家保险公司投保失业保险，两家保险公司虽然都从未办理过以国王作为被保险人的失业保险，但谁也不愿意错过这一扩大公司影响的机会，欣然接受了投保，开出了保险金额可观的保险单。事实的发展证明了帕拉贾德希波克并非杞人忧天，1835 年他被迫放弃了王位。成为平民的前国王虽不能再享受一国之君的荣华富贵，但也无穷困潦倒之虞，靠着两家保险公司为他支付的丰厚的失业保险金，他安然度过了退位后的 6 年余生。

18.2　保险原则和保险费率

18.2.1　保险原则

保险原则有保险利益原则、最大诚信原则、近因原则、损失补偿原则和由损失补偿原则派生出来的代位求偿原则、重复保险分摊原则。

1. 保险利益原则

保险利益原则又称"可保利益原则"或"可保权益原则"，是指投保人或被保险人对其所保标的具有法律所承认的权益或利害关系。即在保险事故发生时，可能遭受的损失或失去的利益。《中华人民共和国保险法》第 12 条规定，保险利益是指投保人对保险标的具有法律上承认的利益。保险利益原则是保险的基本原则。

2. 最大诚信原则

最大诚信是指当事人真诚地向对方充分而准确地告知有关保险的所有重要事实，不允许存在任何虚伪、欺瞒、隐瞒行为。不仅在保险合同订立时要遵守此项原则，在整个合同有效期内和履行合同过程中都要求当事人具有"最大诚信"。

最大诚信原则要求保险合同当事人在订立合同及合同有效期内，应依法向对方提供足以影响对方做出订约与履约决定的全部实质性重要事实，同时绝对信守合同订立的约定与承诺。否则，受到损害的一方，按民事立法规定可以此为由宣布合同无效，或解除合同，或不履行合同约定的义务或责任，甚至对因此受到的损害要求对方予以赔偿。

3. 近因原则

近因原则是指保险人对于承保范围的保险事故作为直接的、最接近的原因所引起的损失，承担保险责任，而对于承保范围以外的原因造成的损失，不负赔偿责任。其含义为只有在导致保险事故的近因属于保险责任范围内时，保险人才应承担保险责任。反之，造成保险标的损失的近因属于责任免除，则保险人不负赔付责任。只有当保险事故的发生与损失的形成有直接因果关系时，才构成保险人赔付的条件。按照该原则，承担保险责任并不取决于时间上的远近，而是取决于导致保险损失的保险事故是否在承保范围内，如果存在多个原因导致保险损失，其中起决定性、最有效的、不可避免的原因是近因。

4. 损失补偿原则

损失补偿原则是指当保险事故发生时，保险人给予被保险人的补偿，职能是使被保险人在经济上恢复到受损前的状态，不允许被保险人通过索赔损失获得额外的利益。补偿原则的实现方式通常有现金赔付、修理、更换和重置。

5. 代位求偿原则

代位求偿原则是从补偿原则中派生出来的，只适用于财产保险。在财产保险中，保险事故的发生是由第三者造成并负有赔偿责任，则被保险人既可以根据法律规定向第三者要求赔偿损失，也可以根据保险合同要求保险人支付赔款。如果被保险人首先要求保险人进行赔偿，则保险人在支付赔款以后，保险人有权在保险赔偿的范围内向第三者追偿，而被保险人应把向第三者要求赔偿的权利转让给保险人，并协助向第三者要求赔偿。反之，如果被保险人首先向第三者请求赔偿并获得损失赔偿，被保险人就不能再向保险人索赔。

6. 重复保险分摊原则

重复保险分摊原则是指投保人向多个保险人重复保险时，投保人的索赔只能在保险人之间分摊，赔偿金额不得超过损失金额。

重复投保原则上是不允许的，但在事实上是存在的。其原因通常是由于投保人或者被保险人的疏忽，或者源于投保人满足心理上更大安全感的欲望。在重复保险的情况下，当发生保险事故，对于保险标的所受损失，由各保险人分摊。如果保险金额总和超过保险价值，各保险人承担的赔偿金额总和不得超过保险价值。这是补偿原则在重复保险中的运用，以防止被保险人因重复保险而获得额外利益。

案例

重复分摊原则案例

某保险标的实际价值是 200 万元，投保人分别向甲保险公司投保 80 万元，向乙公司投保 120 元，向丙公司投保 40 万元，向丁公司投保 160 万元。发生保险事故后，该保险标的实际损失为 60 万元，如果按照最大责任分摊法，则各家保险公司承保的金额总额为：80+120+40+160=400（万元）。4 个保险人应分担的赔偿金额分别为：(80/400)×60=12（万元），(120/400)×60=18（万元），(40/400)×60=6（万元），(160/400)×60=24（万元）。

18.2.2 保险费率

1. 保险费率及其构成

1）保险费率

保险费率又称为保险价格，是保险费与保险金额的比率，是被保险人为取得保险保障而向保险人支付的价金，通常以每百元或每千元为单位来表示。

2）保险费率的构成

（1）纯费率。

纯费率是纯保费与保险金额的比率，也称净费率。它是保险事故发生后进行赔偿和给付保险金时使用的费率。财产保险纯费率的计算依据保额损失率，人寿保险纯费率的计算依据利率和死亡率。

（2）附加费率。

附加费率是附加保费与保险金额的比率。它是以保险人的营业费用为基础计算的，由费用率、营业税率和利润率构成。用于保险人的业务费用支出、手续费支出及提供部分保险利润等。通常以占纯费率的一定比例表示。

2. 厘定保险费率的一般方法

1）判断法

判断法又称观察法或个别法，是指在承保过程中，由核保人员根据每笔业务的保险标的和以往的经验，直接判断风险频率和损失率，从而确定适合特定情况的个别费率。由于这种类型的保险费率是从保险标的的个别情况出发单独厘定的，因此能反映个别风险的特性。一般适用于海上保险、航空保险等因航程不定、气候变化或交替使用不同运输工具，无法统一判断风险的情景。我国保险公司初期承保波音 747 飞机时，就是采用判断法厘定费率的。另外，一些新的保险业务，开始时由于缺乏统计资料，又无可比情况，也采用判断法。

2）分类法

这是经常使用的厘定费率的方法，它是根据若干重要而明显的风险标志，将性质相同的风险予以归类，并在此基础上依据损失率厘定分类费率。人寿保险、火灾保险及大多数意外伤害保险通常使用分类法。如美国火灾保险，以被保险财产所在地区的消防级别作为费率分类的基础。又如各种人寿保险以年龄、性别、健康状况来分类，适用不同的分类费率。

3）修正法

修正法又称增减法，即确定基本费率后，在具体的承保中根据损失经验对个别风险加以衡量后，在基本费率基础上进行增减变动而确定的费率。修正法兼具判断法的灵活性和分类法的广泛性，是一种科学适用的计费方法。修正法通常又可分为表定法、经验法、追溯法。

（1）表定法。

表定法是指保险人对每一具有相似风险的类别规定若干客观标准，然后依据标准情况下的风险程度制定保险费率，并以表格形式列示。当投保人投保时，核保人员以实际投保标的所具有的风险与原定标准相比较，若其条件比原定标准好，则按表定费率减少一部分；反之，则做适当增加。表定费率一般用于性质较为复杂的工商业风险。例如，建筑物火灾保险，以砖造、具有一般消防设备的建筑物为基础，对影响建筑物火灾的四大因素——用途、构造、位置、防护设施分别确定调整幅度表，并规定调整幅度的上限。

表定法的优点是：第一，它适用于程度不等的风险和各种规模的投保单位；第二，可以鼓励被保险人加强防灾防损。由于费率的高低决定于客观标准的规定，如果防灾防损做得好，平均风险在客观标准以下，则厘定较低的保险费率；反之，则厘定较高的费率。表定法的缺点是：厘定费率费用太高，不利于保险人降低保险成本；同时，表定费率在实际运用中灵活性太大，业务人员为承保更多业务可能过度降低费率。

（2）经验法。

经验法是指根据被保险人以往的损失经验，对分类费率进行增减变动而厘定费率。一般以过去一段时期（通常是 3 年）的平均损失为基础，厘定未来时期被保险人待用的保险费率。计算公式是：

$$M = \frac{A-E}{E} \times C \times T$$

式中：M 为保险费率调整的百分数；A 为经验期（考察期）被保险人的平均实际损失；E 为被保险人适用某分类费率时的预期损失；C 为信赖因数；T 为趋势因数。这里采用的趋势因数，主要是为了顾及平均赔偿金额支出的趋势及物价指数的变动等。

案例

经验法案例

某企业投保产品责任保险，按分类费率计缴保险费总额为 5 000 元，其中 80% 为纯保险费（预期损失），过去 3 年平均实际损失为 3 000 元，假定信赖因数为 38%，趋势因数为 1，则其费率调整幅度为：

$$M = \frac{A-E}{E} \times C \times T$$

$$= \frac{3\,000-(5\,000 \times 80\%)}{5\,000 \times 80\%} \times 38\% \times 1$$

$$= -9.5\%$$

即该企业投保时实际保险费率应比分类费率减少 9.5%，所以调整后应缴保险费为：

$$5\,000 \times (1-9.5\%) = 4\,525（元）$$

与表定法仅考虑若干个重要因素不同，经验法的最大优点是，厘定时已考虑到影响风险发生的每一因素。因此经验法适用于主观风险因素较多、损失变动幅度较大的保险，如公众责任保险、汽车保险等。

（3）追溯法。

追溯法是以保险期内保险标的实际损失为基础，计算被保险人当期应缴的保险费。由于保险标的当期损失实际数须到保险期满后才能得知，因此确切的应缴保费额只有在保险期满后才能计算出来。因此，在使用追溯法时，一般是在保险期限开始前，按照其他类型的费率确定预缴保险费，然后在保险期满后再根据实际损失对已缴保费进行增减。追溯法厘定程序烦琐，不利于保险人大规模开展业务，实际中很少采用。

18.3　人身保险业务

18.3.1　人身保险的概念

人身保险是以人的寿命和身体为保险标的的保险。当人们遭受不幸事故或因疾病、年老以致丧失工作能力、伤残、死亡或年老退休时，根据保险合同的约定，保险人对被保险人或受益人给付保险金的保险。

18.3.2　人身保险业务的分类

根据保障范围不同，人身保险分为人寿保险、意外伤害保险和健康保险。

1. 人寿保险

人寿保险是以人的寿命为保险标的，当发生保险事故时保险人对被保险人履行给付保险金责任的一种保险。人寿保险包括死亡保险、生存保险、生死合险。

1）死亡保险

死亡保险是在保险有效期内被保险人死亡，保险人给付保险金的一种保险。死亡保险又分为定期死亡保险和终身死亡保险。定期死亡保险习惯上称为定期保险。它是一种以被保险人在规定期限内发生死亡事故而由保险人给付保险金的保险。终身死亡保险又称终身人寿保险或终身保险，它是保险人在被保险人死亡时给付保险金的保险。

2）生存保险

生存保险是以被保险人在规定期限内生存作为给付保险金条件的保险。有年金保险和定期生存保险两种。

年金保险也称养老金保险，该保险的被保险人定期支付保险费，保险人对被保险人生存期间承担自约定期开始按期给付同一金额年金的责任，直至被保险人死亡为止。如果被保险人在保险期内死亡，保险合同即告终止。

定期生存保险是以某一特定期间为限，并以被保险人在此期间生存作为给付年金条件的一种保险。定期生存保险的年金给付受到两个条件限制：一是被保险人在保险约定期内死亡，保险责任即告终止；二是被保险人生存到保险期满，年金停止给付。

3）生死合险

生死合险又称两全保险，它是生存保险与死亡保险的混合险种。生死合险包括了生存险与死亡保险两者的责任范围，即无论被保险人在保险有效期内是生存还是死亡，保险人均应承担给付保险金的责任。

2. 意外伤害保险

意外伤害保险是指被保险人在保险有效期间因遭遇非本意的、外来的、突然的意外事故，致使其身体蒙受伤害、残废或死亡时，保险人按照合同约定给付保险金的一种人身保险。意外伤害保险可以单独办理，也可以附加在其他人身险合同内作为一种附加保险。意外伤害保险主要有两类，普通意外伤害保险和特种意外伤害保险。前者是专门为被保险人因各种意外事故导致身体伤害而提供的保险。后者保障范围仅限于特种原因或特定地点所造成的伤害，如电梯乘客意外伤害保险、旅游伤害保险等。

3. 健康保险

健康保险是以被保险人的身体为保险标的，保证被保险人在疾病或意外事故所致伤害时，其直接费用或间接损失获得补偿的保险，主要有以下几种。

1）疾病保险

疾病保险是指以疾病为给付保险金条件的保险，即只要被保险人患有保险条款中列明的某种疾病，无论是否发生医疗费用及发生多少费用，都可获得定额补偿。

2）医疗保险

医疗保险也称医疗费用保险，指对被保险人在接受医疗服务时发生的费用进行补偿的保险。

3）收入保障保险

收入保障保险指以因意外伤害、疾病，导致收入中断或减少为给付保险金条件的保险。

4）长期看护保险

长期看护保险指以因意外伤害、疾病失去自理能力导致需要看护为给付保险金条件的保险。

18.3.3　人寿保险业务流程

人身保险涉及的业务和层面较多，这里仅就人身保险中人寿保险的业务流程进行分析。从宏观上看，寿险业务运营全流程如图 18-1 所示。

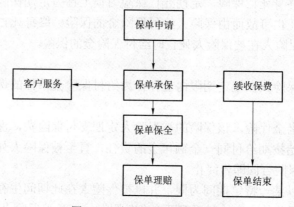

图18-1　寿险业务运营全流程

由图 18-1 可知，从保单生命周期的不同阶段看，人寿保险业务可分为新契约承保业务、理赔业务、保全业务、续收保费业务、客户服务业务。

1. 新契约承保业务流程

新契约承保即保单承保，指保险公司接受新保单，决定是否承保该保单，保额多少和收取首期保费的过程。新契约承保业务的标准流程如图 18-2 所示。

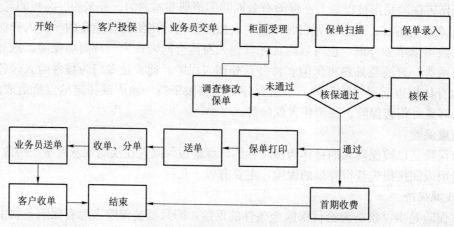

图18-2　新契约承保业务标准流程

新契约承保业务包括：从客户投保开始，业务员交单、柜面受理，机构将保单进行扫描上传，中心将扫描的保单录入系统，转交给核保人员进行审核，最后，对于核保通过的保单，将通过物流系统将最终的保单送到客户手中，财务收取首期保费。至此，完成一个保单的承保，该保单成为"有效契约保单"，该客户成为公司的有效客户。

2. 理赔业务流程

理赔业务指客户投保的权益发生损害时，保险公司接受客户的理赔申请，检查风险事故等，决定是否给付权益、给付多少，并给付相应权益的过程。

客户向公司投保时，有相应的权益要求，当客户的权益发生损害时，向公司提出理赔申请，并提供相关的材料、证明等。此时，理赔申请由该部门的员工进行调查、取证、核赔，以确定是否给付和给付金额。为了保证核赔的质量，还需要一些抽检。最终，给客户发送给付通知，并转账给客户。

3. 保全业务流程

保全业务指客户的信息、资料等发生变化时，接受客户的保全申请，更新客户资料，保持保单完整的过程。

首先由客户提出保全申请，在客户基本资料等与保单相关的信息发生改变时，均应向公司提出保全申请。此时，保全员将保全的信息进行审核，有些变更如果影响到其他的交易，即投连交易，应将联动的信息做出修改。有些变更还涉及一定的费用，财务要进行收付款。保全业务的标准流程如图18-3所示。

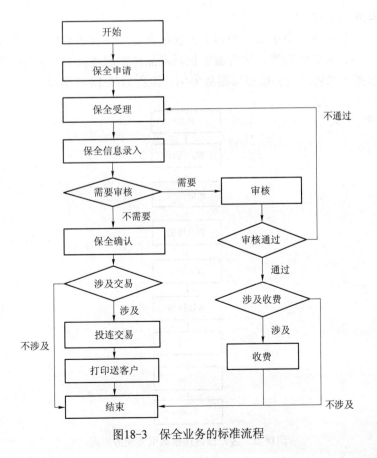

图18-3 保全业务的标准流程

4. 续收保费业务流程

人寿保险一般都是长期的，保费需要多期缴纳，在新契约出售时，只收取首期保费，以后每年都要续收保费。新契约承保需要大量的前期投入，首期保费一般难以抵销前期的成本投入，所以续期保费的收纳，是寿险回收成本、赚取利润的重要环节，续收成功与否直接影响到寿险的利润。该业务流程很简单，仅仅是向客户收费、收费后给客户发票，一般流程如图18-4所示。

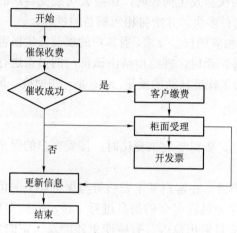

图18-4　续收保费业务流程

5. 客户服务业务流程

客户服务是寿险业务一个很重要的环节。包括售前服务和售后服务。售前服务一般是为客户提供产品咨询、购买咨询等。售后服务包括产品维护服务及客户回访、提供咨询、投诉和理赔接报案服务。以客户投诉接报案服务为例，流程如图18-5所示。

图18-5　客户投诉接报案服务业务流程

案例

人寿保险案例

一、案情介绍

李先生于 2012 年 12 月为其只有 3 岁的女儿李×在中国人寿保险某省 H 分公司投保了一份国寿康宁终身保险、一份子女教育保险和一份生命绿荫保险，保险金额共计 8 万元。2015 年 5 月，李×因患先天性心脏病不治而亡。李先生向该寿险公司提出保险赔付申请，保险公司以李某未履行如实告知义务为由拒赔，李先生一纸诉状将保险公司告上了法庭。

李先生在诉讼中陈述：2012 年 12 月，自己在被告业务人员的多次上门宣传鼓动下，加上爱女心切，就决定按被告业务人员为其设计的教育医疗综合保险计划为女儿投保。在正式签订保险合同之前，由被告的核保人员将女儿带到被告指定的医院进行了例行体检，医生当时未曾查出女儿有任何病情，被告这才同意承保。在整个过程中一切都是按照被告规定的程序进行的，所以，并不存在任何欺诈行为；体检医院是被告的定点医院，也不存在作弊行为；女儿生前活泼可爱，没有什么病态反应，根本不知道其患有先天性心脏病，被告称没有履行如实告知义务实属冤枉。

二、案例分析

保险公司的拒赔理由有三：一、作为家长的李某，事先一定知道女儿患有先天性疾病，却不如实告知，使其女儿带病投保；二、由于保户的体检费用由保险公司支付，为了节约开支，只能为被保险人做简单的 CT 检查，一些疑难杂症不容易被查出，需要保户自己如实提供；三、体检医院虽然由保险公司选择，但是体检医生却不能由保险公司选择，医生与保户联合作弊，故意隐瞒被保险人的病情、病史的现象时有发生，所以，保险公司不能把医院的体检合格证明当作唯一能说明保户履行如实告知义务的依据。

法院判决，原告陈述有理有据，不存在任何欺诈行为，被告提供的依据多为臆测，该保险合同为有效保险合同。造成此次保险纠纷的主要责任在保险公司，被告应严格按照保险合同规定，如数向原告赔付 8 万元，并承担所有的诉讼费用。

对此，业内人士有多种不同观点。

一种观点认为，造成此次保险纠纷的主要责任在保险公司，正是由于保险公司的核保不严，才使患有先天性心脏病的李×顺利投保，体检医院由保险公司选定，医院的体检合格报告也就代表了保险公司承认李×投保前身体状况良好，符合投保条件，保险人与被保险人签订的保险合同建立在公开、公平的基础之上，应视为有效合同。在有效合同、有效保险期间内发生的保险事故应由保险人承担。

另一种观点认为，保险公司应当拒绝赔付。李先生的女儿因患先天性心脏病不治而亡，说明李×患病在先，投保在后，无论投保时的体检结论如何，李×带病投保是事实。即使李先生事先确属不知内情，但也属因过失未履行如实告知义务。根据《保险法》规定，投保人因过失未履行如实告知义务，对保险事故的发生有严重影响的，保险人对于保险合同解除前发生的保险事故，不承担赔偿或者结付保险金的责任，但可以退还保险费。

还有一种观点认为，应由保险公司和投保人共同承担责任。被保险人患有先天性心脏病，在其日常生活中不可能没有丝毫的征兆，作为被保险人的父亲李某对自己女儿的身体状况反应必然有所觉察，特别是心脏病这种特殊的疾病，运动量略大一些就会表现得特别明显，李某确有未履行如实告知义务之嫌；保险公司也不能为节约费用而放松核保，体检医院又由保险公司选择，医院出错，保险公司难辞其咎。

思考题：你同意上述哪种观点？你认为保险公司是否应该对被保险人进行理赔？为什么？

18.4　财产保险业务

18.4.1　财产保险的概念

财产保险是指投保人根据合同约定，向保险人交付保险费，保险人按保险合同的约定对所承保的财产及其有关利益因自然灾害或意外事故造成的损失承担赔偿责任的保险。

18.4.2　财产保险的分类

财产保险有广义与狭义之分。广义的财产保险包括财产损失保险、责任保险、保证保险。狭义的财产保险是以有形的物质财富及其相关利益为保险标的的保险。这里的财产保险指狭义的财产保险，包括以下种类。

1. 火灾保险

火灾保险简称火险，是指保险人对于保险标的因火灾所导致的损失负责补偿的一种财产保险。火灾是财产面临的最基本和最主要的风险，早期的财产保险主要是针对火灾对各种财产所造成的破坏而承做的。随着保险技术的改进，保险人逐渐将火灾保险的承保责任范围扩展到各种自然灾害和意外事故对于财产所造成的损失。国际保险市场习惯上仍将对一般的固定资产和流动资产的保险称为火灾保险。

2. 海上保险

海上保险有狭义和广义之分。狭义的海上保险简称水险，是指保险人对于保险标的因海上危险所导致的损失或赔偿责任，提供经济保障的一种保险。广义的海上保险还包括陆上运输、航空运输及国际多式联运的风险与责任，既包括原来意义上的海洋运输保险，又包括专门承保内河、湖泊、铁路、公路及航空运输等风险的海上保险，即内陆运输保险。

海上保险的历史最为悠久，保险标的随着保险经营技术的发展而不断变化。早期的海上保险，经营范围仅限于海上，其保险标的为船舶、货物和运费三种。承保的风险也仅为海上固有的风险。近几十年来，海上保险的内容与形式进一步发生变化。其标的已由原来的与海上运输有关的财产、利益和责任，扩展至一些与海上运输没有直接关系的海上作业、海上资源开发等工程项目，如海上石油开发保险、海上养殖业保险、船东保赔保险等。

3. 汽车保险

汽车保险即机动车辆保险，简称车险。它是指对机动车辆由于自然灾害或意外事故所造成的人身伤亡或财产损失负赔偿责任的一种商业保险。车辆包括汽车、电车、电瓶车、摩托车、拖拉机、各种专用机械车、特种车等。

汽车保险包括汽车损失保险和汽车责任保险。汽车损失保险指对被保险人车辆遭受保险责任范围内的自然灾害或意外事故，造成保险车辆本身损失进行理赔的保险。汽车责任保险是指被保险人在使用保险车辆过程中发生意外事故，致使第三者遭受伤亡或财产直接损毁，保险公司负责赔偿的保险。汽车保险在保险市场上的地位日益突出。

4. 航空保险

航空保险是指投保人根据合同约定，向保险人支付保险费，保险人对于合同约定的航空事故所造成的财产损失承担赔偿保险金责任的保险。航空保险是一个统称，在国际保险市场上，其保障范围包括一切与航空有关的风险。航空保险的保障对象有财物和人身之分，以财物为保险标的的航空保险，主要有飞机保险与空运货物保险；以责任为保险标的的航空保险则有旅客责任险、飞机第三者责任险和机场责任险等。

5. 工程保险

工程保险指对进行中的建筑工程项目、安装工程项目及工程运行中的机器设备等面临的风险提供经济保障的一种保险。工程保险在性质上属于综合保险，既有财产风险的保障，又有责任风险的保障。

与普通财产保险相比，工程保险有以下特点。

（1）工程保险承保的风险是一种综合性风险，表现为风险承担者的综合性、保险项目的综合性和风险范围的综合性。

（2）工程保险承保的风险是一种巨额风险。现代工程项目本身投资巨大，加之先进的设计和科学的施工方法在工程中的应用，使得工程项目变成高技术的集合体。保险标的价值昂贵，工程项目风险复杂。

（3）工程保险承保的风险是一种高科技风险。现代工程项目的技术含量高，专业性强，而且涉及多种学科或多项技术领域，从而对工程保险的承保技术、承保手段和承保能力提出了更高的要求。

6. 利润损失保险

利润损失保险又称"营业中断保险"，是依附于财产保险的一种扩大的保险。一般的财产保险只对各种财产的直接损失负责，不负责因财产损毁所造成的利润损失。利润损失保险则是对于工商企业提供的特别保险。它承保的是被保险人受灾后停业或停工的一段时期内（估计企业财产受损后恢复营业达到原有水平所需的时间）可预期的利润损失，或仍需开支的费用。例如，由于商店房屋被焚不能营业而引起的利润损失，或是企业在停工、停业期间仍需支付的各项经营开支，如工资、房租、水电费等。

利润损失保险是一种附加险，它是依附在火灾或财产保险基本保单上的一种扩大责任的保险。由于利润损失保险所保风险与火灾或财产保险所保的风险是一致的，所以只有在财产遭受保险事故发生物质损失，而该种物质损失已经或可以获得保险赔偿的情况下，保险人才负责赔偿该事故所造成的利润损失。

7. 农业保险

农业保险是以种植业和养殖业为保险标的，对其在生长、哺育、成长过程中因遭受自然灾害或意外事故导致的经济损失提供损失补偿的保险。种植业保险包括生长期农作物保险、收获期农作物保险、森林保险、经济林和园林苗圃保险等。养殖业保险包括大牲畜保险、家畜家禽保险、水产养殖保险和其他养殖保险等。

由于农业风险较大，农业的经济收入偏低，故农业保险不适宜采用商业保险经营方式。国际上的商业保险公司较少涉足农业保险。

18.4.3　财产保险的业务流程

保险公司承保业务的流程大体相近，大致经历保户投保（保户填写投保单，缴纳保费）；保险公司承保（包括签订保险合同、核保、出具保单、出具保费的收据）；保险标的发生损失，保户向保险公司提出索赔（保险公司查勘、属于保险责任，保险公司支付赔偿；不属于保险责任，保险公司拒绝赔偿）；续保等环节。这里重点介绍财产保险业务承保、理赔的基本业务环节。

1. 承保

1）填写投保单

投保人购买保险，首先要提出投保申请，填写投保单，交给保险人。投保单是投保人向保险人申请订立保险合同的依据，也是保险人签发保单的依据。以车险投保单为例，基本内容有投保人的名称、厂牌型号、车辆种类、车牌号码、发动机号码及车架号、使用性质、吨位或座位、行驶证、初次登记年月、保险价值、车辆保险金额、第三者责任险赔偿限额、附加险的保险金额或保险限额、车辆总数、保险期限、联系方式、特别约定、投保人签章。

2）核保

核保是指保险公司的专业技术人员对投保人的申请进行风险评估，决定是否接受这一风险，并在决定接受风险的情况下，决定承保的条件，包括使用的条款和附加条款、确定费率和免赔额等。核保是保险公司在业务受理过程中的一个重要环节。核保的主要内容有以下几个方面。

① 投保人资格。对于投保人资格进行审核的核心是认定投保人对保险标的是否拥有保险利益。

② 投保人或被保险人的基本情况。投保人或被保险人的基本情况主要是通过了解企业的性质、是否设有安保部门、经营方式、运行主要线路等，分析投保人或被保险人对财产的技术管理状况，保险公司可以及时发现其可能存在的经营风险，采取必要的措施降低和控制风险。

③ 投保人或被保险人的信誉。评估投保人或被保险人的信誉是核保工作的重点。评估投保人或被保险人信誉的一个重要手段是了解其以往损失和赔付情况。

④ 保险标的。对保险财产应尽可能采用"验资承保"的方式，即对财产进行实际检验，包括了解财产的使用和管理情况、查看购置财产的完税凭证等。

⑤ 保险金额。保险金额的确定涉及保险公司及被保险人的利益，是财产保险核保中的一个重要内容。保险金额的确定应当根据公司制定的相应标的的市场指导价格为依据。若投保人要求按照低于这一价格投保，应当尽量劝说并将理赔时可能出现的问题进行说明。

⑥ 保险费。核保人员对于保险费的审核主要是费率适用性审核和计算的审核。

⑦ 附加条款。主险和标准条款提供的是财产风险共性的保障，但是作为风险的个体是有其特性的。一个完善的保险方案必须解决个性问题，附加条款适用于风险的个性问题。特殊性往往意味着高风险，所以，在附加条款的使用上更应当注意对特别风险的评估和分析。

3）接受业务

保险人按照规定的业务范围和承保的权限，在审核检验之后，有权做出承保或拒保的决定。

4）缮制单证

缮制单证是在接受业务后填制保险单或保险凭证等手续的程序。保险单或保险凭证是载明保险合同双方当事人权利和义务的书面凭证，是被保险人向保险人索赔的主要依据。因此，保险单质量的好坏，往往直接影响财产保险合同的顺利履行。填写保险单的要求是：单证相符、保险合同要素明确、数字准确、复核签章、手续齐备。

2. 理赔

保险理赔是指保险人在保险标的发生风险事故导致损失时，对被保险人提出的索赔要求进行处理的过程。保险理赔应遵循"重合同、守信用、实事求是、主动、迅速、准确、合理"的原则，确保合同双方行使权利与履行义务。保险理赔的程序如下。

1）接受损失通知

发出损失通知书是被保险人必须履行的义务。保险事故发生后，被保险人应将事故发生的时间、地点、原因及有关情况，在规定的时间内通知保险人，并提出索赔要求。被保险人发出损失通知的方式可以是口头方式，也可以是函电等其他方式，但随后应及时补发正式的书面通知，并提供必备的索赔凭证，如保险单、出险证明书、损失鉴定书、损失清单、检验报告等。

2）审核保险责任

保险人收到损失通知书后，应当立即审核该索赔案件是否属于保险责任范围，审核的主要内容有：损失是否发生在保险单有效期内、损失是否由所承保的风险引起、损失的车辆是否是保险标的、请求赔偿人是否有权提出索赔等。

3）检查损失

保险人审核保险责任后，应派人到出险现场进行查勘，了解事故情况，分析事故损害原因，确定损害程度，认定索赔权利。

4）赔偿并给付保险金

保险事故发生后，经过核查属实并估算赔偿金额后，保险人应当立即履行赔偿给付的责任。

案例

电梯受损拒赔案

某事业单位向 A 保险公司投保财产综合险，承保房屋建筑及附属机器设备等设施。保险期间被保险人向保险公司报案，表示投保设备中有一部电梯线路起火，造成配电柜起火，两部进口电梯受损，索赔金额超过 100 万元。

接报案后保险公司对事故现场进行查勘。该单位在大厦独立办公，办公大楼使用一年左右，到现场查勘时已看不到火灾的情景，只是在空气中有较重的胶皮气味，对损失标的检查后发现线路有烧焦痕迹，电梯配电柜多处有熏黑的痕迹，经检测该配电柜有多处受损，需要重新更换。案件发生后，被保险人认为属于火灾责任，提出索赔。

案例分析

火灾构成有三个条件：一是有燃烧现象，即有热、有光、有火焰；二是偶然、意外发生的燃烧；三是燃烧失去控制并有蔓延扩大的趋势。以上三个条件必须同时满足，火灾责任才能成立。

从本案看，事故的确是突然发生的，也是正常情况下不可预料的燃烧。符合偶然、意外发生的燃烧这一条件。事故发生时有很大的浓烟，有烧焦的线路，可确定有热、有光，同时可能有火焰的现象，火灾责任成立的第二个条件也满足。本例事故责任认定的关键是要确认燃烧是否失去控制并有蔓延扩大的趋势。由于燃烧仅仅造成电梯本身损毁，没有蔓延，燃烧没有失去控制，也没有蔓延扩大的趋势，本次事故不满足火灾成立的第三个条件，火灾责任没有形成。

18.5　再保险业务

18.5.1　再保险及其种类

再保险也称分保，是保险人在原保险合同的基础上，通过签订分保合同，将其所承保的部分风险和责任向其他保险人进行保险的行为。

按照操作方式划分，再保险可以分为临时分保、合同分保、预约分保。

1. 临时分保

临时分保是逐笔成交的、具有可选择性的分保方式。它常用于单一风险的分保安排。对于保险公司而言，当承保的单一风险大于其自留限额时，可以自由选择安排多少分保、向谁分保等。采用临时分保方式，保险公司必须将风险的整体情况和分保安排的条件如实告知再保险公司，一般而言，保障条件与原保单一致。再保险公司可以根据业务情况和自己的承保能力自由选择接受与否及接受的份额。

临时分保是再保险的最初形态，优点在于再保险接受人可以清楚地了解业务情况，收取保费快捷，便于资金的筹集和运用。但是临时分保手续较为烦琐，分出人必须逐笔将分保条件及时通知再保险人，而对方是否接受事先也难以判断，如果不能迅速安排分保，不仅会承担较大的风险而且也会影响业务的开展。

2. 合同分保

合同分保是保险人与再保险人用签订合同的方式确立双方的再保险关系，在一定时期内对一宗或一类业务，根据合同中双方确定的条件，再保险分出人有义务分出、再保险接受人亦有义务接受合同限定范围内的保险业务。实际上是再保险人提供给保险人的对其承保的某一险种的一种保障。合同分保是一种对缔约人有约束力的再保险。分保合同是长期有效的，除非缔约双方的任何一方根据合同注销条款事前通知对方注销合同。

合同分保与临时分保不同，首先，合同分保是按照业务年度安排分保的，而临时分保则是逐笔安排的；其次，合同分保涉及一定时期内的一宗或一类业务，缔约人之间的再保险关系是有约束力的，因此协议内容要比临时分保复杂得多。

3. 预约分保

预约分保又称临时固定再保险，是介于临时分保和合同分保之间的一种再保险方式。预约分保规定对某些特定的风险，在一定的限额内，分出公司有权决定是否进行再保险，而再保险接受人有义务接受分出公司分来的再保险业务。即原保险人对预约分保规定的业务是否再保险，完全可以自行决定，而再保险人却是被动的，对属于预约分保范围内的业务无权拒绝。预约分保既有临时分保的性质，又具有合同分保的形式，一般用于对合同分保的一种补充。

18.5.2　再保险业务流程

再保险业务流程为：

（1）分出公司准备有关业务的分保资料；

（2）分出公司直接向再保险公司发出分保邀约，也可将有关分保业务资料传递给再保险经纪人，由再保险经纪人向再保险人发出分保邀约；

（3）经过多轮谈判和协商，如面谈或信函、传真、电子邮件等，最终达成对双方都具有约束力的再保险书面文件。

案例

"9·11事件"使美国保险赔偿高达几百亿美元

据粗略估计，"9·11事件"美国遭受袭击的直接损失约 3 000 亿美元，而保险公司的赔付额达几百亿美元。

首先面临灾难的是世界许多大型的财产保险公司和再保险公司。它们必须赔偿世界贸易中心和周围建筑物的损失及大厦在修复或重建期间，因业务中断导致的利润损失。

某保险公估有限公司总裁介绍，按当时最常用的市场评估价格，保守估计纽约世贸中心姐妹楼的赔付金额不低于 40 亿美元。大楼内各公司的办公设备、豪华装修、高价值的藏品等损失几乎"无法估计"，地下车库成千上万辆私家车也成为保险公司赔付的主要对象，而这些曼哈顿的精英们的"坐骑"大多都是名车。

这次灾难中，寿险公司也不可避免面临"大出血"。据统计，美国人寿保险业 2000 年全年保费收入为 440 亿美元，当年赔付额达到 380 亿美元。2001 年，美国人寿保险业的赔付创下世界纪录。在此之前，损失最严重的人为灾难是 1892 年洛杉矶骚乱，保险赔偿高达 7.75 亿美元。

业内人士曾估计，美国国际集团、安联保险公司、慕尼黑再保险公司、瑞士再保险公司等国际性的大保险公司都将面临"大出血"。并认为，尽管此次损失不会使一些巨型公司破产，但"后遗症"将十分明显，日后的经营、资产质量、偿付能力都将受到影响。欧洲的保险公司和再保险公司的股价在纽约世贸中心遇袭倒塌后立即下跌，最高跌幅达到 10%。

18.6　保险公司的投资业务

18.6.1　保险投资的资金来源

保险投资指保险公司在组织经济补偿过程中，将积聚的各种保险资金加以运用，获取资金增值的活动。保险公司投资的资金来源包括资本金、总准备金、各类准备金和其他可积聚的资金。

1. 资本金

保险公司的资本金指注册资本金与资本公积金。这是企业所有者权益的一部分，是保险公司在成立和扩大公司注册资本金时所筹集的资本。只有在缴存的法定保证金或各类准备金不足时才会用其赔偿或给付，因此资本金是保险投资资金来源中最稳定的部分。

2. 总准备金

总准备金包括盈余公积金和保证金。盈余公积金是保险公司在经营过程中从税后利润中提取的。保证金是保险公司在成立后按照其注册资本总额的 20% 进行提取的，保险公司将保证金存放在指定的银行，除了保险公司在清算时可以用来清偿债务，其他情况一律不得动用。

3. 各类准备金

与以上两项不同，各类准备金属于保险公司对客户的负债，来源于保费收入，不是自有资金。包括未决赔款准备金、未到期责任准备金、长期健康险责任准备金、寿险责任准备金和存入分保准备金。准备金直接来自于保险公司的保费收入，一般而言，寿险公司的责任准备金会占负债总额的大部分，是保险投资资金的最主要来源。

4. 其他资金

其他资金储金、借入资金及其他融入资金等，也是保险投资的资金来源。

以上四大类中，各类准备金占绝大部分，是保险投资的主要资金来源。

18.6.2　保险投资的领域

保险投资渠道多种多样，不同国家，保险资金运用渠道也有所不同，保险投资的主要渠道如下。

1. 银行存款

银行存款是保险公司资金运作的主要方式。由于保险公司随时都要有足够的资金来给付保险金和应付各项费用的开支，所以，保险公司的资金运用以安全性为首要原则，而银行存款是首选。

2. 有价证券投资

这里的有价证券主要以股票、债券、基金为主。债券的投资收益具有稳定性与返还性，风险相对较小，收益率比银行存款高；股票具有收益高，流通性强等特点，但是风险比债券与银行存款高；证券投资基金是分散风险和实现有效资产组合的工具，且流动性强，收益较高，很受保险公司的青睐。

3. 不动产投资

保险资金投资不动产包括自用的不动产和房地产、土地等非自用不动产。随着土地价格的上涨，不动产的价值也随之攀升，投资不动产是抵制通货膨胀的有效手段。投资不动产的一个显著特点是收益高，但是期限长、投资价值大、变现能力弱，因而风险较大。

4. 产业投资

产业投资是指用保险资金直接建立生产经营性企业或对生产经营性企业进行投资，并通过该企业日常经营活动获取收益。产业投资一般预期收益比较高，但需要承担经营风险，一旦经营失败可能导致保险资金的巨大损失，同时产业投资的专业性强，对技术和管理人才要求高，投资期限长，因而风险较大。

5. 其他投资

在一些国家和地区，保险资金还可以投资期货、期权等金融衍生工具、参与融资租赁业务和进行海外投资等。这类资产的风险较大，受监管部门的严格管控。

18.6.3　保险公司投资业务的规定

为防范保险公司运营的系统性风险，保监会对保险公司配置大类资产规定了保险资金运用的上限。

（1）投资权益类资产的账面余额，合计不高于本公司上季末总资产的30%，且重大股权投资的账面余额，不高于本公司上季末净资产（账面余额不包括保险公司以自有资金投资的保险类企业股权）。

（2）投资不动产类资产的账面余额，合计不高于本公司上季末总资产的30%（账面余额不包括保险公司购置的自用不动产）。

（3）保险公司购置自用不动产的账面余额，不高于本公司上季末净资产的50%。

（4）投资其他金融资产的账面余额，合计不高于本公司上季末总资产的25%。

（5）境外投资余额，合计不高于本公司上季末总资产的15%。

重要概念

人身保险　财产保险　再保险　保险原则　保险费率　合同分保　预约分保

思考题

1. 按照保险标的划分，保险业务可以分为哪些种类？
2. 简述保险原则。
3. 保险费率由哪些部分构成，费率的厘定方法有哪些？
4. 简要介绍寿险业务的流程。
5. 简述财产保险的种类和业务的流程。
6. 保监会对保险投资有哪些规定？

信托机构运营与管理

信托公司的业务主要包括信托业务、投资银行业务、中间业务（包括代保管业务、贷信调查及经济咨询等业务）、投资业务、贷款业务、担保业务、银信合作业务和资产证券化业务等。本章重点介绍信托公司的信托类业务，其他类别业务在本书相关章节均有阐述，本章不再重复。

19.1　信托的基本要素

信托是委托人基于对受托人的信任，将财产委托给受托人，由受托人按照委托人的意愿，以自己的名义为受益人的利益或者特定目的，进行管理和处分的行为。信托是以财产为中心、以信任为基础、以委托为方式的一种财产管理方式。广义的信托业务也包括代理业务。

信托的构成要素包括信托行为、信托主体、信托客体、信托目的、信托报酬和信托结束。

19.1.1　信托行为

信托行为指信托当事人在相互信任的基础上，合法设定信托的法律行为。信托行为的确立可以采取契约、合同或协议、遗嘱等多种形式，也可以由法院强制确立。

19.1.2　信托主体

信托主体即信托关系人。包括委托人、受托人和受益人。

委托人是提出信托要求的人，是信托财产的所有者。凡具有签订合同能力的人都可以成为委托人。委托人可以是一人或多人。受托人是接受信托，按照约定的信托条件管埋或处理信托财产的人。受托人必须是法律上有完全行为能力的法人或自然人。受益人是享受信托财产收益的人，凡是具有权利能力的人都可以作为受益人。信托当事人的条件、责任、权利和义务在信托法中有明确规定。

19.1.3 信托客体

信托客体是指信托的标的，即信托财产。信托财产是委托人因信托行为转移给受托人，由受托人按照信托目的管理和处理的财产。信托财产也包括信托关系确立以后，受托人管理和处理信托财产所获得的收益，如租金、利息、红利等，信托收益是广义的信托财产。

信托财产具有以下特征。

1. 独立性

信托财产的独立性是指信托财产具有独立于其他财产的特性。信托财产的独立性表现在三方面：其一，委托人的信托财产与其非信托财产相独立；其二，不同委托人的信托财产相互独立、同一委托人的不同信托财产相互独立；其三，信托财产独立于受托人的固有财产。

2. 转让性

信托财产的转让性是指信托财产必须是委托人转让给受托人的财产。信托财产的转让主要有三种方式：其一，信托财产和权力的转移，即随信托财产的位移，其使用权、处置权和管理权随之转让给受托人；其二，单纯信托财产的位移；其三，信托财产的所有权、使用权一并转移到受托人手中。

3. 有限性

信托财产的有限性是指信托财产在种类和时间上受到限制。不是所有的财产都能作为信托财产，只有法律规定的财产才能作为信托财产；信托财产在信托合同有效期内生效，信托合同到期，信托财产也不复存在。

19.1.4 信托目的

信托目的是委托人通过信托要达到的目标。在信托行为中，信托目的必须合法。如以财产转移为目的的信托（遗嘱信托和公益信托）、以财产增值为目的的信托和以代办事务为目的的信托等，各国法律都禁止以非法目的设立信托。

19.1.5 信托报酬

信托报酬是指受托人承办信托业务获得的收入。通常按照信托财产或信托收益的一定比例计算。信托报酬可以由受托人直接向受益人收取，也可以从信托财产中提取。一般而言，信托报酬不包括对信托财产管理所负担的税款和费用，也不包括在处理信托事务中受托人无意过失造成的损失。

19.1.6 信托结束

信托结束是信托行为的终止。信托终止必须是信托文件约定的终止条件发生。有下列情形之一信托终止：信托文件规定的终止事由发生；信托的存续违反信托目的；信托目的已经实现或者不能实现；信托当事人协商同意；信托被撤销、信托被解除。

19.2　信托业务的分类

19.2.1　按照委托人不同划分

信托公司的业务按性质划分，可分信托业务、代理业务、投行业务、投资业务、担保业务、银信合作业务、资产证券化业务，等等。

信托业务是信托公司的主要业务，依据委托人不同，可分为个人信托、法人信托和通用信托。

1. 个人信托

个人信托是指委托人是自然人的信托业务。主要包括财产处理信托、财产监护信托、人寿保险信托、特定赠与信托等。

2. 法人信托

法人信托是指具有法人资格的企业、公司、团体作为委托人的信托业务。主要包括证券发行信托、商务管理信托、动产信托和雇员受益信托。

3. 通用信托

通用信托是指委托人既可以是个人，也可以是法人的信托业务。主要包括公益信托、资金信托、不动产信托和基金信托。

19.2.2　按照信托关系发生的基础划分

按照信托关系发生的基础划分，可以分为自由信托和法定信托。

1. 自由信托

自由信托又称任意信托，是指信托当事人依照信托法规，按照自己的意愿自由协商设立的信托。如契约信托、遗嘱信托。由于当事人的意思都表示在文件中，因此自由信托也称为明示信托。

2. 法定信托

法定信托是指由司法机关依其权利指派确定信托关系而建立的信托。如鉴定信托和强制信托。鉴定信托是指在无明确的信托文件作为设立信托关系的依据时，由司法机关对信托财产或经济事务及信托关系进行鉴定认可，根据当事人的意思建立的信托。强制信托是由司法机关按照法律和政策规定强制建立的信托。

19.2.3　按照受益人不同划分

按照受益人不同划分，可分为私益信托和公益信托。

1. 私益信托

私益信托是指委托人为特定人的利益而设立的信托。受益人是具体指定的人，如委托人自己、亲属或朋友等。

2. 公益信托

公益信托是指委托人为非特定人的利益而设立的信托。如为学校、慈善机构、宗教和其他公共利益设立的信托。诺贝尔奖、邵逸夫奖学金等都属于公益信托。公益信托的目的是促进社会公共利益。

19.2.4　按照受益人与委托人关系划分

按照受益人是否为委托人本人划分，可分为自益信托和他益信托。

1. 自益信托

自益信托是委托人为自己的利益而设立的信托，自益信托只能是私益信托。

2. 他益信托

他益信托是委托人为委托人以外的人或群体利益设立的信托。某些信托同时兼有自益信托和他益信托的性质。

19.2.5　按照信托标的物划分

按照信托标的物不同划分，可以分为资金信托、实物财产信托、债权信托和经济事务信托。

1. 资金信托

资金信托也称金钱信托，是委托人以货币资金为标的物设立的信托。如单位资金信托、公益资金信托、劳保资金信托、个人特约信托等。

2. 实物财产信托

实物财产信托是委托人以实物财产作为标的物的信托。如动产信托、不动产信托。其中动产包括原材料、机器设备、交通工具、物资等。不动产包括厂房、仓库和土地等。

3. 债权信托

债权信托是委托人以债权凭证为标的物的信托。如企业委托信托公司代为收取或支付款项、代收人寿保险公司的理赔款等。

4. 经济事务信托

经济事务信托是委托人以委托凭证为标的物建立的信托。如委托人要求受托人代办设计、专利转让、代理会计事务等。

19.2.6　按照信托资金的处分方式划分

按照信托资金的处分方式划分，可以分为单一信托和集合资金信托。

1）单一信托

单一信托指委托人是单一个人的信托。信托公司接受单个委托人的委托，为其管理和处理财产。单一信托中，受托人对于每个委托人的资产从受托到运用都是分别进行的，受托人对于委托人之外的其他人没有信息披露的义务。

2）集合资金信托

集合资金信托指委托人是两个或两个以上个人的信托。信托公司接受两个或两个以上个人的委托，为其管理或运用信托资金。在这种信托方式下，信托公司将众多委托人的分散资金集中起来加以运用，再将实现的收益根据个人信托资金比例分配给受益人。

19.2.7　按照信托是否跨越国境划分

按照信托是否跨越国境划分，可以分为国内信托和国际信托。

1. 国内信托

国内信托是信托关系人在一个国家内的信托。国内信托种类很多,主要业务有信托、代理、租赁、咨询等。

2. 国际信托

国际信托是信托关系人分属不同国家的信托。主要业务有国际信托、国际租赁、国际咨询和国际代理等业务。

19.3　个人信托业务

19.3.1　财产处理信托

财产处理信托是信托机构接受个人的委托,对其信托财产进行管理、运用的一种信托。按其设立方式可分为合同信托和遗嘱信托两种类型。

1. 合同信托

1)合同信托的含义

合同信托也称契约信托或生前信托,是委托人与受托人订立契约(合同),并在委托人生前发生效力的信托。这种信托多为工作繁忙或长期身居海外的人及老年人而设立。信托目的在于财产增值、保存财产、管理财产和处理财产等。如个人资金信托、有价证券信托、不动产信托、基金信托等。

2)合同信托的合同内容

信托合同是信托机构办理信托业务的依据,因此合同条款必须详尽,内容必须齐全,不能有遗漏,这是合同信托的关键。

信托合同包括以下内容。

① 信托目的。如以财产增值为目的,或以单纯管理、处理财产为目的。

② 委托人及其保留的权利。信托合同列此内容的目的是争取委托事宜的主动权。如必要时委托财产可以增减、对受益人应得份额可以改变、合同条款可以增减和废止等。但要注意两点:一是行使上述权利必须得到受托人的同意。二是如果合同中标明是不可撤销的信托,委托人无上述变更和撤销合同的权利。

③ 受托人及其权利。为了保证委托人的目的能够达到,避免责任不明引起的纠纷,委托人在信托合同中必须明确受托人对财产行使的权利。如果是管理财产,应明确是借贷、出租还是出售。对于现金财产,要明确是用于偿还债务、上缴税款、投资购买有价证券,还是行使分派股息、分配各项费用。

④ 合同要式条款。包括合同生效和终止日期(可以是确定的或不确定的)、委托人和受托人的签字、签约地点、证明人等。

⑤ 财务会计方面的规定。合同还要规定受托人要定期向委托人或受益人提供详细的财务报告,明确财务报告的提交日期。

⑥ 其他条款。包括信托报酬、承继受托人的规定等条款。

合同签订后信托机构应当发给委托人信托证书,待信托财产转移到受托人手中,信托行为正式成立。

2. 遗嘱信托

1）遗嘱信托的含义

遗嘱信托是指通过遗嘱这种法律行为而设立的信托，也叫死后信托。委托人预先以立遗嘱方式，将财产的规划内容，包括交付信托后遗产的管理、分配、运用及给付等，详订于遗嘱中，待遗嘱生效时，再将信托财产转移给受托人，由受托人依据遗嘱的内容，管理处分信托财产。遗嘱信托的依据是遗嘱，因此遗嘱信托的文件必须合法，除符合信托法的基本要求外，还应当符合继承法的规定，以确保遗嘱的有效性和合法性。此外，遗嘱的内容应当尽可能详尽，一般而言，合同文件应包括委托人（被继承人）、受托人（遗嘱执行人）、受益人（继承人）等条款。例如有明确的受托人权利的条款，指定受益人和财产分配方式。公证的遗嘱在效力上高于其他方式的遗嘱。

2）遗嘱信托的种类

遗嘱信托分为遗嘱执行信托和遗产管理两种。

（1）遗嘱执行信托。

遗嘱执行信托是指为了实现遗嘱人的意志而进行的信托。主要内容是清理遗产、收取债权、清偿债务、支付税款、遗赠物的分配、遗产分割等。遗嘱执行信托是短期的。

（2）遗产管理信托。

遗产管理信托是以遗产管理为目的而进行的信托。遗产管理信托与遗嘱执行信托在内容上虽有交叉，但侧重在管理遗产方面。遗产管理人可由法院指派，也可由遗嘱人和其亲属指派。

遗产管理信托一般发生在以下情况下：一是无遗嘱，其遗产处理困难，所需时间较长，且需要信托机构代为管理；二是虽有遗嘱，但继承人是否存在尚不清楚，需信托机构代管；三是虽有遗嘱和明确的继承人，但继承人因悲痛无法管理遗产。

案例

遗产管理信托

台湾的林老先生年过七旬，生活富足，拥有一套豪宅，一儿一女也早已成家立业，美中不足的是他的太太在两年前去世了。为了老年生活不孤独，林先生娶了一位 30 岁出头的年轻太太。老先生知道终有一日自己会比太太先走一步，非常担心自己去世后儿子不愿继续照顾后母；也怕太太还太年轻，将来带着豪宅改嫁，不照顾自己与前妻所生的子女。林老先生做了法律咨询，得到如下建议：他成立一个遗嘱信托，将房子交付信托机构，由信托机构担任受托人，儿子为受益人，同时在信托契约中注明，如果太太没有改嫁，太太拥有该豪宅的使用权一直到去世。这样一来，林老先生的烦恼解决了，既可以尽到照顾妻子的责任，也可以让儿子拥有财产。

3）遗嘱信托的程序

遗嘱信托的操作程序如下。

（1）鉴定个人遗嘱。

个人遗嘱必须明确以信托为目的的财产，并明确表示用该财产建立信托的意愿，这是遗嘱信托成立的必备条件。信托公司在办理遗嘱前必须对遗嘱的内容进行认真审核，对符合要求的遗嘱方可接受信托。

（2）确立遗嘱信托。

首先，要确认财产所有权。信托机构作为遗嘱信托的受托人，要确定死者对于财产的所有权。其次，确立遗嘱执行人和遗产管理人。信托机构要成为遗嘱执行人或遗产管理人，必须由法院正式任命。最后，通知有关债权人和利害关系人。信托机构在被正式任命为遗嘱执行人或遗产管理人之后，应在报纸上刊登公告，向死者的债权人发出正式通知，要求债权人在指定的期限（一般为通知发出后的 4～6 个月）之内，出示其对死者的债权凭证，据以掌握和清偿债务。同时，信托机构还要向死者的继承人和被遗赠人关系人发出正式通知。

（3）编制财产目录。

受托人应在被正式任命后的较短时间内（通常为 60 天左右）与遗嘱法庭一起完成对遗产的清理和核定。

（4）安排预算计划。

信托机构在管理遗产和执行遗嘱过程中，会发生一系列的支付，为此，须拟订一个详细的预算计划，将现金来源与运用逐项列示出来，若遗产的流动性差，现有的和可能的现金来源不足以支付债务、税款、丧葬费和受托人初期的管理费用，信托机构还应制订一个出售部分财产的预算计划。

（5）结清税款。

信托机构应付清与遗产有关的税款，如所得税、财产税和继承税。

（6）确定投资策略。

如果遗嘱中涉及受托人必须对财产进行再投资的条款，受托人在准备税收申报单的同时，应该制订适当的投资策略和计划，选择安全、灵活、稳健的投资工具进行投资，投资决策应合理、谨慎，经得起主管部门的检查。

（7）编制会计账目。

信托机构应分别编制执行遗嘱和管理遗产两个阶段的会计账目。办理完遗产所得和支付债务、费用后的会计账目，必须上交法院，经其核定后，寄发给受益人，允许受益人在一定时期内向法院提出异议。若无异议，法院则批准信托机构的该种会计账目。

（8）财产的分配。

上交法院的会计账目获准后，法院签发由信托机构进行财产分配的证书。信托机构在收到该证书后，视遗嘱信托办理的进度决定行使分配权。若遗嘱信托已经办完，则着手对财产进行分配；若仍有部分投资或其他业务未结束，需等办理完毕再进行分配。

19.3.2　财产监护信托

1. 财产监护信托的含义

财产监护信托又称未成年人或禁治产人财产监护信托，是信托机构接受委托为无行为能力者的财产担任监护人或管理人的信托业务。这里的无行为能力者主要是指未成年人或禁治产人。

财产监护信托与财产处理信托不同，财产监护信托是信托机构对人身财产及其他权益进行监督和保护的行为。如未成年人的教育、培养，禁治产人的疗养、康复等，其最大特点是信托机构对人的责任重于对物的责任。财产处理信托重在理财而不在人。

2. 财产监护信托的种类与管理

1）未成年人监护信托

未成年人监护信托是指信托机构对未成年人实施监护的信托。信托机构作为未成年人的监护人，应尽的职责是承担未成年人的养育责任并对未成年人的信托财产进行管理。

信托机构管理未成年人监护信托的主要内容如下。

① 承担未成年人的养育责任。信托机构应该行使其父母对未成年人应尽的义务和权利，同时负责从信托财产中向未成年人提供生活费用和教育费用，保护未成年人健康成长。

② 管理未成年人的财产。信托机构要保证未成年人财产的安全，进而保障未成年人应有的经济利益，同时应尽可能使其财产增值，不能将未成年人的财产用于风险性投资，更不能利用未成年人的财产为自己谋取利益。

③ 在监护期间，要定期向委托人或法院提交信托财产运用的会计资料和报告。

④ 监护结束将财产转交给有关人士。信托机构可以获得正常的信托报酬，但不得从被监护人的财产中获取非法利益。

2）禁治产人监护信托

禁治产人是指因心神丧失或精神耗弱，不能治理自己的财产，经有关人员的申请，由法院依法宣告为无民事行为能力的人。受托人主要是对禁治产人财产进行保护。

成为禁治产人的条件：① 心神丧失或精神耗弱，不能处理自己事务；② 须由本人或利害关系人（配偶、近亲属等）提出禁治产申请；③ 须由法院做出禁止治理其财产的宣告。

德国民法规定有下列情形之一的，为禁治产人：① 因精神病或精神耗弱，不能处理自己事务者；② 因挥霍浪费，致自己或家属有陷于贫困之虞者；③ 因酗酒或吸毒不能处理自己事务，或致自己或家属有陷于贫困之虞者，或危及他人安全者。

3. 财产监护信托的操作程序

1）编制财产目录

信托机构作为财产监护人首先要对被监护人的财产逐项进行清理，并将财产目录单交法院备案。

2）管理和运用财产

监护人要按照要求对被监护人的财产进行安全合理的运用，监护人应定期向监管者汇报监护情况，接受监督。

3）编制财务报表

受托人要编制财务报表，真实记录和反映监管财产的收支情况，详细反映期初期末财产变化，定期上报，资本所得应单独记账。

4）结束监管，分配财产

监管结束要区分以下三种情况：其一，被监护人死亡，监护立即停止，并由监护人进行财产分配。依据法律被监护人死亡后，其财产归继承人，无继承人的归监护人。其二，被监护人达到法定成人年龄，结束监护，监护人将财产交还被监护人。其三，被监护人身心康复，或被解除监护，监护人向法院提交结束监护的申请，接到法院通知后，应立即结束监护并将财产交还被监护人。监护人结束监护移交财产后，向法院出具财产转移证明，注销监护关系。

19.3.3　人寿保险信托

1. 人寿保险与人寿保险信托

人寿保险是保险人与被保险人签订保险契约，在被保险人生命发生保险事故时，由保险人向投保人或受益人给付保险金的一种保险。

人寿保险信托是人寿保险的投保人，在生前以信托契约或遗嘱的方式委托信托机构代领保险金交于受益人，或对保险金进行管理、运用，定期支付给收益人的信托。人寿保险信托弥补了人寿保险业务后续服务的欠缺，是人寿保险之后的一种后续金融服务，可使人寿保险金按照被保险人的意愿有效使用。

2. 人寿保险信托的种类

1）个人保险信托和事业保险信托

个人保险信托是以个人为委托人和受益人的人寿保险信托。事业保险信托又称商业保险信托，是以团体为委托人和受益人的人寿保险信托，属于法人信托。

2）无财源人寿保险信托和有财源人寿保险信托

①无财源人寿保险信托，是指受托人具有凭保险单收取保险金的权力，保险费由委托人自行支付的人寿保险信托。信托公司只是单纯保管人寿保险单，行使保险金的请求权，并对收回的保险金进行管理、运用和分配。由于受托人不承担缴纳保费的义务，当委托人未按期缴纳保费导致保险契约失效时，信托公司便丧失了领取保险金的权利，人寿保险信托即告结束。

②有财源人寿保险信托，是指委托人将缴纳保费和领取保险金的权利一并委托给受托人管理和处理的人寿保险。在这里，信托公司除了承担无财源人寿保险的全部服务外，还兼有替委托人管理和代缴保费资金的义务。其好处是，可以避免委托人不缴纳保费导致的信托失效，但是当代缴保费的资金用完时，信托契约随即作废，人寿保险信托即告结束。

案例

人寿保险信托案例

高先生常年在全国各地跑生意，担心天有不测风云，于是购买了100万元的人寿保险，指定他6岁的儿子为保险受益人，这样就可以确保万一哪天自己发生不幸，孩子的生活、教育费用可以得到保障。

但是高先生担心他身故后孩子太小，不懂得如何管理这一大笔资金，又害怕这笔理赔金被孩子的监护人恶意侵占，于是在专家的指点下，高先生委托信托公司设立了人寿保险信托。他的儿子为受益人，保险公司将理赔金汇入受益人的信托账户，由信托公司按信托契约规定加以运用并分配给受益人。分配时机及金额条件设定如下：受益人未满12岁前（就读小学期间）每年领取1万元，12岁至18岁（中学期间）每年领取1.5万元，18岁至24岁每年领取2.5万元。信托期满，信托财产全部返还受益人。

19.3.4　特定赠与信托

特定赠与信托是个人将金钱和有价证券等委托给信托机构，由信托机构进行长期管理和运用，以特别残疾者为受益人，以资助特别残疾者生活为目的，根据受益人生活和医疗需要，定期以现金支付给受益人的一种信托业务。

特定赠与信托的财产必须是能够产生收益并易于变卖的财产。包括金钱、金钱债权、有价证券、树木及其生长的土地、能继续得到相当代价的租出不动产及供受益者居住用的不动产。这种信托业务在日本比较普遍。

案例

特定赠与信托

张先生在国外留学、工作多年，前不久其母亲逝世。他赶回国内料理母亲的后事。此外，还有一件重要的事情，就是解决张先生身患残疾的妹妹日后生活问题。回国之前，张先生已经了解到有一种特定赠予信托方式，于是他来到本地的信托公司，向信托公司的专业人员咨询有关特定赠予信托业务的情况。通过信托公司的介绍，他决定把赠与妹妹的财产委托给信托公司，该笔财产属于信托财产，受法律保护。

在运用和处理信托财产时，信托公司会严格按照信托合同的规定，保护委托人和受益人的权益不受侵害，这样可以防止这笔钱被他人挪用。这样一来张先生放心了，他的问题可以通过特定赠与信托得到解决。

19.3.5　个人代理业务

个人代理业务是个人委托信托机构代为处理财产有关事宜的业务，个人代理业务是广义的个人信托。

个人代理业务的种类很多，包括以下几种。

1. 保管代理

保管代理业务是信托机构向个人提供保管财产服务的业务。保管的财产有贵重物品、重要物品、有价证券等。

2. 辅助代理

辅助代理业务是信托机构向个人提供有价证券方面的辅助性服务。包括：收取股息和债券本息、收回到期抵押品；根据委托人的指令购买或出售有价证券；催收债券、认购股票、支付债券本金、办理有价证券税务等事宜。

3. 管理代理

管理代理业务是指信托机构接受委托人的委托为其提供财产管理和代理服务的业务。信托机构权利较大，承担的责任也较大。管理代理的种类包括证券管理代理和财产管理代理等。

19.4　法人信托业务

法人信托业务又称"公司信托""团体信托"，它是以法人作为委托人的信托业务，或者说是对法人的财产事务进行管理和处理的业务。法人信托业务在信托业务中占相当大的比重，主要有证券发行信托、商务管理信托、动产信托和雇员受益信托等。

19.4.1　证券发行信托

证券发行信托业务是信托公司向证券发行公司提供有价证券发行事务的信托。证券发行信托中较普遍的是抵押公司债信托和收益债券发行信托。

1. 抵押公司债信托

1）抵押公司债信托的概念

抵押公司债信托是指信托公司接受发行公司的委托，代替债券持有人行使抵押权或其他权力的信托。在抵押公司债信托中，信托标的物是公司债券的抵押权，委托人将抵押权委托给信托公司代为行使。

抵押公司债信托有两个目的：其一，保护债权人的权利。抵押公司债是以发行者的资产作抵押的债券，当企业不能偿还债券本息时，按照契约规定必须变卖抵押品用以偿还。但是由于债券发行量大，购买者分散，债权人无法监管抵押品，一些国家规定，发行者必须委托第三者代替债权人行使抵押权和维护债权人的其他权利。其二，为债券发行公司提供举债便利。由信托公司代理发行债券并接管证券发行的相关事务，意味着企业债券发行是合法合规的，既可提高企业信誉，又可提高债券发行效率。

2）抵押公司债信托的关系人

（1）委托人。

抵押公司债信托的委托人是发行公司。但是，由于债券持有人以债权人的地位，将抵押品委托信托机构保管，因而也同为委托人。理论上，行使抵押权委托的应属于抵押权人，即对债务人享有债权，并在债务人不履行债务时对抵押物优先受偿的人。但是由于债券发行信托在先，债券发行在后，故只能由发行公司作为委托人。

（2）受托人。

抵押公司债信托的受托人是信托公司。受托人的主要职责是债权人与债务人的中间人，负责债券抵押权的设立与行使、抵押品的保管、债券发行事务的代办处理。

（3）受益人。

抵押公司债信托的受益人是债券持有人。由于信托机构的介入，使债券易于推销，因而发行公司也同为受益人。

3）抵押公司债信托的特点

（1）受托人不具有抵押财产的所有权。

这是因为抵押公司债到期前，抵押品的所有权归债权人。只有当发行公司违约，信托公司代债权人行使抵押权时，受托人才具有财产所有权。

（2）受益人是不确定的。

这是因为：第一，在设定信托时，债券尚未发行，因此作为受益人的债权人是不确定的；第二，抵押公司债券发行后，债券可以流通转让，因此对于信托公司而言，债券抵押权的受益人也是不确定的。

（3）受托人负有双重责任。

一般信托中受托人只对受益人负责。在抵押公司债信托中，受托人对债券发行人和债券持有人同时负责，既为发行者发行债券又为债券持有人维护权益。

4）抵押公司债信托的程序

（1）发债公司提出申请。

抵押公司债的发行人根据自身需要，选择信誉高、业务能力强的信托公司，并向选定的信托公司提出信托申请。

（2）信托机构审查。

信托公司接到申请后，对发行公司进行审查：其一，审查发行公司的经营状况、盈利能力、企业信誉等；其二，审核公司债券的情况，如发行债券是否合法合规、债券期限、利率、偿还方式、抵押品的数量和质量、企业偿付能力等。

（3）签订信托契约，建立信托。

信托公司审查通过，方可与发行公司签订信托契约。信托契约的主要内容包括：① 介绍性条款，即一般要式，如双方名称、签章等内容；② 抵押物条款，列明抵押物的种类、数量、价值、存放地，并规定抵押物转让给受托人；③ 债权证实条款，发行公司要签发抵押品转移的文字；④ 以新赎旧条款，如果有以新赎旧的需要，要明确以新赎旧的运作方法和相关规定。

（4）执行信托契约。

执行信托契约应当做好以下几方面的工作。

第一，准备资料。信托公司要按照监管当局的要求，准备发行抵押公司债的相关文件，以备监管当局和相关部门审核。

第二，证实债券。信托公司向社会公众表明该债券是在信托契约规定的条件下发行的。

第三，交付债券。在公募发行情况下，信托公司应当将已经证实的债券交付给承销集团，由承销集团向社会公开发行。

第四，结算账目。结算账目一般要召开有发行公司、信托公司、承销商参加的听证会，会议审议通过结账文件后，发行公司授权信托公司交付债券并在规定时间内收妥款项。

（5）发行公司偿还本息。

发行公司按照发行文件的规定，定期支付利息，到期偿还债券本金。

2. 收益债券发行信托

收益债券是地方政府发行的一种债券，该债券特点是，以所筹资金投资项目的收入作为债务偿还的保证。发行收益债券筹措的资金多用于市政建设工程，如桥梁、道路、医院、大学生宿舍、电厂等基础设施建设。

收益债券发行信托是指信托公司为市政工程建设项目发行债券提供相关服务的信托。在收益债券发行信托中，信托公司作为受托人承担以下职责：

① 受托办理收益债券的发行；

② 办理收益债券的过户与登记；

③ 接受公共设施项目产生的收益；

④ 办理债券收益的分配，并将收益分配给债券持有人。

19.4.2 商务管理信托业务

1. 商务管理信托的概念

商务管理信托也称"表决权信托"，是指股份有限公司的全部或多数股东与信托机构签订信托契约，将他们所持有的公司股份作为信托财产，转移给信托公司，由信托公司作为受托人集中行使表决权的信托业务。

2. 表决权的范围

商务管理信托合同生效后，受托人可以代替委托人向上市公司主张股东所拥有的全部权利。权利范围包括：① 对股东大会的各项决议事项行使表决权；② 参加股东会议，选举董事、监事及其他管理人员；③ 对上市公司的经营行为进行监督，提出建议或者质询；④ 依照法律或上市公司章程，获得有关信息；⑤ 公司终止或者清算时，参加公司剩余财产的分配；⑥ 对上市公司合并、分立、解散和清算等事项进行表决。

3. 商务管理信托的特点

1）信托财产的名义所有权发生转移

在商务管理信托中，受托人依据信托协议成为信托财产（股权）的名义所有人，财产的所有权发生转移。

2）信托机构独立行使表决权

商务管理信托中，信托机构是以自己的名义参加股东大会行使表决权。受托人的行为只要不违背委托人的意愿和信托目的及有关法律规定，即可独立行使表决权，委托人和受益人不得随意干涉。

3）信托关系稳定

商务管理信托中，除了在信托协议中明确委托人保留撤销权外，委托人无权终止信托。

4. 商务管理信托的操作流程

1）签订信托契约

受托人与有关股东签订商务管理信托契约。其主要内容如下。

① 表明此信托契约的目的，载明所有股票持有者的姓名。

② 规定股份转移给受托人并列入受托人名下的条款。

③ 规定受托人的禁止事项，不能损害股东利益。如要求受托人行使表决权时，不能对委托人的股份表决权有任何不利的影响，不得对资产的出售、公司的解散等事项做出损害股东利益的表决等。

④ 规定受托人的辞职、继任事项及商务管理信托的修正办法。

⑤ 规定商务管理信托的期限与终止事项。

2）股东将股票表决权转移给受托人

股东要将转移事宜登记在股东名册上，并注明"商务管理信托"字样，同时将股票转移给受托人。

3）受托人交付"商务管理信托收据"

受托人交付"商务管理信托收据"于原股东，商务管理信托关系成立。"商务管理信托收据"可以流通转让。受托人在信托期间的主要职责是保管股票，代股东行使表决权、处理公司事务，将每年的收入发给"收据"持有者。如果受托人为牟取私利而违反信托规定，损害原股东利益，"收据"持有者可提起诉讼。

19.4.3　动产信托

1. 动产信托的概念

动产信托又称设备信托，是由设备的所有者（设备生产商或销售商）作为委托人，将设备委托给信托公司，由信托公司将设备以出租或分期付款的方式出售给资金紧缺企业的信托。

动产信托的标的物包括运输设备（如车辆、船舶、汽车、火车、海运集装箱）和机械设备（如建筑机器、机床、电梯、计算机）等。动产信托是一种以管理和处理动产为目的的信托，实质上是为急需购买设备的企业融通长期资金，促进设备的销售。

2. 动产信托的方式

动产信托业务主要有三种方式：管理方式、处理方式、管理处理方式。

1）管理方式的动产信托

（1）管理方式动产信托的概念。

管理方式的动产信托是指动产所有者根据信托契约把动产所有权转移给信托机构，由信托机构出租给用户使用，并通过向用户收取租金，收回设备全部价款和利息，信托期满收回设备。

管理方式的动产信托类似于租赁，但是两者有区别：一是关系人不同；二是动产的最终归属不同；三是缴纳租金的方式不同。

（2）管理方式动产信托协议。

在管理方式下，信托协议的主要内容包括：制造商或销售商与信托机构签订信托契约；信托机构与动产设备使用者签订租赁设备的契约；明确与信托契约和租赁契约相伴随的动产转移方式；动产转移之后，动产设备由于天灾、不可抗力等原因造成损失，制造商或销售商、信托机构、使用者均承担责任。

2）处理方式的动产信托

（1）处理方式动产信托的概念。

处理方式的动产信托指动产的所有者根据信托契约，把设备所有权转移给信托机构，由信托机构代为出售给设备用户，设备用户向信托机构分期支付货款。

（2）处理方式动产信托协议。

处理方式的动产信托协议包括以下内容：制造商或销售商与信托机构签订信托契约；信托机构与使用者签订买卖及抵押权设定契约；明确与信托契约和买卖契约相伴随的动产转移方式。

3）管理处理方式的动产信托

（1）管理处理方式动产信托的概念。

管理处理方式的动产信托是指受托人在一个信托协议下，承担对信托动产进行管理和处理两项任务。例如，机械设备制造商、信托机构、设备用户三方签订管理处理动产信托协议。机械设备制造商将设备所有权转移给信托机构，由信托机构出租给用户使用，信托期满再出售给用户。在信托期间，信托机构在一个信托协议项下，承担了属于管理性的出租和属于处理性的出售两项业务。

（2）管理处理方式动产信托的操作方式。

① 出让受益权证书。

受益权证书是在设备厂商转移信托动产后，由信托机构开给生产厂商的证明书。生产厂商通过将信托受益权证书在金融市场上出售给机构投资者，收回货款。购买者也可以在金融市场上转让，到期可凭此证书要求信托机构偿还本金并支付利息。

出让受益权证书动产信托业务流程如图 19-1 所示。

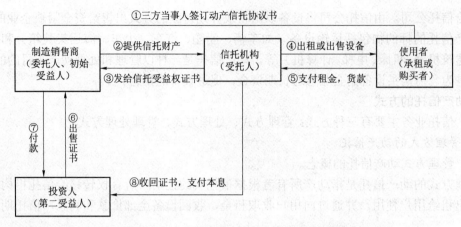

图19-1　出让受益权证书动产信托业务流程

② 发行信托证券。

发行信托证券方式是指信托机构直接向社会公众发行信托证券筹集资金，待设备厂商向信托机构转移信托动产后，信托机构立刻支付厂商的货款，使生产厂商及早得到销售货款。

发行信托证券的基本程序如下。

第一，设备生产单位、信托机构、设备使用单位三方当事人签订信托协议书，商定以发行信托证券的方式进行信托。

第二，生产单位向信托机构提供信托动产，信托机构开具收据。

第三，信托机构向使用单位提供设备。

第四，信托机构向社会投资者发行信托证券并获得证券发行的资金。

第五，信托机构用证券发行的资金，支付生产单位的全部货款，换回生产单位手中的收据。

第六，设备使用单位按照契约规定交付租金。

第七，信托机构用使用单位支付的租金，偿还信托证券的本息，收回信托证券。

19.4.4　雇员受益信托

1. 雇员受益信托的概念与目的

1）雇员受益信托的概念

雇员受益信托是公司为雇员提供各种利益的信托，即公司定期从雇员工资和公司利润中扣除一定比例的资金，委托信托机构加以管理和运用，由公司雇员享受信托收益。

2）雇员受益信托的目的

① 为退休职工或未到退休年龄但不幸致残的职工提供生活来源。

② 鼓励和帮助职工积累财产，激励职工参与企业管理，调动雇员的积极性，提高劳动生产率，分享公司经营利润。

③ 吸收优秀雇员。

④ 享受税收优惠。

2. 雇员受益信托业务的操作

① 企业员工组成一个员工储蓄委员会，由该委员会与信托机构签订信托契约，约定从员工每月薪金（含年终奖金、红利等）中，提存一定比率的资金，企业配合提供一定比例的资金。

②由受托机构按照契约，买进员工所在公司的上市股票或委托人指定的国内外共同基金。

③职工在该企业服务期间，基金原则上不能拿出，在员工退休或离职、解雇时，视为信托终止，按照约定的决算方式，分别计算每位员工的信托财产，并依契约约定的方式交付受益人。

3. 雇员受益信托的形式

1）养老金信托

（1）养老金信托的概念。

养老金信托亦称年金信托，是指企业根据养老金制度制订养老金计划，由雇主（从利润中）和雇员（从工资中）每月按比例分摊缴纳养老基金，将其作为信托财产委托给信托机构管理和运用，雇员退休后以年金形式支付的一种信托。

（2）养老金信托的优势。

养老金信托方式的优势是：第一，法律保障养老金的安全。由信托公司管理的企业养老金，作为信托财产具有相对独立性，不受企业、信托公司和受益人各方债权人的追索。第二，具有灵活性。与保险和养老金管理机构相比，信托制度本身具有特定的灵活性，使企业可以在年金信托中保留若干权利，满足年金制度的各种特殊要求。

（3）养老金信托业务的类型。

①立即购买，指信托公司接受委托人的资金后，立即购买保险公司的养老保险契约，雇员退休后发放养老金。

②雇员退休时购买，指受托人按照信托契约的规定，管理运用定期缴纳的养老金，雇员退休时，受托人再为其购买养老金计划。

③不购买，指受托机构负责管理养老金，雇员退休后，从信托财产和收益中支付养老金。

（4）养老金信托业务的操作程序。

①企业设计、制定年金信托方案；

②企业与信托公司签订养老金信托文件；

③委托人依约按期划款；

④受托人设立专门账户管理，运用养老金信托财产；

⑤定期报养老金使用情况；

⑥职工退休时交付养老金。

2）财产积累信托

财产积累信托又称财产形成信托，是企业将职工的财产积累储蓄、再加上雇主给予的一定补助，委托给信托机构管理和运用的一种指定金钱信托业务。

财产积累信托有两个特点：第一，以雇员作为委托人兼受益人，属自益信托，雇主只是代扣代缴信托资金。第二，信托财产没有专门领域，属于金钱信托型与贷款信托型。

3）职工持股信托

（1）职工持股信托的概念。

职工持股信托是以职工持股制度为基础建立的信托。职工持股制度是企业鼓励职工用工资和奖金定期买进本公司的股票，并且设立"职工持股会"，负责管理职工购入的股票，待职工退休或者离开企业时得到投资收益。

职工持股信托是企业将职工买入的本公司股票委托给信托机构管理和运用，职工退休后享受信托收益的信托。

（2）职工持股信托的种类。

① 资金信托（或称股权投资信托），是公司职工作为委托人将其合法拥有的资金委托信托公司进行管理，形成具有一定投资规模和实力的资金组合，通过一定的运作方式，为委托人获取较高投资回报的信托。

② 股权管理信托，又称股东权信托，是指职工作为公司股权的持有人将其所享有的部分股东权利，通过信托的方式，委托信托公司管理的信托。它体现了职工分散持股、集中托管和股权集中管理、充分保障股东权利的特点。

19.5　通用信托业务

通用信托指委托人既可以是个人也可以是法人的信托。主要包括公益信托、资金信托、不动产信托和基金信托，本章主要介绍公益信托、资金信托和不动产信托。

19.5.1　公益信托

1. 公益信托的概念与特点

公益信托是以公共利益为目的，或为使一定范围内的社会公众受益而设立的信托。公共利益包括：救济贫困、救济灾民、辅助残疾人；发展教育、科技、文化、艺术、体育、医疗卫生事业；发展环保事业、维护生态平衡及其他社会公益事业。

公益信托有以下特点：① 信托目的完全为社会公共利益；② 受益人是不完全确定的；③ 公益信托必须取得有关主管部门批准，不得私自设立；④ 公益信托接受社会公众和有关部门的监督；⑤ 不得中途解除合同。

2. 公益信托的种类

1）社会公众信托

社会公众信托指委托人为了一定范围内社会公众的利益（如特定的公益目的）而设立的信托。委托人是捐赠者或者捐赠者组成的基金，受益人是该信托设定范围内的社会公众。公益信托的受托人可以是一家或数家信托公司。为了保护捐赠者的意图，维护受益人的利益，一般设立专门的委员会，对信托财产进行管理和分配。

2）专项基金信托

专项基金信托是由宗教团体、专业协会、互助会、市民俱乐部或其他社会团体设立专项基金，专门为本团体的发展或某些被特别指定人的利益，将基金委托给信托机构管理和运用的信托。例如企业集团设立科研基金对眼病进行研究，研究成果企业家族成员和社会眼病患者受益。

3）公共机构信托

公共机构信托指公共机构（学校、医院或慈善组织）为了有效管理和发展，将建设资金委托给专业信托机构帮助其投资，以提高公共机构的投资效率。

公共机构信托的委托人和受益人，一般是公共机构。受托人是信托机构。

4）慈善剩余信托

（1）慈善剩余信托的概念。

慈善剩余信托是由捐款人（委托人）设立的一种信托，捐款人可将一部分信托收益用于自己及家庭的生活，剩余部分全部转给慈善机构。

（2）慈善剩余信托的种类。

① 慈善性剩余年金信托。这种信托的受益人是捐赠者自己或遗嘱中指定的人。受益人可以年金形式获得不低于信托财产一定比例的信托收益（如 5%），死后信托财产和剩余收益归确定的慈善机构所有。受益人也称年金受益人。

② 慈善性剩余单一信托。这种信托是捐赠人单独建立的信托，数额较大，捐赠人作为受益人，每年可以获得一定比例按照市价计算的信托财产，死后信托剩余财产全部归某一确定慈善机构所有。

③ 共同收入基金，指慈善机构将获得的小额捐赠集中成立共同收入基金，并将其委托给信托机构管理，捐赠者共同作为受益人，每一捐赠者生前得到一定比例的收益，死后所有收益转给该慈善机构的信托。

3. 公益信托的业务流程

1）提出公益信托申请

为了一定的公益目的设立信托，委托人、受益人均可以提出申请，以简化手续，方便设立。委托人只有一人或者数人的，可以直接向公益事业管理机构提出申请；委托人人数众多，或者是不特定的社会公众，一般由受托人提出申请。

2）信托财产转移

设立公益信托的申请经公益事业管理机构批准后，信托财产由委托人转移给受托人，信托成立。

3）信托财产管理与运用

基于对信托财产保值增值的目的，受托人管理运用信托财产，每年编制信托事务处理情况及财产状况的报告，经信托监察人认可、公益事业管理机构批准后，予以公告，并按照信托文件规定将信托财产或收益交给受益人。

4）公益信托的监管

公益信托的监管包括对公益信托财产运用的监管和对受托人的监管。公益信托的监管由公益事业管理机构进行。对公益信托受托人的监管包括：受托人未经公益事业管理机构批准，不得辞任；受托人违反信托业务规定或者无力履行职责的，由公益事业管理机构变更受托人。

5）信托终止

信托期满，公益信托终止，受托人应当及时将终止事由和终止日期报告公益事业管理机构。公益信托终止后，受托人应当做出清算报告。

19.5.2　资金信托

1. 资金信托的概念

资金信托又称金钱信托，是指委托人将自己合法拥有的资金委托给受托人，由受托人按委托人的意愿，以自己的名义为受益人的利益或特定目的管理、运用和处分的行为。资金信托业务是信托机构的一项重要信托业务，也是信托机构理财业务的主要方式。

2. 资金信托业务的种类

按照委托人数目的不同，资金信托分为单一资金信托和集合资金信托。

1）单一资金信托

单一资金信托是指信托公司接受单个委托人的委托、依据委托人确定的管理方式，单独管理和运用信托资金的信托。

2）集合资金信托

集合资金信托是指由信托公司接受两个及两个以上委托人的委托，将小额资金募集起来，依照信托合同约定的方式，为受益人的利益，对资金进行集中管理、运用或处分的资金信托。

3. 集合资金信托的种类

1）贷款类集合资金信托

贷款类集合资金信托是指信托公司接受委托人的委托，将委托人存入的资金，按信托计划或委托人指定的对象、用途、期限、利率和金额等发放贷款，并负责到期收回贷款本息的信托。

贷款类集合资金信托分为两类，A类贷款业务：贷款的对象、用途、项目、期限、利率等均由委托人指定，风险由委托人承担，信托公司向委托人收取手续费。B类贷款业务：委托人将自己没有能力管理或国家限制管理的资金，指定信托公司用于发放贷款，由受托人代委托人选定借款人，并行使贷款人的各项权利。

2）投资类集合资金信托

投资类集合资金信托是信托公司作为受托人，将集合资金信托募集的资金进行投资的信托。包括证券投资信托、房地产投资信托、基础设施项目投资信托和风险投资信托。

3）融资租赁类集合资金信托

融资租赁类集合资金信托是指信托投资公司作为受托人兼出租人，应承租人的要求，利用集合资金信托募集的资金，购买承租人所需要的设备，出租给其使用，将承租人按期支付的租金付给投资者，租赁期满收回设备的信托。

4. 集合资金信托业务的管理

1）集合资金信托设立要求的文件

信托投资公司办理集合资金信托业务时，应设立集合信托计划，并在集合信托计划开始推介前，逐一向注册地银监局报告。

设立要求的文件包括：集合信托计划的名称、目的和规模；信托资金运用范围和方案；信托合同样本；信托计划执行经理及简历；项目尽职调查报告；集合信托计划推介方案；与商业银行签订的信托资金代理收付协议；最近一年结束的集合信托计划的清算情况；异地集合资金信托业务资格批文复印件；中介机构出具的关于集合信托计划合法合规性的法律意见书。

2）集合资金信托的设计原则

集合资金信托的设计要坚持以下原则：其一，保护投资者利益原则。参与集合资金信托的中小投资者人数众多，资金规模小，抗风险能力弱，应给予特别保护。其二，共同管理信托财产，按比例分配信托利益的原则。在集合资金信托中，受托人要共同管理和运用信托财产，以获得个别资金所不具备的规模实力。对于信托利益的分配，应当按委托人的信托财产的比例进行。

19.5.3 不动产信托

1. 不动产信托的概念

不动产信托是指委托人将土地或房屋的财产权转移给信托机构，由信托机构根据信托契约进行管理和运用，所得收益扣除各种费用之后，分配给指定受益人的一种信托。

2. 不动产信托的种类

1）房屋信托

房屋信托是指房屋的所有者（房地产开发公司或个人）作为委托人，将房屋及其相应的权利（出租和出售权）委托给信托公司进行管理或处理的信托。

2）土地信托

土地信托是指土地的所有者为了有效使用土地获取收益，将土地委托给信托公司，由信托公司按照契约规定，进行土地开发或管理的信托。

3. 不动产信托的操作流程

1）房屋信托业务操作流程（见图 19-2）

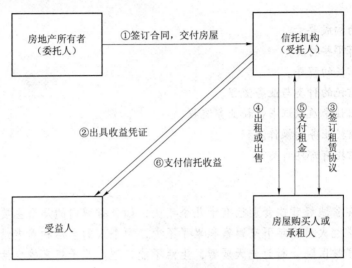

图19-2　房屋信托业务操作流程

2）土地信托业务操作流程（见图 19-3）

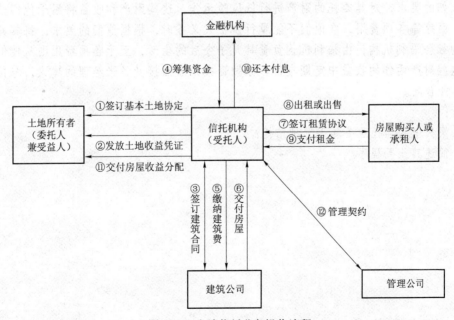

图19-3　土地信托业务操作流程

重要概念

信托主体　自由信托　强制信托　遗嘱信托　公益信托　人寿保险信托　资金信托
不动产信托　集合资金信托

思考题

1. 简述信托的构成要素。
2. 信托财产有哪些特点？
3. 简述遗嘱信托的程序。
4. 简述公益信托的种类与业务流程。
5. 画图说明出让受益权证书信托业务流程。
6. 简述土地信托业务的操作流程。
7. 集合资金信托有哪些种类？

案例分析：

徐敏资夫妇在省城经营饮食业已有十几个年头，如今省城内的几个主要城市都有他们的连锁店，生意非常红火，多年下来财富积累了不少，两个人的生活和养老没有问题，美中不足的是唯一的儿子被医院诊断为先天弱智，生活不能自理。儿子将来的生活问题时时牵挂在他们心头，左思右想还是想不出好办法。

他们得知某信托公司可以解决他们的难题。于是，夫妇两人到了信托公司，找到信托部的张经理说明来意。张经理根据他们的情况向他们介绍了信托业务，并承诺信托公司将根据徐敏资夫妇的要求，对其委托的财产进行低风险运作，这些财产和收益将用于他们儿子将来的生活、医疗等各项费用，在他们不能履行监护人义务时，根据他们的要求，将其儿子安排在合适的社会福利机构，由福利机构负责其儿子今后的生活，至于各项费用则从他们的委托财产和这些财产运作的收益中定期支付。徐敏资夫妇欣然接受了张经理的建议，与信托公司签订了信托合同。

分析：

（1）案例中的信托业务属于哪种信托？

（2）简述其业务程序。

第 20 章

网络金融服务机构运营与管理

学习目标

通过本章学习读者应当掌握：
- 网络金融的发展背景与趋势
- 网络金融的优势及对金融业的影响
- 网络金融业务主要有哪几种
- 网络金融业务有哪些风险

互联网和网络通信技术的发展，催生了全新的金融服务业——网络金融。一系列新兴的技术给金融服务业提供了更大的扩展空间，网络金融服务不再只是传统的网上银行、网上证券等基础金融业务，而是出现了诸如余额理财、众筹、P2P 网贷等真正基于互联网技术的网络金融。

20.1 网络金融产生的背景及对金融业的影响

20.1.1 网络金融的产生与发展背景

1. 网络金融的产生

网络金融是金融服务电子化、信息化发展的高级阶段。20 世纪 90 年代，随着互联网应用的普及，传统金融业务开始呈现互联网金融发展的趋势。1995 年 10 月，全球第一家无任何分支机构的纯网络银行，美国第一安全网络银行 SFNB（Security First Network Bank）成立，该银行的成立，标志着金融服务业进入了全新的互联网时代。

2. 我国网络金融的发展

1）我国网络金融的发展历程

我国网络金融的发展分为三个阶段。

第一个阶段是 2005 年以前，互联网金融的起步阶段。互联网与金融的结合主要体现为互联网为金融业务提供了技术支持，帮助金融机构"把金融业务搬到网上"，例如网上银行、网上证券等，此阶段还没有出现真正意义的互联网金融业。

第二个阶段是 2005 年到 2011 年，网络借贷开始萌芽。随着电子商务的发展，第三方支付机构逐渐成长起来，互联网与金融的结合开始从技术领域深入到金融业务领域。这一阶段的标志性事件是 2011 年人民银行开始发放第三方支付牌照，由此，第三方支付机构进入了规范发展的轨道。

第三个阶段是从 2012 年开始至今。2013 年被称为"互联网金融元年"，互联网金融进入迅猛发展阶段。自此，P2P 网络借贷平台快速发展，众筹融资平台开始起步，第一家专业网络保险公司获批，一些银行、券商也以互联网为依托，对业务模式进行重组再造，加速建设线上创新型业务平台，网络金融进入了互联网金融的全新发展阶段。

2）我国网络金融发展的背景

（1）技术背景。

互联网和网络通信技术的发展，催生了全新的金融服务业——网络金融。互联网的发展，特别是智能手机的普及，为网络的应用提供了巨大的用户群；网络传输技术的进步，使带宽、网速得到极大的提升，使得各种基于互联网应用的领域得以发展；网络通信技术的广泛应用，衍生了云计算、大数据、社交网络、生物识别等一系列新兴的技术。这些技术给金融服务业提供了更大的扩展空间，网络金融服务不再只是传统的网上银行、网上证券等基础金融业务，而是出现了诸如余额理财、众筹、P2P 网贷等真正基于互联网技术的网络金融。

（2）金融业的需求。

网络金融在我国快速发展与我国特有的金融背景紧密相关。首先，我国正规金融机构受到固有的经营方式及严格监管的制约，一直未能有效服务"三农"和小微企业，而民间金融（非正规金融）有内在局限性，风险事件的频发，给网络金融的发展提供了需求和足够的发展空间。其次，目前我国利率市场化收窄了商业银行存贷利差的空间，从而使商业银行具有了开展网络金融业务扩大客户群体，获取更多收益的积极性。最后，在我国 IPO 体制下，企业融资渠道受到限制，对于资金的需求无法得到满足，因此网络金融业在我国具备足够的市场。另外，证券、基金、保险的产品销售受制于传统渠道，业务创新举步维艰，因此有动力拓展网络金融渠道。以上条件促成了网络金融在我国的快速发展。

网络金融的产生和发展是供需双方面共同促成的必然结果。一方面，金融机构具有降低运营、信息获取成本，扩大经营区域范围的需求。另一方面，互联网及智能手机等技术的发展普及，以及互联网公司对于参与金融领域业务的积极性也为网络金融的发展提供了技术保证和外在的推动力。

20.1.2　网络金融的发展趋势

1. 物联网、生物识别等技术的融入

随着信息科技的进步，互联网信息交互将不再只停留在人与人之间，人与物之间、物与物之间均会产生信息的交互。互联网金融势必也会向物联网金融进一步衍生，从而借助物联网技术整合商品社会各类经济活动，实现金融自动化与智能化，使金融服务由主要面向"人"的金融服务延伸到可以面向"物"的金融服务。例如未来借助车联网技术金融机构可全面掌握客户拥有的车辆信息，从而使车辆作为抵押品定价变得更准确、更容易。

与此同时，生物识别技术将进一步对互联网金融产生更大的影响，人类个体具有很多无法复制的生物特征，利用生物识别技术的支付介质将不再停留在目前银行卡、手机等物理介

质，声音支付、视网膜支付等依靠生物识别技术的新型支付技术将产生和发展，个人体征可以展现出个人的身体健康状况，对保险定价、信贷额度及保险和信贷周期等的精确计算将会提供更多的帮助。

2. 大数据对网络金融产生更大的影响

随着网络应用的增加及信息采集技术的进步，个人及机构的行为数据将越来越多地被收集和统计，形成有价值的大数据体系。大数据技术将改变现有金融产品的定价方式，例如基于个人信用数据及还款能力而形成个性化贷款利率；车险不再只是简单地计算车价和过去出险情况，而是更多地参考驾驶员的驾驶习惯、行驶里程及相关道路的出险概率等。

大数据的一个重要特点就是数据庞大，无法运用常规手段进行统计和分析，因此大数据的运用要求提升网络系统的运算能力，云计算技术的出现很好地解决了这一问题，从而使大数据的价值得到极大的挖掘。另外，云计算技术提高了系统和软件应用的共享性、容错性和扩展性，使得网络金融系统建设的速度和成本大大降低，目前已经出现大量基于云计算的网络金融服务商，未来金融机构在构建自己运营系统时，也不再像建设有形的银行机构那样需要复杂和庞大的软硬件系统，而可以通过基于云服务的租赁和购买来拥有自己的业务运用系统。

3. 网络金融与社交网络化融合

社交网络的发展对人们生活的方方面面产生了巨大的影响，各种网络应用使人们的社交方式发生了很大的改变。例如基于微信的"微店"已经成为一种新型的电子商务方式，社交网络同时加速了不相容领域间的融合，比如当前流行的各种形式的"抢红包"便是营销、金融基于社交网络的新型融合方式。网络金融基于社交网络的新型信贷模式、个人征信及基于社交网络的金融产品营销都将成为今后互联网金融发展的重要领域。

20.1.3　网络金融对金融业的影响

1. 网络金融使金融业更具"互联网精神"

互联网精神可以概括为"开放、平等和共享"。网络金融使金融服务更加"开放"。一方面，网络金融突破了时间、空间对金融服务的限制，通过网络技术突破了信息传递的物理边界限制，从而实现了每天 24 小时跨地域的金融服务。另一方面，网络金融降低了进入金融行业的门槛限制，突破了金融行业原有的行业垄断，使得更多的机构可以参与到金融服务业的经营活动之中。

网络金融使金融服务更加"平等"。一方面，作为金融服务的提供者可以通过网络，平等地为客户提供金融服务，通过自身的竞争力实现优胜劣汰。另一方面，由于网络金融有效地降低了运营成本，从而使客户可以更加平等地享受金融服务带来的收益，例如近年来通过网络金融服务实现的"1 元理财"，有效打破了资金收益的规模限制，实现了金融的普惠化。

网络金融服务更加注重"共享"。共享作为互联网精神的重要部分，在网络金融的发展中也得到了很好的体现。随着大数据、云计算等技术的发展，从信息到硬件设备都可以通过"共享"的形式降低成本。同时，借助社交平台的发展，金融服务业的行业信息、产品信息也能得到更有效的传播和共享。

2. 网络金融促进了支付制度的改变

首先，网络金融改变了人们日常的支付方式。随着移动支付的发展，手机等移动终端在一定程度上取代了现金和银行卡等传统支付介质的功能。此外，伴随着物联网、生物识别技术等关联周边技术的发展，支付的行为方式发生了很大的变化，例如目前已经出现二维码支付、声音支付等技术比较成熟的新兴支付方式。

其次，网络金融打破了支付行为对货币流动性的要求。网络技术已经打破了流动性与收益性之间不可逾越的鸿沟，支付背后不再单单是货币和准货币。例如阿里巴巴的余额宝及很多银行推出的类余额宝产品均可实现消费、支付及理财、基金产品之间的无缝衔接。

最后，支付工具的多源化和虚拟化。电子虚拟货币的产生和发展使支付工具发生了巨大的改变，电子货币打破了不同币种之间兑换的瓶颈，传统的货币和准货币将不再是支付的唯一载体。

3. 网络金融促进了金融产品创新

首先，网络金融提高了金融产品的定价技术。网络金融的发展虽然不会改变金融产品基于风险和收益的定价原则，但是对于金融产品的定价技术会产生极大的影响。现有金融产品定价主要基于财务数据分析，而以网络金融为特征的大数据时代，金融产品定价所需要的行为数据为金融产品的定价提供更加科学的依据。例如，车险的费用计算将不再简单基于车型的价格及之前被保险人的出险情况，而会参考被保险人的行为习惯，如是否有驾驶时吸烟、打电话的习惯，是否有超速的驾驶记录，以及出行时间、每年驾驶距离等。

其次，网络金融促进了金融产品的开发。网络金融有效地提高了金融产品的流动性和信息透明度，在一定程度上降低了金融产品流动性差和信息不对称带来的风险。从而使金融产品开发趋于简单，即金融产品创新应当围绕人们日常需求进行，推出更加贴近人们日常生活需求的金融产品将成为金融产品创新的一个重要方向。

最后，网络金融改变金融产品的销售方式。网络金融不仅打破了金融产品销售的时间、空间限制，而且打破了各金融机构间产品销售的壁垒。例如目前我国多家银行在网络上开展的直销银行业务，其产品和服务的对象已经不再仅仅限于拥有本行账户的用户，而是能够向拥有他行账户的其他顾客群体提供服务。

4. 网络金融对传统金融中介功能的挑战

在网络金融时代，互联网信息传递的透明、高效降低了市场信息的不对称性和不透明性，资金供求双方可通过互联网的信息发布直接达成资金交易，大大降低了资金配置的成本，提高了资金的配置效率。网络金融促进了金融的脱媒，对传统金融机构资金数量和期限匹配的中介功能提出了挑战。

5. 网络金融打破了传统金融的行业壁垒

长久以来，金融机构的准入门槛较高，在一定程度上形成了行业的垄断性。网络金融的发展，在降低了金融服务成本的同时，有效提升了利用各种资源开展金融服务的价值，从而促使更多的非传统金融机构参与到金融服务的供给之中。如网络公司、电子商务公司、电信运营商等。

20.2　网络金融业务

20.2.1　第三方支付

第三方支付指利用具备支付功能的非银行交易平台支付。第三方支付机构通过与银行达成相关协议，可以提供包括支付、退款、对账、清算及相关交易查询的功能。第三方支付形式主要包括网上支付、近场支付等。

1. 第三方支付的一般程序

① 开立第三方支付的电子账户；

② 完成相关实名信息的申报；

③ 绑定实体银行账户；

④ 进行相关支付。

2. 支付宝及其操作流程

"支付宝"是全球领先的第三方支付平台，成立于 2004 年 12 月，目前支付宝与国内外 180 多家银行及 VISA、MasterCard 国际组织建立了战略合作关系，2011 年，"支付宝"获得了由中国人民银行颁发的国内第一张支付业务许可证。目前"支付宝"已经衍生出多种网络金融服务。

支付宝的操作流程如下。

（1）用户在使用支付宝进行支付之前，需在其网站上以自己手机号或电子邮箱账号为账户，开设支付宝电子账户。

（2）在完成电子账户开通后，用户需完善个人实名信息，主要包括个人姓名、身份证件类型、号码、邮箱、手机号码等。最后用户需将支付宝账号与自己的银行卡进行绑定。在绑定过程中，支付宝将客户填写的个人信息提交至客户所在的发卡银行进行身份验证，并将短信验证码发送至客户填报的手机，通过该方式确保用户填报身份的真实、准确。

（3）客户在进行支付时，可选择直接从绑定的银行卡进行支付或者充值到支付宝账户，通过账户余额进行支付。目前支付宝提供网上支付、手机订单支付、手机二维码支付等多种支付方式。

小贴士

支付宝卡通支付与支付宝快捷支付的区别

支付宝卡通支付是支付宝与工、建、招等 36 家银行联合推出的一项网上支付服务。支付宝快捷支付指用户购买商品时，不需开通网银，只需提供银行卡卡号、户名、手机号码等信息，银行验证手机号码正确性后，第三方支付发送手机动态口令到用户手机号上，用户输入正确的手机动态口令，即可完成支付。两者的区别如下。

（1）开户手续不同。

使用卡通支付需客户携带有效身份证件到银行网点进行银行卡的签约，银行柜台对用户身份的核查保证签约信息的安全可靠；而快捷支付客户可以通过支付宝网页实现银行卡的签约绑定，支付宝端通过电子系统与银行端进行交互，通过将客户填写的身份信息及预留手机号码传输给银行端系统进行身份校验，实现客户身份核查。

（2）退款功能不同。

使用支付宝卡通签约的客户在进行退款时相关款项会清算至用户的支付宝账户，而支付宝快捷支付则直接将退款清算至客户签约的银行账户。

可以说，支付宝快捷支付是支付宝卡通支付的升级，给用户提供了更加方便的签约及支付过程。但由于整个过程中减少了银行柜面核查的过程，增加了一定的风险及不确定性，因此银监会对相关功能也做了一些规定，如交易金额的规定、相关交易必须有明确短信提醒等。

20.2.2　网络贷款

1. 什么是网络贷款

网络贷款是指借助互联网的优势，借款人足不出户就可以完成贷款申请的各项步骤，包括了解各类贷款的申请条件、准备申请材料、递交贷款申请在内的程序都可以在互联网上高效地完成。

网络贷款作为新兴的信贷方式，在一定程度上弥补了银行等传统金融机构忽视对缺乏抵押物的中小企业及个人贷款的缺陷。网络贷款公司通过网络积累的贷款申请人的相关数据就可以对其资金需求的真实性和还款能力进行判断，发放贷款一般不需要抵押物或第三方担保。

2. 网络贷款的资格审查与发放

现以阿里巴巴旗下的阿里小贷为例，介绍网络贷款对借款人的资格审查及放款依据。

1）借款人的资格

① 注册时间满 6 个月的阿里巴巴诚信通会员或中国供应商会员；

② 会员企业工商注册所在地为杭州地区（个人诚信通注册地为杭州）；

③ 申请人为年龄在 18 ～ 65 周岁的中国公民（不含港澳台），且为企业法定代表人（个体版诚信通为实际经营人）；

④ 拥有经过实名认证的个人支付宝账户。

2）申请贷款要求的材料

① 企业资金往来的银行流水账（可从所在网上银行下载）；

② 企业法定代表人经过实名认证的个人支付宝账户；

③ 企业法定代表人的银行借记卡卡号（必须为以下 10 家银行的借记卡：招商银行、中国工商银行、中国建设银行、中国农业银行、交通银行、广东发展银行、民生银行、兴业银行、上海浦东发展银行、深圳发展银行）。

3）放贷依据

阿里巴巴发放贷款的主要依据是：

① 会员在阿里巴巴平台上的网络交易的活跃度、交易量、网上信用评价等；

② 企业自身经营的财务健康状况。

20.2.3　P2P网络借贷平台

1. P2P 的含义

P2P 是英文 peer to peer 的缩写，意即"个人对个人"。P2P 网络借贷平台，是 P2P 借贷与网络借贷相结合的金融服务网站。P2P 起源于英国，随后发展到美国、德国和其他国家，其典型的模式为：网络信贷公司提供平台，由借贷双方自由竞价，撮合成交。资金借出人获取利息收益，并承担风险；资金借入人到期偿还本金，网络信贷公司收取中介服务费。客户一般可以采用信用或一般抵押物作为担保在 P2P 网贷平台发布贷款需求，包括贷款的金额、用途及愿意支付的利息等，投资者根据这些信息自愿提供一定金额的资金并获得相应的利息。目前 P2P 网贷在我国发展迅速，其经营形式也有了很多的拓展与延伸。

2. P2P 提供的金融服务

除了提供个人之间的借贷平台以外，P2P 网络借贷平台还提供以下金融服务。

1）投资本金与收益的担保

比较典型的形式是平安集团旗下的 P2P 平台陆金所，通过平安集团旗下担保公司对投资者的资金及收益进行担保。

2）发售基于 P2P 贷款的衍生投资产品

比较典型的是人人贷的 U 计划，U 计划是指在用户认可的标的范围内，对符合要求的标的进行自动投标，且回款本金在相应期限内自动复投，期限结束后通过债权转让平台进行转让退出。该产品由系统实现标的分散投资。出借所获得的利息收益可选择每月复投或提取，更好地满足用户多样化的理财需求。

3）债权转让模式

该模式打破了 P2P 平台单纯的交易中介功能，是 P2P 网络公司以自有资金放贷，然后把债权转让给投资者。

20.2.4　众筹

1. 众筹的含义

"众筹"即大众筹资或群众筹资，是指用团购 + 预购的形式，向网友募集项目资金的模式。众筹利用互联网和 SNS（social network site，"社交网站"或"社交网"）传播的特性让小企业、艺术家或个人对公众展示他们的创意，争取大家的关注和支持，进而获得所需要的资金援助。

项目发起人通过视频、图片、文字介绍把自己希望实现的创意或梦想展示在网站上，并设定需要的目标金额及达成交易的时限。喜欢该项目的人可以承诺提供一定数量的资金，当项目在目标期限内达到了目标金额，宣告成功，支持者的资金才真正付出，网站会从中抽取一定比例的服务费用，而支持者则会获得发起人一定的非资金类回报。

2. 众筹的特点

众筹是一种全新的基于网络的直接融资模式，特点可以归纳为：① 融资的标的物比较随意，回报方式也多种多样，较传统的金融投资更具互联网娱乐的特点。② 与非法集资不同，众筹项目不能以股权或资金作为回报，项目发起人更不能向支持者许诺任何资金上的收益。

20.2.5　金融产品互联网销售

金融产品的互联网销售模式多样化，主要包括直接销售特定金融理财产品和以平台形式代理销售多种金融产品。前者以阿里巴巴的余额宝为代表，后者以百度金融为代表。

阿里巴巴的余额宝是由第三方支付平台支付宝提供的一款余额增值产品，用户通过余额宝将其支付宝账户的货币余额进行投资，余额宝对接天弘基金旗下的货币型基金。通过余额宝，用户不仅能够得到收益，还能随时用于消费支付和转账，像使用支付宝余额一样方便。用户在支付宝网站内就可以直接购买基金等理财产品，同时余额宝内的资金还能随时用于网上购物、支付转账。转入余额宝的资金在第二个工作日由基金公司进行份额确认，对已确认的份额开始计算收益。余额宝的推出打破了资金在流动性和收益性之间的壁垒和投资金额门槛的限制，是别具一格的金融产品。余额宝推出后，我国商业银行也陆续推出了自己的类余额宝产品，从一定程度上推动了金融产品的创新。

20.3 网络金融风险管理

20.3.1 网络金融的风险

网络金融作为金融服务业与互联网结合的产物，交易行为主要通过互联网实现，因此网络金融的风险表现形式有其自身的特点。

1. 信用风险

网络金融与传统金融相似，同样具有因债务人或交易对手未能履行合同所规定的义务或信用等级发生变化，给债权人或金融产品持有人造成损失的风险。由于网络金融打破了传统金融面对面的交易方式，债权人对债务人相关信用信息的真实性、准确性的判断比较困难，因此与传统金融相比，网络金融的信用风险更高。例如，网络金融诈骗、网络理财产品预期收益不能兑现等。由于网络金融具有传播速度快、范围广的特点，因此一旦发生信用风险，造成的影响也远远大于传统金融。

2. 技术风险

网络金融具备网络和金融的双重属性，与传统金融相比，网络金融交易在开放式的互联网平台上进行，势必面临互联网信息技术的相关风险。网络金融的技术风险主要表现在以下几个方面。

第一，数据传输风险。互联网的数据传输主要基于 TCP/IP 协议，协议本身更注重信息传输的效率，安全性较差。数据在传输过程中有遗失、篡改、截取等各种可能性，导致数据传输的完整性、真实性、有效性出现问题，由此导致互联业务的损失。

第二，病毒、木马及黑客攻击的风险。病毒、木马及黑客攻击是整个互联网应用普遍面对的问题。网络病毒具有扩散性，一旦感染很可能造成交叉影响，对网络金融影响较大。另外，病毒、木马及黑客的攻击可造成系统的瘫痪，数据信息的泄露等多方面严重的问题，由此会引起网络金融机构的信誉风险。很多大型网络金融网站均遭受过黑客的攻击和相关威胁。如人人贷、好易贷等多家 P2P 网贷机构均遭受过黑客的 DDoS 攻击。

第三，系统、程序漏洞的风险。软件的缺陷和漏洞包括程序逻辑方面的问题、系统设计及编码过程中出现的问题等。此外，系统本身的运算处理能力等方面瓶颈可能造成承载能力的不足，如"双 11"等传统电商打折促销日，由于巨量网上交易集中在一天甚至某个时点，数据量远超于日常基准数量，极易出现系统不稳定、故障等问题。由于漏洞和缺陷是软件程序不可避免的，一旦被发现和被利用，造成的风险将不可估量。

3. 流动性风险

从本质上讲，网络金融与传统金融的流动性风险是相同的。网络金融机构的流动性风险有其自身特点：一方面网络金融机构资金规模较小，而承担的风险较高；另一方面，网上的用户更倾向短期投资行为。因此网络金融的流动性风险明显高于传统金融。

4. 法律风险

由于网络金融发展快，相关立法滞后，从而给网络金融带来了更大的法律风险。一方面金融立法框架主要基于传统金融业务，如银行法、证券法、财务披露制度等，缺少有关网络金融的配套法规，使网络金融交易存在一定的法律漏洞。另一方面，网络金融立法滞后给一些业务开展的合法性带来了不确定性，从而加大了网络金融的法律风险。

5. 其他风险

除上述风险外网络金融的风险还包括操作风险、国家风险、声誉风险、战略风险等。

20.3.2　网络金融风险的管理

针对网络金融可能产生的风险，结合相关部门的法律、法规，网络金融机构普遍采取了一系列的措施来防止风险的发生。

1. 积极引入第三方担保机构

很多网络贷款机构和 P2P 网贷平台机构，采取引入第三方担保机构的方法实现相关风险的转移。一方面通过担保机构对债务人的偿还能力进行担保，防止信用风险的发生。另一方面，通过第三方担保机构对投资者的资产和收益进行担保，防止造成支付机构的信誉风险。

2. 加强线上交易的线下审核

通过线下的审核可有效降低网络带来的不确定性，更大程度地保证信息的真实性。特别是针对大额投资，很多网络金融机构还是采取线下审核或委托第三方进行线下审核的机制，通过对投资标的或债务人的线下审核，有效降低信用风险的发生概率。

3. 加强跨行业合作

网络机构并不能独立掌握网络金融参与者所有真实有效的信息。通过跨行业合作可对此进行弥补。一方面，通过跨行业合作可以对客户基本信息的真实性进行确认，如通过公安系统进行联网核查，通过电信运营商对用户提供的手机号码进行校验等。另一方面，通过跨行业合作可对用户交易信息、还款能力等进行确认。例如通过传统银行进行个人征信查询，或者通过电子商务企业掌握客户的交易数据及账务数据等。通过跨行业合作可进一步降低信用风险的发生概率。

4. 加强系统建设及网络安全投入

通过加大投入，不断完善系统建设，可降低系统安全性风险的发生概率。如购买先进的网络安全设备可降低被黑客攻击或者系统感染网络病毒的可能，保证系统及用户数据的安全，全面降低技术风险发生的可能性。

5. 进行风险应对储备

网络金融服务机构，特别是第三方支付机构，通过建立备付金机制，在客户发生账户被盗或交易异常时对用户进行赔偿。该机制可在小范围风险发生时，弥补网络金融服务机构的声誉风险，有利于建立其在用户心目中安全、可靠的形象。

20.3.3　网络金融风险管理的法律规定

我国人民银行针对网络金融的风险管理主要包括以下内容。

1. 电子支付管理

我国 2005 年 10 月 26 日发布《电子支付指引》，该指引对网络支付有如下规定。

① 办理电子支付业务的银行应公开披露电子支付交易品种可能存在的全部风险，包括该品种的操作风险、未采取的安全措施、无法采取安全措施的安全漏洞及客户使用电子支付交易品种可能产生的风险等。

② 电子支付指令的发起行应建立必要的安全程序，确保电子支付指令传递的可跟踪稽核和不可篡改。对客户身份和电子支付指令进行确认，并形成日志文件等记录，保存至交易后5年。

③ 银行应根据审慎性原则并针对不同客户，在电子支付类型、单笔支付金额和每日累计支付金额等方面做出合理限制。

④ 制定相应的风险控制策略，防止电子支付业务处理系统发生有意或无意的危害数据完整性和可靠性的变化，并具备有效的业务容量、业务连续性计划和应急计划。

2. 非金融机构支付服务管理

我国自 2010 年 9 月 1 日实施《非金融机构支付服务管理办法》，该办法针对网络金融的风险管理有如下规定。

① 要求非金融机构提供支付服务，应当取得《支付业务许可证》，成为支付机构。

② 要求支付机构具备一定的资金规模。规定在全国范围内从事支付业务的，其注册资本最低限额为 1 亿元人民币；拟在省（自治区、直辖市）范围内从事支付业务的，其注册资本最低限额为 3 千万元人民币。

③ 要求相关机构应当按照审慎经营的要求，制定支付业务办法及客户权益保障措施，建立健全风险管理和内部控制制度，并报所在地中国人民银行分支机构备案。

④ 要求支付机构的实缴货币资本与客户备付金日均余额不得低于 10%。

⑤ 支付机构应当具备必要的技术手段，确保支付指令的完整性、一致性和不可抵赖性，支付业务处理的及时性、准确性和支付业务的安全性；具备灾难恢复处理能力和应急处理能力，确保支付业务的连续性。

⑥ 支付机构应当依法保守客户的商业秘密，不得对外泄露；支付机构需按规定妥善保管客户基本信息、支付业务信息、会计档案等资料。

2014 年 3 月人民银行下发了《非银行支付机构网络支付业务管理办法（征求意见稿）》，涉及网络金融安全的规定主要包括以下内容。

① 支付机构办理网络支付业务，应当遵循"了解你的客户"原则，采取有效措施核实并依法留存客户身份基本信息。

② 支付机构采用电子签名方式进行客户身份认证和交易授权的，应当优先由合法的第三方认证机构提供认证服务。

③ 支付机构网络支付业务应符合国家和金融行业技术标准和相关信息安全管理要求。

④ 支付机构业务处理系统应对客户发起支付指令的计算机、移动电话、固定电话等不同终端进行有效识别，并针对不同终端发生交易的风险程度，实施充分的、有效的验证方式，采取有效的风险控制措施。

⑤ 支付机构应综合客户实名认证、交易行为特征、资信状况等因素，建立客户风险评级管理制度。对风险评级较高的客户，支付机构应对其开通的交易类型、交易金额进行限制，并采取强化交易监测、账户止付、延迟结算等风险管理措施。

⑥ 支付机构应健全网络支付业务风险管理制度，建立交易监测系统，对疑似套现、洗钱、非法融资、欺诈或泄露客户信息等可疑交易及时核查，采取有效的风险防控措施，并承担因未采取措施导致的风险损失责任。

⑦ 支付机构应至少每年对内部控制制度、业务处理系统、交易监测系统、信息安全管理

等风险防控机制开展一次全面的风险评估，并完善支付安全措施。

⑧ 支付机构应限制客户尝试登录或身份验证的次数，制定客户访问超时规则，设置身份验证时限。使用一次性密码进行身份验证时，支付机构应将该密码有效期严格限制在最短的必要时间内。

⑨ 支付机构对业务办理过程中采集和处理的客户信息，应制定有效的风险控制措施，依法或按照客户授权使用，确保相关信息安全并承担相应的安全管理责任。

⑩ 支付机构不得存储客户银行账户密码、银行卡卡片验证码及卡片有效期等敏感信息；确因业务需要存储客户银行卡卡号、卡片有效期的，应取得客户和客户开户银行授权，并以加密形式存储。

⑪ 支付机构应制定突发事件应急预案，建立灾备系统，保障业务连续性和系统安全性。

⑫ 支付机构应建立健全风险准备金制度和交易赔付制度，风险准备金应对非因客户原因发生的风险损失予以先行赔付，保障客户合法权益。

⑬ 支付机构应向客户充分提示网络支付业务的潜在风险，对客户进行必要的认知教育和安全指导，并对高风险业务在操作前、操作中进行风险警示。

⑭ 支付机构为客户特定金融产品购买、网络信贷等融资活动提供网络支付服务的，应确保产品或服务提供方为依法合规开展业务的机构，并充分向客户提示潜在风险。

重要概念

网络金融　第三方支付　P2P　网络借贷平台　众筹

思考题

1. 简述网络金融的产生和发展背景。
2. 网络金融对金融业有哪些影响？
3. 简述第三方支付的操作程序。
4. 简述网络金融业务的风险。
5. 简述网络金融风险管理的主要内容。

参考文献

[1] 法博齐. 金融市场与金融机构基础. 孔爱国, 译. 4版. 北京: 机械工业出版社, 2010.

[2] 罗斯, 郝金斯. 商业银行管理. 刘园, 译. 9版. 北京: 机械工业出版社, 2014.

[3] 莫德. 全球私人银行业务管理. 北京: 经济科学出版社, 2007.

[4] 黄达. 金融学. 3版. 北京: 人民大学出版社, 2012.

[5] 刘忠燕. 商业银行经营管理学. 2版. 北京: 中国金融出版社, 2014.

[6] 杨圣军. 企业集团财务公司管理与实务. 北京: 中国金融出版社, 2012.

[7] 曹彤, 张秋林. 中国私人银行. 北京: 中信出版社, 2011.

[8] 郭田勇. 商业银行中间业务产品定价研究. 北京: 中国金融出版社, 2010.

[9] 郭树言, 欧新黔. 推动中国产业结构战略性调整与优化升级探索. 北京: 经济管理出版社, 2008.

[10] 危惊涛, 翟瑞林, 袁敬之. 典当经营案例. 武汉: 武汉出版社, 2007.

[11] 王淑敏, 齐佩金. 金融信托与租赁. 北京: 中国金融出版社, 2014.

[12] 凯尔什. 金融服务业的革命. 刘怡, 译. 成都: 西南财经大学出版社, 2004.

[13] 危惊涛. 现代典当经营管理. 武汉: 湖北人民出版社, 2003.

[14] 马毅. 金融服务业驱动产业集群创新的研究. 经济问题探索, 2011 (1).

[15] 苏艳丽, 郭丽婷. 小额贷款公司营运现状与政策支持: 基于辽宁省小额贷款公司的调查. 地方财政研究, 2013 (11).

[16] 欧洲领先的消费金融公司业务模式的3个特点. 证券导报, 2014 (1).

[17] 中国人民银行合肥支行金融研究处课题组. 消费金融公司发展的经验借鉴及对我国的启示. 金融发展评论, 2011 (6).

[18] 许文彬, 王希平. 消费金融公司的发展、模式及对我国的启示. 国际金融研究, 2010 (6).

[19] 李文增. 关于当前我国融资租赁业发展中的几个重要问题的研究. 产权导刊, 2012 (9).